한 권으로
끝내는 NoSQL
솔루션 활용법

NoSQL 프로그래밍

Professional NoSQL: A Hands-on Guide to Leveraging NoSQL Databases

샤샨크 티와리 지음 / 유윤선 옮김

위키북스

NoSQL 프로그래밍

한 권으로 끝내는 NoSQL 솔루션 활용법

지은이 샤샨크 티와리

옮긴이 유윤선

펴낸이 박찬규 | 엮은이 이대엽 | 표지 디자인 유광국

펴낸곳 위키북스 | 주소 경기도 파주시 교하읍 문발리 파주출판도시 535-7 세종출판벤처타운 #311
전화 031-955-3658, 3659 | 팩스 031-955-3660

초판발행 2013년 01월 30일
ISBN 978-89-98139-11-7

등록번호 제406-2006-000036호 | 등록일자 2006년 05월 19일
홈페이지 wikibook.co.kr | 전자우편 wikibook@wikibook.co.kr

이 책의 내용에 대한 추가 지원과 문의는 위키북스 출판사 홈페이지 wikibook.co.kr이나
이메일 wikibook@wikibook.co.kr을 이용해 주세요.

「이 도서의 국립중앙도서관 출판시도서목록 CIP는 e-CIP 홈페이지 | http://www.nl.go.kr/cip.php에서 이용하실 수 있습니다.
CIP제어번호: CIP2013000289」

NoSQL
프로그래밍

❧ 차례 ❧

03 | NoSQL과의 인터페이싱 및 상호작용   53

06 | NoSQL 저장소 쿼리   145

07 | 데이터 저장소 수정 및 변화 관리   169

부록 | 툴과 유틸리티   407

이 책을 나의 부모님인 만다키니와 수레시 티와리에게 바치고 싶다.

이 책을 집필하는 일을 비롯해 내가 성공적으로 한 모든 일은 소중한 아내 카렌의 헌신적인 지원과 사랑스러운 아들 아얀, 에즈라 덕분이다.

❦ 역자 서문 ❦

연일 빅 데이터가 화제다. 하지만 막상 빅 데이터가 어떤 것이고, 왜 중요한지 물어보면 시원하게 대답하는 사람은 찾기 힘들다. 아직도 많은 개발자는 현업에서 관계형 데이터베이스를 사용하고 있고, 주위를 둘러봐도 실제 빅 데이터를 업무에서 활용하는 사람은 찾아보기 어렵다. 그러다 보니 많은 사람들이 빅 데이터에 대해서 매우 모호한 개념을 갖게 됐고, 마찬가지로 NoSQL에 대해서도 막연한 두려움과 거부감을 느끼게 됐다.

하지만 빅 데이터는 생각보다 우리 가까이에 있다. 페이스북을 사용하거나, 트위터를 사용하거나, 구글에서 검색을 자주 한다면 여러분은 이미 빅 데이터를 사용 중인 것이다. 이 책에서는 '얼마나 많은 데이터가 빅 데이터인가?'라는 기초적인 정의부터 시작해, NoSQL의 유래, NoSQL 생태계를 구성하는 여러 데이터베이스(칼럼 지향 데이터베이스, 키/값 저장소, 도큐먼트 데이터베이스 등)의 유형 및 각 제품의 장단점을 소개한다. 또 이런 기본적인 정보를 바탕으로 각 유형에 속한 대표적인 데이터베이스를 예로 들어, 빅 데이터를 실제로 데이터베이스에 집어넣고, 데이터베이스에 접근, 조회하는 다양한 방법을 설명한다. 더불어 실제로 NoSQL을 애플리케이션 스택에서 사용할 수 있게끔 쓰리프트(Thrift), 하이브(Hive) 같은 편리한 툴에 대해서도 빠짐없이 설명한다.

이 책은 NoSQL에 대한 막연한 생각을 균형잡힌 시각으로 바꿔주는 책이다. 이 책에서는 NoSQL이 만능이라고 주장하지도 않으며, 페이스북과 트위터 등의 예를 들어 관계형 데이터베이스와 NoSQL이 어떤 식으로 공존해야 하는지에 대한 혜안도 제시한다. 또 알기 쉬운 그림을 통해 NoSQL의 아키텍처를 들여다봄으로써, NoSQL을 고수준에서 쉽게 이해할 수 있게 해준다. 더불어 여러 기능을 중심으로 각 NoSQL의 장단점을 비교, 분석한 이 책의 내용은 NoSQL 도입을 고민하는 설계자나, NoSQL에 입문하려는 개발자에게 어디서부터 시작해야 할지 이해하는 데 큰 도움이 될 것이다.

물론 이 책이 장점만 있는 것은 아니다. 예를 들어 특정 NoSQL 데이터베이스(이를테면 하둡)를 폭넓게 활용하는 법이 궁금하다면, 이 책만으로는 부족하다. 하지만 여러 NoSQL 데이터베이스를 한 번에 살펴보고, NoSQL 세계 전반에 대한 이해를 높이고 싶은 독자라면 이 책을 통해 원하는 정보를 얻을 수 있을 것이다. 아울러 성능 튜닝, 다양한 툴과 유틸리티 활용법, 다언어 영속성 및 NoSQL 데이터베이스 구현체 사이의 추상화를 처리하는 프로젝트에 대한 소개 등은 NoSQL에 입문하는 개발자뿐 아니라, 현업에서 NoSQL을 활용하는 전문가들에게도 큰 도움이 될 것이다.

이 책을 통해 NoSQL을 마스터할 수는 없겠지만, 적어도 NoSQL이라는 주제를 이렇게 다각도로 접근하기도 쉽지 않다. NoSQL에 대한 균형 잡힌 시각을 갖고 싶거나, NoSQL 세계 전반에 대한 개괄적인 지식이 필요한 사람, 또 관계형 데이터베이스 관점에서 NoSQL을 접근하려는 DBA, NoSQL 제품 도입을 검토 중인 설계자, NoSQL 내부 구조를 이해하고 싶은 개발자 모두에게 이 책을 추천한다. 이제 이 책을 통해 NoSQL을 시작해보자!

감사의 글

먼저, 이 책을 맡겨준 위키북스 박찬규 사장 님, 김윤래 편집장 님께 감사드린다. 그리고 좋은 글을 써준 저자 샤샨크 티와리에게도 감사한다. 끝으로 사랑하는 우리 가족과 하나님께 감사드린다.

- 유윤선

<h1 style="text-align: center">❧ 소개 ❧</h1>

저자 소개

샤샨크 티와리(Shashank Tiwari)는 고성능 애플리케이션, 데이터 분석, 웹 애플리케이션, 모바일 플랫폼 분야에 관심 있는 숙련된 소프트웨어 개발자이자 IT 기업가다. 샤샨크 는 데이터 시각화, 통계, 기계 학습, 커피, 후식, 자전거 타기를 좋아한다. 그는 많은 기술 관련 기사와 서적의 저자이며, 전세계 여러 컨퍼런스에서 발표한 바 있다.

샤샨크의 회사인 Treasury of Ideas에 대한 자세한 정보는 www.treasuryofideas.com에서 볼 수 있다. 그의 블로그는 www.shanky.org이며, 트위터에서는 @tshanky를 통해 샤샨크를 팔로우할 수 있다. 그 는 현재 아내, 두 아들과 함께 캘리포니아 팔로 알토에 살고 있다.

기술 감수자 소개

슈테판 에들리히(Stefan Edlich) 교수는 Beuth HS of Technology Berlin(U.APP.SC)에서 NoSQL, 소프트 웨어 엔지니어링, 클라우드 컴퓨팅에 관해 주로 강연하고 있다. 여러 학술 논문과 언론 기사를 집필했을 뿐 아니라 1993년 이후로 줄곧 여러 컨퍼런스에서 엔터프라이즈, NoSQL, ODBMS 주제에 대해 발표하 고 있다.

또 Apress, 오라일리, Spektrum/Elsevier, Hanser, 그 외 다른 출판사를 통해 12권의 IT 책을 출간 한 저자이기도 하다. 슈테판 교수는 OODBMS.org e.V.의 창립 회원이며 객체 데이터베이스에 대한 세 계 최초의 컨퍼런스(ICOODB.org)를 시작한 장본인이기도 하다. 그는 NoSQL 아카이브를 운영하고, NoSQL 관련 행사를 준비하며, 계속해서 NoSQL에 대해 집필하고 있다.

매트 인젠트론(Matt Ingenthron)은 소프트웨어 개발 경험을 갖춘 숙련된 웹 아키텍트다. 매트는 세계적 규모의 자바, 루비 온 레일즈, AMP 웹 애플리케이션을 개발하고, 확장, 운영하는 데 전문적인 지식을 갖 추고 있다. Couchbase, Inc가 설립될 때부터 이 회사와 함께 일한 그는 오픈소스 멤베이스 NoSQL 제품 의 핵심 개발자로 일했으며, Memcached 프로젝트의 공헌자, 자바 spymemcached 클라이언트의 신규 개발 리더로 활동했다. 또 NoSQL에 대한 매트의 경험은 매우 방대하며, 하둡, HBase, 그 외 NoSQL 세 계의 다른 분야까지 두루 섭렵하고 있다.

감사의 글

이 책은 많은 사람들의 노력의 산물이며, 이 자리를 빌어 이 사람들의 헌신에 감사하고 싶다.

와일리 출판사의 편집 팀에 감사드린다. 여러분 덕분에 이 책이 빛을 볼 수 있었다!

또 소중한 조언을 해주고 기술 감수를 담당해준 매트와 슈테판에게도 감사하다.

이 책을 쓰는 동안 내게 힘을 북돋아주고 나를 지원해준 아내와, 두 아들에게도 감사하다. 또 우리 가족 모두와 항상 나를 믿어준 친구들에게도 감사 인사를 전한다.

끝으로 여기 적지는 못했지만 이 책에 직간접적으로 도움을 준 모든 사람들에게 감사한다.

- 샤샨크 티와리

❧ 들어가며 ❧

사용자 주도 콘텐츠가 성장하면서 생성, 수정, 분석, 보관할 데이터의 양과 종류도 빠르게 늘어났다. 더불어 센서, GPS, 자동 추적 및 모니터링 시스템을 비롯한 다양한 소스가 새롭게 등장해 많은 데이터를 양산하고 있다. 이런 대용량 데이터셋(종종 빅 데이터라고 부르는)은 저장 공간, 분석, 아카이브에 있어서 새로운 도전 과제와 기회를 주고 있다.

빠른 데이터 성장과 더불어 데이터는 점점 더 반구조화(semi-structured) 및 희소성[1]을 띠고 있다. 이 말은 미리 정의한 스키마 정의와 관계 참조를 중심으로 한 전통적인 데이터 관리 기법의 실효성이 의문시되고 있음을 뜻한다.

대용량 데이터 및 반구조화된 데이터와 관련한 문제를 해결하기 위해 새로운 데이터베이스 제품군이 등장했다. 이런 데이터베이스 제품군은 칼럼 지향 데이터 저장소, 키/값 쌍 데이터베이스, 도큐먼트 데이터베이스로 이뤄진다. 이들을 한데 묶어 NoSQL이라 한다.

NoSQL 범주에 속하는 제품들은 무척 다양하며, 각기 다른 고유의 특징과 가치가 있다. 이런 점 때문에 가끔은 당면한 사례를 해결하는 데 어떤 제품을 사용해야 할지 판단하는 게 어렵기도 하다. 이 책은 전체 NoSQL 지형을 이해할 수 있게 도와준다. 이 책에서는 많은 NoSQL 제품의 기반이 되는 핵심 개념을 설명한다. 이 책에서는 한 가지 제품을 폭넓게 살펴보는 대신 여러 NoSQL 제품을 다룬다. 또 각 제품의 API를 자세히 살펴보기보다는 다양한 API 및 내부 개념을 다루는 데 초점을 맞춘다. 이 책에서는 다양한 NoSQL 제품을 다루는 만큼 각 제품을 비교 분석하는 데 도움이 되는 훌륭한 지침을 제공한다.

어디서부터 NoSQL을 시작해야 할지 모르고, 어떻게 빅 데이터를 관리하고 분석하는지 배우고 싶다면 이 책을 통해 이 주제에 대한 훌륭한 소개 및 도움되는 참고자료를 찾을 수 있다.

---

[1] 이 책에서 말하는 희소(sparse), 희소성(sparsity)은 예컨대 데이터 구조 중 특정 칼럼의 값이 널인 경우가 일반적인 상황 또는 특징을 말한다. 이는 희소 행렬(행렬의 원소에 0이 비교적 많은 행렬)을 연상하면 좀 더 이해하기 쉬울 것이다. 예컨대 빅데이터에서는 칼럼에 값이 들어오지 않는 경우가 많으며, 이를 희소 데이터셋이라고 부른다.

이 책의 대상 독자

개발자, 설계자, 데이터베이스 관리자, 기술 프로젝트 관리자가 이 책의 주요 대상이다. 하지만 데이터베이스 기술을 이해할 수 있는 사람이라면 누구나 이 책에서 도움되는 내용을 찾을 수 있을 것이다.

빅 데이터와 NoSQL이란 주제는 다양한 컴퓨터 사이언스 전공 학생과 연구원들도 관심을 갖고 있다. 이와 같은 학생과 연구원도 이 책을 통해 도움을 얻을 수 있다. 빅 데이터 분석과 NoSQL을 처음 시작하는 사람이라면 누구나 이 책을 통해 많은 정보를 얻을 수 있다.

책에서 다루는 내용

이 책은 먼저 NoSQL의 본질부터 시작해 점차 성능 튜닝 및 아키텍처 가이드라인과 관련한 고급 주제로 넘어간다. 이 과정에서 NoSQL과 관련한 핵심 개념에 초점을 맞추고 이를 다양한 NoSQL 제품을 통해 설명한다. 이 책에는 몽고디비, 카우치디비, HBase, 하이퍼테이블, 카산드라, 레디스, 버클리디비와 관련한 예시 및 예제를 소개한다. 또 이들 제품 외에 다른 NoSQL 제품도 몇 개 참조한다.

NoSQL에서는 대용량 데이터셋을 조작하는 방식이 중요하다. 이 책은 맵리듀스 기반의 확장 가능한 처리(scalable processing)[2]의 핵심을 모두 다룬다. 또 하둡을 활용한 예제도 몇 개 보여준다. 더불어 하이브와 피그 같은 고수준 추상화를 활용하는 예제도 살펴본다.

클라우드 환경에서의 NoSQL 활용에 할애한 10장에서는 아마존 웹 서비스와 구글 앱 엔진이 제공하는 기능을 조명한다.

이 책에는 다양한 사용 사례 및 예제가 들어 있다. 또 구글, 아마존, 페이스북, 트위터, 링크드인의 확장 가능한 데이터 아키텍처도 살펴본다.

이 책의 끝 부분에서는 NoSQL 제품의 비교 및 애플리케이션 스택에서의 다언어 영속성을 설명한다.

---

2 scalable processing은 '스케일 조정(확장 및 축소) 가능한 처리'로 번역할 수도 있지만, 앞으로 보겠지만 빅데이터가 주로 늘어나는 데이터를 처리(노드를 확장)하는 데 초점을 맞추는 만큼 이 책에서는 scalable을 '확장 가능한'으로 번역한다.

이 책의 구성

이 책은 총 4부로 구성된다.

- 1부 : 시작하기
- 2부 : NoSQL 기본 학습
- 3부 : NoSQL 실력 쌓기
- 4부 : NoSQL 마스터

각 부의 주제는 앞에 있는 부에서 다룬 내용을 기반으로 한다.

이 책의 1부에서는 NoSQL을 천천히 소개한다. 이 과정에서 NoSQL 제품의 종류를 살펴보고 NoSQL로 데이터를 저장하고 접근하는 첫 번째 예제를 소개한다.

- 1장에서는 NoSQL을 정의한다.
- 2장에서는 기본적인 Hello World부터 시작해 NoSQL을 사용하는 첫 번째 예제를 살펴본다.
- 3장에서는 NoSQL 제품과의 상호작용 및 인터페이스에 사용할 수 있는 다양한 방법을 다룬다.

이 책의 2부에서는 다양한 NoSQL 제품과 관련한 기본 개념을 살펴본다.

- 4장은 저장소 아키텍처 설명으로 시작한다.
- 5장과 6장에서는 CRUD 작업 및 쿼리 메커니즘을 보여줌으로써 기본적인 데이터 관리법을 살펴본다. 데이터셋은 시간과 사용 목적에 따라 점차 발전한다.
- 7장에서는 데이터 진화와 관련한 문제를 다룬다. 관계형 데이터베이스 세계에서는 인덱스를 활용해 쿼리를 최적화하는 데 주로 초점을 맞춘다.
- 8장에서는 NoSQL 제품의 맥락에서 인덱스를 살펴본다. NoSQL 제품은 종종 트랜잭션 지원 부족으로 지나칠 정도로 비판을 받는다.
- 9장에서는 분산 시스템이 직면하는 트랜잭션 및 트랜잭션 정합성 문제와 관련한 개념을 살펴본다.

이 책의 3부와 4부에서는 고급 주제를 몇 가지 다룬다.

- 10장에서는 구글 앱 엔진 데이터 저장소와 아마존 심플디비를 다룬다. 대부분의 빅 데이터 처리는 맵리듀스 방식의 처리에 의존한다.
- 11장에서는 맵리듀스의 모든 핵심 사항을 배운다.
- 12장에서는 하이브가 하둡 맵리듀스 작업에 대해 SQL 같은 추상화를 어떤 식으로 제공하는지 살펴본다. 13장에서는 데이터베이스 아키텍처와 내부 구조에 대한 주제를 다시 살펴본다.

4부는 이 책의 마지막 부다. 4부는 14장부터 시작한다. 14장에서는 NoSQL 제품을 비교한다. 15장에서는 다언어 영속성의 개념을 살펴보고 사용 사례에 따른 올바른 데이터베이스 선택법을 다룬다. 16장에서는 확장 가능 애플리케이션 튜닝을 다룬다. 보기에 따라서는 4부의 주제가 서로 관련 없는 것 같지만 이들 주제는 모두 NoSQL을 실제 활용하는 데 도움이 된다. 17장에서는 NoSQL 배포판에서 활용할만한 몇 가지 툴과 유틸리티를 제시한다.

이 책을 읽는 데 필요한 사항

코드 예제를 따라 하려면 필요한 소프트웨어를 설치해야 한다. 설치 및 설정은 부록 A를 참고하자.

조판 관례

책의 내용을 최대한 활용하고 이해를 돕기 위해 이 책 전반에서 다양한 조판 관례를 사용했다.

연필 아이콘은 현재 다루는 내용에 대한 참고, 팁, 힌트, 트릭, 부연 설명을 나타낸다. 텍스트의 서식과 관련해서는

- 텍스트 내 파일명, URL, 코드는 persistence.properties처럼 표기한다.
- 코드는 두 가지 방식으로 표시한다.

  강조 표시가 없는 대부분의 코드 예제에는 고정 너비 폰트를 사용한다.

  현재 맥락에서 특히 중요한 강조 코드나 이전 코드에서 수정한 코드를 보여줄 때는 굵은 글씨를 사용한다.

소스코드

이 책의 예제를 따라 하면서 모든 코드를 직접 입력할 수도 있고 책과 함께 제공되는 소스코드를 사용할 수도 있다. 이 책에서 사용하는 모든 소스코드는 www.wrox.com에서 내려받을 수 있다. 이 사이트에서는 책 제목을 찾아서(검색 상자나 제목 목록을 사용) 책의 상세 페이지에 있는 Download Code 링크를 클릭해 책의 모든 소스코드를 내려받을 수 있다. 웹사이트에서 제공하는 코드는 다음과 같이 표시돼 있다.

〈파일명〉 ▶

예제에는 제목에 파일명이 들어 있다. 단순 코드 조각일 경우 다음과 같은 코드 참조 방식을 사용한다.

코드 조각 파일명

많은 책이 제목이 비슷하므로 ISBN을 통해 책을 찾는 게 가장 쉽다. 이 책의 ISBN은 978-0-470-94224-6이다.

코드를 내려받고 나면 원하는 압축 프로그램으로 압축을 풀면 된다. www.wrox.com/dynamic/books/download.aspx에 있는 Wrox 코드 다운로드 사이트에서는 이 책뿐 아니라 다른 Wrox 출판사 책의 코드도 모두 볼 수 있다.

오탈자

우리는 텍스트나 코드에 아무런 오류도 없게끔 모든 노력을 다한다. 하지만 누구도 완벽하지 못하며 실수가 있기 마련이다. 우리 책에서 철자 실수나 잘못된 코드 같은 오류를 찾으면 피드백을 전달해주기 바란다. 독자들이 알려준 오탈자로 인해 또 다른 독자가 몇 시간 동안 헤매지 않을 수 있고, 우리가 좀 더 고품질의 정보를 제공하는 데도 도움이 된다.

이 책의 오탈자 페이지를 찾으려면 www.wrox.com으로 가서 검색 상자를 사용해 책을 찾거나 책 목록 중 하나를 선택한다. 그런 다음 책 상세 페이지에서 Book Errata 링크를 클릭한다. 이 페이지에서는 이 책과 관련해 사용자가 전송하거나 Wrox 편집자가 올린 오탈자를 모두 볼 수 있다. 각 책의 오탈자에 대한 링크를 비롯한 전체 책 목록은 www.wrox.com/misc-pages/booklist.shtml에서도 볼 수 있다.

Book Errata 페이지에 내가 찾은 오류가 등록돼 있지 않다면 www.wrox.com/contact/techsupport.shtml로 가서 폼을 작성해 자신이 찾은 오류를 보낼 수 있다. 그럼 우리가 정보를 확인한 후 필요하다면 책의 에러 페이지에 메시지를 올리고, 이 후 개정판에서는 문제를 해결할 것이다.

P2P.WROX.COM

p2p.wrox.com에서 P2P 포럼에 가입하면 저자 및 다른 독자들과의 토론에 참여할 수 있다. 이 포럼은 웹 기반 시스템으로, Wrox 책 및 관련 기술에 대한 메시지를 등록할 수 있고 다른 독자나 기술 사용자와도 소통할 수 있는 공간이다. 이 포럼에서는 사용자가 등록한 관심 주제에 대한 구독 기능을 제공해 포럼에 새로운 글이 올라오면 이를 알려준다. Wrox 저자, 편집자, 그 외 산업 전문가, 동료 독자들 모두 이 포럼에서 만날 수 있다.

p2p.wrox.com에서는 이 책을 읽을 때뿐 아니라 자신만의 애플리케이션을 개발할 때 도움되는 다양한 포럼을 만날 수 있다. 이런 포럼에 가입하려면 다음 절차를 따라 하면 된다.

1. p2p.wrox.com으로 가서 Register 링크를 클릭한다.
2. 사용 약관을 읽어보고 Agree를 클릭한다.
3. 가입에 필요한 필수 정보와 등록하고 싶은 선택 정보를 입력하고 Submit을 클릭한다.
4. 그럼 계정을 인증하고 가입 절차를 마무리할 수 있는 정보를 담고 있는 이메일을 받게 된다.

P2P에 가입하지 않더라도 포럼에서 글을 읽을 수는 있지만 직접 글을 올리려면 꼭 가입해야 한다.

가입하고 나면 새 글을 올리고 다른 사용자가 올린 글에도 답글을 달 수 있다. 웹에서는 아무 때나 메시지를 볼 수 있다. 특정 포럼에 올라오는 새 글을 이메일로 받고 싶다면 포럼 목록에서 포럼명 옆에 있는 포럼 구독 아이콘을 클릭한다.

Wrox P2P를 사용하는 자세한 방법은 P2P의 FAQ을 통해 확인할 수 있다. FAQ에서는 포럼 소프트웨어의 사용법에 대한 질문 및 답변과 P2P와 Wrox 책과 관련된 공통 질문에 대한 답변을 볼 수 있다. FAQ를 보려면 P2P 페이지에서 FAQ 링크를 클릭하면 된다.

Professional NoSQL

1부

시작하기

NoSQL: 정의와 필요성

축하한다! 이제 여러분은 NoSQL을 배우는 첫 걸음을 내딛었다.

최신 기술이 대부분 그렇듯 NoSQL도 불안함, 불확실성, 의심의 안개 속에 덮여 있다. 아마도 개발자 세계는 NoSQL과 관련해 크게 세 부분으로 나뉠 것이다.

- **NoSQL을 사랑하는 그룹** : 이 그룹에 속한 사람은 NoSQL을 애플리케이션 스택에 어떻게 적용할지 연구하고 있다. 이 사람들은 NoSQL을 사용하고, NoSQL 제품을 만들고, NoSQL 세계의 발전과 보폭을 같이 한다.

- **NoSQL을 부정하는 그룹** : 이 그룹에 속한 사람은 NoSQL의 단점에 집중하거나 NoSQL이 쓸모없음을 증명하려는 사람들이다.

- **NoSQL을 무시하는 그룹** : 이 그룹에 속한 개발자는 기술이 성숙해지기를 기다리거나 NoSQL이 지나가는 유행이라고 생각해 '하이프 사이클'의 롤러코스터를 타지 않기 위해 이를 무시하는 사람들, 또는 NoSQL을 접할 기회가 한 번도 없었던 사람들이다.

 가트너는 기술의 성숙도, 수용도, 적용도를 나타내기 위해 하이프 사이클(hype cycle)이란 용어를 만들었다. 자세한 사항은 http://en.wikipedia.org/wiki/Hype_cycle을 참고하자.

필자는 이 중 첫 번째 그룹에 속한다. NoSQL에 대해 책까지 쓰는 것을 보면 필자가 NoSQL을 얼마나 좋아하는지 알 수 있을 것이다. NoSQL을 사랑하는 그룹과 싫어하는 그룹 내에서도 중도주의자부터 극단주의자까지 다양한 사람들이 있다. 필자는 중도주의자다. 이로 인해 이 책에서는 NoSQL을 강력한 툴이라고 소개하고, 특정 작업을 처리하는 데 효과적이라고 설명하면서도 한편으로 단점도 함께 언급한다. 필자는 독자들이 편견 없는 열린 마음으로 NoSQL을 배우기를 바란다. NoSQL 기술과 내부 개념을 모두 익히고 나면 NoSQL의 유용성에 대해 스스로 판단할 수 있을 테고, 이를 통해 이 기술을 특정 애플리케이션이나 사용 사례에 적절히 활용할 수 있을 것이다.

첫 번째 장인 이 장에서는 NoSQL이란 주제를 소개한다. 여기서는 NoSQL의 정의, 성격, 일반적인 사용 사례, 애플리케이션 스택에서의 NoSQL의 위치를 차근차근 살펴본다.

정의 및 소개

NoSQL은 말 그대로 두 단어를 조합한 것이다. 즉, No와 SQL이다. 이 단어의 암시적인 의미는 NoSQL이 SQL에 반하는 기술 또는 제품이란 뜻이다. NoSQL이란 신조어를 만들고 처음으로 도입한 사람들은 본래 No RDBMS나 No relational이라고 지칭하고 싶었지만 NoSQL이라는 발음에 매료돼 이를 고수하게 됐다. 그 과정에서 어떤 이들은 NoSQL 대신 NonRel이란 단어를 대안으로 제시하기도 했다. 또 다른 이들은 NoSQL이 사실은 'Not Only SQL'을 줄인 단어라고 주장하며 본래 용어를 되살리려고 했다. 문자적인 의미가 어떻든, NoSQL은 오늘날 인기 있고 잘 정립된 RDBMS 원칙을 따르지 않는 모든 데이터베이스 및 데이터 저장소를 가리키는 용어로 사용되며, 종종 웹 스케일[1]로 접근하고 수정하는 대용량 데이터셋과 관련한 용어로 사용된다. 이 말은 NoSQL이 단일 제품이나 단일 기술이 아니라는 뜻이다. NoSQL은 제품군과 데이터 저장 및 조작과 관련한 다양한 개념을 한데 모은 개념이다.

배경 및 약간의 역사

NoSQL의 종류와 관련 개념에 대해 자세히 설명하기 전에 NoSQL이 등장한 배경을 이해하는 게 중요하다. 비관계형 데이터베이스는 새로운 개념이 아니다. 사실 첫 번째 비관계형 저장소는 컴퓨터 기기가 처음 발명된 시절로 거슬러 올라간다. 비관계형 데이터베이스는 메인프레임의 부상으로 크게 성장했으며, 기존에도 특수 영역(예를 들어, 인증 및 권한 부여 정보를 저장하는 계층형 디렉터리)에서 계속 존재했다. 하지만 NoSQL 세계의 비관계형 저장소는 확장 가능성이 매우 큰 인터넷 애플리케이션 세계에서 전

---

1 웹 스케일은 말 그대로 '웹의 규모'로, 웹을 통해 누구나 접근할 수 있을 만큼 규모 확장성이 큰 상태를 나타낸다. NoSQL의 확장성과 웹의 규모 확장성 사이에는 밀접한 관련이 있으며, NoSQL이 대규모 트래픽을 처리하는 웹사이트에서 먼저 등장한 것도 우연이 아니다.

혀 새로운 형태로 재탄생했다. 이들 비관계형 SQL 저장소는 대부분 분산 및 병렬 컴퓨팅 세계에서 잉태됐다.

폭넓게 채택하고 있는 관계형 데이터베이스 관리 시스템(RDBMS)이 대용량 데이터에 적용될 때 문제가 있다는 생각은 진정한 첫 번째 검색 엔진으로 평가받는 잉크토미를 시작으로 구글에서 정점을 이뤘다. 이들 문제는 효율적인 처리, 효과적인 병렬화, 확장성, 비용과 관련이 있다. 이와 같은 개별 문제에 대한 세부 사항과 그 해결책은 이 장의 이후 설명과 책의 나머지 내용에서 찾을 수 있다.

RDBMS의 과제

대용량 웹 데이터 처리와 관련한 문제는 특정 RDBMS 제품에 국한되지 않으며 이런 데이터베이스군 전체의 문제다. RDBMS는 잘 정의된 데이터 구조를 가정한다. 즉, 데이터의 밀도가 높고 대부분 형태가 균일하다고 가정한다. RDBMS는 데이터의 속성을 미리 정의할 수 있고, 데이터의 상호관계가 잘 설정돼 있으며, 시스템적으로 이런 관계를 참조한다고 가정한다. 또 데이터셋에 대한 인덱스를 일관되게 정의할 수 있고 이런 인덱스를 균일하게 사용해 빠르게 조회할 수 있다고 가정한다. 아쉽게도 RDMBS는 이런 가정이 더는 유효하지 않을 때는 제 기능을 다하지 못한다. 물론 RDBMS로도 몇 가지 불규칙성과 구조 부족을 처리할 수는 있지만 구조가 잘 정의되지 않은 희소성 데이터가 많을 때는 RDBMS가 적합하지 않다. 또 대용량 데이터셋을 처리할 때는 일반적인 저장 메커니즘과 접근 방식으로는 한계가 있다. 테이블을 비정규화고, 제약을 없애고, 트랜잭션 제약을 느슨하게 하면 RDBMS를 좀 더 유연하게 활용할 수 있지만 이렇게 수정하고 나면 RDBMS가 결국 NoSQL 제품을 닮기 시작한다.

유연성에는 대가가 따른다. NoSQL은 RDBMS의 문제를 덜어주고 대용량의, 희소성 데이터를 쉽게 처리할 수 있게 해주지만 트랜잭션 정합성과 유연한 인덱싱 및 강력한 쿼리 기능을 제공하지 못한다. 아이러니컬하게도 NoSQL에서 가장 부족한 기능 중 하나는 바로 SQL이다. 현재 제품 벤더들은 이런 공백을 메우기 위해 모든 노력을 다하고 있다.

구글은 지난 몇 년간 자신들의 검색 엔진 및 구글 지도, 구글 어스, 지메일, 구글 파이낸스, 구글 앱스를 비롯한 다른 애플리케이션에 사용할 수 있게끔 확장 가능성이 매우 뛰어난 인프라스트럭처를 구축했다. 구글은 애플리케이션 스택의 각 레벨에서 문제를 해결하는 접근 방식을 사용했다. 구글의 목표는 대용량 데이터를 병렬적으로 처리할 수 있는 확장 가능한 인프라스트럭처를 개발하는 것이었다. 따라서 구글은 분산 파일 시스템, 칼럼 패밀리 지향 데이터 저장소, 분산 조율 시스템, 맵리듀스 기반 병렬 알고리즘 실행 환경을 포함한 전체 메커니즘을 개발했다. 고맙게도 구글은 이런 인프라스트럭처의 핵심 요소를 설명하는 일련의 논문을 공개했다. 공개된 주요 논문은 다음과 같다.

- Sanjay Ghemawat, Howard Gobioff, and Shun-Tak Leung. "The Google File System"; pub.19th ACM Symposium on Operating Systems Principles, Lake George, NY, October 2003.URL: http://labs.google.com/papers/gfs.html

- Jeffrey Dean and Sanjay Ghemawat. "MapReduce: Simplifi ed Data Processing onLarge Clusters"; pub. OSDI'04: Sixth Symposium on Operating System Design andImplementation, San Francisco, CA, December 2004. URL: http://labs.google.com/papers/mapreduce.html

- Fay Chang, Jeffrey Dean, Sanjay Ghemawat, Wilson C. Hsieh, Deborah A. Wallach, MikeBurrows, Tushar Chandra, Andrew Fikes, and Robert E. Gruber. "Bigtable: A DistributedStorage System for Structured Data"; pub. OSDI'06: Seventh Symposium on OperatingSystem Design and Implementation, Seattle, WA, November 2006. URL: http://labs.google.com/papers/bigtable.html

- Mike Burrows. "The Chubby Lock Service for Loosely-Coupled Distributed Systems"; pub.OSDI'06: Seventh Symposium on Operating System Design and Implementation, Seattle,WA, November 2006. URL: http://labs.google.com/papers/chubby.html

 이 장에서 소개한 다양한 용어와 개념이 혼란스럽거나 어렵게 느껴지더라도 조금만 참고 견디자. 이 책에서는 천천히 관련 개념을 모두 설명한다. 지금 모든 내용을 배우지 않아도 된다. 책의 흐름을 따라가다 보면 책을 마칠 때쯤에는 NoSQL 및 빅 데이터와 관련한 주요 개념을 모두 이해할 수 있을 것이다.

구글이 일반에 논문을 발표하자 오픈소스 개발자들은 큰 관심을 보였다. 오픈소스 검색 엔진인 루씬의 개발자들이 가장 먼저 구글의 인프라스트럭처 기능 일부를 모방한 오픈소스 버전을 만들었다. 이후 루씬의 핵심 개발자들은 야후!와 손잡고 다른 수많은 공헌자들의 도움으로 구글의 분산 컴퓨팅 스택을 모두 모방하는 병렬 세계를 개발했다. 이렇게 만든 오픈소스 대안이 바로 하둡과 그 하위 프로젝트 및 관련 제품이다. 하둡에 대한 자세한 정보, 코드, 문서는 http://hadoop.apache.org에서 볼 수 있다.

하둡이 처음으로 나오려고 할 무렵쯤 NoSQL이란 개념이 등장했다. 누가 NoSQL이란 단어를 만들었고 이 단어가 언제 나왔는지는 중요하지 않으며, 중요한 것은 하둡의 등장이 NoSQL이 빠르게 성장하는 기틀을 제공했다는 점이다. 또 구글의 성공이 새로운 분산 컴퓨팅 개념, 하둡 프로젝트, NoSQL 등을 채택하게 하는 데 일조했다는 점도 중요하게 생각할 필요가 있다.

구글의 논문이 병렬 확장 가능한 처리 및 비관계형 분산 데이터 저장소에 대한 관심을 일으킨 지 1년이 지난 후 아마존은 자신들의 성공 스토리를 나누기로 결심했다. 2007년 아마존은 높은 가용성과 일관된 데이터 저장을 할 수 있는 분산 데이터 저장소인 다이나모에 대한 개념을 발표했다. 아마존 다이나모에 대한 자세한 내용은 아래 연구 조사 논문에 잘 나와 있다(2007년 워싱턴 스티븐슨에서 열린 운영체제 원칙에 대한 21번째 ACM 심포지엄에서 공개된 Giuseppe DeCandia, Deniz Hastorun, Madan Jampani, Gunavardhan Kakulapati, Avinash Lakshman, Alex Pilchin, Swami Sivasubramanian, Peter Vosshall, Werner Vogels가 쓴 'Dynamo: Amazon's Highly Available Key/value Store'). 아마존의 CTO인 보너 보겔스(Werner Vogels)는 아마존 다이나모의 내부 핵심 개념을 www.allthingsdistributed.com/2007/10/amazons_dynamo.html에 있는 자신의 블로그 글에서 설명한다.

웹을 선도하는 두 거대 기업(구글과 아마존)이 NoSQL을 지지하면서 이 분야에서 새 제품들이 출시됐다. 많은 개발자들은 자신들의 애플리케이션과 여러 기업에서 이런 방식을 실험적으로 적용했으며, 관련 기술을 더 배우고, 이를 좀 더 활용하는 데 관심을 보였다. 그 후 5년이 채 안 돼서 NoSQL 및 빅 데이터 관리와 관련한 개념은 폭넓게 확산됐고 페이스북, 넷플릭스, 야후!, 이베이, 훌루, IBM 등 유명 기업에서도 사용 사례가 등장했다. 이들 기업 중 다수는 자신들이 확장 개발한 새 제품을 오픈소스를 통해 다시 세계에 공개했다.

이 책에서는 잠시 후 다양한 NoSQL 제품에 대해 배우면서 각 제품의 유사성과 차이점을 살펴본다. 하지만 그 전에 대용량 데이터와 병렬 처리와 관련한 과제 및 해결책에 대해 짧게 소개하는 게 좋겠다. 이를 통해 NoSQL 제품을 살펴보는 데 필요한 배경 지식을 모든 독자가 고루 갖출 수 있을 것이다.

빅 데이터

정확히 얼마나 많은 데이터부터 빅 데이터일까? 이 질문에 대한 대답은 묻는 이에 따라 다를 수 있다. 또 이 질문에 대한 대답은 이 질문을 언제 하느냐에 따라 다를 수도 있다. 현재 수 테라바이트를 넘는 데이터셋은 모두 빅 데이터로 분류된다. 이 정도 크기의 데이터셋은 보통 여러 개의 저장소 유닛[2]에 걸쳐 데이터를 저장해야 한다. 또 이 크기는 전통적인 RDBMS 기법으로는 처리에 한계가 드러나기 시작하는 크기이기도 하다.

---

2 한 개의 물리적 저장소 단위를 말한다.

데이터 크기 관련 수학

1바이트는 8비트로 이뤄진 디지털 정보 단위다. 국제적인 단위 체계(SI) 스키마에서는 1,000(10^3) 바이트의 곱 단위로 다음과 같이 고유명을 부여한다.

- 킬로바이트 (kB) – 10^3
- 메가바이트 (MB) – 10^6
- 기가바이트 (GB) – 10^9
- 테라바이트 (TB) – 10^{12}
- 페타바이트 (PB) – 10^{15}
- 엑사바이트 (EB) – 10^{18}
- 제타바이트 (ZB) – 10^{21}
- 요타바이트 (YB) – 10^{24}

전통적인 2진법에서는 곱을 10^3(즉 1,000)이 아니라 2^{10}(즉 1,024)로 나타낸다. 혼란을 막기 위해 2의 제곱 수에 대해 다음과 같은 이름을 사용한다.

- 키비바이트 (KiB) – 2^{10}
- 메비바이트 (MiB) – 2^{20}
- 기비바이트 (GiB) – 2^{30}
- 테비바이트 (TiB) – 2^{40}
- 페비바이트 (PiB) – 2^{50}
- 엑비바이트 (EiB) – 2^{60}
- 제비바이트 (ZiB) – 2^{70}
- 요비바이트 (YiB) – 2^{80}

한두 해 전만 해도 개인 데이터가 1테라바이트이면 매우 큰 용량이었다. 하지만 지금은 로컬 하드디스크와 백업 드라이브도 이 정도 크기를 일반적으로 사용한다. 앞으로 한두 해가 더 지나면 기본 하드디스크 용량이 몇 테라바이트가 되는 일도 흔히 볼 수 있을 것이다. 우리는 엄청난 데이터 성장 시대에 살고 있다. 디지털 카메라의 저장 결과, 블로그, 매일 이뤄지는 SNS 업데이트, 트윗, 전자 문서, 스캔 콘텐츠, 음악 파일, 동영상은 빠른 속도로 증가하고 있다. 우리는 많은 데이터를 소비하고 또 생산하고 있다.

디지털화된 데이터의 실제 크기 또는 인터넷의 크기를 측정하기란 어렵지만 몇몇 연구의 추정 값에 따르면 그 용량은 어마어마하게 큰 수치이며 제타바이트 범위 또는 그 이상이라고 한다. 현재 진행 중인 '디지털 우주 10년 - 당신은 준비됐는가?(http://emc.com/collateral/demos/microsites/idc-digital-universe/iview.htm)'에서 IDC는 EMC를 대표해 디지털 데이터의 현재 상태와 그 성장에 대한 견해를 제시한다. 이 보고서에서는 생산되고 복제된 디지털 데이터의 전체 크기가 2020년까지 35제타바이트로 성장한다고 한다. 또 이 보고서에서는 현재 생산되고 사용할 수 있는 데이터의 양이 사용할 수 있는 저장 공간의 양보다 더 빠르게 늘어난다고 보고한다. 그 밖의 데이터와 관련해 참고할 만한 연구는 다음과 같다.

- '맵리듀스: 대용량 클러스터상의 단순화된 처리'라는 제목의 2009년 ACM 논문(http://portal.acm.org/citation.cfm?id=1327452.1327492&coll=GUIDE&dl=&idx=J79&part=magazine&WantType=Magazines&title=Communications%20of%20the%20ACM)에서는 구글이 매일 24페타바이트의 데이터를 처리한다고 밝혔다.

- 페이스북이 **2009년** 자신들의 사진 저장 시스템에 대해 쓴 글인 '건초 더미에서 바늘 찾기:수백만 개 사진의 효율적 저장(Needle in a haystack: effi cientstorage of billions of photos, http//facebook.com/note.php?note_id=76191543919)'에서는 페이스북의 전체 사진 크기가 1.5페타바이트라고 언급했다. 또 같은 글에서 약 600억 개의 이미지를 페이스북에서 저장한다고 밝힌 바 있다.

- archive.org/about/faqs.php에서 볼 수 있는 인터넷 아카이브 FAQ에서는 인터넷 아카이브에 2페타바이트의 데이터가 저장돼 있다고 말한다. 또 데이터가 매달 20테라바이트에 달하는 속도로 증가한다고 얘기한다.

- 영화 아바타는 **3D CGI 효과**를 렌더링하는 데 **1페타바이트**의 저장 공간이 들었다('믿거나 말거나: 아바타는 32년 동안 MP3를 재생할 수 있는 크기의 저장 공간인 1페타바이트의 저장 공간이 필요했다' — http://thenextweb.com/2010/01/01/avatar-takes-1-petabyte-storage-space-equivalent-32-year-long-mp3/).

데이터의 크기가 커지고 데이터 소스가 점점 다양해지면서 다음과 같은 문제는 점차 증폭될 것으로 보인다.

- 효율적인 저장 및 대용량 데이터 접근이 어려워진다. 또 장애 허용 능력(fault tolerance)과 백업에 대한 추가 요구로 인해 이런 문제는 더 복잡해질 전망이다.

- 대용량 데이터셋을 수정하려면 엄청난 병렬 처리를 수행해야 한다. 이런 실행 환경에서 장애로부터 잘 복구되고 비교적 짧은 시간에 결과를 제공하기란 매우 어렵다.

- 다양한 소스에서 생성하는 반구조화된 데이터 및 비구조화된 데이터에 대해 계속해서 스키마와 메타데이터를 관리하는 문제는 매우 난해한 문제다.

따라서 대용량 데이터의 저장 및 조회 방식과 수단에 있어서 현재의 방식을 뛰어넘는 새로운 접근 방식을 사용해야 한다. NoSQL과 관련 빅데이터 솔루션은 이를 향한 첫 번째 발걸음이다.

데이터의 성장과 더불어 데이터의 규모도 함께 성장한다.

디스크 저장 및 데이터 읽기/쓰기 속도

데이터 크기가 늘어나면 저장 공간의 용량도 늘어나고 데이터를 디스크에 쓰기 위한 접근 속도와 디스크에서 데이터를 읽는 접근 속도가 이를 따라가지 못하게 된다. 현재 평균 이상의 성능을 내는 1TB 디스크는 보통 300Mbps 속도로 데이터에 접근하며, 7200RPM 속도로 회전한다. 이런 최고 속도를 기준으로 1TB의 데이터에 접근하려면 약 한 시간(기껏해야 55분)이 소요된다. 데이터가 늘어나면 데이터 접근에 걸리는 시간은 계속 증가할 뿐이다. 더불어 7200RPM에서 300Mbps 속도로 접근한다는 주장 자체도 좀 오해의 소지가 있다. 전통적인 회전 미디어는 표면 영역을 최적화하기 위해 원형 저장 디스크를 사용한다. 원에서 7200RPM이란 접근하려는 동심원의 둘레에 따라 데이터 접근 양이 달라질 수 있음을 뜻한다. 디스크가 점점 채워짐에 따라 둘레는 점점 더 작아지고, 각 회전 시 접근할 수 있는 미디어 섹터 영역도 줄어든다. 이 말은 300Mbps라는 최고 속도가 시간이 지나면서 디스크가 65퍼센트 정도 채워질 즈음에는 크게 줄어든다는 뜻이다. SSD는 이런 회전 저장 매체를 대신하는 매체다. SSD는 전기기계식 회전 디스크 대신 마이크로칩을 사용한다. SSD에서는 휘발성 랜덤 액세스 메모리에 데이터를 보관한다.

SSD는 회전 매체와 비교해 빠른 속도와 개선된 '초당 입출력 작업(IOPS)'을 약속한다. 2009년말과 2010년 초 마이크론 같은 회사에서는 SSD가 Gbps 이상의 접근 속도를 제공할 수 있다고 발표했다 (www.dailytech.com/UPDATED+Micron+Announces+Worlds+First+Native+6Gbps+SATA +Solid+State+Drive/article17007.htm). 하지만 SSD는 갑자기 멈추는 등 버그와 문제가 많고 회전 매체와 비교해 비용이 훨씬 비싸다. 디스크 접근 속도가 데이터를 읽고 쓸 수 있는 속도를 결정한다는 사실을 감안하면 하나의 큰 저장소에 데이터를 저장하기보다는 여러 데이터 단위에 걸쳐 데이터를 저장하는 게 낫다는 결론에 이른다.

확장성

확장성은 리소스를 추가해 장비의 처리량을 늘림으로써 로드 증가를 처리할 수 있는 시스템 기능을 말한다. 확장성은 추가적인 수요를 충족할 수 있는 크고 강력한 리소스를 공급하거나 일반 장비가 유닛 역할을 하는 클러스터에 의존함으로써 달성할 수 있다. 크고 강력한 장비를 공급하는 방식을 보통 수직적 확장성이라고 한다. 슈퍼컴퓨터에 많은 CPU 코어와 대용량의 저장 공간을 직접 연결하는 방식은 전형적인 수직적 확장성 솔루션이다. 이런 확장성 옵션은 보통 비용이 비싸고 특정 벤더의 제품에 해당한다. 이런 수직적 확장성의 대안으로 수평적 확장성도 있다. 수평적 확장성에서는 부하가 늘어남에 따라 클러스터의 스케일을 변경하는, 일반 시스템으로 이뤄진 클러스터를 사용한다. 수평적 확장성에서는 보통 늘어나는 부하를 처리하기 위해 노드를 추가한다.

빅 데이터의 등장과 이런 데이터를 처리하기 위한 대규모 병렬 처리에 대한 수요로 수평적 확장성 인프라스트럭처가 폭넓게 채택됐다. 구글, 아마존, 페이스북, 이베이, 야후! 등은 이런 수평적 확장성 인프라스트럭처를 위해 엄청나게 많은 서버를 사용하고 있다. 이런 인프라스트럭처 중 일부는 수천에서 수십만 개의 서버를 갖고 있다.

수평적으로 확장된 장비의 클러스터상에서 데이터를 처리하기란 매우 복잡하다. 맵리듀스 모델은 장비의 수평적 클러스터상에서 대용량 데이터를 처리할 수 있는 가장 좋은 방식 중 하나다.

맵 리듀스의 정의 및 소개

맵리듀스는 컴퓨터 클러스터상에서 대용량 데이터셋을 분산 처리할 수 있게 해주는 병렬 프로그래밍 모델이다. 맵리듀스 프레임워크는 구글이 특허로 등록했지만(http://patft.uspto.gov/netacgi/nph-Parser?Sect1=PTO1&Sect2=HITOFF&d=PALL&p=1&u=/netahtml/PTO/srchnum.htm&r=1&f=G&l=50&s1=7,650,331.PN.&OS=PN/7,650,331&RS=PN/7,650,331) 그 개념은 자유롭게 공유되고 있으며, 여러 오픈소스 구현체에서 채택하고 있다.

맵리듀스는 함수형 프로그래밍 세계에서 영감을 얻었다. map과 reduce는 함수형 프로그래밍 세계에서 자주 사용하는 함수다. 함수형 프로그래밍에서 map 함수는 리스트 내 각 요소별로 작업을 수행하거나 함수를 적용한다. 예를 들어 [1, 2, 3, 4]로 구성된 리스트에 2를 곱하는 함수는 [2, 4, 6, 8]이라는 결과를 생성한다. 이런 함수를 적용할 때 원본 리스트는 수정되지 않는다. 함수형 프로그래밍에서는 데이터를 수정하지 않는 방식을 고수하고, 여러 프로세스나 스레드 사이에서 데이터를 공유하는 것을 꺼린다. 이 말은 앞에서 소개한 map 함수를 둘 이상이 스레드에서 리스트를 대상으로 실행될 수 있다는 뜻이며, 이렇게 하더라도 리스트 자체가 변경되지 않으므로 이들 스레드가 서로 간섭하지 않는다는 뜻이다.

map 함수처럼 함수형 프로그래밍에서는 reduce 함수라는 개념도 갖고 있다. 사실 reduce 함수는 함수형 프로그래밍에서 fold 함수로 더 많이 알려져 있다. reduce 또는 fold 함수는 종종 accumulate, compress, inject 함수라고도 한다. reduce 또는 fold 함수는 리스트 같은 데이터 구조의 모든 요소에 함수를 적용하고 하나의 결과를 생산한다. 따라서 앞에서 map 함수가 생성한 리스트인 [2, 4, 6, 8]에 reduce 함수를 통해 덧셈을 수행하는 함수를 적용하면 결과는 20이 된다.

이와 같은 map 함수와 reduce 함수는 데이터 목록을 처리하는 데 연계해 사용할 수 있다. 이 경우 목록의 각 요소별로 함수를 먼저 적용하고 변형된 결과에 취합 함수를 적용할 수 있다.

이와 같은 단순한 map, reduce 함수의 개념은 대용량 데이터셋에 적용하도록 확장됐다. 여기서는 이 개념을 조금 수정해 튜플(tuple) 컬렉션이나 키/값 쌍에 이를 활용한다. map 함수는 컬렉션에 들어 있는 모든 키/값 쌍에 함수를 적용하고 새 컬렉션을 생성한다. 그런 다음 reduce 함수는 새로 생성된 컬렉션에 취합 함수를 적용해 최종 결과를 계산한다. 이는 예제를 보면 좀 더 쉽게 이해할 수 있는 만큼, 흐름을 볼 수 있는 간단한 예제를 살펴보자. 예컨대 다음과 같이 키/값 쌍으로 이뤄진 컬렉션이 있다고 가정하자.

```
[{ "94303": "Tom"}, {"94303": "Jane"}, {"94301": "Arun"}, {"94302": "Chen"}]
```

이 컬렉션은 키가 우편번호이고, 값이 해당 우편번호에 거주하는 사람으로 이뤄진 키/값 쌍 컬렉션이다. 이 컬렉션에 간단한 맵 함수를 적용하면 특정 우편번호에 해당하는 사람의 이름을 모두 가져올 수 있다. 이 map 함수의 출력 결과는 다음과 같다.

```
[{"94303":["Tom", "Jane"]}, {"94301":["Arun"]}, {"94302":["Chen"]}]
```

이제 이 결과에 reduce 함수를 적용하면 특정 우편번호에 해당하는 사람의 수를 계산할 수 있다. 최종 결과는 다음과 같다.

```
[{"94303": 2}, {"94301": 1}, {"94302": 1}]
```

이 예제는 매우 간단하고 맵리듀스 메커니즘을 적용하기에는 과한 측면이 있지만 핵심 개념과 전체적인 흐름은 충분히 이해할 수 있을 것이다.

이어서 몇 가지 유명 NoSQL 제품을 소개하고 이를 기능과 속성별로 분류해보자.

순서 정렬된 칼럼 지향 저장소

구글의 빅테이블은 데이터를 칼럼 지향적인 방식으로 저장하는 모델을 지지한다. 이는 RDBMS의 행 중심 설계와는 대조적이다. 칼럼 지향 저장소는 데이터를 효과적으로 저장할 수 있게 해준다. 이 방식을 사용하면 칼럼에 값이 존재하지 않을 경우 저장하지 않으면 되므로 null을 저장하느라 공간을 사용하지 않아도 된다.

각 데이터 단위는 키/값 쌍으로 이뤄진 세트로 생각할 수 있으며, 각 단위는 종종 기본키라고 하는 주 식별자의 도움을 받아 식별할 수 있다. 빅테이블과 이를 모방한 제품에서는 이런 기본키를 행 키(row-key)라고 한다. 또 이 절의 제목에서 알 수 있듯 데이터 단위는 순서 정렬된 방식으로 저장된다. 데이터 단위는 정렬되고 행 키를 기반으로 순서가 정해진다. 순서 정렬된 칼럼 기반 저장소를 설명하려면 글보다는 예제를 보여주는 게 더 나으므로 간단히 예를 들어보자. 여러 사람에 대한 정보를 기록하는 간단한 테이블이 있다고 가정하자. 이 테이블에서는 first_name, last_name, occupation, zip_code, gender 같은 칼럼이 있다. 이 테이블에서 사람의 정보는 다음과 같이 저장할 수 있다.

```
first_name: John
last_name: Doe
zip_code: 10001
gender: male
```

또 다른 사람에 대한 데이터셋은 다음과 같이 저장할 수 있다.

```
first_name: Jane
zip_code: 94303
```

첫 번째 데이터의 행 키는 1이고, 두 번째 데이터의 행 키는 2라고 가정하자. 그럼 순서 정렬된 칼럼 지향 데이터 저장소에서는 행 키가 1인 데이터 포인트가 행 키가 2인 데이터 포인트보다 앞으로 오고, 두 개의 데이터 포인트가 이웃하게끔 데이터가 저장된다.

또 각 데이터 포인트별로 유효한 키/값 쌍만 저장된다. 따라서 이 예제에서는 first_name과 last_name을 멤버로 갖고 있는 name을 칼럼 패밀리로 사용할 수 있다. 또 다른 칼럼 패밀리로는 zip_code를 멤버로 갖고 있는 location을 만들 수 있다. 또 세 번째 칼럼 패밀리로 profile을 만들 수 있다. gender 칼럼은 profile 칼럼 패밀리의 멤버가 될 수 있다. 빅테이블과 유사한 칼럼 지향 저장소에서는 데이터가 칼럼 패밀리를 기반으로 저장된다.

칼럼 패밀리는 보통 설정 또는 시작 시점에 정의한다. 칼럼 그 자체는 사전 정의나 선언이 전혀 필요 없다. 또 칼럼은 데이터를 바이트 배열로 영속화할 수 있는 한 모든 데이터 타입을 저장할 수 있다.

따라서 이 예제의 내부 논리적 저장 공간은 name, location, profile이란 세 개의 저장 버킷으로 구성될 수 있다. 각 버킷 내에서는 유효한 값을 갖고 있는 키/값 쌍만 저장된다. 따라서 name 칼럼 패밀리 버킷은 다음 값을 저장한다.

```
행 키 1: 1
first_name: John
last_name: Doe
행 키: 2
first_name: Jane
```

location 칼럼 패밀리는 다음 값을 저장한다.

```
행 키: 1
zip_code: 10001
행 키: 2
zip_code: 94303
```

profile 칼럼 패밀리는 행 키가 1인 데이터 포인트에 대한 값만 갖고 있으므로 다음 값만 저장한다.

```
행 키 : 1
gender: male
```

실제 저장과 관련해서는 칼럼 패밀리가 특정 행에 대해 물리적으로 고립돼 있지는 않다. 행 키와 관련한 모든 데이터는 함께 저장된다. 칼럼 패밀리는 자신이 포함하는 칼럼에 대한 키 역할을 하며, 행 키는 전체 데이터셋에 대한 키 역할을 한다.

빅테이블 및 그 복제품에서 데이터는 인접한 순서대로 저장된다. 데이터가 늘어나 한 노드를 모두 채우면 이 노드가 여러 노드로 분할된다. 데이터는 각 노드에서뿐 아니라 여러 노드에 걸쳐 정렬되고 순서가 지정되며, 이를 통해 하나의 거대한 인접 시퀀스 세트를 이룬다. 데이터는 장애를 허용하는 방식으로 영속화되며, 장애가 발생했을 때를 대비해 각 데이터셋에 대해 세 개의 복사본을 유지한다. 대부분의 빅테이블 복제품은 분산 파일 시스템을 활용해 데이터를 디스크에 영속화한다. 분산 파일 시스템을 사용하면 여러 장비로 구성된 클러스터에 데이터를 저장할 수 있다.

순서 정렬된 구조는 행 키를 통한 데이터 검색을 매우 효율적으로 만들어준다. 이 같은 구조 덕분에 데이터를 랜덤으로 접근하는 횟수를 줄일 수 있고, 데이터를 조회할 때는 데이터를 보관하는 시퀀스에서 노드를 쉽게 찾을 수 있다. 데이터는 리스트 끝에 삽입된다. 업데이트는 그 자리에서 이뤄지지만 때로는 데이터를 덮어 쓰는 대신 새 버전의 데이터를 특정 셀에 추가하기도 한다. 이 말은 각 셀의 몇 가지 버전을 항상 유지한다는 뜻이다. 버전 속성은 보통 설정 가능하다.

HBase는 인기 있는 오픈소스, 순서 정렬된 칼럼 패밀리 저장소로, 구글의 빅테이블에서 제안한 개념을 기반으로 모델링됐다. HBase에서 데이터를 저장하고 접근하는 자세한 방법은 이 책의 여러 장을 통해 다룬다.

HBase에 저장한 데이터는 맵리듀스 인프라스트럭처를 사용해 조작할 수 있다. 하둡의 맵리듀스 툴은 HBase를 데이터 소스 및/또는 데이터 싱크로 쉽게 활용할 수 있게 해준다.

빅테이블과 그 복제품에 대한 기술적인 명세는 다음 장부터 살펴본다. 내부 구성 요소를 알고 싶다면 계속해서 궁금증을 품고 있거나 4장을 살짝 들여다 보자.

다음은 빅테이블 복제품이다.

구글의 인프라스트럭처에서 제안한 개념을 가장 잘 이해하고 활용하는 방법은 하둡 패밀리(http//hadoop.apache.org) 제품부터 살펴보는 것이다. 하둡이라고 하는 NoSQL 빅테이블 저장소는 하둡 패밀리의 일부다.

빅테이블 오픈소스 제품의 속성을 몇 가지 나열하면 다음과 같다.

HBase

- 공식 홈페이지 : http://hbase.apache.org
- 역사 : 2007년에 파워셋(지금은 마이크로소프트에 소속)에서 개발했다. 마이크로소프트가 파워셋을 인수하기 전에 아파치 재단에 기증됐다.
- 기술 및 언어 : 자바로 구현.
- 접근 방식 : 제이루비 셸을 통해 저장소에 명령행으로 접근할 수 있다. 쓰리프트(Thrift), 에이브로(Avro),REST, protobuf 클라이언트가 존재한다. 몇 가지 언어 바인딩도 지원한다. 배포판에서는 자바 API를 사용할 수 있다.

프로토콜 버퍼의 약어인 Protobuf는 구글의 데이터 교환 형식이다. 자세한 정보는 http://code.google.com/p/protobuf/를 참고하자.

- 쿼리 언어 : 네이티브 쿼리 언어는 지원하지 않는다. 하이브(http://hive.apache.org)는 HBase용 SQL 같은 인터페이스를 제공한다.

- 오픈소스 라이선스 : 아파치 라이선스 버전 2

- 사용하는 곳 : 페이스북, 스텀블어폰, 훌루, 닝, 마할로, 야후! 등.

쓰리프트란?

쓰리프트는 크로스 언어 서비스 및 API 개발을 지원하는 소프트웨어 프레임워크이자 인터페이스 정의 언어다. 쓰리프트를 활용해 생성한 서비스는 C++, 자바, 파이썬, PHP, 루비, 얼랭, 펄, 하스켈, C#, 코코아, 스몰토크, OCaml 같은 언어에서 효과적이고 매끄럽게 동작한다. 쓰리프트는 페이스북이 2007년에 개발했다. 이 프로젝트는 아파치 인큐베이터 프로젝트다. 쓰리프트에 대한 자세한 정보는 http://thrift.apache.org/3에서 볼 수 있다.

하이퍼테이블

- 공식 홈페이지 : www.hypertable.org

- 역사 : 2007년에 Zventus에서 개발했다. 현재는 독립적인 오픈소스 프로젝트다.

- 기술 및 언어 : C++으로 구현했으며, 구글 RE2 정규식 라이브러리를 사용한다. RE2는 빠르고 효율적인 구현체를 제공한다. 하이퍼테이블은 대용량 데이터를 처리할 때 시간과 비용을 절약해 HBase보다 빠른 성능을 약속한다.

- 접근 방식 : 명령행 셸을 사용할 수 있다. 추가로 쓰리프트 인터페이스를 지원한다. 언어 바인딩은 쓰리프트 인터페이스를 기반으로 개발됐다. 또 하이퍼테이블용 JDBC 호환 인터페이스도 개발됐다.

- 쿼리 언어 : HQL(Hypertable Query Language)은 하이퍼테이블 데이터를 쿼리하는 SQL 같은 추상화다. 하이퍼테이블은 하이브용 어댑터도 갖고 있다.

- 오픈소스 라이선스 : GNU GPL 버전 2

- 사용하는 곳 : Zvents, 바이두(중국 최대 검색 엔진), 레디프(인도 최대 포탈)

Cloudata

- 공식 홈페이지 : www.cloudata.org/

- 역사 : YK Kwon(www.readwriteweb.com/hack/2011/02/open-source-bigtable-cloudata.php) 이라는 한국 개발자가 개발했다. 유래에 대해서는 알려진 바가 많지 않다.

- 기술 및 언어 : 자바로 구현했다.

- 접근 방식 : 명령행 접근 방식을 지원한다. 쓰리프트, REST, 자바 API를 사용할 수 있다.

- 쿼리 언어 : CQL(Cloudata Query Language)는 SQL 같은 쿼리 언어를 정의한다.

- 오픈소스 라이선스 : 아파치 라이선스 버전 2

- 사용하는 곳 : 알려진 바 없다.

순서 정렬된 칼럼 패밀리 저장소는 매우 인기 있는 NoSQL 방안이다. 하지만 NoSQL은 훨씬 다양한 키/값 저장소 및 도큐먼트 데이터베이스로 이뤄져 있다. 다음으로 키/값 저장소를 살펴보자.

키/값 저장소

해시맵 또는 연관 배열은 키/값 쌍을 보관할 수 있는 가장 단순한 데이터 구조다. 이런 데이터 구조는 데이터에 접근할 때 매우 효율적이고, 데이터에 접근할 때 Big O(1) 평균 알고리즘에 달하는 실행 시간[3]을 제공한다. 키/값 쌍의 핵심은 세트(set)에 있는 고유 값으로, 이 값을 사용하면 데이터에 쉽게 접근할 수 있다.

키/값 쌍에는 여러 종류가 있다. 일부는 데이터를 메모리에 저장하고 일부는 디스크에 데이터를 영속화할 수 있는 기능도 제공한다. 키/값 쌍은 노드 클러스터로 분산 및 보관할 수 있다.

간단하지만 강력한 키/값 저장소로 오라클의 버클리 디비(Berkeley DB)가 있다. 버클리 디비는 키와 값이 모두 바이트 배열로 이뤄진 순수 저장 엔진이다. 버클리 디비의 핵심 저장 엔진은 키 또는 값에 의미를 부여하지 않는다. 그냥 바이트 배열 쌍을 받아들이고 호출 클라이언트에게 반환해줄 뿐이다. 버클리 디비는 메모리에 데이터를 캐싱한 후 데이터가 커지면 디스크에 쓸 수 있다. 또 빠른 조회 및 접근을 위해 키를 인덱싱하는 개념도 지원한다. 버클리 디비는 1990년대 중반부터 존재했다. 이 DB는 BSD 4.3에서 4.4로 마이그레이션하는 과정에서 AT&T의 NDBM을 대체하기 위해 개발됐다. 1996년 버클리 디비의 유지 보수를 위해 슬리피캣 소프트웨어(Sleepycat Software)가 생겼다.

또 다른 종류의 키/값 저장소로 캐시가 있다. 캐시는 애플리케이션에서 가장 많이 사용하는 데이터의

---

3 즉, 키/값 쌍에 들어 있는 데이터의 크기가 늘어나더라도 데이터에 접근하는 속도가 항상 동일하다는 뜻이다.

인메모리 스냅샷을 제공한다. 캐시의 목적은 디스크 입출력을 줄이기 위한 것이다. 캐시 시스템은 기본적인 맵 구조일 수도 있고 캐시 만료 정책을 갖춘 강력한 시스템 형태가 될 수도 있다. 캐싱은 컴퓨터 소프트웨어 스택의 모든 레벨에서 성능을 높이기 위해 사용하는 인기 있는 전략이다. 운영체제, 데이터베이스, 미들웨어 컴포넌트, 애플리케이션은 모두 캐싱을 사용한다.

강력한 오픈소스 분산 캐시 시스템인 EHCache(http://ehcache.org/)는 자바 애플리케이션에서 폭넓게 사용한다. EHCache는 NoSQL 솔루션으로 고려할 수도 있다. 웹 애플리케이션에서 인기리에 사용 중인 또 다른 캐시 시스템으로 Memcached(http://memcached.org/)가 있다. Memcached는 오픈소스, 고성능 객체 캐싱 시스템이다. 브래드 피츠패트릭이 2003년 라이브저널을 위해 Memcached를 개발했다. 캐시 시스템 외에 Memcached는 거대한 가상 풀을 생성하고 필요에 따라 노드 사이에 메모리를 분산함으로써 효율적인 메모리 관리에도 도움을 준다. 이를 통해 한 노드가 지나치게 많은 메모리를 보유한 채 사용하지 않고, 다른 노드에서는 메모리가 부족한 메모리 단편화를 예방할 수 있다.

NoSQL 움직임이 추진력을 얻게 됨에 따라 다양한 키/값 쌍 데이터 저장소가 등장했다. 이 중 일부는 Memcached API를 기반으로 개발됐고, 일부는 버클리 디비를 내부 저장소로 사용하며, 나머지 몇 개는 대안 솔루션을 처음부터 개발했다.

이들 키/값 저장소 대부분은 값을 가져오고 설정할 수 있는 get/set 메커니즘을 제공한다. 레디스(Redis, http://redis.io/) 같은 일부 제품은 이보다 풍부한 추상화와 강력한 API를 제공한다. 레디스는 맵과는 별도로 문자열(캐릭터 시퀀스), 리스트, 세트 같은 데이터 구조를 제공하므로 데이터 구조 서버로 간주할 수 있다. 또 레디스는 여러 데이터 구조를 통해 데이터에 접근할 수 있는 풍부한 API를 제공한다.

이 책에서는 키/값 쌍에 대해 자세히 다룬다. 여기서는 이 중 중요한 제품을 몇 개 나열하고 각 저장소의 중요한 특징을 살펴본다. 이번에도 항목 기호를 사용해 중요한 특징을 나열하는 방식을 사용한다.

멤베이스 (카우치베이스로 병합. Couchbase, Inc가 설립된 후 카우치디비로부터 기능을 가져옴)

- 공식 홈페이지 : www.membase.org
- 역사 : 2009년 NorthScale, Inc.(나중에 멤베이스로 개명)가 프로젝트를 시작했다. 징가와 NHN이 초창기부터 공헌자로 활동했다. 멤베이스는 Memcached를 기반으로 개발됐으며 Memcached의 텍스트 및 바이너리 프로토콜을 지원한다. 멤베이스는 Memcached 위에 많은 기능을 추가했다. 디스크 영속화, 데이터 복제, 라이브 클러스터 재설정 및 데이터 리밸런싱을 추가했다. 멤베이스의 핵심 개발자 중 다수는 Memcached의 공헌자이기도 하다.
- 기술 및 언어 : 얼랭, C, C++로 구현됐다.

- 접근 방식 : Memcached 호환 API를 확장한 API를 사용한다. Memcached를 대체할 수 있다.

- 오픈소스 라이선스 : 아파치 라이선스 버전 2

- 사용하는 곳 : 징가, NHN 등

교토 캐비넷

- 공식 홈페이지 : http://fallabs.com/kyotocabinet/

- 역사 : 교토 캐비넷은 도쿄 캐비넷(http://fallabs.com/tokyocabinet/)을 계승한 프로젝트다. 데이터베이스는 레코드를 포함하는 간단한 데이터 파일이다. 각 레코드는 키/값 쌍으로 이뤄진다. 모든 키와 값은 가변 길이를 갖고 있는 직렬 바이트다.

- 기술 및 언어 : C++로 구현했다.

- 접근 방식 : C, C++, 자바, C#, 파이썬, 루비, 펄, 얼랭, OCaml, 루아용 API를 제공한다. 프로토콜이 간단하므로 많은 클라이언트가 존재한다.

- 오픈소스 라이선스 : GNU GPL 및 GNU LGPL

- 사용하는 곳 : Mixi, Inc.는 개발자가 Mixi를 떠나 구글에 합류하기 전까지 초기 프로젝트의 대부분을 지원했다. 블로그 포스트와 메일링 목록을 보면 많은 사용자가 있음을 알 수 있지만 공개된 목록은 없다.

레디스

- 공식 홈페이지 : http://redis.io/

- 역사 : 프로젝트는 2009년 살바토레 산필리포가 시작했다. 살바토레는 자신의 스타트업인 LLOOGG(http://lloogg.com/)에서 사용하기 위해 이 프로젝트를 만들었다. 아직 독립 프로젝트이긴 하지만 레디스의 주 개발자는 VMware의 직원이며, VMware가 이 프로젝트의 개발을 후원한다.

- 기술 및 언어 : C로 구현했다.

- 접근 방식 : 풍부한 방식과 동작을 지원한다. 명령행 인터페이스와 자바, 파이썬, 루비, C, C++, 루아, 하스켈, AS3 등을 위한 클라이언트 라이브러리를 통해 레디스에 접근할 수 있다.

- 오픈소스 라이선스 : BSD

- 사용하는 곳 : 크레이그리스트

여기서 나열한 세 개의 키/값 쌍은 실시간 데이터, 임시로 자주 사용하는 데이터, 또는 완전한 규모의 영속화에 사용할 수 있는 저장 기능을 제공하는 빠른 구현체다.

여기서 다룬 키/값 쌍 구현체는 저장하는 데이터에 대한 강력한 일관성 모델을 제공한다.

하지만 다른 키/값 쌍 제품들은 분산 배포 환경에서 일관성보다는 가용성을 강조한다.

이들 제품은 대부분 키/값 쌍 제품인 아마존의 다이나모를 통해 영감을 받았다. 아마존의 다이나모는 뛰어난 가용성 및 확장성을 약속하며, 아마존의 분산 장애 허용 및 높은 가용성 시스템의 근간을 형성한다. 아파치 카산드라, 바쇼 리악(Basho Riak), 볼드모트는 아마존 다이나모에서 제안한 개념을 따르는 오픈소스 구현체다.

아마존 다이나모는 여러 가지 핵심적인 고가용성 개념을 제시했다. 이런 개념 중 가장 중요한 개념은 궁극적인 일관성(eventual consistency)이다. 궁극적인 일관성이란 데이터가 노드 사이에서 업데이트되는 동안 복제된 노드 사이에서 잠깐 동안 비일관성이 있을 수도 있다는 뜻이다.

궁극적인 일관성은 비일관성을 뜻하지는 않는다. 다만 RDBMS에서 흔히 볼 수 있는 ACID 형태의 일관성보다는 조금 약한 일관성이다.

이 책에서는 아마존 다이나모처럼 궁극적으로 일관적인 데이터 저장소를 구성하는 내부 요소에 대해 자세히 다룬다. 하지만 이 개념을 제대로 설명하려면 적절한 맥락과 기술적인 내용이 필요하므로 이 장에서는 이 개념을 자세히 다루지는 않는다.

이번에는 아마존 다이나모의 복제품을 살펴보고 이들 데이터 저장소의 주요 특징을 살펴보자.

카산드라

- 공식 홈페이지 : http://cassandra.apache.org/

- 역사 : 페이스북에서 개발했고 2008년 오픈소스화해 아파치 재단에 기증했다.

- 기술 및 언어 : 자바로 구현했다.

- 접근 방식 : 명령행 접근을 지원한다. 쓰리프트 인터페이스 및 내부 자바 API도 존재한다. 자바, 파이썬, 그레일즈, PHP, .NET, 루비용 클라이언트를 지원한다. 하둡 연동도 지원한다.

- 쿼리 언어 : 쿼리 언어 명세는 현재 개발 중이다.

- 오픈소스 라이선스 : 아파치 라이선스 버전 2
- 사용하는 곳 : 페이스북, 디그, 레딧, 트위터 등

볼드모트

- 공식 홈페이지 : http://project-voldemort.com/
- 역사 : 링크드인의 데이터 및 분석 팀이 2008년에 개발함.
- 기술 및 언어 : 자바로 구현했다. 버클리 디비 또는 MySQL을 활용한 착탈 가능한 저장소를 제공한다.
- 접근 방식 : 쓰리프트, 에이브로, protobuf(http://code.google.com/p/protobuf/) 인터페이스와 연동된다. 하둡과 연계해 사용할 수 있다.
- 오픈소스 라이선스 : 아파치 라이선스 버전 2
- 사용하는 곳 : 링크드인

리악

- 공식 홈페이지 : http://wiki.basho.com/
- 역사 : 2008년에 설립된 바쇼(Basho)에서 개발
- 기술 및 언어 : 얼랭으로 구현했다. C와 자바스크립트도 조금 사용한다.
- 접근 방식 : JSON용 인터페이스(HTTP), protobuf 클라이언트가 존재한다. 얼랭, 자바, 루비, 파이썬, PHP, 자바스크립트용 라이브러리가 존재한다.
- 오픈소스 라이선스 : 아파치 라이선스 버전 2
- 사용하는 곳 : 컴캐스트 및 모치 미디어

세 제품(카산드라, 리악, 볼드모트) 모두 오픈소스 아마존 다이나모의 기능을 제공한다. 카산드라와 리악은 기능과 속성상 두 가지 성격을 보여준다. 카산드라는 구글 빅테이블과 아마존 다이나모의 속성을 둘 다 갖고 있다. 리악은 키/값 저장소 및 도큐먼트 데이터베이스 역할을 모두 수행한다.

도큐먼트 데이터베이스

도큐먼트 데이터베이스는 문서 관리 시스템이 아니다. NoSQL을 처음 시작하는 개발자는 종종 도큐먼트 데이터베이스가 문서 및 콘텐츠 관리 시스템이라고 착각한다. 도큐먼트 데이터베이스에서 '도큐먼트'는 문서에 들어 있는 느슨한 구조의 키/값 쌍(주로 JSON)을 가리키며, 문서 또는 스프레드시트가 아니다(이를 저장할 수도 있기는 하지만).

도큐먼트 데이터베이스는 문서를 전체적으로 취급하고 문서를 구성하는 이름/값 쌍으로 문서를 분할하지 않는다. 이는 여러 문서 세트를 컬렉션 레벨에서 하나의 컬렉션으로 합칠 수 있게 해준다. 도큐먼트 데이터베이스는 주 식별자뿐 아니라 속성을 통해서도 문서를 인덱싱할 수 있게 해준다. 현재 몇 가지 오픈소스 도큐먼트 데이터베이스를 사용할 수 있지만 이 중 가장 유망한 솔루션은 몽고디비와 카우치디비다.

몽고디비

- 공식 홈페이지 : www.mongodb.org

- 역사 : 10gen에서 개발

- 기술 및 언어 : C++로 구현

- 접근 방식 : 자바스크립트 명령행 인터페이스. C, C#, C++, 얼랭, 하스켈, 자바, 자바스크립트, 펄, PHP, 파이썬, 루비, 스칼라 등 여러 언어용 드라이버가 존재

- 쿼리 언어 : SQL과 유사한 쿼리 언어

- 오픈소스 라이선스 : GNU Affero GPL(http://gnu.org/licenses/agpl-3.0.html)

- 사용하는 곳 : 포스퀘어, 셔터플라이, 인튜이트, 깃허브 등

카우치디비

- 공식 홈페이지 : http://couchdb.apache.org와 www.couchbase.com. 대부분의 개발자는 Couchbase, Inc에 소속돼 있다.

- 역사 : 작업은 2005년 시작됐고 2008년에 아파치 인큐베이트 프로젝트가 됨

- 기술 및 언어 : C와 자바스크립트 실행 환경을 일부 사용해 얼랭으로 구현

- 접근 방식 : 다른 메커니즘보다 REST를 강력하게 지원함. 표준 웹 툴과 클라이언트를 사용해 웹 리소스에 접근하듯 데이터베이스에 접근할 수 있음

- 오픈소스 라이선스 : 아파치 라이선스 버전 2

- 사용하는 곳 : 애플, BBC, Canonical, Cern 등. 자세한 정보는 http://wiki.apache.org/couchdb/ CouchDB_in_the_wild에서 확인 가능

다음 장부터는 도큐먼트 데이터베이스에 대한 자세한 내용을 다루기 시작한다.

그래프 데이터베이스

지금까지 주류 오픈소스 NoSQL 제품을 대부분 다뤘다. 그 밖의 그래프 데이터베이스와 XML 데이터 저장소도 NoSQL 데이터베이스에 속한다. 이 책에서는 그래프 데이터베이스와 XML 데이터베이스는 다루지 않는다. 하지만 여기서는 책과 상관없이 관심 있게 볼 만한 그래프 데이터베이스 두 개를 소개한다. 바로 Neo4j와 FlockDB다.

Neo4J는 ACID 호환 그래프 데이터베이스다. 이 데이터베이스를 활용하면 그래프를 빠르게 순회할 수 있다.

Neo4j

- 공식 홈페이지 : http://neo4j.org

- 역사 : 2003년에 Neo Technologies가 개발했다(이 데이터베이스는 NoSQL이란 용어가 인기를 얻기 전부터 있었다).

- 기술 및 언어 : 자바로 구현함

- 접근 방식 : 명령행을 통해 저장소에 접근할 수 있다. REST 인터페이스도 사용할 수 있다. 자바, 파이썬, 루비, 클로저, 스칼라, PHP용 클라이언트 라이브러리도 존재한다.

- 쿼리 언어 : SPARQL 프로토콜과 RDF 쿼리 언어를 지원한다.

- 오픈소스 라이선스 : AGPL

- 사용하는 곳 : Box.net

FlockDB

- 공식 홈페이지 : https://github.com/twitter/flockdb

- 역사 : 트위터에서 개발하고 2010년에 오픈소스로 공개했다. 트위터에서 팔로워의 이웃 목록을 저장하기 위해 설계됐다.

- 기술 및 언어 : 스칼라로 구현함

- 접근 방식 : 쓰리프트 및 루비 클라이언트

- 오픈소스 라이선스 : 아파치 라이선스 버전 2

- 사용하는 곳 : 트위터

지금까지 여러 NoSQL 제품을 다뤘다. 이를 통해 이들 제품에 대해 배우는 데 필요한 배경 지식을 쌓고 이를 여러분의 스택에서 효과적으로 활용하는 데 필요한 준비를 마칠 수 있기를 바란다.

정리

첫 장에서는 NoSQL의 개념을 소개했다. 약간의 배경 지식과 기본 정보를 살펴보는 것부터 시작했다. 그런 다음 순서 정렬된 칼럼 지향 저장소의 핵심 사항과 키/값 저장소, 궁극적으로 일관적인 데이터베이스, 도큐먼트 저장소를 다뤘다. 끝으로 핵심 속성과 더불어 여러 NoSQL 제품 목록도 살펴봤다.

NoSQL은 모든 문제를 해결하기 위한 솔루션은 아니며 물론 단점도 있다. 하지만 대부분의 제품은 데이터가 증가함에 따른 확장성이 뛰어나며, 여러 클러스터 노드로 분산돼야 한다. 대용량 데이터 처리는 매우 어려우며 새로운 접근 방식이 필요하다. 이 장에서는 맵리듀스 및 그 기능에 대해 배웠고 이어지는 장을 통해 그 사용 패턴을 보게 될 것이다.

현 세대의 개발자들은 RDBMS와 함께 성장했으며, NoSQL을 받아들이는 일은 새로운 기술을 받아들이는 것만큼이나 큰 행동상의 변화를 요한다. 이 말은 개발자로서 여러분이 적합성을 판단하기 전에 NoSQL을 살펴보고 잘 이해해야 한다는 뜻이다. 더불어 NoSQL의 많은 개념은 높은 확장성을 해결하는 데 잘 적용되며, 모든 형태의 애플리케이션에서 적용할 수 있다.

다음 장에서는 칼럼 지향 저장소, 키/값 쌍, 도큐먼트 데이터베이스의 구성 요소에 대한 실전 예제 및 개념을 다룬다. 이 책에서는 관련 정보를 모두 제공하기 위해 최선의 노력을 기울였지만 이 설명만으로는 충분하지 않을 것이다. 모든 제품은 각 카테고리별로 다루지 않는다. 대신 대표적인 제품만을 선별해 다룬다. 이 책을 처음부터 끝까지 읽으면 여러분의 애플리케이션 스택에서 NoSQL을 효과적으로 활용할 수 있을 것이다. 그럼 행운을 빌며 소매를 걷어 올리고 실전으로 들어가자.

## 02

헬로 NoSQL: 첫 발 담그기

· NoSQL 기술 맛보기
· 몽고디비 및 아파치 카산드라 기본 살펴보기
· 고수준 프로그래밍 언어를 통한 몽고디비 및 아파치 카산드라 접근

이 장에서는 프로그래밍을 배울 때 처음 다루는 Hello World!를 변형한 예제를 다룬다. 여기서는 기초적인 예제를 소개한다. 기초적이긴 하지만 이들 예제는 단순히 인사 메시지를 콘솔에 출력하는 것을 넘어 이 장의 주제를 실제 경험할 수 있게 해준다. 여기서 다루는 주제는 데이터 저장소에 대한 캡슐화를 제공하는 NoSQL이다. NoSQL은 개념, 분류 기준, 차세대 데이터 저장소 관점에서 접근할 수 있다. 여기에는 많은 제품군이 포함되고 비관계형 데이터 저장소 제품군이 들어 있다. 1장을 통해 이미 NoSQL의 핵심 개념 몇 가지 장단점은 살펴봤다. 이 장에서는 이를 실제 적용해보기 시작한다.

이 장의 예제에서는 몽고디비와 카산드라를 사용한다. 따라서 책의 내용을 따라 하려면 이들 제품을 설정해야 한다. 이들 제품을 개발 환경에서 설치하는 데 도움이 필요하다면 부록 A를 참고하자.

왜 몽고디비와 아파치 카산드라일까?

NoSQL 예제를 보여주기 위해 몽고디비와 카산드라를 선택한 것은 다분히 임의적이다. 이 장의 목적은 깊고 넓은 NoSQL 영역에 첫 발을 담그는 것이다. NoSQL 제품에는 여러 가지가 있으며 많은 제품이 뛰어난 기능과 장점을 내세운다. 이 가운데 NoSQL을 시작할 때 사용할 제품을 고르기란 쉽지 않다. 예를 들어 몽고디비 대신 카우치베이스 서버를 선택할 수도 있었고, 카산드라 대신 HBase를 선택할 수도 있었다. 또 예제는 레디스, 멤베이스, 하이퍼테이블, 리악 같은 제품을 기반으로 할 수도 있었다. 이 책에서는 많은 NoSQL을 다루는 만큼 계속해서 읽다 보면 NoSQL 세계의 다양한 옵션에 대해 배울 수 있을 것이다.

첫 인상 - 두 개의 간단한 예제 살펴보기

서론은 이쯤에서 접고 바로 간단한 예제를 두 가지 살펴보자. 첫 번째 예제에서는 간단한 위치 환경설정 저장소를 개발하며, 두 번째 예제에서는 자동차 제조사와 모델을 관리하는 데이터베이스를 만든다. 두 예제 모두 NoSQL 관점에서 데이터를 관리하는 데 초점을 맞춘다.

간단한 영속성 사용자 설정 데이터셋

지역 사업체들이 이웃에 거주하는 사용자들에게 접근하려고 하고 대기업들이 사람들의 위치를 기반으로 온라인 경험과 서비스를 제공하려고 하면서 위치 기반 서비스가 각광받고 있다. 위치 기반 사용자 설정은 구글 지도 같은 인기 애플리케이션에서 지역 검색을 사용하거나, 가장 가까운 월마트를 기반으로 제품 재고 유무 및 프로모션 정보를 제공하는 Walmart.com 같은 온라인 상점에서 흔히 볼 수 있다.

때로는 사용자가 위치 정보를 입력해야 하지만 때로는 사용자 위치를 추측하기도 한다. 위치를 추측할 때는 사용자의 IP 주소, 네트워크 접속 지점(특히 사용자가 모바일 기기를 사용해 접근할 때), 또는 이들 기술을 조합한다. 데이터를 수집하는 방식과 상관없이 이런 데이터는 효과적으로 저장해야 하며, 우리 예제는 바로 이 점에서부터 시작한다.

예제를 간단히 하기 위해 위치 사용자 설정 정보는 미국 사용자를 대상으로 저장하며, 사용자를 찾을 때는 사용자 식별자와 우편번호만 있으면 된다. 그럼 사용자명을 식별자로 사용해 보자. 여기서는 'John Doe, 10001,' 'Lee Chang, 94129,' 'Jenny Gonzalez 33101,' 'Srinivas Shastri, 02101' 같은 데이터 포인트를 저장해야 한다.

이런 데이터를 유연하고 확장 가능한 형태로 저장하기 위해 이 예제에서는 비관계형 데이터베이스 제품인 몽고디비를 사용한다. 이어지는 몇 단계에서는 몽고디비 데이터베이스를 생성하고 몇 개의 예제 위치 데이터 포인트를 저장한다.

몽고디비 시작 및 데이터 저장

몽고디비를 성공적으로 설치했다고 가정하고 서버를 시작한 후 접속하자.

몽고디비 서버는 배포판의 bin 폴더에서 mongod 프로그램을 실행해 시작할 수 있다. 배포판은 윈도우, 맥 OS X, 리눅스 등 내부 환경에 따라 다르지만 서버 프로그램 이름은 항상 같고 배포판의 bin 폴더 안에 있다.

몽고디비에 접속하는 가장 간단한 방법은 배포판에서 제공하는 자바스크립트 셸을 사용하는 것이다. 명령행 인터페이스에서 mongo를 실행한다. mongo 자바스크립트 셸도 bin 폴더에서 찾을 수 있다.

mongod를 실행해 몽고디비 서버를 시작하면 콘솔에 다음과 같은 결과가 출력되는 것을 볼 수 있다.

```
PS C:\applications\mongodb-win32-x86_64-1.8.1> .\bin\mongod.exe
C:\applications\mongodb-win32-x86_64-1.8.1\bin\mongod.exe
--help for help and startup options
Sun May 01 21:22:56 [initandlisten] MongoDB starting : pid=3300 port=27017
   dbpath=/data/db/ 64-bit
Sun May 01 21:22:56 [initandlisten] db version v1.8.1, pdfile version 4.5
Sun May 01 21:22:56 [initandlisten] git version:
a429cd4f535b2499cc4130b06ff7c26f41c00f04
Sun May 01 21:22:56 [initandlisten] build sys info: windows (6, 1, 7600, 2, '')
   BOOST_LIB_VERSION=1_42
Sun May 01 21:22:56 [initandlisten] waiting for connections on port 27017
Sun May 01 21:22:56 [websvr] web admin interface listening on port 28017
```

이 출력 결과는 윈도우 7 64비트 장비에서 윈도우 파워셸을 통해 mongod를 실행한 후 캡처했다. 개발 장비 환경에 따라 출력 결과는 달라질 수 있다.

이제 데이터베이스 서버가 구동 중이니 mongo 자바스크립트 셸을 사용해 서버에 접속해 보자. 셸의 초기 출력 결과는 다음과 같다.

```
PS C:\applications\mongodb-win32-x86_64-1.8.1> bin/mongo
MongoDB shell version: 1.8.1
connecting to: test
>
```

기본적으로 mongo 셸은 localhost에서 사용할 수 있는 'test' 데이터베이스에 접속한다. mongod(서버 데몬 프로그램) 콘솔 출력 결과를 보면 몽고디비 서버가 27017 포트에서 접속을 기다리는 것을 볼 수 있다. 사용할 수 있는 명령을 보려면 mongo 인터랙티브 콘솔에 help를 입력하면 된다. help를 입력하고 엔터(또는 리턴) 키를 누르면 다음과 같은 명령 옵션을 볼 수 있다.

```
> help
        db.help()                  help on db methods
        db.mycoll.help()           help on collection methods
        rs.help()                  help on replica set methods
        help connect               connecting to a db help
        help admin                 administrative help
```

```
help misc                        misc things to know
help mr                          mapreduce help

show dbs                         show database names
show collections                 show collections in current database
show users                       show users in current database
show profile                     show most recent system.profile entries
                                     with time >= 1ms
use <db_name>                    set current database
db.foo.find()                    list objects in collection foo
db.foo.find( { a : 1 } )         list objects in foo where a == 1
it                               result of the last line evaluated;
                                     use to further iterate
DBQuery.shellBatchSize = x       set default number of items to display
                                     on shell
exit                             quit the mongo shell
>
```

몽고디비 데이터 디렉터리 및 포트 커스터마이징

기본적으로 몽고디비는 /data/db(윈도우에서는 C:\data\db) 디렉터리에 데이터 파일을 저장하고 27017 포트에서 요청을 수신한다. dbpath 옵션을 사용해 다음과 같이 디렉터리 경로를 지정하면 데이터 디렉터리를 변경할 수 있다.

```
mongod --dbpath /path/to/alternative/directory
```

존재하지 않는 데이터 디렉터리를 지정했다면 데이터 디렉터리가 생성됐는지 확인하자. 또 mongod가 해당 디렉터리에 쓸 권한이 있는지도 확인하자.

더불어 다음과 같이 포트를 명시적으로 지정해 몽고디비가 연결을 수신할 포트도 바꿀 수 있다.

```
mongod --port 94301
```

충돌을 피하려면 이 포트는 아직 사용하지 않는 포트로 지정해야 한다.

데이터 디렉터리와 포트를 한 번에 변경하려면 mongod 실행 파일에서 --dbpath와 --port 옵션을 둘 다 지정하고 적당한 값을 사용하면 된다.

그럼 몽고디비 인스턴스에서 환경설정 데이터베이스를 생성하는 법을 배워보자.

환경설정 데이터베이스의 생성

먼저 prefs라는 환경설정 데이터베이스를 생성한다. 이 데이터베이스를 생성한 후에는 사용자명과 우편번호로 구성된 튜플(또는 쌍)을 데이터베이스 안의 location이라는 컬렉션에 저장한다. 그런 다음 이렇게 정의한 구조 안에 데이터셋을 저장한다. 몽고디비에서는 이 과정을 다음과 같은 단계로 진행한다.

1. prefs 데이터베이스로 전환한다.

2. 저장해야 할 데이터셋을 정의한다.

3. 정의한 데이터셋을 location이라는 컬렉션에 저장한다.

이들 단계를 실행하려면 몽고 자바스크립트 콘솔에 다음과 같은 명령을 입력한다.

```
use prefs
w = {name: "John Doe", zip: 10001};
x = {name: "Lee Chang", zip: 94129};
y = {name: "Jenny Gonzalez", zip: 33101};
z = {name: "Srinivas Shastri", zip: 02101};
db.location.save(w);
db.location.save(x);
db.location.save(y);
db.location.save(z);
```

이게 끝이다. 이로써 몇 번의 간단한 단계를 거쳐 데이터 저장소를 준비할 수 있었다. 계속해서 다음 내용을 살펴보기 전에 미리 참고할 사항이 있다. use prefs 명령은 현재 데이터베이스를 prefs라는 데이터베이스로 바꾼다. 하지만 데이터베이스 자체를 명시적으로 생성한 적은 없다. 마찬가지로 db.location. save() 메서드로 데이터 포인트를 넘겨줌으로써 데이터 포인트가 location 컬렉션에 저장됐다. 하지만 컬렉션도 명시적으로 생성하지 않았다. 몽고디비에서 데이터베이스와 컬렉션은 데이터를 삽입할 때만 생성된다. 따라서 이 예제에서 첫 번째 데이터 포인트인 {name: "John Doe", zip: 10001}를 삽입할 때 데이터베이스와 컬렉션이 생성된다.

이제 새로 생성한 데이터베이스를 조회해 저장소의 내용을 확인할 수 있다. location이란 컬렉션에 저장된 모든 레코드를 가져오려면 db.location.find()를 실행하면 된다.

필자의 장비에서 **db.location.find()**를 실행한 결과는 다음과 같다.

```
> db.location.find()
{ "_id" : ObjectId("4c97053abe67000000003857"), "name" : "John Doe",
    "zip" : 10001 }
{ "_id" : ObjectId("4c970541be67000000003858"), "name" : "Lee Chang",
    "zip" : 94129 }
{ "_id" : ObjectId("4c970548be67000000003859"), "name" : "Jenny Gonzalez",
    "zip" : 33101 }
{ "_id" : ObjectId("4c970555be6700000000385a"), "name" : "Srinivas Shastri",
    "zip" : 1089 }
```

독자들의 장비에서 실행한 결과도 이와 유사할 것이다. 여기서 차이를 보이는 내용은 **ObjectId**뿐이다. **ObjectId**는 몽고디비가 각 레코드(또는 몽고디비 용어로는 도큐먼트)를 고유 식별하는 방식이다.

몽고디비는 ObjectId를 사용해 컬렉션 내 각 도큐먼트를 식별한다. 도큐먼트의 ObjectId는 도큐먼트의 _id 어트리뷰트로 저장된다. 레코드를 삽입할 때는 ObjectId로 아무 고유 값이나 설정할 수 있다. 값의 고유성은 개발자가 보장해야 한다. 레코드를 삽입할 때 _id 속성 값을 지정하지 않을 수도 있다. 이렇게 하면 몽고디비는 적절한 고유 id를 생성하고 집어넣는다. 몽고디비에서 이렇게 생성한 id는 BSON(바이너리 JSON의 약어) 형식이며 다음과 같이 정리할 수 있다.

- BSON 객체 Id는 12바이트 값이다.
- 처음 4바이트는 생성 타임스탬프를 나타낸다. 이 타임스탬프 값은 시간을 초로 나타낸다. 이 값은 빅 엔디언으로 저장해야 하며, 이 말은 시퀀스 내의 가장 중요한 값을 가장 작은 저장 주소에 저장해야 한다는 뜻이다.
- 다음 3바이트는 장비 id를 나타낸다.
- 다음 2바이트는 프로세스 id를 나타낸다.
- 마지막 3바이트는 카운터를 나타낸다. 이 값은 빅 엔디언으로 저장해야 한다.
- BSON 형식은 고유성을 보장하는 것 외에 생성 타임스탬프도 포함한다. BSON 형식의 id는 모든 표준 몽고디비 드라이버에서 지원한다.

파라미터 없이 **find** 메서드를 호출하면 컬렉션의 모든 요소가 반환된다. 하지만 때로는 모든 요소가 아니라 컬렉션의 일부만 필요할 때가 있다. 쿼리 방식을 이해하기 위해 **location** 컬렉션에 다음 레코드를 더 삽입해 보자.

- Don Joe, 10001

- John Doe, 94129

이 레코드를 삽입하려면 mongo 셸에서 다음 명령을 실행하면 된다.

```
> a = {name:"Don Joe", zip:10001};
{ "name" : "Don Joe", "zip" : 10001 }
> b = {name:"John Doe", zip:94129};
{ "name" : "John Doe", "zip" : 94129 }
> db.location.save(a);
> db.location.save(b);
>
```

우편번호가 10001인 곳에 살고 있는 사람만 가져오려면 다음과 같이 쿼리하면 된다.

```
> db.location.find({zip: 10001});
{ "_id" : ObjectId("4c97053abe67000000003857"), "name" : "John Doe",
    "zip" : 10001 }
{ "_id" : ObjectId("4c97a6555c760000000054d8"), "name" : "Don Joe",
    "zip" : 10001 }
```

이름이 'John Doe'인 사람의 목록을 모두 가져오려면 다음과 같이 조회하면 된다.

```
> db.location.find({name: "John Doe"});
{ "_id" : ObjectId("4c97053abe67000000003857"), "name" : "John Doe",
    "zip" : 10001 }
{ "_id" : ObjectId("4c97a7ef5c760000000054da"), "name" : "John Doe",
    "zip" : 94129 }
```

컬렉션을 필터링하는 이들 두 쿼리에서는 모두 쿼리 도큐먼트를 find 메서드의 파라미터로 전달한다. 쿼리 도큐먼트는 일치 여부를 비교할 키와 값 패턴으로 지정한다. 몽고디비는 정규식을 활용한 패턴 비교를 비롯해 단순 필터 외에 고급 쿼리 메커니즘을 여러 개 지원한다.

데이터베이스에 새 데이터셋을 집어넣기 위해 컬렉션의 구조를 수정해야 할 때가 종종 있다. 이 경우 전통적인 관계형 데이터베이스에서는 테이블 스키마를 변경해야 했다. 관계형 데이터베이스에서 테이블 스키마 변경이란 기존 데이터와 새로운 스키마가 공존할 수 있게 복잡한 데이터 이관 작업을 해야 한다는 의미다. 몽고디비에서는 컬렉션 구조를 변경하는 게 아주 간단하다. 좀 더 정확히 말해 테이블과 유사한 기능을 하는 컬렉션에는 스키마가 없으며, 같은 컬렉션 내에 서로 상이한 도큐먼트 타입을 저장할 수도 있다.

이미 데이터베이스에 존재하는 도큐먼트와 이름과 우편번호가 동일한 또 다른 사용자의 위치 환경설정 정보(예컨대 또 다른 {name:"Lee Chang", zip: 94129})를 저장해야 한다고 가정하자. 여기서는 이름과 zip 코드 쌍이 고유해야 한다고 가정한다.

데이터베이스에 이미 들어 있는 Lee Chang과 두 번째 Lee Chang을 서로 구분해서 식별하려면 다음과 같이 도로 주소라는 별도의 어트리뷰트를 추가할 수 있다.

```
> anotherLee = {name:"Lee Chang", zip: 94129, streetAddress:"37000 Graham Street"};
{
        "name" : "Lee Chang",
        "zip" : 94129,
        "streetAddress" : "37000 Graham Street"
}
> db.location.save(anotherLee);
```

이제 **find**를 사용해 모든 문서를 조회하면 다음과 같은 데이터셋이 반환된다.

```
> db.location.find();
{ "_id" : ObjectId("4c97053abe67000000003857"), "name" : "John Doe",
    "zip" : 10001 }
{ "_id" : ObjectId("4c970541be67000000003858"), "name" : "Lee Chang",
    "zip" : 94129 }
{ "_id" : ObjectId("4c970548be67000000003859"), "name" : "Jenny Gonzalez",
    "zip" : 33101 }
{ "_id" : ObjectId("4c970555be6700000000385a"), "name" : "Srinivas Shastri",
    "zip" : 1089 }
{ "_id" : ObjectId("4c97a6555c760000000054d8"), "name" : "Don Joe",
    "zip" : 10001 }
{ "_id" : ObjectId("4c97a7ef5c760000000054da"), "name" : "John Doe",
"    zip" : 94129 }
{ "_id" : ObjectId("4c97add25c760000000054db"), "name" : "Lee Chang",
    "zip" : 94129, "streetAddress" : "37000 Graham Street" }
```

이 데이터셋은 드라이버를 통해 대부분의 주요 프로그래밍 언어에서도 접근할 수 있다. 이 장에서 나중에 볼 '언어 바인딩 활용' 절에서는 이 주제를 다룬다. 이 절에서는 자바, PHP, 루비, 파이썬을 통해 이러한 위치 환경설정에 접근하는 예제도 다룬다.

다음 예제에서는 비관계형 칼럼 패밀리 데이터베이스에 자동차 제조사와 모델과 관련한 간단한 데이터셋을 저장하는 법을 살펴본다.

자동차 제조사 및 모델 데이터의 저장

이 예제에서는 분산 칼럼 패밀리 데이터베이스인 아파치 카산드라를 사용한다. 따라서 예제를 보기 전에 카산드라를 설치하는 게 좋다. 그럼 책을 따라 예제를 진행할 수 있을 것이다. 카산드라를 설치하고 설정하는 법은 부록 A를 참고하자.

아파치 카산드라는 분산 데이터베이스로서, 보통 이 제품을 사용할 때는 데이터베이스 클러스터를 설정한다. 하지만 이 예제에서는 카산드라를 단일 노드로 실행함으로써 클러스터를 설정하는 복잡한 과정은 생략했다. 배포 환경이라면 이런 설정을 따르지 않겠지만 지금은 발만 담그고 기본 개념을 익히는 과정이므로 단일 노드로도 충분하다.

카산드라 데이터베이스는 명령행 클라이언트와 쓰리프트 인터페이스를 제공한다. 쓰리프트 인터페이스는 여러 프로그래밍 언어를 통해 카산드라에 접근할 수 있게 도와준다. 기능적으로 쓰리프트 인터페이스는 일반화된 다언어 데이터베이스 드라이버로 생각할 수 있다. 쓰리프트는 이 장의 '언어 바인딩 활용' 절에서 설명한다.

그럼 자동차 제조사 및 모델 데이터베이스 작업을 계속해 보자. 먼저 카산드라를 시작하고 연결한다.

카산드라 시작 및 접속

카산드라 서버는 카산드라 압축 파일(tar 및 gzip)을 푼 폴더에서 bin/cassandra를 실행해 시작할 수 있다. 이 예제에서는 bin/cassandra -f를 실행한다. -f 옵션을 지정하면 카산드라가 전경에서 실행된다. 이렇게 하면 한 개의 카산드라 노드가 여러분의 장비에서 로컬로 실행된다. 클러스터로 실행할 때는 여러 개의 노드가 실행되고 서로 통신하게끔 설정된다. 이 예제에서는 한 개의 노드로도 카산드라에서 데이터를 저장하고 접근하는 법을 보여주기에 충분하다.

카산드라 노드를 시작하고 나면 콘솔에서 다음과 같은 출력 결과를 볼 수 있다.

```
PS C:\applications\apache-cassandra-0.7.4> .\bin\cassandra -f
Starting Cassandra Server
INFO 18:20:02,091 Logging initialized
INFO 18:20:02,107 Heap size: 1070399488/1070399488
INFO 18:20:02,107 JNA not found. Native methods will be disabled.
INFO 18:20:02,107 Loading settings from file:/C:/applications/
     apache-cassandra-0.7.4/conf/cassandra.yaml
INFO 18:20:02,200 DiskAccessMode 'auto' determined to be standard,
     indexAccessMode is standard
INFO 18:20:02,294 Deleted \var\lib\cassandra\data\system\LocationInfo-f-3
```

```
INFO 18:20:02,294 Deleted \var\lib\cassandra\data\system\LocationInfo-f-2
INFO 18:20:02,294 Deleted \var\lib\cassandra\data\system\LocationInfo-f-1
INFO 18:20:02,310 Deleted \var\lib\cassandra\data\system\LocationInfo-f-4
INFO 18:20:02,341 Opening \var\lib\cassandra\data\system\LocationInfo-f-5
INFO 18:20:02,388 Couldn't detect any schema definitions in local storage.
INFO 18:20:02,388 Found table data in data directories. Consider using JMX to call
    org.apache.cassandra.service.StorageService.loadSchemaFromYaml().
INFO 18:20:02,403 Creating new commitlog segment /var/lib/cassandra/commitlog\
    CommitLog-1301793602403.log
INFO 18:20:02,403 Replaying \var\lib\cassandra\commitlog\
    CommitLog-1301793576882.log
INFO 18:20:02,403 Finished reading \var\lib\cassandra\commitlog\
    CommitLog-1301793576882.log
INFO 18:20:02,419 Log replay complete
INFO 18:20:02,434 Cassandra version: 0.7.4
INFO 18:20:02,434 Thrift API version: 19.4.0
INFO 18:20:02,434 Loading persisted ring state
INFO 18:20:02,434 Starting up server gossip
INFO 18:20:02,450 Enqueuing flush of Memtable-LocationInfo@33000296(29 bytes,
    1 operations)
INFO 18:20:02,450 Writing Memtable-LocationInfo@33000296(29 bytes, 1 operations)
INFO 18:20:02,622 Completed flushing \var\lib\cassandra\data\system\
    LocationInfo-f-6-Data.db (80 bytes)
INFO 18:20:02,653 Using saved token 63595432991552520182800882743159853717
INFO 18:20:02,653 Enqueuing flush of Memtable-LocationInfo@22518320(53 bytes,
    2 operations)
INFO 18:20:02,653 Writing Memtable-LocationInfo@22518320(53 bytes, 2 operations)
INFO 18:20:02,824 Completed flushing \var\lib\cassandra\data\system\
    LocationInfo-f-7-Data.db (163 bytes)
INFO 18:20:02,824 Will not load MX4J, mx4j-tools.jar is not in the classpath
INFO 18:20:02,871 Binding thrift service to localhost/127.0.0.1:9160
INFO 18:20:02,871 Using TFastFramedTransport with a max frame size of
    15728640 bytes.
INFO 18:20:02,871 Listening for thrift clients...
```

이 출력 결과는 필자의 윈도우 7 64비트 장비에서 윈도우 파워셸을 통해 카산드라 실행 파일을 실행한 결과다. 다른 운영체제와 다른 셸을 사용한다면 이 결과도 조금 다를 수 있다.

아파치 카산드라 노드를 실행하는 데 필요한 필수 설정

아파치 카산드라 저장소 설정은 conf/cassandra.yaml에 정의돼 있다. 카산드라 안정 버전 또는 개발 버전을 내려받고 tar.gz 압축을 풀면 기본 설정이 들어 있는 cassandra.yaml 파일이 나온다. 예를 들어 기본 설정에서는 커밋 로그를 /var/lib/cassandra/commitlog 디렉터리에, 데이터 파일은 /var/lib/cassandra/data 디렉터리에 저장한다. 더불어 아파치 카산드라는 로깅에 log4j를 사용한다. 카산드라 log4j는 conf/log4j-server.properties를 통해 설정할 수 있다. 기본적으로 카산드라 log4j에서는 /var/log/cassandra/system.log에 로그를 출력한다. 이런 기본 설정을 그대로 유지하고 싶다면 이들 디렉터리가 존재하는지 확인하고 이들 디렉터리에 접근해 쓸 수 있게 적절한 퍼미션을 부여했는지 확인해야 한다. 이 설정을 수정하고 싶다면 해당 로그 파일에 새로 선택한 폴더를 지정해야 한다.

필자의 환경에서 커밋 로그와 데이터 디렉터리 속성은 다음과 같다.

```
# 카산드라가 디스크상에 데이터를 저장하는 디렉터리
data_file_directories:
    - /var/lib/cassandra/data
# 커밋 로그
commitlog_directory: /var/lib/cassandra/commitlog
```

cassandra.yaml에 있는 경로 값은 윈도우 친화적인 형식으로 지정하지 않아도 된다. 예를 들어 커밋 로그 경로는 commitlog_directory: C:\var\lib\cassandra\commitlog로 지정하지 않아도 된다. 필자의 환경에서 conf/log4j-server.properties의 log4j 어펜더 파일 설정은 다음과 같다.

```
log4j.appender.R.File=/var/log/cassandra/system.log
```

실행 중인 카산드라 노드에 접속하는 가장 간단한 방법은 카산드라 명령행 인터페이스(CLI)를 사용하는 것이다. 명령행은 bin/cassandra-cli를 실행해 간단히 시작할 수 있다. 다음과 같이 하면 CLI로 호스트와 포트 속성을 지정할 수 있다.

```
bin/cassandra-cli -host localhost -port 9160
```

cassandra-cli의 실행 결과는 다음과 같다.

```
PS C:\applications\apache-cassandra-0.7.4> .\bin\cassandra-cli -host localhost
    -port 9160
Starting Cassandra Client
Connected to: "Test Cluster" on localhost/9160
Welcome to cassandra CLI.
```

```
Type 'help;' or '?' for help. Type 'quit;' or 'exit;' to quit.
[default@unknown]
```

사용할 수 있는 전체 명령을 확인하려면 help나 ?를 입력하면 된다. 그럼 다음과 같은 결과를 볼 수 있다.

```
[default@unknown] ?
List of all CLI commands:
?                                                          Display this message.
help;                                                         Display this help.
help <command>;                             Display detailed, command-specific help.
connect <hostname>/<port> (<username> '<password>')?;    Connect to thrift service.
use <keyspace> [<username> 'password'];                    Switch to a keyspace.
describe keyspace (<keyspacename>)?;                         Describe keyspace.
exit;                                                                Exit CLI.
quit;                                                                Exit CLI.
describe cluster;                              Display information about cluster.
show cluster name;                                      Display cluster name.
show keyspaces;                                      Show list of keyspaces.
show api version;                                    Show server API version.
create keyspace <keyspace> [with <att1>=<value1> [and <att2>=<value2> ...]];
                        Add a new keyspace with the specified attribute(s) and value(s).
update keyspace <keyspace> [with <att1>=<value1> [and <att2>=<value2> ...]];
                        Update a keyspace with the specified attribute(s) and value(s).
create column family <cf> [with <att1>=<value1> [and <att2>=<value2> ...]];
                Create a new column family with the specified attribute(s) and value(s).
update column family <cf> [with <att1>=<value1> [and <att2>=<value2> ...]];
                    Update a column family with the specified attribute(s) and value(s).
drop keyspace <keyspace>;                                Delete a keyspace.
drop column family <cf>;                             Delete a column family.
get <cf>['<key>'];                                   Get a slice of columns.
get <cf>['<key>']['<super>'];                       Get a slice of sub columns.
get <cf> where <column> = <value> [and <column> > <value> and ...] [limit int];
get <cf>['<key>']['<col>'] (as <type>)*;                 Get a column value.
get <cf>['<key>']['<super>']['<col>'] (as <type>)*;      Get a sub column value.
set <cf>['<key>']['<col>'] = <value> (with ttl = <secs>)*;       Set a column.
set <cf>['<key>']['<super>']['<col>'] = <value> (with ttl = <secs>)*;
                                                             Set a sub column.
del <cf>['<key>'];                                          Delete record.
del <cf>['<key>']['<col>'];                                 Delete column.
```

```
del <cf>['<key>']['<super>']['<col>'];                    Delete sub column.
count <cf>['<key>'];                               Count columns in record.
count <cf>['<key>']['<super>'];               Count columns in a super column.
truncate <column_family>;                     Truncate specified column family.
assume <column_family> <attribute> as <type>;
                    Assume a given column family attributes to match a specified type.
list <cf>;                                    List all rows in the column family.
list <cf>[<startKey>:];
                            List rows in the column family beginning with <startKey>.
list <cf>[<startKey>:<endKey>];
                    List rows in the column family in the range from <startKey> to <endKey>.
list ... limit N;                                 Limit the list results to N.
```

이제 카산드라에 대한 기본 정보를 익혔으니 계속해서 자동차 제조사 및 모델 데이터에 대한 저장소를 정의하고 이 카산드라 저장소 스키마에 간단한 데이터를 삽입하고 접근해 보자.

카산드라를 통한 데이터 저장 및 접근

우선 키스페이스(keyspace) 및 칼럼 패밀리의 개념부터 이해해야 한다. 관계형 데이터베이스에서 키스페이스 및 칼럼 패밀리와 가장 유사한 개념은 바로 데이터베이스와 테이블이다. 물론 이런 정의는 완전히 정확하지는 않으며 때로는 오해를 불러일으킬 수도 있지만 키스페이스 및 칼럼 패밀리의 사용법을 처음 배울 때는 도움이 된다. 앞으로 사용법에 익숙해지다 보면 관계형 데이터베이스와의 비유로는 설명할 수 없는 이들 개념을 좀 더 깊게 이해할 수 있을 것이다.

우선 카산드라 서버에 존재하는 키스페이스를 나열해 보자. cassandra-cli로 가서 show keyspaces를 입력하고 엔터를 누른다. 이번에 처음으로 카산드라를 설치했기 때문에 아마 다음과 같은 출력 결과가 보일 것이다.

```
[default@unknown] show keyspaces;
Keyspace: system:
    Replication Strategy: org.apache.cassandra.locator.LocalStrategy
        Replication Factor: 1
    Column Families:
        ColumnFamily: HintsColumnFamily (Super)
        "hinted handoff data"
            Columns sorted by: org.apache.cassandra.db.marshal.BytesType/
        org.apache.cassandra.db.marshal.BytesType
            Row cache size / save period: 0.0/0
```

```
        Key cache size / save period: 0.01/14400
        Memtable thresholds: 0.15/32/1440
        GC grace seconds: 0
        Compaction min/max thresholds: 4/32
        Read repair chance: 0.0
        Built indexes: []
    ColumnFamily: IndexInfo
    "indexes that have been completed"
        Columns sorted by: org.apache.cassandra.db.marshal.UTF8Type
        Row cache size / save period: 0.0/0
        Key cache size / save period: 0.01/14400
        Memtable thresholds: 0.0375/8/1440
        GC grace seconds: 0
        Compaction min/max thresholds: 4/32
        Read repair chance: 0.0
        Built indexes: []
    ColumnFamily: LocationInfo
    "persistent metadata for the local node"
        Columns sorted by: org.apache.cassandra.db.marshal.BytesType
        Row cache size / save period: 0.0/0
        Key cache size / save period: 0.01/14400
        Memtable thresholds: 0.0375/8/1440
        GC grace seconds: 0
        Compaction min/max thresholds: 4/32
        Read repair chance: 0.0
        Built indexes: []
    ColumnFamily: Migrations
    "individual schema mutations"
        Columns sorted by: org.apache.cassandra.db.marshal.TimeUUIDType
        Row cache size / save period: 0.0/0
        Key cache size / save period: 0.01/14400
        Memtable thresholds: 0.0375/8/1440
        GC grace seconds: 0
        Compaction min/max thresholds: 4/32
        Read repair chance: 0.0
        Built indexes: []
    ColumnFamily: Schema
    "current state of the schema"
        Columns sorted by: org.apache.cassandra.db.marshal.UTF8Type
        Row cache size / save period: 0.0/0
```

```
Key cache size / save period: 0.01/14400
Memtable thresholds: 0.0375/8/1440
GC grace seconds: 0
Compaction min/max thresholds: 4/32
Read repair chance: 0.0
Built indexes: []
```

이름에서 암시하듯 시스템 키스페이스는 RDBMS의 관리 데이터베이스와 유사하다. 시스템 키스페이스에는 미리 정의된 칼럼 패밀리 몇 개가 들어 있다. 칼럼 패밀리에 대해서는 이 절의 후반부에서 예제를 통해 배울 것이다. 키스페이스는 칼럼 패밀리를 그룹으로 관리한다. 보통 애플리케이션당 한 개의 키스페이스를 정의한다. 데이터 복제는 키스페이스 차원에서 정의한다. 이 말은 키스페이스 차원에서 중복 데이터 복제 횟수 및 복사본을 저장하는 방식을 정의한다는 의미다. 카산드라 배포판에는 샘플 키스페이스 생성 스크립트가 들어 있는 schema-sample.txt 파일이 있다. 이 파일은 conf 디렉터리 안에 들어 있다. 이러한 샘플 키스페이스 생성 스크립트는 다음과 같이 실행할 수 있다.

```
PS C:\applications\apache-cassandra-0.7.4> .\bin\cassandra-cli -host localhost
    --file .\conf\schema-sample.txt
```

이번에도 명령행 클라이언트를 통해 접속하고 show keyspaces 명령을 다시 실행해 보자. 그럼 다음과 같은 결과가 출력된다.

```
[default@unknown] show keyspaces;
Keyspace: Keyspace1:
    Replication Strategy: org.apache.cassandra.locator.SimpleStrategy
        Replication Factor: 1
    Column Families:
        ColumnFamily: Indexed1
        Columns sorted by: org.apache.cassandra.db.marshal.BytesType
        Row cache size / save period: 0.0/0
        Key cache size / save period: 200000.0/14400
        Memtable thresholds: 0.2953125/63/1440
        GC grace seconds: 864000
        Compaction min/max thresholds: 4/32
        Read repair chance: 1.0
        Built indexes: [Indexed1.birthdate_idx]
        Column Metadata:
            Column Name: birthdate (626972746864617465)
                Validation Class: org.apache.cassandra.db.marshal.LongType
```

```
            Index Name: birthdate_idx
            Index Type: KEYS
    ColumnFamily: Standard1
        Columns sorted by: org.apache.cassandra.db.marshal.BytesType
        Row cache size / save period: 1000.0/0
        Key cache size / save period: 10000.0/3600
        Memtable thresholds: 0.29/255/59
        GC grace seconds: 864000
        Compaction min/max thresholds: 4/32
        Read repair chance: 1.0
        Built indexes: []
    ColumnFamily: Standard2
        Columns sorted by: org.apache.cassandra.db.marshal.UTF8Type
        Row cache size / save period: 0.0/0
        Key cache size / save period: 100.0/14400
        Memtable thresholds: 0.2953125/63/1440
        GC grace seconds: 0
        Compaction min/max thresholds: 5/31
        Read repair chance: 0.0010
        Built indexes: []
    ColumnFamily: StandardByUUID1
        Columns sorted by: org.apache.cassandra.db.marshal.TimeUUIDType
        Row cache size / save period: 0.0/0
        Key cache size / save period: 200000.0/14400
        Memtable thresholds: 0.2953125/63/1440
        GC grace seconds: 864000
        Compaction min/max thresholds: 4/32
        Read repair chance: 1.0
        Built indexes: []
    ColumnFamily: Super1 (Super)
        Columns sorted by: org.apache.cassandra.db.marshal.BytesType/
org.apache.cassandra.db.marshal.BytesType
        Row cache size / save period: 0.0/0
        Key cache size / save period: 200000.0/14400
        Memtable thresholds: 0.2953125/63/1440
        GC grace seconds: 864000
        Compaction min/max thresholds: 4/32
        Read repair chance: 1.0
        Built indexes: []
    ColumnFamily: Super2 (Super)
```

```
"A column family with supercolumns, whose column and subcolumn names are
UTF8 strings"
    Columns sorted by: org.apache.cassandra.db.marshal.BytesType/
org.apache.cassandra.db.marshal.UTF8Type
    Row cache size / save period: 10000.0/0
    Key cache size / save period: 50.0/14400
    Memtable thresholds: 0.2953125/63/1440
    GC grace seconds: 864000
    Compaction min/max thresholds: 4/32
    Read repair chance: 1.0
    Built indexes: []
ColumnFamily: Super3 (Super)
"A column family with supercolumns, whose column names are Longs (8 bytes)"
    Columns sorted by: org.apache.cassandra.db.marshal.LongType/
org.apache.cassandra.db.marshal.BytesType
    Row cache size / save period: 0.0/0
    Key cache size / save period: 200000.0/14400
    Memtable thresholds: 0.2953125/63/1440
    GC grace seconds: 864000
    Compaction min/max thresholds: 4/32
    Read repair chance: 1.0
    Built indexes: []
    Keyspace: system:
```
...(여기서는 이 절에서 앞서 본 내용과 같으므로 시스템 키스페이스에 대한 정보는 포함시키지 않았다.)

이어서 예제 2-1의 스크립트를 사용해 CarDataStore 키스페이스를 생성하고 이 키스페이스 내에
Cars 칼럼 패밀리를 생성하자.

예제 2-1   CarDataStore 키스페이스용 스키마 스크립트

```
/*schema-cardatastore.txt*/
create keyspace CarDataStore
    with replication_factor = 1
    and placement_strategy = 'org.apache.cassandra.locator.SimpleStrategy';

use CarDataStore;

create column family Cars
    with comparator = UTF8Type
```

```
    and read_repair_chance = 0.1
    and keys_cached = 100
    and gc_grace = 0
    and min_compaction_threshold = 5
    and max_compaction_threshold = 31;
```

schema-cardatastore.txt ⬤

예제 2-1의 스크립트는 다음과 같이 실행할 수 있다.

```
PS C:\applications\apache-cassandra-0.7.4> bin/cassandra-cli -host localhost
--file C:\workspace\nosql\examples\schema-cardatastore.txt
```

이로써 새 키스페이스를 추가하는 데 성공했다. 스크립트로 돌아가 간단히 키스페이스를 추가하는 과정을 살펴보자. 먼저 CarDataStore라는 키스페이스를 추가했다. 또 이 키 저장소 내에 ColumnFamily라는 아티팩트를 추가했다. ColumnFamily의 이름은 Cars다. ColumnFamily의 동작 방식은 잠시 후 볼 예정인데, 지금은 그냥 테이블 정도로 생각하면 된다. ColumnFamily 태그 안에는 CompareWith라는 어트리뷰트도 포함돼 있다. CompareWith의 값은 UTF8Type으로 지정했다. CompareWith 어트리뷰트 값은 행 키를 인덱싱하고 정렬하는 데 영향을 미친다. 키스페이스 정의 내 나머지 태그는 복제 옵션을 지정한다. CarDataStore는 복제 요소 값이 1로, 카산드라 내에 한 개의 데이터 복사본만 저장한다.

이어서 CarDataStore 키스페이스에 다음과 같이 데이터를 추가해 보자.

```
[default@unknown] use CarDataStore;
Authenticated to keyspace: CarDataStore
[default@CarDataStore] set Cars['Prius']['make'] = 'toyota';
Value inserted.
[default@CarDataStore] set Cars['Prius']['model'] = 'prius 3';
Value inserted.
[default@CarDataStore] set Cars['Corolla']['make'] = 'toyota';
Value inserted.
[default@CarDataStore] set Cars['Corolla']['model'] = 'le';
Value inserted.
[default@CarDataStore] set Cars['fit']['make'] = 'honda';
Value inserted.
[default@CarDataStore] set Cars['fit']['model'] = 'fit sport';
Value inserted.
[default@CarDataStore] set Cars['focus']['make'] = 'ford';
Value inserted.
```

```
[default@CarDataStore] set Cars['focus']['model'] = 'sel';
 Value inserted.
```

카산드라에 데이터를 추가할 때는 이런 식으로 명령을 사용한다. 이 명령을 사용하면 namevalue 쌍 또는 칼럼 값이 행 안에 추가되고, 행은 다시 키스페이스 내에 있는 ColumnFamily에 정의된다. 예를 들어 set Cars['Prius']['make'] = 'toyota' 명령을 사용하면 'make' = 'toyota'라는 이름/값 쌍이 행에 추가되고, 이 행은 'Prius'라는 키를 통해 정의된다. 'Prius'를 통해 식별되는 행은 Cars ColumnFamily의 일부다. Cars ColumnFamily는 CarDataStore 내에 정의돼 있으며, CarDataStore는 독자들이 알다시피 키스페이스다.

데이터를 추가하고 나면 쿼리를 통해 이를 조회할 수 있다. Prius를 통해 식별한 이름/값 쌍이나 행의 칼럼명 및 값을 가져오려면 get Cars['Prius'] 명령을 사용하면 된다. 그럼 다음과 같은 결과가 출력된다.

```
[default@CarDataStore] get Cars['Prius'];
=> (column=make, value=746f796f7461, timestamp=1301824068109000)
=> (column=model, value=70726975732033, timestamp=1301824129807000)
Returned 2 results.
```

행 키, 칼럼 패밀리 식별자, 칼럼 키는 대소문자를 구분하므로 쿼리를 구성할 때는 각별히 주의해야 한다. 따라서 'Prius' 대신 'prius'를 전달하면 아무런 이름/값 튜플도 반환되지 않는다. CLI에서 get Cars['prius']를 실행해 보자. 그럼 Returned 0 results라는 결과를 볼 수 있다. 또 쿼리하기 전에 CarDataStore를 현재 키스페이스로 사용하기 위해 use CarDataStore 명령을 실행하는 것도 잊지 말아야 한다.

'Prius' 행의 'make' 이름/값 데이터에만 접근하려면 다음과 같이 쿼리하면 된다.

```
[default@CarDataStore] get Cars['Prius']['make'];
=> (column=make, value=746f796f7461, timestamp=1301824068109000)
```

카산드라 데이터셋은 지금까지 보여준 것보다 훨씬 풍부한 데이터 모델을 지원할 수 있으며 쿼리 기능도 앞서 보여준 것보다 훨씬 복잡하다. 하지만 이들 주제는 이후 장으로 미루기로 한다. 지금까지의 설명으로도 처음 접하는 용도로는 충분하기 때문이다.

이제 도큐먼트 저장소에 해당하는 몽고디비와 칼럼 데이터베이스인 아파치 카산드라를 통해 두 가지 예제를 접했으므로 원하는 프로그래밍 언어를 사용해 이에 접근할 준비가 모두 끝났다.

언어 바인딩 활용

애플리케이션 스택에 NoSQL 솔루션을 포함시키려면 인기 있는 언어를 통해 이들 저장소에 접근하고 이를 수정할 수 있게 만들어주는 강력하고 유연한 언어 바인딩이 매우 중요하다.

이 절에서는 NoSQL 저장소와 프로그래밍 언어를 서로 연결해주는 두 가지 유형의 인터페이스를 다룬다. 첫 번째로 자바, PHP, 루비, 파이썬용 몽고디비 드라이버의 핵심을 설명한다. 두 번째로 아파치 카산드라용 다언어 지원 인터페이스인 쓰리프트를 다룬다. 이들 주제에 대한 설명은 아주 기초적이다. 이후 장에서는 이런 기초 설명을 바탕으로 좀 더 강력하고 자세한 사용 사례를 설명한다.

몽고디비 드라이버

이 절에서는 자바, PHP, 루비, 파이썬용 몽고디비 드라이버를 차례로 소개한다.

몽고 자바 드라이버

우선 http://github.com/mongodb에 있는 몽고디비 깃허브 코드 저장소에서 몽고디비 자바 드라이버의 최신 배포판을 내려받는다. 공식적으로 지원되는 모든 드라이버는 이 코드 저장소에서 호스팅한다. 이 드라이버의 최신 버전은 2.5.2이므로 mongo-2.5.2.jar라는 jar 파일을 내려받는다.

그런 다음 몽고디비 배포판 설치 경로에서 bin/mongod를 실행해 로컬 몽고디비를 다시 시작한다. 이번에는 자바 프로그램을 사용해 이 서버에 접속한다. 예제 2-2는 몽고디비에 접속해 prefs 데이터베이스의 모든 컬렉션을 나열하고 location 컬렉션 내의 모든 문서를 나열하는 예제 자바 프로그램이다.

예제 2-2　　　몽고디비에 접속하는 예제 자바 프로그램

```
import java.net.UnknownHostException;
import java.util.Set;
import com.mongodb.DB;
import com.mongodb.DBCollection;
import com.mongodb.DBCursor;
import com.mongodb.Mongo;
import com.mongodb.MongoException;
```

```java
public class ConnectToMongoDB {
    Mongo m = null;
    DB db;

    public void connect() {
        try {
            m = new Mongo("localhost", 27017 );
        } catch (UnknownHostException e) {
            e.printStackTrace();
        } catch (MongoException e) {
            e.printStackTrace();
        }
    }

    public void listAllCollections(String dbName) {
        if(m!=null){
            db = m.getDB(dbName);
            Set<String> collections = db.getCollectionNames();
            for (String s : collections) {
                System.out.println(s);
            }
        }
    }

    public void listLocationCollectionDocuments() {
        if(m!=null){
            db = m.getDB("prefs");
            DBCollection collection = db.getCollection("location");
            DBCursor cur = collection.find();
            while(cur.hasNext()) {
                System.out.println(cur.next());
            }
        } else {
            System.out.println("Please connect to MongoDB
            and then fetch the collection");
        }
    }
```

```java
    public static void main(String[] args) {
        ConnectToMongoDB connectToMongoDB = new ConnectToMongoDB();
        connectToMongoDB.connect();
        connectToMongoDB.listAllCollections("prefs");
        connectToMongoDB.listLocationCollectionDocuments();
    }
}
```

ConnectToMongoDB.java ↻

이 프로그램을 컴파일하고 실행할 때는 몽고디비 자바 드라이버가 클래스패스 내에 있어야 한다. 프로그램을 실행하면 다음과 같은 출력 결과를 볼 수 있다.

```
location
system.indexes
{ "_id" : { "$oid" : "4c97053abe67000000003857"} , "name" : "John Doe" ,
    "zip" : 10001.0}
{ "_id" : { "$oid" : "4c970541be67000000003858"} , "name" : "Lee Chang" ,
    "zip" : 94129.0}
{ "_id" : { "$oid" : "4c970548be67000000003859"} , "name" : "Jenny Gonzalez" ,
    "zip" : 33101.0}
{ "_id" : { "$oid" : "4c970555be6700000000385a"} , "name" : "Srinivas Shastri" ,
    "zip" : 1089.0}
{ "_id" : { "$oid" : "4c97a6555c760000000054d8"} , "name" : "Don Joe" ,
    "zip" : 10001.0}
{ "_id" : { "$oid" : "4c97a7ef5c760000000054da"} , "name" : "John Doe" ,
    "zip" : 94129.0}
{ "_id" : { "$oid" : "4c97add25c760000000054db"} , "name" : "Lee Chang" ,
    "zip" : 94129.0 , "streetAddress" : "37000 Graham Street"}
```

자바 프로그램의 출력 결과는 앞서 명령행 자바스크립트 셸에서 본 결과와 같다.

이제 PHP를 통해 같은 예제를 구현하는 법을 살펴보자.

몽고디비 PHP 드라이버

먼저 몽고디비 깃허브 코드 저장소에서 PHP 드라이버를 내려받고 로컬 PHP 환경에 맞게 드라이버를 설정한다. 몽고디비를 설치하는 자세한 방법은 부록을 참고하자.

예제 PHP 프로그램에서는 로컬 몽고디비 서버에 접속해 prefs 데이터베이스 내의 location 컬렉션에 들어 있는 문서를 다음과 같이 나열한다.

```php
$connection = new Mongo( "localhost:27017" );
$collection = $connection->prefs->location;
$cursor = $collection->find();
foreach ($cursor as $id => $value) {
    echo "$id: ";
    var_dump( $value );
}
```

connect_to_mongodb.php ↻

이 프로그램은 매우 간단하지만 작업을 제대로 수행한다. 다음으로 루비를 통해 같은 작업을 처리하는 법을 살펴보자.

몽고디비 루비 드라이버

몽고디비는 주요 프로그래밍 언어용 드라이버를 모두 지원하며, 루비도 예외가 아니다. 루비용 드라이버는 몽고디비 깃허브 코드 저장소에서 내려받을 수도 있지만 루비젬을 사용해 설치를 관리하는 게 더 간편하다. 루비에서 몽고디비에 접속하려면 mongo와 bson 젬이 있어야 한다. mongo 젬은 다음과 같이 설치할 수 있다.

```
gem install mongo
```

bson 젬은 자동으로 설치된다. 추가로 bson_ext를 설치하는 것도 권장한다.

예제 2-3은 몽고디비 서버에 접속해 prefs 데이터베이스 내 location 컬렉션에 들어 있는 모든 문서를 나열하는 루비 프로그램이다.

예제 2-3   **루비를 활용한 몽고디비 컬렉션 내 모든 도큐먼트 조회**

```ruby
db = Mongo::Connection.new("localhost", 27017).db("prefs")
locationCollection = db.collection("location")
locationCollection.find().each { |row| puts row.inspect
                          connect_to_mongodb.rb
```

connect_to_mongodb.rb ↻

이 장에서 다음으로 살펴볼 몽고디비 드라이버는 파이썬 드라이버다.

몽고디비 파이썬 드라이버

파이썬 드라이버를 설치하는 가장 쉬운 방법은 easy_install pymongo를 실행하는 것이다. 드라이버를 설치하고 나면 예제 2-4의 파이썬 프로그램을 실행해 prefs 데이터베이스 내의 location 컬렉션의 모든 도큐먼트를 조회할 수 있다.

예제 2-4   몽고디비와 연동하는 파이썬 프로그램

```
from pymongo import Connection
connection = Connection('localhost', 27017)
db = connection.prefs
collection = db.location
for doc in collection.find():
        doc
```

connect_to_mongodb.py ↻

지금까지 이 예제를 각기 다른 다섯 가지 방식으로 작성하고 실행했다. 이 예제는 커넥션을 설정하고, 데이터베이스, 컬렉션, 컬렉션 내 도큐먼트를 조회하는 등 직접적인 관련이 있는 개념을 잘 보여주는 간단하고 유용한 예제다.

쓰리프트 처음 살펴보기

쓰리프트는 크로스 언어 서비스 개발용 프레임워크다. 쓰리프트는 소프트웨어 스택과 여러 언어 사이에서 매끄럽게 연결할 수 있는 코드 생성 엔진으로 이뤄져 있다. 아파치 카산드라는 쓰리프트 인터페이스를 사용해 칼럼 데이터 저장소와 상호작용할 수 있는 추상 레이어를 제공한다. 아파치 쓰리프트에 대한 자세한 설명은 http://thrift.apache.org/에서 볼 수 있다.

카산드라 쓰리프트 인터페이스 정의는 아파치 카산드라 배포판의 interface 디렉터리에 들어 있는 cassandra.thrift 파일에서 볼 수 있다. 쓰리프트 인터페이스 정의는 카산드라 버전에 따라 다른 만큼 정확한 버전의 인터페이스 파일을 사용해야 한다. 또 쓰리프트 자체도 호환되는 버전을 사용해야 한다.

쓰리프트는 다양한 언어용 언어 바인딩을 생성할 수 있다. 카산드라의 경우 자바, C++, C#, 파이썬, PHP, 펄용 인터페이스를 생성할 수 있다. 모든 쓰리프트 인터페이스를 생성하는 가장 간단한 명령은 다음과 같다.

```
thrift --gen interface/cassandra.thrift
```

추가로 쓰리프트 생성기 프로그램의 파라미터로 언어를 지정할 수도 있다. 예를 들어 자바 쓰리프트 인터페이스만 생성하려면 다음과 같은 명령을 실행하면 된다.

```
thrift --gen java interface/cassandra.thrift
```

쓰리프트 모듈을 생성하고 나면 이를 프로그램에서 사용할 수 있다. 파이썬용 쓰리프트 인터페이스와 모듈을 성공적으로 생성했다고 가정하면 예제 2-5처럼 CarDataStore 키스페이스에 접속해 데이터를 조회할 수 있다.

예제 2-5 쓰리프트 인터페이스를 활용한 CarDataStore 키스페이스 조회

```python
from thrift import Thrift
from thrift.transport import TTransport
from thrift.transport import TSocket
from thrift.protocol.TBinaryProtocol import TBinaryProtocolAccelerated
from cassandra import Cassandra
from cassandra.ttypes import *
import time
import pprint

def main():

    socket = TSocket.TSocket("localhost", 9160)
    protocol = TBinaryProtocol.TBinaryProtocolAccelerated(transport)
    transport = TTransport.TBufferedTransport(socket)
    client = Cassandra.Client(protocol)
    pp = pprint.PrettyPrinter(indent=2)
    keyspace = "CarDataStore"
    column_path = ColumnPath(column_family="Cars", column="make")
    key = "1"
```

```
try:
    transport.open()
    #데이터 조회
    column_parent = ColumnParent(column_family="Cars")
    slice_range = SliceRange(start="", finish="")
    predicate = SlicePredicate(slice_range=slice_range)
    result = client.get_slice(keyspace,
                              key,
                              column_parent,
                              predicate,
                              ConsistencyLevel.ONE)
    pp.pprint(result)
except Thrift.TException, tx:
    print 'Thrift: %s' % tx.message
finally:
    transport.close()


if __name__ == '__main__':
    main()
```

query_cardatastore_using_thrift.py ◑

쓰리프트는 매우 유용한 다언어 인터페이스이긴 하지만 때로는 기존 언어 API를 사용해야 할 때가 있다. 이러한 API(들) 중 일부는 API에서 접속하는 제품이 빠르게 발전하고 있긴 하지만 테스트를 마쳤고 활발한 지원을 받고 있는 만큼 신뢰성과 안정성이 뛰어나다. 이런 API 중 다수는 내부적으로 쓰리프트를 사용하고 있다. 이런 라이브러리는 카산드라용으로도 여러 개가 나와 있다(특히 자바용 Hector, 파이썬용 Pycassa, PHP용 Phpcassa 등).

정리

이 장의 목적은 핵심 개념을 접할 수 있는 실전 예제를 통해 NoSQL 데이터베이스에 첫 발을 담그는 데 있다. 이 장에서는 이런 약속을 지켰고 콘솔에 'Hello World'를 출력하는 간단한 주제 이상을 다뤘다.

이 장에서는 작고 간결한 예제를 통해 NoSQL과 관련한 개념을 설명했다. 예제는 기본적인 내용부터 시작해 간단한 개념을 설명하는 데 도움이 되는 수준까지 점차 발전시켰다. 이 장에서는 두 가지 대표적인 NoSQL 솔루션인 몽고디비와 아파치 카산드라를 내부 제품으로 사용했다.

이 장은 논리적으로 두 부분으로 나뉜다. 첫 번째 부분에서는 핵심 NoSQL 저장 개념을 다뤘고, 두 번째 부분에서는 주요 프로그래밍 언어를 통해 NoSQL 저장소에 접속하는 법을 다뤘다. 따라서 앞 부분에서는 명령행 클라이언트를 통해 예제를 실행했고 뒷부분에서는 단독 실행 프로그램으로 예제를 다뤘다.

다음 장에서는 이 장에서 소개한 내용에 더 살을 붙인다. NoSQL과 연동하는 더 많은 예제를 살펴보고 사용 가능한 데이터셋을 쿼리하는 법도 설명한다. 또 새로운 NoSQL 제품도 소개한다.

03

NoSQL과의 인터페이싱 및 상호작용

· 인기 있는 NoSQL 데이터베이스의 접근 방법
· 인기 있는 NoSQL 저장소 예제
· 인기 있는 NoSQL 저장소의 컬렉션 조회 방법
· 인기 있는 NoSQL 데이터베이스용 드라이버 및 언어 바인딩 소개

이 장에서는 NoSQL 데이터 저장소와 상호작용하는 기본적인 방법을 소개한다. NoSQL의 종류가 다양한 만큼 NoSQL 저장소에 접근하고 상호작용하는 방법도 다양하다. 이 장에서는 NoSQL 데이터베이스에 접근하고 쿼리를 조회할 때 가장 많이 사용하는 방식 몇 가지를 요약해서 설명한다. 이 장에서 다루는 내용은 기초를 튼튼히 쌓을 수 있을 정도로 충분하긴 하지만 전체 설명을 모두 포함하지는 않는다.

NoSQL은 계속 발전 중인 기술이며 변화의 속도 또한 매우 빠르다. NoSQL 저장소를 새로운 맥락에서 사용하고 새로운 프로그래밍 언어와 기술 플랫폼에서 인터페이스를 제공함에 따라 NoSQL 저장소와 상호작용하는 방식도 빠르게 변화하고 있다. 따라서 우리는 계속해서 배울 준비를 해야 하고 미래에 나올 수 있는 표준화에 대비해야 한다.

SQL이 없다면 무엇을 사용할까?

관계형 데이터베이스가 인기를 얻은 큰 이유 중 하나는 SQL을 활용하는 표준화된 접근 방식 및 쿼리 메커니즘 때문이었다. 구조화된 쿼리 언어의 약어인 SQL은 관계형 데이터베이스와 통신할 때 사용하는 언어다. SQL에는 사용자가 단시간 내에 익힐 수 있는 간단하고 직관적인 구문과 구조가 들어 있다. 이런 관계를 기반으로 SQL은 사용자가 단일 컬렉션에서 레코드를 가져오거나 테이블 사이에 조인을 통해 레코드를 가져오게 해준다. SQL의 단순성은 다음과 같은 예제를 통해 쉽게 알 수 있다.

- 조직 내 모든 사람에 대한 이름과 이메일 주소를 보관하는 테이블에서 모든 데이터를 가져오려면 SELECT * FROM people을 사용하면 된다. 여기서 테이블의 이름은 people이다.

- people 테이블에서 사람 이름만 가져오려면 SELECT name FROM people을 사용한다. 이때 이름은 name이라는 칼럼에 저장돼 있다.

- 지메일 계정을 갖고 있는 사람만 조회하려면 SELECT * FROM people where email LIKE '%gmail.com'을 사용하면 된다.

- 사람의 이름과 사람들이 좋아하는 책 제목이 별도의 관련 테이블인 books_people_like에 저장돼 있다고 가정하고 사람들과 이 사람들이 좋아하는 책 제목을 가져오려면 SELECT people.name, books_people_like.book_title FROM people, books_people_like WHERE people.name = books_people_like.person_name을 사용하면 된다. 여기서 table books_people_like 테이블에는 person_name과 title이라는 두 개의 칼럼이 있고, person_name은 people 테이블의 name 칼럼과 같은 값을 참조하고 title 칼럼은 책 제목을 저장한다.

SQL의 장점은 여러 가지가 있지만 SQL에는 단점도 몇 가지 있다. 이런 단점은 대용량 데이터와 희소성 데이터셋을 다룰 때 주로 드러난다. 하지만 NoSQL 저장소에는 SQL이 없다. 좀 더 정확히 말하면 NoSQL에는 관계형 데이터셋이 없다. 따라서 데이터에 접근하고 조회하는 방식이 다르다. 이어지는 절에서는 NoSQL 데이터베이스에서 데이터에 접근하고 조회하는 방식이 SQL을 사용할 때와 어떻게 다른지 배운다. 또 두 방식 사이의 유사성도 살펴본다.

먼저 데이터를 저장하고 접근하는 기본 방법부터 살펴보자.

데이터 저장 및 접근

앞 장에서는 몇 가지 기초적인 예제를 통해 NoSQL을 처음 맛봤다. 앞 장에서는 도큐먼트 저장소인 몽고디비와 궁극적으로 일관적인 저장소인 아파치 카산드라를 활용해 기본적인 데이터 저장 및 접근 방법을 배웠다. 이 절에서는 이와 같은 첫 번째 경험을 바탕으로 NoSQL 데이터 저장 및 접근에 대해 좀 더 자세히 들여다본다. NoSQL에서의 각기 다른 데이터 저장 및 접근 방식을 설명하기 위해 먼저 NoSQL을 다음과 같이 분류한다.

- 도큐먼트 저장소 : 몽고디비와 카우치디비

- 키/값 저장소(인메모리, 영속적, 순서 정렬 저장소) : 레디스 및 버클리디비

- 칼럼 패밀리 기반 저장소 : HBase 및 하이퍼테이블

- 궁극적으로 일관적인 키/값 저장소 : 아파치 카산드라 및 볼드모트

이 분류에는 모든 NoSQL 데이터베이스가 포함된 것은 아니다. 예컨대 여기에는 이 책에서 다루지 않는 객체 데이터베이스, 그래프 데이터베이스, XML 데이터 저장소는 완전히 빠져 있다. 또 이 분류는 비관계형 데이터베이스를 상호 배타적인 기준으로 분류한 것도 아니다. 일부 NoSQL 저장소는 이 분류상 여러 곳에 속하는 기능을 갖추고 있다. 이 분류는 비관계형 저장소를 가장 잘 나타내는 논리적인 단위로 구분한 것일 뿐이다.

> 이 책에서는 NoSQL에서의 저장, 접근, 쿼리를 다루면서 책에서 나열한 몇 개의 카테고리로 설명을 제한하고, 몇 가지 제품만 살펴본다. 이 책에서는 가장 인기 있는 제품만 다룬다. NoSQL 데이터베이스 한두 개만을 가지고 인터페이스 및 상호작용하는 법을 배우면 NoSQL에 대한 기본 지식과 공통으로 사용하는 개념을 정립할 수 있다. 또 이 책의 나머지 장에서 다루는 고급 주제와 좀 더 방대한 설명에 대한 기초도 충분히 마련할 수 있다.

앞 장에서 도큐먼트 저장소인 몽고디비는 소개한 바 있으므로 여기서는 도큐먼트 데이터베이스의 저장 및 접근 방식에 대한 상세 설명부터 시작한다.

여기서는 예제를 통한 학습 기법을 활용하기 위해 웹 서버의 로그 데이터 분석을 보여주는 단순하면서 재미있는 사용 사례를 사용한다. 이 예제의 웹 서버 로그는 웹 서버 접근 및 요청 활동을 로깅하기 위해 결합 로그 형식(Combined Log Format)을 따른다. 아파치 웹 서버의 결합 로그 형식에 대한 자세한 정보는 http://httpd.apache.org/docs/2.2/logs.html#combined에서 볼 수 있다.

몽고디비에서의 데이터 저장 및 접근

아파치 웹 서버의 결합 로그 형식은 웹 서버로부터 다음과 같은 요청 및 응답 어트리뷰트를 기록한다.

- 클라이언트의 IP 주소 : 이 값은 클라이언트가 프록시를 통해 리소스를 요청할 경우 프록시의 IP 주소가 될 수 있다.

- 클라이언트의 신원 : 보통 이 정보는 신뢰할 수 있는 정보는 아니며 종종 기록으로 남기지 않는다.

- 인증 과정에서 식별한 사용자명 : 웹 리소스에 접근하는 데 인증이 필요 없다면 이 값은 빈 값이 될 수 있다.

- 요청을 받은 시간 : 시간대와 더불어 날짜, 시간을 포함한다.

- 요청 자체 : 이는 사용한 요청 방식, 리소스, 요청 파라미터, 프로토콜에 해당하는 각기 다른 네 요소로 더 세분화될 수 있다.

- 상태 코드 : HTTP 상태 코드

- 반환된 객체의 크기 : 크기는 바이트다.

- 리퍼러 : 보통 웹 페이지나 리소스로 연결되는 URI 또는 URL이다.

- 사용자 에이전트 : 클라이언트 애플리케이션으로, 보통 웹 페이지나 리소스에 접근할 때 사용한 프로그램 또는 기기다.

로그 파일 자체는 각 요청을 별도의 행에 저장하는 텍스트 파일로 이뤄져 있다. 텍스트 파일에서 데이터를 가져오려면 값을 파싱하고 추출해야 한다. 로그파일을 파싱하는 간단한 파이썬 프로그램은 예제 3-1처럼 작성할 수 있다.

예제 3-1   로그 파서 프로그램

```
import re
import fileinput
_lineRegex = re.compile(r'(\d+\.\d+\.\d+\.\d+) ([^ ]*) ([^ ]*)
\[([^\]]*)\] "([^"]*)" (\d+) ([^ ]*) "([^"]*)" "([^"]*)"')

class ApacheLogRecord(object):
    def __init__(self, *rgroups ):
        self.ip, self.ident, \
        self.http_user, self.time, \
```

```
        self.request_line, self.http_response_code, \
        self.http_response_size, self.referrer, self.user_agent = rgroups
        self.http_method, self.url, self.http_vers = self.request_line.split()

    def __str__(self):
        return ' '.join([self.ip, self.ident, self.time, self.request_line,
        self.http_response_code, self.http_response_size, self.referrer,
        self.user_agent])


class ApacheLogFile(object):
    def __init__(self, *filename):
        self.f = fileinput.input(filename)

    def close(self):
        self.f.close()

    def __iter__(self):
        match = _lineRegex.match
        for line in self.f:
            m = match(line)
            if m:
                try:
                    log_line = ApacheLogRecord(*m.groups())
                    yield log_line
                except GeneratorExit:
                    pass
                except Exception as e:
                    print "NON_COMPLIANT_FORMAT: ", line, "Exception: ", e
```

apache_log_parser.py ↻

파서에서 데이터를 파싱하고 나면 데이터를 몽고디비에 영속화할 수 있다. 이 예제의 로그 파서는 파이썬으로 작성했으므로 이 경우 파이썬의 몽고디비 드라이버인 PyMongo를 사용해 데이터를 몽고디비에 저장하는 게 가장 쉽다. 하지만 PyMongo를 사용하는 법을 자세히 다루기 전에 몽고디비에서의 데이터 저장과 관련한 기초를 먼저 설명하는 게 좋겠다.

몽고디비는 JSON 같은 객체 계층구조를 사용해 표현할 수 있는 한 임의의 데이터 컬렉션을 영속할 수 있는 도큐먼트 저장소다(JSON에 익숙하지 않다면 www.json.org/에서 명세를 읽어보자. JSON은 빠르고, 가벼우며, 인기 있는 웹 애플리케이션용 데이터 교환 형식이다). JSON 형식의 예를 보여주기 위해 접근 로그에서 추출한 로그 파일 요소를 보여주면 다음과 같다.

```
{
    "ApacheLogRecord": {
        "ip": "127.0.0.1",
        "ident" : "-",
        "http_user" : "frank",
        "time" : "10/Oct/2000:13:55:36 -0700",
        "request_line" : {
            "http_method" : "GET",
            "url" : "/apache_pb.gif",
            "http_vers" : "HTTP/1.0",
        },
        "http_response_code" : "200",
        "http_response_size" : "2326",
        "referrer" : "http://www.example.com/start.html",
        "user_agent" : "Mozilla/4.08 [en] (Win98; I ;Nav)",
    },
}
```

로그 파일에서 해당 줄은 다음과 같다.

```
127.0.0.1 - frank [10/Oct/2000:13:55:36 -0700]
"GET /apache_pb.gif HTTP/1.0" 200
2326 "http://www.example.com/start.html" "Mozilla/4.08 [en]
(Win98; I ;Nav)"
```

몽고디비는 모든 JSON 데이터 타입을 지원한다. 다시 말해 문자열, 정수, 불리언, double, null, 배열, 객체를 지원한다. 또 추가 데이터 타입도 몇 가지 지원한다. 이러한 추가 데이터 타입은 날짜, 객체 id, 바이너리 데이터, 정규식, 코드다. 몽고는 일반 JSON이 아니라 JSON 같은 구조를 바이너리 인코딩을 통해 직렬화한 BSON을 지원하므로 이 같은 추가 데이터 타입을 지원한다.

BSON 명세에 대한 자세한 정보는 http://bsonspec.org/에서 볼 수 있다.

JSON 형태의 도큐먼트를 로그 파일 내의 logdata라는 컬렉션 줄에 삽입하려면 몽고 셸에서 다음과 같이 입력하면 된다.

```
(이어서...)
    doc = {
        "ApacheLogRecord": {
            "ip": "127.0.0.1",
            "ident" : "-",
            "http_user" : "frank",
            "time" : "10/Oct/2000:13:55:36 -0700",
            "request_line" : {
                "http_method" : "GET",
                "url" : "/apache_pb.gif",
                "http_vers" : "HTTP/1.0",
            },
            "http_response_code" : "200",
            "http_response_size" : "2326",
            "referrer" : "http://www.example.com/start.html",
            "user_agent" : "Mozilla/4.08 [en] (Win98; I ;Nav)",
        },
    };
    db.logdata.insert(doc);
```

몽고는 컬렉션 내에 레코드가 존재하면 업데이트하고, 존재하지 않으면 삽입하는 편의 메서드인 save도 제공한다.

파이썬 예제에서는 딕셔너리(또는 맵, 해시 맵, 연관 배열이라고도 함)에서 몽고디비로 직접 데이터를 저장할 수 있었다. 이는 PyMongo(드라이버)가 딕셔너리를 BSON 데이터 형식으로 변환하는 작업을 수행하기 때문이다. 예제를 완성하기 위해 객체의 모든 어트리뷰트 및 해당 값을 다음과 같이 딕셔너리로 반환하는 유틸리티 함수를 작성하자.

```
def props(obj):
    pr = {}
    for name in dir(obj):
        value = getattr(obj, name)
        if not name.startswith('__') and not inspect.ismethod(value):
            pr[name] = value
    return pr
```

apache_log_parser_mongodb.py ↻

이 함수는 request_line을 단일 요소로 저장한다. 독자들 중에는 이를 예제 3-1에서 본 대로 HTTP 방식, URL, 프로토콜 버전처럼 세 개의 별도 필드로 저장하고 싶은 사람도 있을 것이다. 또 중첩 객체 계층구조를 사용하는 방식을 더 선호하는 사람도 있을 것이다. 이 주제는 이 장에서 나중에 쿼리를 다루면서 다시 살펴본다.

이제 함수를 작성했으니 단 몇 줄의 코드로 몽고디비에 데이터를 저장할 수 있다.

```
connection = Connection()
db = connection.mydb
collection = db.logdata
alf = ApacheLogFile(<path to access_log>)
for log_line in alf:
    collection.insert(props(log_line))
alf.close()
```

apache_log_parser_mongodb.py ↻

간단하지 않은가? 이로써 로그 데이터를 저장했고 이를 필터링하고 분석할 수 있게 됐다.

몽고디비 쿼리

여기서는 웹 서버 접근 로그의 현재 스냅샷을 사용해 샘플 데이터셋을 생성했다. 웹 서버 로그에 접근할 수 없다면 책과 함께 제공되는 소스에서 sample_access_log란 이름의 파일을 사용하면 된다.

몽고 인스턴스에 데이터를 영속화하고 나면 데이터셋을 쿼리하고 필터링할 준비가 모두 끝난 셈이다.

앞 장에서는 몽고디비를 활용한 기본적인 쿼리 메커니즘을 배웠다. 이번에는 이를 수정해 쿼리와 관련한 추가 개념을 살펴보자.

필자의 로그 데이터는 모두 logdata라는 컬렉션에 저장돼 있다. logdata 컬렉션의 모든 레코드를 나열하려면 몽고 셸(자바스크립트 셸로서, bin/mongo 명령을 통해 실행 가능)을 실행하고 다음과 같이 쿼리하면 된다.

```
> var cursor = db.logdata.find()
> while (cursor.hasNext()) printjson(cursor.next());
```

그럼 다음과 같은 데이터셋이 출력된다.

```
{
    "_id" : ObjectId("4cb164b75a91870732000000"),
    "http_vers" : "HTTP/1.1",
    "ident" : "-",
    "http_response_code" : "200",
    "referrer" : "-",
    "url" : "/hi/tag/2009/",
    "ip" : "123.125.66.32",
    "time" : "09/Oct/2010:07:30:01 -0600",
    "http_response_size" : "13308",
    "http_method" : "GET",
    "user_agent" : "Baiduspider+(+http://www.baidu.com/search/spider.htm)",
    "http_user" : "-",
    "request_line" : "GET /hi/tag/2009/ HTTP/1.1"
}
{
    "_id" : ObjectId("4cb164b75a91870732000001"),
    "http_vers" : "HTTP/1.0",
    "ident" : "-",
    "http_response_code" : "200",
    "referrer" : "-",
    "url" : "/favicon.ico",
    "ip" : "89.132.89.62",
    "time" : "09/Oct/2010:07:30:07 -0600",
    "http_response_size" : "1136",
    "http_method" : "GET",
    "user_agent" : "Safari/6531.9 CFNetwork/454.4 Darwin/10.0.0 (i386)
    (MacBook5%2C1)",
    "http_user" : "-",
    "request_line" : "GET /favicon.ico HTTP/1.0"
}
...
```

이제 쿼리 및 응답 요소를 자세히 살펴보기 위해 쿼리 및 응답셋을 분석해 보자.

먼저 커서를 선언한 후 logdata 컬렉션에서 사용할 수 있는 모든 데이터를 가져온 후 이를 대입했다. 커서 또는 반복자는 몽고디비에서도 관계형 데이터베이스만큼 자주 사용한다.

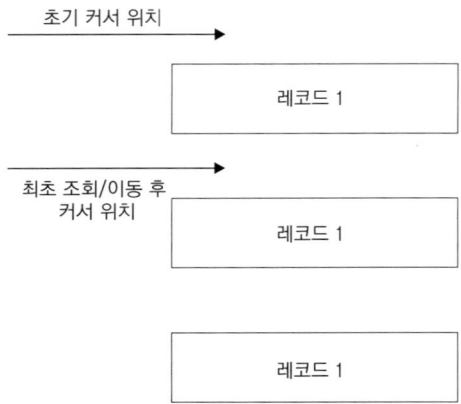

그림 3-1

그림 3-1을 보면 커서가 어떻게 동작하는지 알 수 있다. db.logdata.find() 메서드는 logdata 컬렉션에 들어 있는 모든 레코드를 반환하므로 커서를 사용해 전체 데이터셋을 순회한다. 앞의 코드 예제에서는 커서의 요소를 순회하며, 이를 출력하는 간단한 일을 한다. printjson 함수는 멋진 JSON 형식의 포맷을 사용해 읽기 쉽게 요소를 출력한다.

전체 컬렉션을 가져오는 것도 좋긴 하지만 때로는 일부 데이터만 필요할 때도 있다. 이번에는 컬렉션을 필터링해 일부 데이터만 가져오는 법을 살펴보자. SQL 세계에서는 레코드의 일부를 가져올 때 다음과 같은 조작 방식 중 하나를 사용한다.

■ 테이블의 전체 칼럼 대신 선택 칼럼만 가져오게끔 결과를 제한한다.
■ 하나 이상의 칼럼값을 기반으로 테이블에서 가져올 행의 개수를 필터링한다.

몽고디비에서는 일부 칼럼 또는 어트리뷰트로 출력 결과를 제한하는 게 현명한 전략이 아니다. 그 이유는 각 도큐먼트를 가져올 때 전체 어트리뷰트가 포함된 상태로 항상 도큐먼트가 반환되기 때문이다. 하지만 일부 어트리뷰트만을 포함하는 도큐먼트를 가져오게 할 수는 있다. 그런데 이렇게 하려면 컬렉션을 제한해야 한다. 전체 컬렉션의 부분 집합으로 도큐먼트 세트를 제한하는 일은 SQL 결과셋을 일부 행으로 제한하는 것과 유사하다. SQL의 WHERE 절을 생각하면 이해하기가 쉽다.

다시 로그 파일 데이터 예제로 돌아가 컬렉션의 부분 집합을 반환하는 예제를 살펴보자.

http_response_code가 200인 모든 로그 파일 레코드를 가져오려면 다음과 같이 쿼리하면 된다.

```
db.logdata.find({ "http_response_code": "200" });
```

이 쿼리는 find 메서드의 인자로 패턴을 정의한 { "http_response_code": "200" } 쿼리 도큐먼트를 갖고 있다.

http_response_code가 200이고 http_vers(프로토콜 버전)이 HTTP/1.1인 모든 로그 파일 레코드를 가져오려면 다음과 같이 조회하면 된다.

```
db.logdata.find({ "http_response_code":"200", "http_vers":"HTTP/1.1" })
```

이번에도 find 메서드의 인자로 쿼리 도큐먼트를 전달한다. 하지만 이번에는 패턴에 하나가 아닌 두 개의 어트리뷰트가 들어 있다.

user_agent가 Baidu 검색 엔진 스파이더인 모든 로그 파일 레코드를 가져오려면 다음과 같이 조회하면 된다.

```
db.logdata.find({ "user_agent": /baidu/i })
```

이 구문을 주의 깊게 살펴보면 쿼리 도큐먼트가 정확한 값이 아니라 정규식을 포함하고 있음을 알 수 있다. /baidu/i 표현식은 user_agent 값에 baidu를 갖고 있는 모든 도큐먼트와 일치한다. i 플래그는 대소문자를 무시하므로 baidu, Baidu, baiDU, BAIDU가 모두 일치하게 된다. user_agent가 Mozilla로 시작하는 모든 로그 파일 레코드를 가져오려면 다음과 같이 조회하면 된다.

```
db.logdata.find({ "user_agent": /^Mozilla/ })
```

쿼리 도큐먼트 패턴에 정규식을 사용할 수 있다는 점은 수많은 가능성을 내포하며, 사용자에게 강력한 힘을 실어준다. 하지만 흔히 말하듯 힘에는 그만큼의 책임도 뒤따르기 마련이다. 따라서 필요한 서브셋을 가져오는 데 정규식을 사용할 수는 있지만 복잡한 정규식은 연산 비용이 매우 큰 전체 스캔으로 이어질 수 있는 만큼 대규모 데이터셋에서는 큰 문제가 될 수 있다.

숫자 값을 갖고 있는 필드에 대해서는 ~보다 큰, ~보다 크거나 같은, ~보다 작은, ~보다 작거나 같은 등의 비교 연산자를 사용할 수 있다. 응답 크기가 1111kB보다 큰 모든 로그 파일 레코드를 가져오려면 다음과 같이 조회하면 된다.

```
db.logdata.find({ "http_response_size" : { $gt : 1111 }})
```

이제 결과를 서브셋으로 제한하는 예제를 몇 가지 살펴봤으니 필드의 개수를 url 어트리뷰트 또는 필드 한 개로 제한해 보자. MSN 봇을 통해 접근한 모든 URL 목록을 가져오려면 **logdata** 컬렉션을 다음과 같이 쿼리하면 된다.

```
db.logdata.find({ "user_agent":/msn/i }, { "url":true })
```

추가로 앞의 쿼리에서 반환하는 행의 개수를 10개로 제한하려면 다음과 같이 하면 된다.

```
db.logdata.find({ "user_agent":/msn/i }, { "url":true }).limit(10)
```

때로는 전체 도큐먼트가 아니라 일치하는 개수만 알고 싶을 때도 있다. MSN 봇에서 요청한 개수를 알고 싶다면 다음과 같이 logdata 컬렉션을 조회하면 된다.

```
db.logdata.find({ "user_agent":/msn/i }).count()
```

몽고디비에서 고급 쿼리와 관련해 훨씬 더 많은 내용을 설명할 수 있지만 이 내용은 고급 쿼리를 다루는 6장으로 미루겠다. 다음으로 또 다른 NoSQL 저장소인 레디스를 활용해 데이터를 저장해보자.

레디스를 활용한 데이터 저장 및 접근

레디스는 영속성 키/값 저장소다. 효율성을 위해 레디스는 메모리에 데이터베이스를 보관하고 비동기 스레드를 통해 디스크에 데이터베이스를 쓴다. 레디스가 보관하는 값은 문자열, 리스트, 해시, 세트, 정렬셋이 될 수 있다. 레디스는 컬렉션을 조작하고 데이터를 삽입 및 조회할 수 있는 풍부한 명령을 제공한다.

아직 레디스를 설치하지 않았다면 지금 설치하고 설정하자. 레디스를 설치하는 법은 부록 A를 참고하자.

여기서는 레디스를 설명하면서 레디스 명령행 클라이언트(redis-cli)와 책 카테고리 목록을 포함하는 간단한 사용 사례를 활용한다.

우선 redis-cli를 시작하고 동작하는지 확인한다. 먼저 레디스 배포 폴더로 이동한다. 레디스는 소스로 배포된다. 이 소스는 파일 시스템 아무 곳에나 압축을 푼 후 컴파일할 수 있다. 컴파일을 하고 나면 배포 폴더에서 실행 파일을 사용할 수 있다. 일부 운영체제에서는 실행 파일이 있는 위치에 실행 파일에 대한 심볼릭 링크가 생성된다. 필자의 시스템에서는 레디스를 Redis-2.2.2 폴더(레디스의 가장 최신 버전에 해당)에서 사용할 수 있다. redis-server 명령을 사용해 레디스 서버를 시작한다. 기본 설정을 사용하려면 레디스 배포 폴더에서 ./redis-server를 실행하면 된다. 이제 redis-cli를 실행해 서버에 접속한다. 기본적으로 레디스 서버는 6379 포트에서 커넥션을 수신한다. { akey: "avalue" } 키/값 쌍을 저장하려면 레디스 배포 폴더 내에서 다음과 같은 명령을 입력하면 된다.

```
./redis-cli set akey "avalue"
```

입력한 명령에 대해 콘솔에 OK가 출력되는 게 보이면 제대로 동작하는 것이다. OK가 출력되지 않는다면 설치 설명을 따라 하고 설정이 정확한지 확인한다. akey에 대해 avalue가 저장됐는지 확인하려면 다음과 같이 akey 값을 가져오면 된다.

```
./redis-cli get akey
```

그럼 이 요청에 대한 값을 볼 수 있다.

레디스 예제의 이해

레디스 예제에서는 데이터베이스에 책 제목이 저장된다. 각 책에는 임의의 태그를 지정한다. 예를 들어 마이클 폴랜이 쓴 'The Omnivore's Dilemma'를 리스트에 추가하고 태그를 'organic', 'industrialization', 'local', 'wrriten by a journalist', 'best seller', 'insight'라고 지정하거나 말콤 글래드웰이 쓴 'Outliers'를 추가하고 태그로 'insight', 'best seller', 'written by a journalist'라고 지정한다. 리스트에 들어 있는 전체 책을 가져오거나 'written by a journalist'를 기준으로, 또는 'organic'과 관련한 책을 가져올 수 있다. 또 특정 저자를 기준으로 책을 조회할 수도 있다. 쿼리는 다음 절에서 보기로 하고 지금은 데이터를 저장하는 데만 초점을 맞추자.

소스를 컴파일한 후 'make install'로 레디스를 설치하면 기본적으로 redis-server와 redis-cli가 /usr/local/bin에 추가된다. /usr/local/bin이 PATH 환경 변수에 추가돼 있다면 아무 디렉터리에서나 redis-server 및 redis-cli를 실행할 수 있다.

레디스는 다음과 같은 몇 가지 데이터 구조를 지원한다.

- 리스트 또는 좀 더 구체적으로 링크드 리스트 : 요소의 인덱싱된 목록을 특정 순서로 보관하는 컬렉션. 링크드 리스트를 사용하면 목록에 있는 요소의 개수와 상관없이 각 끝점으로 빠르게 접근할 수 있다.
- 세트 : 순서가 없는 고유 요소를 보관하는 컬렉션
- 정렬셋 : 정렬된 요소 세트를 보관하는 컬렉션
- 해시 : 키/값 쌍을 보관하는 컬렉션
- 문자열 : 문자 컬렉션

이 예제에서는 순서가 중요하지 않으므로 세트를 사용하기로 했다. 이 세트의 이름은 books다. books 의 멤버인 각 책은 다음과 같은 속성을 갖고 있다.

- Id
- Title
- Author
- Tags (컬렉션)

각 태그는 다음 속성을 통해 식별한다.

- Id
- Name

redis-server가 구동 중이라고 가정하고 redis-cli 인스턴스를 열어서 다음 명령을 입력해 books 세트 의 첫 번째 멤버를 생성한다.

```
$ ./redis-cli incr next.books.id
(integer) 1
$ ./redis-cli sadd books:1:title "The Omnivore's Dilemma"
(integer) 1
$ ./redis-cli sadd books:1:author "Michael Pollan"
```

books_and_tags.txt ⬆

레디스는 유용한 명령을 많이 제공한다. 이들 명령은 http://redis.io/commands에 정리돼 있다. 앞의 코드 예제에서 첫 번째 명령은 세트 멤버 식별자를 다음 id로 증가시켜 시퀀스 번호를 생성한다. 여기서 는 방금 전에 세트 생성을 시작했으므로 증가 결과는 '1'이 된다. 다음 두 명령은 books라는 이름의 세트 멤버를 생성한다. 멤버는 방금 전에 생성한 1이라는 id 값으로 식별한다. 지금까지 멤버 자체에는 두 가 지 속성(title과 author)이 있고 이들 속성값은 문자열이다. sadd 명령은 세트에 멤버를 추가한다. 리스 트, 해시, 정렬 세트에 대해서도 이와 유사한 함수가 존재한다. 리스트의 lpush와 rpush 명령은 앞과 뒤 에 요소를 각각 추가한다. zadd 명령은 정렬셋에 멤버를 추가한다.

다음으로 books 세트에 추가한 멤버에 태그를 추가해 보자. 다음과 같이 입력하자.

```
$ ./redis-cli sadd books:1:tags 1
(integer) 1
```

```
$ ./redis-cli sadd books:1:tags 2
(integer) 1
$ ./redis-cli sadd books:1:tags 3
(integer) 1
$ ./redis-cli sadd books:1:tags 4
(integer) 1
$ ./redis-cli sadd books:1:tags 5
(integer) 1
$ ./redis-cli sadd books:1:tags 6
(integer) 1
```

books_and_tags.txt ⋃

이번에는 id 값 1로 식별한 멤버에 많은 숫자 태그 식별자를 추가했다. 태그 자체에는 id를 지정한 것 외에는 다른 값을 정의하지 않았다. 이쯤에서 books:1:tags를 구성하는 요소를 분해해봄으로써 레디스에서 어떤 식으로 키 명명 체계가 동작하는지 살펴보는 게 좋겠다. 공백과 특수 문자를 포함하는 문자열을 제외한 모든 문자열은 레디스에서 키로 사용하기에 적합하다. 하지만 매우 긴 키나 짧은 키는 삼가야 한다. 키는 계층구조 관계 및 객체의 중첩과 속성 관계를 설정할 수 있는 형태로 구조화될 수 있다. 보통 키 이름으로는 object-type:id:field 같은 스키마를 사용하는 게 관례이고 이를 권장한다. 따라서 books:1:tags 같은 키는 'books'라는 세트 안에 id가 1인 멤버에 대한 태그 컬렉션이라는 의미다. 마찬가지로 books:1:title은 books 세트 내의 id 값이 1인 멤버의 title 필드를 뜻한다. books 세트의 첫 번째 멤버에 태그를 추가한 후에는 태그 자체를 다음과 같이 정의할 수 있다.

```
$ ./redis-cli sadd tag:1:name "organic"
(integer) 1
$ ./redis-cli sadd tag:2:name "industrialization"
(integer) 1
$ ./redis-cli sadd tag:3:name "local"
(integer) 1
$ ./redis-cli sadd tag:4:name "written by a journalist"
(integer) 1
$ ./redis-cli sadd tag:5:name "best seller"
(integer) 1
$ ./redis-cli sadd tag:6:name "insight"
(integer) 1
```

books_and_tags.txt ⋃

태그를 정의하고 나면 특정 태그를 갖고 있는 책이 서로 연계될 수 있게 상호 관계를 설정할 수 있다. 첫 번째 멤버는 6개의 태그가 있으므로 이를 각 태그에 다음과 같이 추가한다.

```
$ ./redis-cli sadd tag:1:books 1
(integer) 1
$ ./redis-cli sadd tag:2:books 1
(integer) 1
$ ./redis-cli sadd tag:3:books 1
(integer) 1
$ ./redis-cli sadd tag:4:books 1
(integer) 1
$ ./redis-cli sadd tag:5:books 1
(integer) 1
$ ./redis-cli sadd tag:6:books 1
(integer) 1
```

books_and_tags.txt ↻

상호 관계를 설정하고 나면 세트의 두 번째 멤버를 다음과 같이 생성한다.

```
$ ./redis-cli incr next.books.id
(integer) 2
$ ./redis-cli sadd books:2:title "Outliers"
(integer) 1
$ ./redis-cli sadd books:2:author "Malcolm Gladwell"
(integer) 1
```

books_and_tags.txt ↻

incr 함수는 세트의 두 번째 멤버의 id를 생성하는 데 사용한다. 지정한 단계만큼 값을 늘리는 incrby 함수, 값을 감소시키는 decr 함수, 지정한 단계만큼 값을 감소시키는 decrby 함수도 시퀀스 번호 생성이 필요할 때마다 사용할 수 있는 유용한 유틸리티 함수다. 이런 함수는 필요에 따라 단계를 지정해 적절히 사용할 수 있다. 지금은 그냥 incr 함수를 사용한다.

다음으로 두 번째 멤버에 태그를 추가하고 다음과 같이 태그에 대한 역관계를 설정해야 한다.

```
$ ./redis-cli sadd books:2:tags 6
(integer) 1
$ ./redis-cli sadd books:2:tags 5
```

```
(integer) 1
$ ./redis-cli sadd books:2:tags 4
(integer) 1
$ ./redis-cli sadd tag:4:books 2
(integer) 1
$ ./redis-cli sadd tag:5:books 2
(integer) 1
$ ./redis-cli sadd tag:6:books 2
(integer) 1
```

books_and_tags.txt ↻

이로써 간단하지만 유용한 두 개의 멤버로 이뤄진 세트를 생성했다. 다음으로 이 세트를 쿼리하는 방법을 살펴보자.

레디스 쿼리

redis-cli 세션에서 먼저 books 세트에서 id 1로 식별한 멤버 1의 제목과 저자를 다음과 같이 나열할 수 있다.

```
$ ./redis-cli smembers books:1:title
1. "The Omnivore\xe2\x80\x99s Dilemma"
$ ./redis-cli smembers books:1:author
1. "Michael Pollan"
```

books_and_tags.txt ↻

제목 문자열에 있는 특수 문자는 문자열 값에 들어 있는 아포스트로피를 나타낸다.

이 책에 대한 전체 태그는 다음과 같이 나열할 수 있다.

```
$ ./redis-cli smembers books:1:tags
1. "4"
2. "1"
3. "2"
4. "3"
5. "5"
6. "6"
```

books_and_tags.txt ↻

태그의 id 목록이 입력한 순서대로 보이지 않는 점에 주의하자. 이렇게 되는 이유는 세트에는 멤버 내에서의 순서 개념이 없기 때문이다. 순서가 지정된 세트가 필요하다면 세트 대신 정렬셋을 사용해야 한다.

마찬가지로 id 2로 식별한 두 번째 책의 제목, 저자, 태그도 다음과 같이 조회할 수 있다.

```
$ ./redis-cli smembers books:2:title
1. "Outliers"
$ ./redis-cli smembers books:2:author
1. "Malcolm Gladwell"
$ ./redis-cli smembers books:2:tags
1. "4"
2. "5"
3. "6"
```

books_and_tags.txt

이번에는 세트를 태그 관점에서 보고 id 1로 식별한 태그를 갖고 있는 모든 책을 다음과 같이 나열할 수 있다.

```
$ ./redis-cli smembers tag:1:books
"1"
```

태그 1은 organic이란 이름으로 식별하므로 다음과 같이 조회할 수 있다.

```
$ ./redis-cli smembers tag:1:name
"organic"
```

insight라는 이름으로 식별하는 태그 6 같은 태그는 세트 내의 두 책 모두에 추가됐다. 이 사실은 다음과 같이 태그 6을 갖고 있는 책 세트를 쿼리해 확인할 수 있다.

```
$ ./redis-cli smembers tag:6:books
1. "1"
2. "2"
```

다음으로 태그 1과 6을 모두 갖고 있는 책을 나열할 수도 있다.

```
$ ./redis-cli sinter tag:1:books tag:6:books
"1"
```

sinter 명령은 둘 이상의 세트에 대한 교집합을 조회할 수 있게 해준다. '교집합'이라는 단어가 잘 이해되지 않는다면 그림 3-2의 벤 다이어그램을 참고하자.

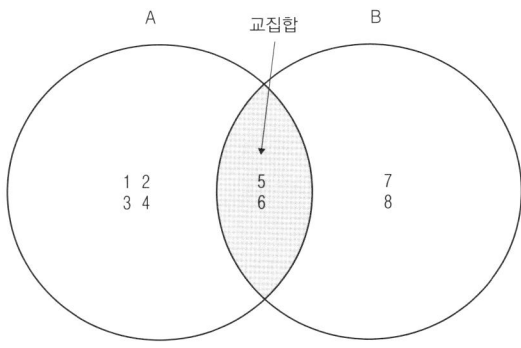

5와 6은 A와 B 세트 모두에 포함됨

그림 3-2

books 1과 2는 태그 5와 6을 모두 갖고 있다는 사실을 알고 있으므로 태그 5와 6를 갖고 있는 책에 대한 sinter는 두 책을 모두 가져온다. 이 사실은 sinter 명령을 실행해 확인할 수 있다. 이 명령과 출력 결과는 다음과 같다.

```
$ ./redis-cli sinter tag:5:books tag:6:books
1. "1"
2. "2"
```

세트 교집합과 마찬가지로 세트 합집합과 차집합을 조회할 수도 있다. 그림 3-3과 3-4는 합집합과 차집합을 보여준다.

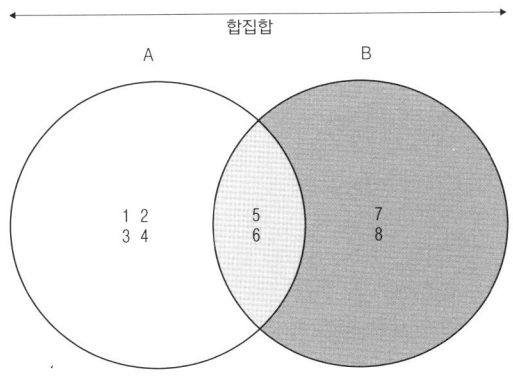

1, 2, 3, 4, 5, 6, 7, 8(A와 B의 모든 멤버)은
A 세트와 B 세트의 합집합에 속함

그림 3-3

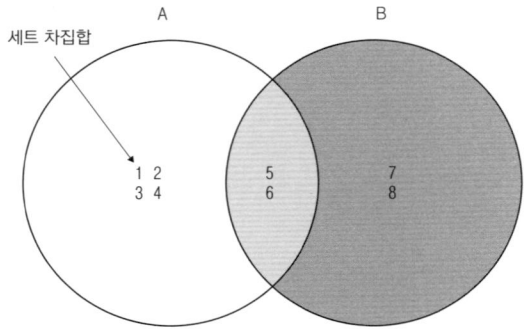

A-B 차집합에는 A에는 속하지만 B에는 속하지 않는 멤버가 포함된다.
따라서 A-B 차집합에는 1, 2, 3, 4가 포함된다.

그림 3-4

태그 1과 6을 포함하는 멤버의 합집합을 생성하려면 다음 명령을 사용하면 된다.

```
$ ./redis-cli sunion tag:1:books tag:6:books
1. "1"
2. "2"
```

books 1과 2는 태그 5와 6을 모두 포함하므로 태그 5를 갖고 있는 책과 태그 6을 갖고 있는 책 사이의 차집합 세트를 조회하면 결과로 빈 세트가 반환된다. 이를 확인해 보자.

```
$ ./redis-cli sdiff tag:5:books tag:6:books
(empty list or set)
```

이런 명령은 모두 빠른 쿼리에 유용하게 활용할 수 있다. 앞에서 말한 것처럼 레디스는 문자열 값, 리스트, 해시, 정렬셋에 대한 풍부한 명령을 제공한다. 하지만 지금은 이에 대한 자세한 설명은 생략하고 다른 NoSQL 저장소에 대한 설명으로 넘어간다. 이와 같은 레디스 명령 각각에 대한 자세한 설명은 이 책에서 나중에 다룬다.

HBase에서의 데이터 저장 및 접근

HBase는 NoSQL의 기수라고 볼 수 있다. HBase는 구글 빅테이블(자세한 정보는 http://labs.google.com/papers/bigtable.html 참고)의 오픈소스 구현체다. 키/값 저장소와 객체 데이터베이스 같은 비관계형 대체재가 한동안 존재했지만 대중들은 HBase 및 관련 하둡 툴을 통해 비로소 구글 같은 대규모 NoSQL을 성공적으로 사용할 수 있게 됐다.

구글 빅테이블의 복제품이 HBase만 있는 것은 아니다. 하이퍼테이블은 또 다른 복제품이다. 또

HBase가 모든 상황에서 이상적인 데이터 저장소도 아니다. 아파치 카산드라처럼 궁극적으로 일관적인 데이터 저장소도 있고 HBase보다 많은 기능을 제공하는 제품도 많다. HBase가 어디에서 도움되고 도움되지 않는지 살펴보기 전에 데이터를 저장하는 기본 방식과 HBase에서 쿼리하는 법부터 살펴보자. HBase 및 다른 데이터베이스의 중요성은 이 책에서 나중에 다룬다.

앞의 두 NoSQL 데이터 저장소와 마찬가지로 여기서도 예제를 통해 HBase의 기본을 설명하고 자세한 아키텍처 설명은 4장으로 미룬다. 여기서는 데이터 저장 및 접근에 초점을 맞춘다. 이 절에서는 블로그 포스트의 피드를 예로 들어 다음 정보를 추출하는 예제를 살펴본다.

- 블로그 포스트 제목
- 블로그 포스트 작성자
- 블로그 포스트 내용 또는 본문
- 블로그 포스트 헤더 멀티미디어(이미지 등)
- 블로그 포스트 본문 멀티미디어(이미지, 동영상, 오디오 파일 등)

이 데이터를 저장하기 위해 blogposts란 컬렉션을 생성하고 정보를 post와 multimedia라는 두 카테고리에 저장한다. 따라서 JSON 형식의 포스트는 다음과 같은 형태가 된다.

```
{
    "post" : {
        "title": "an interesting blog post",
        "author": "a blogger",
        "body": "interesting content",
    },
    "multimedia": {
        "header": header.png,
        "body": body.mpeg,
    },
}
```

blogposts.txt ↻

또는 다음과 같이 될 수 있다.

```
{
    "post" : {
        "title": "yet an interesting blog post",
```

```
        "author": "another blogger",
        "body": "interesting content",
    },
    "multimedia": {
        "body-image": body_image.png,
        "body-video": body_video.mpeg,
    },
}
```

blogposts.txt ⬇

두 개의 샘플 데이터셋을 자세히 보면 둘 다 post와 multimedia 카테고리를 갖고 있지만 필드가 똑같지 않은 것을 볼 수 있다. 다시 말해 칼럼이 서로 다른 것이다. HBase에서는 이를 칼럼 패밀리(post와 multimedia)는 같지만 칼럼셋이 같지 않다고 말한다. multimedia 칼럼 패밀리에는 header, body, body-image, body-video라는 네 개의 칼럼이 있고, 일부 데이터 포인트에서는 이들 칼럼에 값이 없다(null). 전통적인 관계형 데이터베이스에서는 네 개의 칼럼을 모두 생성하고 필요에 따라 몇 개를 null로 설정한다. HBase 및 칼럼 데이터베이스에서는 데이터를 칼럼으로 저장하므로 값이 null이면 값을 저장하지 않아도 된다. 따라서 이런 데이터베이스는 희소성 데이터셋에 매우 적합하다.

이 데이터셋을 생성하고 두 개의 데이터 포인트를 저장하려면 먼저 HBase 인스턴스를 시작하고 HBase 셸을 사용해 접속해야 한다. HBase는 특수 파일 시스템 추상화를 사용해 데이터를 여러 장비에서 저장하는 분산 환경에서 실행된다. 하지만 이 예제에서는 단일 인스턴스 환경에서 HBase를 실행한다. 최신 HBase 배포판을 내려받고 압축을 풀었다면 bin/start-hbase.sh를 실행해 기본 단일 인스턴스 서버를 시작한다.

서버가 구동되고 나면 다음과 같이 셸을 시작해 HBase 로컬 서버에 접속한다.

```
bin/hbase shell
```

로컬 서버에 접속하고 나면 다음과 같이 post와 multimedia라는 두 개의 칼럼 패밀리를 갖춘 HBase 컬렉션인 blogposts를 생성한다.

```
$ bin/hbase shell
HBase Shell; enter 'help<RETURN>' for list of supported commands.
Type "exit<RETURN>" to leave the HBase Shell
Version 0.90.1, r1070708, Mon Feb 14 16:56:17 PST 2011

hbase(main):001:0> create 'blogposts', 'post', 'multimedia'
```

```
0 row(s) in 1.7880 seconds
```

다음과 같이 두 개의 데이터 포인트를 채운다.

```
hbase(main):001:0> put 'blogposts', 'post1', 'post:title',
hbase(main):002:0* 'an interesting blog post'
0 row(s) in 0.5570 seconds

hbase(main):003:0> put 'blogposts', 'post1', 'post:author', 'a blogger'
0 row(s) in 0.0400 seconds

hbase(main):004:0> put 'blogposts', 'post1', 'post:body', 'interesting content'
0 row(s) in 0.0240 seconds

hbase(main):005:0> put 'blogposts', 'post1', 'multimedia:header', 'header.png'
0 row(s) in 0.0250 seconds

hbase(main):006:0> put 'blogposts', 'post1', 'multimedia:body', 'body.png'
0 row(s) in 0.0310 seconds

hbase(main):012:0> put 'blogposts', 'post2', 'post:title',
hbase(main):013:0* 'yet an interesting blog post'
0 row(s) in 0.0320 seconds

hbase(main):014:0> put 'blogposts', 'post2', 'post:title',
hbase(main):015:0* 'yet another blog post'
0 row(s) in 0.0350 seconds

hbase(main):016:0> put 'blogposts', 'post2', 'post:author', 'another blogger'
0 row(s) in 0.0250 seconds

hbase(main):017:0> put 'blogposts', 'post2', 'post:author', 'another blogger'
0 row(s) in 0.0290 seconds

hbase(main):018:0> put 'blogposts', 'post2', 'post:author', 'another blogger'
0 row(s) in 0.0400 seconds

hbase(main):019:0> put 'blogposts', 'post2', 'multimedia:body-image',
hbase(main):020:0* 'body_image.png'
0 row(s) in 0.0440 seconds
```

```
hbase(main):021:0> put 'blogposts', 'post2', 'post:body', 'interesting content'
0 row(s) in 0.0300 seconds

hbase(main):022:0> put 'blogposts', 'post2', 'multimedia:body-video',
hbase(main):023:0* 'body_video.mpeg'
0 row(s) in 0.0380 seconds
```

두 개의 샘플 데이터 포인트에는 각각 post1과 post2라는 id를 부여한다. 이 코드를 자세히 보면 필자가 post2의 제목을 입력할 때 실수를 해서 다시 입력한 것을 볼 수 있다. 또 post2와 관련한 세 items에 대해 같은 저자 정보를 재입력했다. 관계형 데이터베이스 세계에서는 이 과정이 데이터 업데이트에 해당한다. 하지만 HBase에서는 레코드가 수정 불가능하다. 데이터를 재입력하면 데이터셋의 새로운 버전이 생성된다. 여기에는 두 가지 장점이 있다. 데이터 업데이트에 대한 원자성 충돌을 피할 수 있고, 데이터 저장소에서 암시적인 내장 버전 관리 시스템을 사용할 수 있다.

이제 데이터를 저장했으니 이를 조회할 수 있는 간단한 쿼리 몇 개를 작성할 수 있다.

HBase 조회

HBase 저장소를 조회하는 가장 간단한 방법은 셸을 사용하는 것이다. 셸에 이미 로그인돼 있다면(bin/hbase shell을 사용해 셸을 시작하고 데이터를 입력한 로컬 저장소에 접속해 있다면) 바로 데이터를 조회할 수 있다.

post1과 관련한 전체 데이터를 가져오려면 다음과 같이 쿼리하면 된다.

```
hbase(main):024:0> get 'blogposts', 'post1'
COLUMN                          CELL
multimedia:body                 timestamp=1302059666802,
value=body.png
multimedia:header               timestamp=1302059638880,
value=header.png
post:author                     timestamp=1302059570361,
value=a blogger
post:body                       timestamp=1302059604738,
value=interesting content
post:title                      timestamp=1302059434638,
value=an interesting blog post
5 row(s) in 0.1080 seconds
```

blogposts.txt

이 쿼리는 post1 어트리뷰트와 값을 모두 보여준다. post2와 관련한 전체 데이터를 가져오려면 다음과 같이 조회하면 된다.

```
hbase(main):025:0> get 'blogposts', 'post2'
COLUMN                          CELL
multimedia:body-image                  timestamp=1302059995926,
value=body_image.png
multimedia:body-video                  timestamp=1302060050405,
value=body_video.mpeg
post:author                      timestamp=1302059954733,
value=another blogger
post:body                     timestamp=1302060008837,
value=interesting content
post:title                        timestamp=1302059851203,
value=yet another blog post
5 row(s) in 0.0760 seconds
```

blogposts.txt ↻

post1의 title 칼럼만 포함하는 필터링된 리스트를 가져오려면 다음과 같이 조회하면 된다.

```
hbase(main):026:0> get 'blogposts', 'post1', { COLUMN=>'post:title' }
COLUMN                     CELL
post:title                   timestamp=1302059434638,
value=an interesting blog post
1 row(s) in 0.0480 seconds
```

blogposts.txt ↻

앞서 **post2** 제목을 필자가 재입력한 것을 기억할 것이다. 두 버전을 조회하려면 다음과 같이 조회하면 된다.

```
hbase(main):027:0> get 'blogposts', 'post2', { COLUMN=>'post:title', VERSIONS=>2 }
COLUMN                   CELL
post:title                   timestamp=1302059851203,
value=yet another blog post
post:title                   timestamp=1302059819904,
value=yet an interesting blog post
2 row(s) in 0.0440 seconds
```

blogposts.txt ↻

기본적으로 HBase는 최신 버전만 반환하지만 원한다면 언제든 여러 버전을 요청하거나 명시적으로 기존 버전을 요청할 수 있다.

이제 간단한 쿼리를 살펴봤으니 이어서 마지막 예제 데이터 저장소인 아파치 카산드라를 살펴보자.

카산드라에서의 데이터 저장 및 접근

이 절에서는 앞 절의 blogposts 예제를 재사용해 아파치 카산드라의 기본 기능을 살펴본다. 앞 장에서는 아파치 카산드라를 처음으로 살펴봤다. 이번에는 이를 기반으로 카산드라의 기능에 좀 더 익숙해진다.

먼저 아파치 카산드라 설치 폴더로 이동한 후 다음 명령을 실행해 전경에서 서버가 시작하게 한다.

```
bin/cassandra -f
```

서버가 시작하면 cassandra-cli, 즉 명령행 클라이언트를 다음과 같이 실행한다.

```
bin/cassandra-cli -host localhost -port 9160
```

이제 사용 가능한 키스페이스를 모두 조회한다.

```
show keyspaces;
```

그럼 시스템 키스페이스와 여러분이 추가로 생성한 키스페이스가 모두 보인다. 앞 장에서는 CarData Store라는 예제 키스페이스를 생성했다. 이 예제에서는 다음 스크립트를 활용해 BlogPosts라는 새로운 키스페이스를 생성한다.

```
create keyspace BlogPosts
    with replication_factor = 1
    and placement_strategy = 'org.apache.cassandra.locator.SimpleStrategy';

use BlogPosts;

create column family post
    with comparator = UTF8Type
    and read_repair_chance = 0.1
    and keys_cached = 100
    and gc_grace = 0
    and min_compaction_threshold = 5
    and max_compaction_threshold = 31;
```

```
create column family multimedia
    with comparator = UTF8Type
    and read_repair_chance = 0.1
    and keys_cached = 100
    and gc_grace = 0
    and min_compaction_threshold = 5
    and max_compaction_threshold = 31;
```

schema-blogposts.txt ↻

이어서 다음과 같이 블로그 포스트 예제 데이터 포인트를 추가한다.

```
Cassandra> use BlogPosts;
Authenticated to keyspace: BlogPosts
cassandra> set post['post1']['title'] = 'an interesting blog post';
Value inserted.
cassandra> set post['post1']['author'] = 'a blogger';
Value inserted.
cassandra> set post['post1']['body'] = 'interesting content';
Value inserted.
cassandra> set multimedia['post1']['header'] = 'header.png';
Value inserted.
cassandra> set multimedia['post1']['body'] = 'body.mpeg';
Value inserted.
cassandra> set post['post2']['title'] = 'yet an interesting blog post';
Value inserted.
cassandra> set post['post2']['author'] = 'another blogger';
Value inserted.
cassandra> set post['post2']['body'] = 'interesting content';
Value inserted.
cassandra> set multimedia['post2']['body-image'] = 'body_image.png';
Value inserted.
cassandra> set multimedia['post2']['body-video'] = 'body_video.mpeg';
Value inserted.
```

cassandra_blogposts.txt ↻

이제 거의 끝났다. 이제 예제가 준비됐다. 다음으로 **BlogPosts** 키스페이스에서 데이터를 조회해 보자.

아파치 카산드라 조회

아직 cassandra-cli에 로그인돼 있고 BlogPosts 키스페이스를 사용 중이라고 가정하면 Post1 데이터를 다음과 같이 조회할 수 있다.

```
get post['post1'];
=> (column=author, value=6120626c6f67676572, timestamp=1302061955309000)
=> (column=body, value=696e746572657374696e6720636f6e74656e74,
    timestamp=1302062452072000)
=> (column=title, value=616e20696e746572657374696e6720626c6f6720706f7374,
    timestamp=1302061834881000)
Returned 3 results.
```

cassandra_blogposts.txt ⟲

포스트(post2 등)의 body-video처럼 multimedia 칼럼 패밀리 내 특정 칼럼을 조회할 수도 있다. 쿼리 및 출력 결과는 다음과 같다.

```
get multimedia['post2']['body-video'];
=> (column=body-video, value=626f64795f766964656f2e6d706567,
    timestamp=1302062623668000)
```

cassandra_blogposts.txt ⟲

NoSQL 데이터 저장소용 언어 바인딩

명령행 클라이언트가 NoSQL 데이터 저장소에 접근하고 쿼리하는 데 편하기는 하지만 실제 애플리케이션에서는 NoSQL과 연동할 수 있는 프로그래밍 언어 인터페이스가 필요하기 마련이다. NoSQL 데이터 저장소의 종류가 다양한 만큼 프로그래밍 인터페이스와 드라이버의 종류도 다양하다. 하지만 일반적으로 파이썬, 루비, 자바, PHP 같은 인기 있는 고수준 프로그래밍 언어에 대한 지원은 충분한 편이다. 이 절에서는 멋진 코드 생성기인 쓰리프트와 몇 가지 언어 관련 드라이버 및 라이브러리를 살펴본다. 이번 에도 완벽한 설명을 제공하기보다는 독자들이 선호하는 언어를 통해 NoSQL과 인터페이스할 수 있는 기본 방법을 설명하는 데 초점을 맞춘다.

쓰리프트 활용

아파치 쓰리프트는 오픈소스 크로스 언어 서비스 개발 프레임워크다. 쓰리프트는 다양한 프로그래밍 언어와 인터페이스할 수 있는 서비스를 제공하는 코드 생성 엔진이다.

쓰리프트는 페이스북에서 만들었으며 이후 오픈소스가 됐다.

쓰리프트 자체는 C로 개발됐다. 쓰리프트를 빌드, 설치, 사용, 실행하려면 다음과 같은 절차를 따른다.

1. http://thrift.apache.org/download/에서 쓰리프트를 내려받는다.

2. 소스 배포판의 압축을 푼다.

3. 익숙한 configure, make, make install 루틴을 따라 쓰리프트를 빌드하고 설치한다.

4. 쓰리프트 서비스 정의를 작성한다. 이 부분이 쓰리프트에서 가장 중요하다. 이 정의는 코드를 생성하는 내부 정의다.

5. 쓰리프트 컴파일러를 사용해 특정 언어용 소스를 생성한다.

이렇게 하고 나면 모든 준비가 끝난다. 다음으로 쓰리프트 서버를 실행하고 쓰리프트 클라이언트를 사용해 서버에 접속한다.

쓰리프트 바인딩을 지원하는 아파치 카산드라 같은 NoSQL 저장소에 대해서는 쓰리프트 클라이언트를 생성할 필요 없이 언어 관련 클라이언트를 사용할 수도 있다. 이런 언어 관련 클라이언트는 내부적으로 쓰리프트를 사용한다. 이어지는 절에서는 데이터 저장소 몇 개를 예로 들어 언어 바인딩을 활용하는 법을 살펴본다.

자바용 언어 바인딩

자바는 유비쿼터스 프로그래밍 언어다. 자바는 옛 영광을 조금 잃긴 했지만 인기와 활용 범위는 그대로다. 이 절에서는 몽고디비 및 HBase용 자바 드라이버와 라이브러리를 간단히 설명한다.

몽고디비의 개발자들은 자바 드라이버를 공식 지원한다. www.mongodb.org/display/DOCS/Java+Language+Center에서는 몽고디비 자바 드라이버를 내려받고 자세한 설명을 볼 수 있다. 이 드라이버는 단일 JAR 파일로 배포되며, 최신 버전은 2.5.2다. JAR 파일을 내려받고 나면 이를 애플리케이션 클래스패스에 추가해서 바로 사용할 수 있다.

이 장에서는 앞서 몽고디비 인스턴스에서 **logdata** 컬렉션을 생성했다. 자바 드라이버를 사용해 이 데이터베이스에 접속하고 해당 컬렉션의 모든 요소를 나열해 보자. 예제 3-2의 코드대로 진행해 결과를 확인하자.

예제 3-2　　logdata 몽고디비 컬렉션의 모든 요소를 나열하는 자바 프로그램
_____

```java
import com.mongodb.DB;
import com.mongodb.DBCollection;
import com.mongodb.DBCursor;
import com.mongodb.Mongo;

public class JavaMongoDBClient {
    Mongo m;
    DB db;
    DBCollection coll;
    public void init() throws Exception {
        m = new Mongo( "localhost" , 27017 );
        db = m.getDB( "mydb" );
        coll = db.getCollection("logdata");
    }
    public void getLogData() {
        DBCursor cur = coll.find();
        while(cur.hasNext()) {
            System.out.println(cur.next());
        }
    }
    public static void main(String[] args) {
        try{
            JavaMongoDBClient javaMongoDBClient = new JavaMongoDBClient();
            javaMongoDBClient.init();
            javaMongoDBClient.getLogData();
        } catch(Exception e) {
            e.printStackTrace();
        }
    }
}
```

javaMongoDBClient.java ↻

이 예제를 보면 자바를 통해 인터페이스하는 게 매우 쉽고 간편하다는 사실을 알 수 있다.

이제 HBase를 살펴보자. HBase에서 생성한 blogposts 컬렉션을 쿼리하려면 먼저 다음 JAR 파일을 클래스패스에 추가해야 한다.

- commons-logging-1.1.1.jar

- hadoop-core-0.20-append-r1056497.jar

- hbase-0.90.1.jar

- log4j-1.2.16.jar

blogposts 데이터 저장소의 post1의 제목 및 저자를 나열하려면 예제 3-3의 프로그램을 사용하면 된다.

예제 3-3   HBase에 접속해 쿼리하는 자바 프로그램

```
import org.apache.hadoop.hbase.client.HTable;
import org.apache.hadoop.hbase.HBaseConfiguration;
import org.apache.hadoop.hbase.io.RowResult;

import java.util.HashMap;
import java.util.Map;
import java.io.IOException;

public class HBaseConnector {
    public static Map retrievePost(String postId) throws IOException {
        HTable table = new HTable(new HBaseConfiguration(), "blogposts");
        Map post = new HashMap();
        RowResult result = table.getRow(postId);
        for (byte[] column : result.keySet()) {
            post.put(new String(column), new String(result.get(column).getValue()));
        }
        return post;
    }
    public static void main(String[] args) throws IOException {
        Map blogpost = HBaseConnector.retrievePost("post1");
        System.out.println(blogpost.get("post:title"));
        System.out.println(blogpost.get("post:author"));
```

```
    }
  }
```

이제 자바 코드 예제를 한두 개 살펴봤으니 이어서 다음 프로그래밍 언어인 파이썬을 다뤄보자.

파이썬용 언어 바인딩

앞에서 이미 몽고디비와 관련한 로그 데이터 예제를 통해 파이썬을 사용하는 법을 살펴본 바 있다. 이번에는 또 다른 파이썬 사용법을 배운다. 이번에는 Pycassa를 사용해 파이썬으로 아파치 카산드라와 연동한다.

먼저 http://github.com/pycassa/pycassa에서 Pycassa를 내려받고 로컬 파이썬 설치 경로에 설치한다. 설치를 마친 후에는 다음과 같이 Pycassa를 불러온다.

```
import pycassa
```

그런 다음 로컬 카산드라 서버에 접속한다(이 서버는 미리 시작해야 한다). 서버에는 다음과 같이 접속할 수 있다.

```
connection = pycassa.connect('BlogPosts')
```

서버에 접속한 후에는 다음과 같이 post 칼럼 패밀리를 가져올 수 있다.

```
column_family = pycassa.ColumnFamily(connection, 'post')
```

이제 다음과 같이 get() 메서드를 호출해 칼럼 패밀리의 모든 칼럼에 들어 있는 데이터를 가져올 수 있다.

```
column_family.get()
```

행 키를 get 메서드의 인자로 전달하면 일부 칼럼만 가져오게끔 선택 결과를 제한할 수 있다.

루비용 언어 바인딩

루비와 관련해서는 레디스 클라이언트를 예제로 선택했다. 레디스 데이터셋에는 책 및 관련 태그가 들어 있다. 먼저 redis-rb git 저장소를 복제하고 다음과 같이 redis-rb를 빌드한다.

```
git clone git://github.com/ezmobius/redis-rb.git
cd redis-rb/
rake redis:install
rake dtach:install
rake redis:start &
rake install
```

또는 그냥 레디스 젬을 다음과 같이 설치해도 된다.

```
sudo gem install redis
```

redis-rb를 설치하고 나면 irb(인터랙티브 루비 콘솔) 세션을 열고 레디스에 접속해 쿼리한다.

먼저 다음과 같이 require 명령을 사용해 rubygems와 레디스를 임포트한다.

```
irb(main):001:0> require 'rubygems'
=> true
irb(main):002:0> require 'redis'
=> true
```

다음으로 레디스 서버가 구동 중인지 확인하고 다음과 같이 레디스를 인스턴스화해 서버에 접속한다.

```
irb(main):004:0> r = Redis.new
=> #<Redis client v2.2.0 connected to redis://127.0.0.1:6379/0 (Redis v2.2.2)>
```

이제 books 컬렉션 내에 있는 id가 1인 첫 번째 책에 대한 태그를 다음과 같이 조회할 수 있다.

```
irb(main):006:0> r.smembers('books:1:tags')
=> ["3", "4", "5", "6", "1", "2"]
```

또 태그가 5와 6(이 장에서 앞서 본 예제 참고)인 책도 다음과 같이 조회할 수 있다.

```
irb(main):007:0> r.sinter('tag:5:books', 'tag:6:books')
=> ["1", "2"]
```

이보다 다양한 고급 쿼리도 얼마든지 실행할 수 있지만 이 정도 설명으로도 쿼리를 실행하는 게 얼마나 쉬운지 알 수 있을 것이다. 마지막으로 살펴볼 예제는 PHP다.

PHP용 언어 바인딩

쓰리프트 기반 위에서 파이썬용 래퍼를 제공하는 Pycassa와 마찬가지로 phpcassa도 쓰리프트 바인딩을 기반으로 PHP 래퍼를 제공한다. phpcassa는 http://github.com/hoan/phpcassa에서 내려받을 수 있다.

phpcassa를 사용하면 BlogPosts 컬렉션 내 post 칼럼 패밀리의 모든 칼럼을 다음과 같이 몇 줄만으로 조회할 수 있다.

```php
<?php // 이 저장소에 있는 모든 파일을 include 디렉터리로 복사
$GLOBALS['THRIFT_ROOT'] = dirname(__FILE__) . '/include/thrift/';
require_once $GLOBALS['THRIFT_ROOT'].'/packages/cassandra/Cassandra.php';
require_once $GLOBALS['THRIFT_ROOT'].'/transport/TSocket.php';
require_once $GLOBALS['THRIFT_ROOT'].'/protocol/TBinaryProtocol.php';
require_once $GLOBALS['THRIFT_ROOT'].'/transport/TFramedTransport.php';
require_once $GLOBALS['THRIFT_ROOT'].'/transport/TBufferedTransport.php';
include_once(dirname(__FILE__) . '/include/phpcassa.php');
include_once(dirname(__FILE__) . '/include/uuid.php');

$posts = new CassandraCF('BlogPosts', 'post');
$posts ->get();
?>
```

phpcassa_example.php ⏻

이제 간단하지만 우아한 예제를 살펴봤으니 지금까지 다룬 내용을 복습하고 이어서 NoSQL 스키마와 관련한 다양한 가능성을 살펴보자.

정리

이 장에서는 NoSQL 저장소와 상호작용하거나 접근 및 쿼리하는 데 필요한 기본 개념을 다뤘다. 이 장에서는 NoSQL을 이끄는 네 가지 데이터베이스인 몽고디비, 레디스, HBase, 아파치 카산드라를 예로 들어 설명했다. 이들 데이터 저장소와 연동하는 방법은 간단한 예제를 통해 해시 같은 구조나 테이블 형태의 데이터셋을 저장함으로써 살펴봤다. 데이터를 저장한 후에는 저장소를 조회하는 방법을 설명했다. 대부분의 경우 초기 예제에서는 간단한 명령행 클라이언트를 사용했다. 이 장의 끝부분에서는 몇 개의 절에 걸쳐 언어 바인딩과 자바, 파이썬, 루비, PHP용 클라이언트 라이브러리도 살펴봤다. 이러한 라이브러리에 대해 자세히 다루지는 못했지만 이 정도 설명만으로도 처음 시작하기에는 충분하며, 대부분의 기본 작업을 수행할 수 있다. 다음 장에서는 구조의 개념 및 중요성과 NoSQL의 메타데이터를 배운다.

Professional NoSQL

2부

NoSQL 기본 학습

## 04

저장소 아키텍처의 이해

· 칼럼 지향 데이터베이스 저장소의 스키마 소개
· 도큐먼트 저장소 내부 살펴보기
· 키/값 캐시 및 키/값 저장소 들여다보기
· 칼럼 지향 데이터셋의 궁극적인 일관성을 지원하는 스키마의 활용

칼럼 지향 데이터베이스는 비관계형 데이터베이스 가운데 가장 인기 있는 유형 중 하나다. 구글 엔지니어의 노력으로 유명해지고 페이스북, 링크드인, 트위터 같은 거대 소셜 네트워크 기업들의 성장으로 인기를 얻으면서 이런 칼럼 지향 데이터베이스는 NoSQL 혁명의 기수가 됐다. 학계에서는 과거에도 칼럼 데이터베이스가 다양한 형태로 존재했지만 개발자 커뮤니티에 소개된 건 구글의 다음 연구 조사 논문이 발표된 시점이었다.

■ 구글 파일 시스템: http://labs.google.com/papers/gfs.html (2003년 10월)

■ 맵리듀스: 대용량 클러스터에서의 단순화된 데이터 처리— http://labs.google.com/papers/mapreduce.html (2004년 12월)

■ 빅테이블: 구조화된 데이터를 위한 분산 저장 시스템 — http://labs.google.com/papers/bigtable.html (2006년 11월)

이들 논문의 발표로 구글의 검색 엔진의 성공을 새로운 시점으로 볼 수 있게 됐고, 구글 어스, 구글 애널리틱스, 구글 지도 같은 대규모, 빅 데이터 기술이 재조명됐다. 비싸지 않은 하드웨어 클러스터를 대용량 데이터를 보관하는 데 활용할 수 있다는 게 확실해졌고 이를 통해 한 대의 단일 장비보다 훨씬 더 많은 데이터를 보관할 수 있음은 물론, 적당한 시간 내에 효과적이고 효율적으로 데이터를 처리할 수 있음이 명확히 밝혀졌다. 이를 통해 세 가지 핵심 주제가 등장했다.

- 데이터는 여러 장비로 확장할 수 있는 네트워크화된 파일 시스템에 저장해야 한다. 파일은 매우 클 수 있으며 각각 별도의 장비에서 실행되는 여러 노드에 저장될 수 있다.

- 데이터는 전통적으로 사용하는 정규화된 관계형 데이터베이스 구조보다 더 유연한 구조에 저장돼야 한다. 저장 스키마는 대용량의 희소성 데이터셋을 효율적으로 저장할 수 있어야 한다. 또 내부 테이블을 변경하지 않고도 스키마를 바꿀 수 있어야 한다.

- 데이터는 데이터에 대한 연산을 별도의 데이터 서브셋에서 독립적으로 수행한 후 이를 결합해 원하는 출력 결과를 생성할 수 있는 형태로 처리돼야 한다. 이는 데이터가 존재하는 위치상에서 알고리즘을 실행할 수 있음을 뜻하므로 연산 효율성을 암시한다. 또 거대한 데이터셋에 대한 처리를 수행하기 위해 네트워크 사이에서 거대한 데이터를 전송하는 것을 피할 수 있다.

이와 같은 주제와 구글이 공개한 지혜를 바탕으로 여러 오픈소스 구현체가 등장했으며 뛰어난 칼럼 지향 데이터베이스 제품이 생겨났다. 이들 제품 중 가장 유명한 제품은 구글 인프라스트럭처의 모든 부분을 모방한 아파치 하둡이다. 2004년과 2006년 오픈소스 검색 엔진인 루씬과 너치의 창시자인 더그 커팅은 너치를 개발하던 도중 자신이 직면한 확장성 문제를 해결하기 위해 하둡을 시작했다. 그 후 하둡은 야후! 엔지니어들과 수많은 오픈소스 공헌자, 초기 사용자의 지원을 받아 강력한 플랫폼으로 발전한다. 동시에 NoSQL 운동이 힘을 얻으면서 하둡을 대체할 다양한 모델(초기 모델을 개선한 제품 포함)이 등장했다. 이들 대체품은 대부분 네트워크 파일 시스템이나 처리 방법론에 있어서 처음부터 다시 구현하기보다는 칼럼 데이터 저장소에 기능을 추가했다. 이어지는 절에서는 이런 칼럼 지향 데이터베이스의 내부 구조를 중점적으로 살펴본다.

> 하둡에 대한 간단한 역사는 더그 커팅의 소개 문서인 http://research.yahoo.com/files/cutting.pdf에서 볼 수 있다.

칼럼 지향 데이터베이스의 활용

구글의 빅테이블과 하둡의 일부인 아파치 HBase는 둘 다 칼럼 지향 데이터베이스다. 하이퍼테이블과 Cloudata도 마찬가지다. 이들 데이터 저장소는 몇 가지 점에서 차이가 있지만 내부 구조는 동일하다. 이절에서는 이들 데이터 저장소를 정의하는 핵심 개념을 살펴본다.

현 세대의 개발자들은 관계형 데이터베이스 시스템을 사용하는 데 익숙하다. 대학에서도 그렇게 배웠고, 실제 업무에서 이를 활용하며, 계속해서 읽고 듣는 내용도 대부분 관계형 데이터베이스 관리 시스템에 대한 내용이다. 따라서 RDBMS의 기본 개념인 엔티티와 관계 같은 개념은 데이터베이스 개념과는 떼려야 뗄 수 없는 개념이 됐다. 따라서 여기서는 먼저 RDBMS 관점에서 칼럼 지향 데이터베이스를 설명한다. 이렇게 하면 누구나 좀 더 쉽게 설명을 이해할 수 있을 것이다. 그런 다음에는 키/값 쌍인 맵 관점에서 같은 얘기를 다시 들려준다.

관계형 데이터베이스에서의 테이블 및 칼럼 사용

RDBMS에서는 엔티티의 어트리뷰트가 테이블 칼럼에 저장된다. 칼럼은 미리 정의하고 값은 테이블 내 모든 요소 또는 행별로 모든 칼럼에 저장한다. 그림 4-1은 이미 익숙한 내용일 것이다.

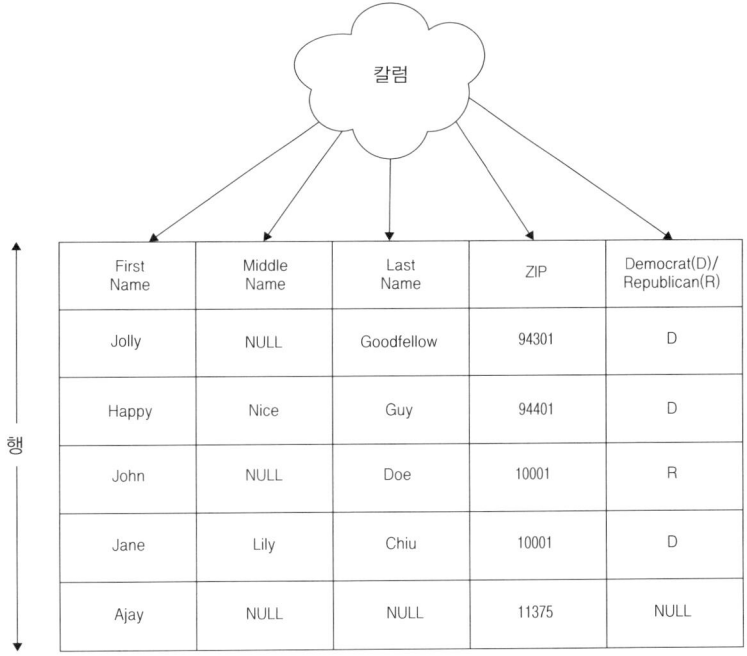

그림 4-1

이 그림에는 다섯 개의 칼럼이 있다. RDBMS에서 이 칼럼에 저장할 때는 각 칼럼별로 데이터 타입을 정의한다. 예를 들어 이름을 저장하는 칼럼은 VARCHAR(가변적 문자 타입)로, ZIP은 정수(미국에서는 ZIP 코드가 모두 정수다)로 정의한다. 일부 셀 또는 행과 칼럼의 교차 지점에서는 값이 없을 수도 있다(즉 NULL). 예를 들어 Jolly Goodfellow는 중간 이름이 없으므로 이 사람의 중간 이름 칼럼 값은 NULL이다.

전통적으로 RDBMS 테이블에는 몇 개의 칼럼이 있으며, 때로는 수십 개의 칼럼이 있기도 하다. 테이블 자체는 최대 수천 개의 레코드를 보관한다. 특별한 경우 수백만 개의 행을 관계형 테이블에 저장하기도 하지만 이런 대용량 데이터를 보관하면 비정규화 기법을 적용하는 등 특별한 처리를 하지 않는 한 데이터 접근이 멈출 수 있다.

테이블을 사용해 데이터를 저장하고 데이터에 접근하다 보면 추가 어트리뷰트를 보관하기 위해 테이블을 수정해야 할 때가 있다. 이런 어트리뷰트에는 거리 주소와 좋아하는 음식 등이 포함될 수 있다. 이런 새 어트리뷰트를 사용해 새 레코드를 저장하면 기존 레코드에서는 이들 어트리뷰트가 null 값이 될 수 있다. 또 어트리뷰트가 다양해짐에 따라 희소 데이터셋(많은 셀이 null인 세트)이 크게 늘어난다. 그러다 어느 시점이 되면 테이블이 그림 4-2처럼 보이게 된다.

First Name	Middle Name	Last Name	Street Address	ZIP	D/R	Veg/ Non_Veg

그림 4-2

이제 이 데이터가 계속해서 발전하고 데이터가 발전함에 따라 각 셀 값의 각 버전을 저장해야 한다고 가정하자. 이를 세 번째 차원이 시간인 3차원 엑셀 스프레드시트처럼 생각해 보자. 그럼 시간이 지나면서 발전하는 값은 연대기순으로 나열한 스프레드시트상의 셀 값으로 생각할 수 있다. 3차원 엑셀 스프레드시트의 모습을 떠올리려면 그림 4-3을 참고하자.

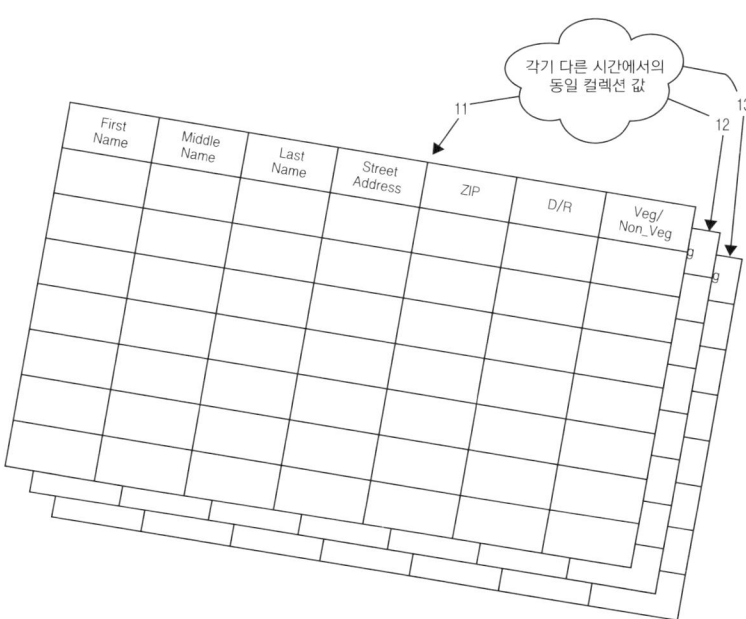

그림 4-3

　여기서 예로 든 내용은 매우 간단하지만 데이터가 발전함에 따라 테이블을 변경하고 여러 희소 셀을 저장하고, 값 버전을 관리하는 게 얼마나 복잡한지 충분히 이해할 수 있을 것이다. 좀 더 정확히 말하면 RDBMS의 도움만으로 이를 처리하기란 매우 어렵다. 아마 독자들도 자신의 애플리케이션에서 이런 경험을 해본 적이 있을 것이다.

RDBMS와 대조적인 칼럼 데이터베이스

다음으로 같은 예제를 모델링하고 저장하는 데 칼럼 데이터베이스를 사용해 보자. 지금까지는 RDBMS를 사용해 이 예제를 다뤘으므로 RDBMS와 구분해 칼럼 데이터베이스를 이해하면 그 핵심 기능을 명확히 이해할 수 있을 것이다.

　먼저 칼럼 지향 데이터베이스는 최소한의 사전 스키마 정의를 필요로 하며, 데이터가 발전함에 따라 새 칼럼을 쉽게 수용할 수 있다. 일반적인 칼럼 지향 저장소에서는 칼럼 대신 칼럼 패밀리를 사전 정의한다. 칼럼 패밀리는 하나의 번들 그룹으로 합쳐진 칼럼 세트다. 칼럼 패밀리에 속한 칼럼은 서로 논리적으로 연관돼 있다(필수 사항은 아니다). 칼럼 패밀리 멤버는 물리적으로 함께 저장되며, 보통 동일한 접근 성격을 갖는 칼럼을 한 패밀리에 집어넣으면 사용자에게 도움이 된다. 정의할 수 있는 칼럼 패밀리의 개수에 대한 이론적인 제약은 거의 없지만, 스키마를 유연하게 유지하려면 그 수를 최소한으로 두는 게 좋다. 곧이어 살펴볼 예제에서는 name, location, preferences라는 세 개의 칼럼 패밀리를 정의하는 것으로 충분하다.

칼럼 데이터베이스에서 칼럼 패밀리는 RDBMS의 칼럼과 유사하다. 둘 다 테이블에 데이터를 저장하기 전에 보통 미리 정의하며, 성격상 매우 정적이다. RDBMS의 칼럼은 저장할 수 있는 데이터의 타입을 정의한다. 칼럼 패밀리에는 이런 제약이 없다. 칼럼 패밀리는 칼럼을 얼마든지 포함할 수 있으며, 각 칼럼은 바이트 배열로 영속화할 수 있는 한 임의의 데이터 타입을 모두 저장할 수 있다.

칼럼 지향 데이터베이스 테이블의 각 행은 유효한 값을 갖고 있는 칼럼에 들어 있는 데이터 값만 저장한다. null 값은 아예 저장되지 않는다. 이쯤에서 칼럼 저장소 모델에 맞게 현재 예제를 수정한 그림 4-4를 참고하는 게 좋겠다.

	name	location	preferences
	`first name=> "...",` `last name=>"..."`	`zip=>"..."`	`d/r=>"..."` `veg/non-veg=>"..."`

그림 4-4

칼럼 데이터베이스는 희소성 데이터와 유연한 데이터셋에 친화적인 저장 공간일 뿐 아니라 각 셀의 다양한 버전도 저장한다. 따라서 현재 예제에서 계속해서 발전하는 데이터는 그림 4-5처럼 칼럼 데이터베이스에 저장된다.

물리적인 저장소에서 데이터는 단일 테이블이 아니라 칼럼 패밀리에 의해 저장된다. 칼럼 데이터베이스는 확장 가능하게 설계됐으므로 수백만 개의 칼럼과 수십억 개의 행도 쉽게 수용할 수 있다. 따라서 한 테이블이 종종 여러 장비에 걸쳐 있는 일도 생긴다. 행 키는 칼럼 데이터베이스에서 행을 고유 식별한다. 행은 순서가 정해지며 데이터가 증가함에 따라 인접한 값을 포함하는 번들로 분할된다. 그림 4-6은 데이터가 물리적으로 어떻게 저장되는지 자세히 보여주는 그림이다.

	시간	name	location	preferences
	t9	first name=> "...", last name=>"..."	zip=>"..."	d/r=>"..." veg/non-veg=>"..."
	t8			
	t7			
	t5			

그림 4-5

행 키	시간	name
	t9	
	t8	
	t7	
	t5	

행 키	시간	location
	t9	
	t8	

행 키	시간	preference
	t9	
	t7	

그림 4-6

개발 환경이나 실험 용도로 사용할 때는 칼럼 데이터베이스를 단일 노드에서 실행할 수도 있지만 보통 칼럼 데이터베이스는 클러스터에 배포한다. 각 칼럼 데이터베이스는 자신만의 고유 네트워크 위치 및 배포 아키텍처를 갖고 있지만 이를 자세히 배우려면 전형적인 시나리오가 필요하다.

> HBase 아키텍처는 이 장에서 나중에 'HBase 분산 저장소 아키텍처' 절을 통해 설명한다. 이 절에서는 일반적인 배포 레이아웃에 대해 자세히 배운다.

키/값 쌍의 중첩 맵으로서의 칼럼 데이터베이스

칼럼 데이터베이스를 특수 속성을 갖춘 테이블로 생각하는 게 더 이해하기 쉽지만 혼란의 여지도 있다. 종종 칼럼이나 테이블이란 단어를 들으면 우리는 관계형 데이터베이스를 떠올리고 이에 따라 스키마를 미리 설계해야 한다고 생각하기 쉽다. 이는 잘못된 사고이며, 개발자들이 칼럼 데이터베이스를 관계형 데이터베이스처럼 사용하게 하는 우를 범하게 한다. 이는 모든 개발자가 주의해야 할 설계 실수다. 항상 툴 자체보다는 작업에 적합한 올바른 툴을 사용하는 게 중요하다는 점을 기억하자. RDBMS가 필요하다면 RDBMS를 사용하면 된다. 하지만 대용량 데이터를 저장할 수 있게 확장 가능한 칼럼 데이터베이스를 사용한다면 RDBMS에 대해서는 잊어버리고 칼럼 데이터베이스를 활용해야 한다.

종종 칼럼 데이터베이스를 중첩 맵 세트로 생각하는 게 더 이해하기 쉽다. 맵 또는 해시 맵(또는 연관 배열이라고도 함)은 키와 해당 값의 쌍으로 이뤄져 있다. 키는 충돌을 피하기 위해 고유해야 하며, 값은 임의의 바이트 배열이 될 수 있다. 어떤 맵은 문자열 키와 값만을 저장하지만 대부분의 칼럼 데이터베이스에는 이런 제약이 없다.

현 세대 칼럼 데이터베이스에 최초 영감을 준 구글 빅테이블을 희소, 분산, 영속적, 다차원, 정렬 맵으로 정의한 것은 전혀 놀랄 일이 아니다.

> "Bigtable: A Distributed Storage System for Structured Data," Fay Chang, et al. OSDI 2006, http://research.google.com/archive/bigtable-osdi06.pdf의 2절인 '데이터 모델'에서는 빅테이블을 다음과 같이 정의한다.
>
> "빅테이블은 희소, 분산, 영속적 다차원 정렬 맵이다. 이 맵은 행 키, 칼럼 키, 타임스탬프로 인덱싱한다. 맵에 있는 각 값은 해석되지 않은 바이트 배열이다."

앞의 예제를 다차원 중첩 맵으로 보면 처음 두 개의 키 레벨을 다음과 같이 JSON 형태로 표현할 수 있다.

```
{
    "row_key_1" : {
        "name" : {
        ...
        },
         "location" : {
        ...
        },
        "preferences" : {
        ...
        }
    },
    "row_key_2" : {
        "name" : {
        ...
        },
        "location" : {
        ...
        },
        "preferences" : {
        ...
        }
    },
    "row_key_3" : {
    ...
    }
}
```

첫 번째 레벨의 키는 칼럼 데이터베이스에서 레코드를 고유 식별하는 행 키다. 두 번째 레벨의 키는 칼럼 패밀리 식별자다. 앞에서는 세 개의 칼럼 패밀리(name, location, preferences)를 정의한 바 있다. 이들 세 칼럼 패밀리는 두 번째 레벨 키로 등장한다. 이 패턴을 따르면 세 번째 레벨 키가 칼럼 식별자가 된다는 것을 짐작할 수 있다. 각 행은 칼럼 패밀리 내에 각기 다른 칼럼 세트를 갖고 있으므로 3레벨의 키는 다차원 맵 내의 두 데이터 포인트 사이에서 서로 다를 수 있다. 세 번째 레벨을 추가하면 맵은 다음과 같아진다.

```
{
    "row_key_1" : {
```

```
            "name" : {
                "first_name" : "Jolly",
                "last_name" : "Goodfellow"
                }
        },
        "location" : {
            "zip": "94301"
        },
        "preferences" : {
            "d/r" : "D"
        }
    },
    "row_key_2" : {
        "name" : {
            "first_name" : "Very",
            "middle_name" : "Happy",
            "last_name" : "Guy"
        },
        "location" : {
            "zip" : "10001"
        },
        "preferences" : {
            "v/nv": "V"
        }
    },
    ...
}
```

끝으로 버전 요소를 추가하면 세 번째 레벨을 타임스탬프 버전을 포함하게끔 확장할 수 있다. 이를 보여주기 위해 이 예제에서는 임의의 정수를 사용해 타임스탬프 버전을 나타내고 Jolly Goodfellow가 1시점에서는 민주당을 선호했다가 5시점에서는 공화당으로 정치적 선호도를 바꿨음을 보여준다. 그럼 이 행의 맵은 다음과 같은 형태가 된다.

```
{
    "row_key_1" : {
        "name" : {
            "first_name" : {
                1 : "Jolly"
            },
```

```
        "last_name" : {
                1 : "Goodfellow"
            }
        },
        "location" : {
            "zip": {
                1 : "94301"
            }
        },
        "preferences" : {
            "d/r" : {
                1 : "D",
                5 : "R"
            }
        }
    },
    ...
}
```

이는 칼럼 지향 데이터베이스를 맵 지향적인 그림으로 보여준다. 이 예제만으로 부족하다면 짐 월슨이 쓴 'HBase와 빅테이블의 이해'를 읽어보자. 이 글은 http://jimbojw.com/wiki/index. php?title=Understanding_Hbase_and_BigTable에서 볼 수 있다.

웹 테이블

크롤링한 웹 페이지의 복사본을 저장하는, 이른바 웹테이블 예제를 다루지 않으면 칼럼 데이터베이스에 대해 완전히 설명했다고 말할 수 없을 것이다. 이런 테이블은 웹 페이지의 내용뿐 아니라 페이지와 관련한 어트리뷰트도 저장한다. 이런 어트리뷰트에는 페이지를 참조하는 앵커, 페이지 내용과 관련된 mime 타입 등이 있다. 구글은 빅테이블에 대한 자신들의 연구 논문에서 이 예제를 처음 소개했다. 웹테이블은 역으로 표시한 웹 페이지 URL을 웹 페이지의 행 키로 사용한다. 따라서 www.example.com URL의 경우 행 키는 com.example.www가 된다. 행 키는 칼럼 지향 데이터베이스에서 데이터의 행 순서의 전제가 된다. 따라서 www.example.com과 news.example.com처럼 example.com의 두 하위 도메인과 관련된 행은 역 URL을 행 키로 사용할 때 옆에 나란히 저장된다. 이는 도메인과 관련된 모든 콘텐츠를 조회하기 쉽게끔 만들어준다.

보통 콘텐츠, 앵커, mime은 칼럼 패밀리 기능을 하며, 그림 4-7에 보이는 칼럼 기반 테이블을 모방한 개념적인 모델로 이어진다.

행 키	시간	콘텐츠	앵커	mime
com.cnn.www	t9		cnnsl.com	
	t8		my.look.ca	
	t6	"<html>..."	my.look.ca"	test/html"
	t5	"<html>..."		
	t3	"<html>..."		

그림 4-7

빅테이블의 여러 인기 있는 오픈소스 구현체에는 문서에 웹테이블 예제가 포함돼 있다. HBase 아키텍처 위키(http://wiki.apache.org/hadoop/Hbase/HbaseArchitecture)에서도 웹테이블에 대해 나와 있으며 하이퍼테이블 데이터 모델 문서(http://code.google.com/p/hypertable/wiki/ArchitecturalOverview#Data_Model)에도 마찬가지로 웹테이블 관련 내용이 들어 있다.

이제 칼럼 데이터베이스를 개념적으로 살펴봤으니 앞에서 말한 HBase 배포 및 저장 모델의 내부 구조를 들여다볼 차례다. 분산 HBase 배포 모델은 많은 칼럼 지향 데이터베이스에서 흔히 사용하며 웹 스케일 데이터베이스 아키텍처를 이해하는 출발점으로 사용하기에 적합하다.

HBASE 분산 저장소 아키텍처

견고한 HBase 아키텍처에는 HBase뿐 아니라 몇 가지 부분이 더 들어 있다. 이 아키텍처에는 적어도 설정 및 동기화를 위한 분산, 중앙 집중 서비스가 항상 포함된다. 그림 4-8은 이 아키텍처의 개요다.

HBase 배포 아키텍처는 마스터-워커 패턴을 따른다. 따라서 보통 한 개의 마스터와 레인지 서버라고 하는 워커 세트가 있다. HBase가 시작하면 마스터가 각 레인지 서버로 영역(레인지)을 할당한다. 각 레인지는 순서 정렬된 행 세트를 저장하며, 이런 각 행은 고유 행 키로 식별한다. 레인지에 보관하는 행의 개수가 설정된 크기 이상으로 늘어나면 레인지를 둘로 분할하고 행을 두 개의 새로운 레인지 사이에서 나눈다.

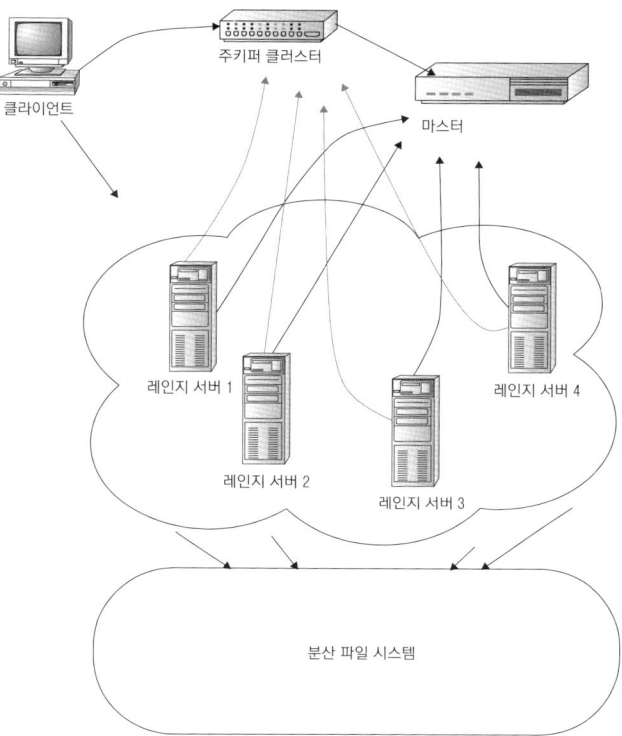

그림 4-8

    대부분의 칼럼 데이터베이스와 마찬가지로 HBase도 칼럼을 칼럼 패밀리에 함께 저장한다. 따라서 각 영역은 모든 테이블의 각 칼럼 패밀리별로 별도의 저장소를 유지한다. 각 저장소는 내부 분산 파일 시스템에 저장된 물리적 파일로 매핑된다. 각 저장소에서 HBase는 저장소와 내부의 물리적 파일 사이에서 중간자 역할을 하는 래퍼의 도움을 받아 내부 파일 시스템에 대한 접근을 추상화한다.

    각 영역은 인메모리 저장소(또는 캐시)와 WAL을 갖고 있다. 위키피디아(http://en.wikipedia.org/wiki/Write-ahead_logging)를 인용하면 'WAL(write-ahead logging)은 데이터베이스 시스템에서 원자성과 지속성(두 가지 ACID 속성)을 제공하는 기법'이다. WAL은 PostgreSQL과 MySQL처럼 인기 있는 관계형 데이터베이스 시스템을 비롯해 다양한 데이터베이스 시스템에서 사용하는 일반적인 기법이다. HBase에서 클라이언트 프로그램은 WAL을 활성화하거나 비활성화할 수 있다. WAL을 비활성화하면 성능이 개선되지만 장애 발생 시 안전성 및 복원성은 줄어든다. 데이터를 영역에 쓸 때는 WAL이 활성화된 경우 먼저 WAL에 데이터를 쓴다. 그런 다음 데이터를 영역의 인메모리 저장소에 쓴다. 인메모리 저장소가 꽉 차 있으면 데이터를 디스크에 쓰고 내부 분산 저장소에 영속화한다. 영역 서버와 영역의 핵심 성격을 요약한 그림 4-9를 참고하자.

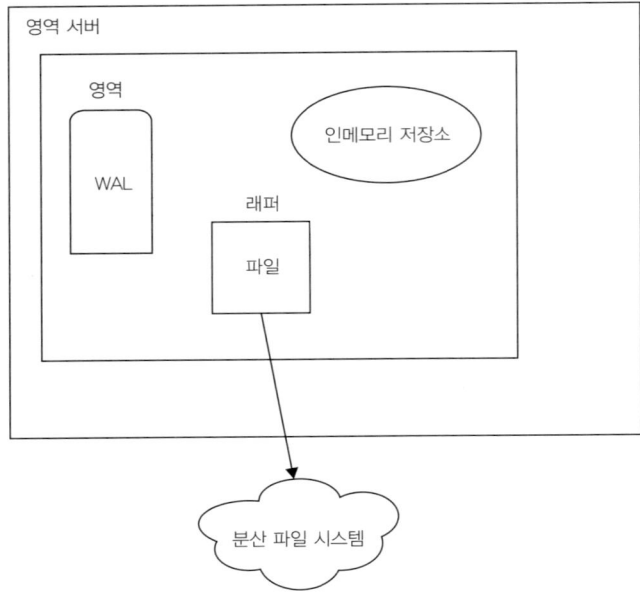

그림 4-9

하둡 분산 파일시스템(HDFS) 같은 분산 파일 시스템을 사용하면 마스터 워커 패턴이 내부 저장소 스키마까지 확장된다. HDFS에서는 namenode와 데이터노드 세트가 HBase 같은 칼럼 데이터베이스가 따르는 마스터 및 레인지 서버 설정과 유사한 구조를 형성한다. 따라서 이 경우 HBase 칼럼 패밀리 저장소용 물리적인 저장소 파일 각각이 HDFS 데이터노드상에 위치하게 된다. HBase는 파일 시스템 API를 사용해 HDFS와의 강력한 결합을 피하며, 이런 파일 시스템 API는 HBase 저장소와 대응되는 HDFS 파일 사이의 대화를 중개하는 중개자 역할을 한다. 이 API는 HBase가 다른 종류의 파일 시스템과도 부드럽게 연동되게 한다. 예를 들어 HBase는 HDFS 대신 과거 코스모스 파일 시스템(KFS)으로 알려진 CloudStore와 함께 사용할 수 있다.

> 과거 코스모스 파일 시스템(KFS)이라고 부르던 CloudStore에 대한 자세한 글은 http://kosmosfs.sourceforge.net/에서 볼 수 있다.

저장소를 위한 분산 파일 시스템을 갖추고 있는 것 외에 HBase 클러스터는 외부 설정과 조율 유틸리티도 활용한다. 빅테이블에 대한 논문에서 구글은 이 설정 프로그램의 이름을 Chubby로 정했다. 구글의 인프라스트럭처를 복제한 하둡은 이와 동일한 프로그램을 개발했고 이를 주키퍼라고 부른다. 하이퍼테이블은 이와 유사한 인프라스트럭처 요소를 하이퍼스페이스라고 부른다. 주키퍼 클러스터는 보통 새 클라이언트에서 HBase 클러스터의 프론트엔드 역할을 하며 설정을 관리한다.

HBase에 처음 접근할 때 클라이언트는 주키퍼를 통해 두 개의 카탈로그에 접근한다. 이들 카탈로그의 이름은 -ROOT-와 .META다. 카탈로그는 모든 영역에 대한 상태 및 위치 정보를 유지한다. -ROOT-는 모든 .META 테이블에 대한 정보를 보관하고, .META. 파일은 사용자 공간 테이블, 즉 데이터를 보관하는 테이블에 대한 레코드를 보관한다. 클라이언트가 특정 행에 처음 접근하려고 할 때 클라이언트는 주키퍼에게 -ROOT- 카탈로그를 요청한다. -ROOT- 카탈로그는 행과 관련한 .META. 카탈로그의 위치를 찾고, 이 .META. 카탈로그는 다시 특정 행에 접근하는 데 필요한 영역 상세 정보를 모두 제공한다. 이 정보를 활용하면 행에 접근할 수 있다. 다음 번에 클라이언트가 행 데이터를 요청할 때는 이와 같은 세 단계 행 접근 처리 과정을 반복하지 않는다. 칼럼 데이터베이스는 모든 관련 정보를 캐싱하는 방식에 크게 의존하는데, 이런 3단계 조회 처리도 이런 캐시를 통해 수행한다. 다시 말해 클라이언트가 다음 번 행 데이터에 접근할 때는 영역 서버에 직접 접근할 수 있다. 이런 3단계 접근 처리 과정은 캐시에 있는 정보가 오래됐거나 영역이 비활성화되어 접근할 수 없을 때만 반복한다.

각 영역은 종종 영역에서 보관하는 가장 작은 키를 통해 식별할 수 있다. 따라서 행 조회도 보통 영역 식별자보다 크거나 같은 특정 행 키를 확인하는 것으로 쉽게 이뤄진다.

지금까지 칼럼 데이터베이스 저장소의 핵심적인 개념과 물리적인 모델을 소개했다. 이 과정에서 내부적으로 데이터 저장소에 데이터를 쓰고 읽는 방식도 살펴봤다. 칼럼 데이터베이스의 고급 기능과 자세한 의미는 이후 장에서 다시 살펴보기로 하고, 이어서 도큐먼트 저장소를 살펴보자.

도큐먼트 저장소의 내부

앞의 몇 장에서는 인기 있는 도큐먼트 저장소인 몽고디비를 사용자 관점에서 살펴봤다. 이제 한 걸음 더 나아가 내부를 좀 더 자세히 살펴보자.

몽고디비는 도큐먼트가 컬렉션에 그룹으로 저장되는 도큐먼트 저장소다. 컬렉션은 개념적으로 관계형 테이블처럼 생각할 수 있지만 컬렉션은 관계형 테이블 같은 엄격한 스키마 제약은 두지 않는다. 컬렉션 내에서는 임의의 도큐먼트를 그룹으로 저장할 수 있다. 하지만 효과적인 인덱싱을 위해 가급적 유사한 도큐먼트를 컬렉션 내에 집어넣는다. 컬렉션은 네임스페이스를 사용해 분리할 수 있지만 내부적인 표현 방식은 계층적이지 않다.

각 도큐먼트는 BSON 형식으로 저장된다. BSON은 바이너리 인코딩된 JSON 타입의 문서 형식으로, 구조는 중첩된 키/값 쌍 세트와 유사하다. BSON은 JSON의 수퍼셋으로, 정규식, 바이너리 데이터, 날짜 같은 추가 타입을 지원한다. 각 도큐먼트는 고유 식별자를 갖고 있으며 컬렉션에 데이터를 삽입할 때 식별자를 지정하지 않으면 몽고디비가 그림 4-10의 자동 생성된 객체 id처럼 이 같은 고유 식별자를 생성할 수 있다.

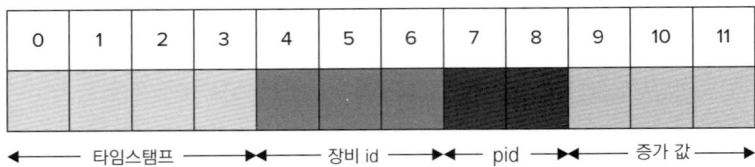

그림 4-10

몽고디비 드라이버와 클라이언트는 BSON 형식으로 인코딩된 데이터에 접근하면서 BSON 형식으로 (부터) 직렬화 및 역직렬화한다. 그에 반해 몽고디비 서버는 BSON 형식을 이해하며 추가 직렬화가 필요 없다. 바이너리 표현은 네트워크를 통해 전송되는 형식 그대로 읽는다. 이는 큰 성능 효과를 가져온다.

BSON과 프로토콜 버퍼의 유사성과 차이점

종종 프로토버프(protobuf)라고 하는 프로토콜 버퍼(Protocol Buffer)는 구글에서 효과적인 전송을 위해 구조화된 데이터를 인코딩하는 방식이다. 구글은 이를 내부 원격 프로시저 호출(RPC) 및 교환 형식으로 활용한다. 프로토버프는 XML 같은 구조화된 형식이지만 훨씬 가볍고, 빠르며, 효율적이다. 프로토버프는 언어 및 플랫폼 중립적인 명세이자 인코딩 메커니즘으로, 다양한 언어에서 사용할 수 있다. 프로토버프에 대한 자세한 내용은 http://code.google.com/p/protobuf/에서 볼 수 있다.

BSON은 언어 및 플랫폼 중립적인 인코딩 메커니즘이자 데이터 교환 형식, 파일 형식이라는 점에서 프로토버프와 유사하다. 하지만 BSON은 프로토버프와 비교해 정해진 스키마가 더 적다. 이와 같이 간단한 구조 덕분에 BSON 더 유연하기는 하지만 정의된 스키마로 인한 성능상의 장점이 없어진다는 단점이 있다. BSON이 몽고디비와 연계해 존재하기는 하지만 몽고디비 외부에서 이 형식을 사용하지 못할 이유는 없다. 몽고디비 드라이버의 BSON 직렬화 기능은 몽고디비 서버와 연동하는 주요 기능 이외의 용도로도 활용할 수 있다. BSON에 대한 자세한 내용은 http://bsonspec.org/에서 볼 수 있다.

고성능은 몽고디비 설계를 관통하는 중요한 철학이다. 몽고디비가 저장에 메모리 매핑 파일을 사용하는 것을 보면 성능을 얼마나 중요하게 생각하는지 볼 수 있다.

메모리 매핑된 파일을 통한 데이터 저장

메모리 매핑된 파일은 파일 또는 파일 디스크립터를 통해 참조할 수 있는 파일 또는 파일 같은 리소스에 바이트 단위로 할당하는 가상 메모리 영역이다. 이 말에는 애플리케이션이 이런 파일이 마치 주 메모리의 일부인 것처럼 사용할 수 있다는 뜻이 들어 있다. 이는 일반적인 디스크 읽기 및 쓰기와 비교해 I/O 성능을 크게 개선해준다. 메모리에 접근하고 조작하는 것은 시스템 호출을 하는 것보다 훨씬 빠르다. 더불어 리눅스 같은 많은 운영체제에서 파일에 매핑된 메모리 영역은 RAM 내의 디스크 지원 페이지의 버퍼 일부다. 이런 투명 버퍼는 보통 페이지 캐시라고 부른다. 이는 운영체제의 커널에 구현돼 있다.

몽고디비가 메모리 매핑된 파일을 저장소에 사용하는 방식은 매우 똑똑하며 여러 가지 의미가 있다. 우선 메모리 매핑된 파일은 운영체제 캐시와 데이터베이스 캐시를 구분하지 않는다는 뜻이 들어 있다. 이 말은 캐시 중복도 없다는 뜻이다. 두 번째로 가상 메모리 매핑이 모든 운영체제에서 동일한 방식으로 일어나지 않으므로 캐싱을 운영체제가 관리한다는 뜻이 내포돼 있다. 이 말은 캐시에 보관할 내용을 결정하는 캐시 관리 정책과 캐시에서 버리는 내용 또한 운영체제마다 다르다는 뜻이다. 세 번째로 몽고디비는 추가 설정 없이도 모든 가용 메모리를 사용하도록 데이터베이스 캐시를 확장할 수 있다. 이 말은 많은 RAM을 집어넣고 대량의 가상 메모리를 할당함으로써 몽고디비 성능을 개선할 수 있다는 뜻이다.

메모리 매핑에는 몇 가지 제약도 따른다. 예를 들어 몽고디비의 구현체는 데이터 크기를 32비트 운영체제에서 최대 2GB로 제한한다. 이 제약은 64비트 장비에서 구동하는 몽고디비에는 적용되지 않는다.

하지만 데이터베이스 크기에만 제약이 있는 게 아니다. 추가로 몽고디비 서버가 보관할 수 있는 각 도큐먼트의 크기와 컬렉션의 개수에 대한 제약도 있다. 도큐먼트는 8Mib보다 클 수 없으며, 이는 몽고디비를 사용해 거대한 블롭(Blob)을 저장하는 게 적절하지 않음을 뜻한다. 대용량 문서를 꼭 저장해야 한다면 GridFS를 활용해 8Mib보다 큰 도큐먼트를 저장해야 한다. 더불어 데이터베이스 인스턴스에서 할당할 수 있는 네임스페이스의 개수에도 제한이 있다. 기본으로 지원하는 네임스페이스 개수는 24,000개다. 각 컬렉션과 각 인덱스는 한 개의 네임스페이스를 사용한다. 이 말은 기본적으로 컬렉션당 두 개의 인덱스를 저장할 경우 데이터베이스당 최대 8,000개의 컬렉션을 사용할 수 있다는 뜻이다. 보통은 이 정도 숫자만으로도 충분하다. 하지만 필요하다면 네임스페이스 개수를 24,000 이상으로 늘릴 수 있다.

네임스페이스 크기를 늘릴 경우 이에 따른 제약도 있다. 각 컬렉션 네임스페이스는 몇 킬로바이트를 사용한다. 몽고디비에서 인덱스는 B 트리로 구현한다. 각 B 트리 페이지는 8kB이다. 따라서 컬렉션용이든 인덱스용이든 추가 네임스페이스를 추가하면 각 추가 인스턴스별로 몇 kB를 추가하게 된다. mydb라는 이름의 몽고디비 데이터베이스의 네임스페이스는 mydb.ns라는 파일에 보관한다. mydb.ns 같은 .ns 파일은 크기가 최대 2GB까지 늘어날 수 있다.

크기 제약은 데이터베이스가 무한정 늘어나는 것을 제한할 수 있으므로 컬렉션과 인덱스의 행동 패턴 몇 가지를 이해하는 게 중요하다.

몽고디비에서 컬렉션 및 인덱스 사용에 대한 가이드라인

데이터베이스 내에서 최적의 컬렉션 개수를 결정하는 공식 같은 건 없지만 지나치게 많은 개별 데이터를 한 개의 컬렉션에 집어넣는 일은 삼가야 한다. 다양한 데이터를 한데 모아놓으면 인덱스를 생성하기가 복잡해진다. 보통 여러 데이터셋에 걸쳐 쿼리를 자주 해야 하는지 자문하는 게 좋다. 이 질문에 대한 답이 '예'면 데이터를 함께 보관하고, 그렇지 않다면 별도의 컬렉션에 보관하는 게 더 효과적이다.

때로는 컬렉션이 무한정 커져 2GB 데이터베이스 크기 제한을 위협하는 수준이 될 수 있다. 이때는 캡드(capped) 컬렉션을 사용하는 게 좋다. 몽고디비에서 캡드 컬렉션은 미리 정해진 크기를 갖고 있는 스택과 유사하다. 캡드 컬렉션이 크기 제한에 도달하면 기존 데이터 레코드는 삭제된다. 오래된 레코드는 LRU 알고리즘을 기반으로 식별한다. 캡드 컬렉션에서는 LIFO 방식을 사용해 도큐먼트를 가져온다.

> LRU 캐싱 알고리즘에 대한 자세한 내용은 http://en.wikipedia.org/wiki/Cache_algorithms#Least_Recently_Used를 참고하자.

_id 필드는 모든 몽고디비 컬렉션을 인덱싱한다. 추가로 인덱스는 도큐먼트의 다른 어트리뷰트에도 정의할 수 있다. 쿼리를 하면 컬렉션 내 도큐먼트가 컬렉션 내 _id의 자연 순서대로 반환된다. 캡드 컬렉션만이 LIFO 기반 순서(즉 삽입 순서)를 사용한다. 커서는 적용 가능한 데이터를 배치로 반환하고, 각 배치는 8Mib의 최대 크기로 제한된다. 레코드에 대한 업데이트는 그 자리에서 일어난다.

몽고디비는 향상된 성능을 제공하지만 안전성을 조금 희생한다.

몽고디비의 안전성 및 지속성

우선 몽고디비는 항상 원자성을 존중하지 않으며, 동시 작업 중 트랜잭션 정합성과 고립 수준을 정의하지 않는다. 따라서 프로세스가 컬렉션을 업데이트하는 동안 다른 프로세스의 작업을 방해할 수 있다. 수정자 작업이라고 하는 특정 작업만 원자적 일관성을 제공한다.

> 몽고디비는 원자적 업데이트를 위한 몇 가지 수정자 작업을 정의한다.
>
> - $inc : 특정 필드의 값을 증가시킴
>
> - $set : 필드의 값을 설정함
>
> - $unset : 필드를 삭제함
>
> - $push : 필드의 값을 첨부함
>
> - $pushAll : 배열에 있는 각 값을 필드에 추가함
>
> - $addToSet : 배열에 값이 없으면 배열에 값을 추가함
>
> - $pop : 배열 내 마지막 요소를 제거함
>
> - $pull : 필드에서 값을 모두 제거함
>
> - $pullAll : 필드에서 배열 내 각 값을 모두 제거함
>
> - $rename : 필드의 이름을 바꿈

고립화 수준의 부재는 종종 유령(phantom) 값 읽기로 이어진다. 커서는 내부 데이터가 수정되더라도 자동으로 갱신되지 않는다.

기본적으로 몽고디비는 매 분마다 디스크에 쓴다. 데이터를 삽입하고 디스크에 있는 레코드를 업데이트하는 시점이 바로 이때다. 두 번의 동기화 사이에서 한 번이라도 작업이 실패하면 값이 일치하지 않게 된다. 동기화 주기를 늘리거나 강제로 디스크에 쓰게 할 수 있지만 둘 다 어느 정도 성능 부담을 감수해야 한다.

시스템 장애 시 완전히 데이터를 잃어버리는 것을 막으려면 복제본을 설정하는 게 좋다. 두 개의 몽고디비 인스턴스는 데이터를 복제하고 동기화를 유지할 수 있게 마스터-슬레이브로 설정할 수 있다. 복제는 비동기적 프로세스이므로 변경 사항이 바로 전파되지 않는다. 하지만 아무런 대안도 마련하지 않는 것보다는 데이터를 복제해두는 게 좋다. 현재 버전의 몽고디비에서는 마스터와 슬레이브의 복제 쌍이 세 개의 복제본이 한 세트에 들어 있는 복제셋으로 대체됐다. 세 복제본 중 하나는 마스터 역할을 하고 나머지 둘은 슬레이브 역할을 한다. 복제셋은 자동 복구 및 자동 장애 극복을 지원한다.

복제를 장애 복구 및 복원 계획으로 활용하는 한편 샤딩은 수평적 확장에 활용할 수 있다.

수평적 확장

몽고디비를 사용하는 이유 중 하나는 스키마 없는 컬렉션이고 다른 하나는 태생적으로 좋은 성능 및 확장성이다. 최근 버전에서 몽고디비는 수평정 확장을 위한 자동 샤딩을 쉽게 사용할 수 있게 지원한다.

샤딩의 기본 개념은 데이터를 여러 레인지 서버에 분산하는 칼럼 데이터베이스의 마스터-워커 패턴과 꽤 유사하다. 몽고디비는 순차적인 컬렉션이 여러 장비에 걸쳐 저장될 수 있게 한다. 컬렉션의 일부를 저장하는 각 장비는 샤드라고 부른다. 샤드는 장애 극복을 위해 복제된다. 따라서 대규모 컬렉션은 네 개의 샤드로 분할될 수 있고, 각 샤드는 다시 세 번 복제될 수 있다. 이는 몽고디비 서버가 12개의 유닛으로 나뉘는 결과를 초래한다. 각 샤드를 복사한 두 개의 추가 복사본은 장애 극복 유닛 기능을 수행한다.

샤드는 데이터베이스 레벨이 아니라 컬렉션 레벨에 있다. 따라서 데이터베이스의 한 컬렉션은 단일 노드상에 있을 수 있지만 같은 데이터베이스 내 다른 컬렉션은 여러 노드로 샤딩될 수 있다.

각 샤드는 순차적 도큐먼트의 연속적인 세트를 저장한다. 이런 번들을 몽고디비 용어로는 청크라고 한다. 각 청크는 세 개의 어트리뷰트로 식별하는데, 바로 첫 번째 도큐먼트 키(min 키), 마지막 도큐먼트 키(max 키), 컬렉션이다.

컬렉션은 유효한 샤드 키 패턴을 기반으로 샤딩될 수 있다. 컬렉션의 임의의 도큐먼트 필드나 컬렉션 내 둘 이상의 도큐먼트 필드 조합은 샤드 키의 기반으로 사용될 수 있다. 샤드 키는 샤드 키를 정의하기 위한 필드뿐 아니라 순서 디렉터리 속성도 포함한다. 순서 디렉터리는 오름차순을 나타내는 1 또는 내림차순을 나타내는 -1이 될 수 있다. 샤드 키는 신중하게 선택하는 게 중요하고 이들 키가 균등하게 데이터를 분할할 수 있게 해야 한다.

샤드 및 샤드가 유지하는 청크에 대한 모든 정의는 설정 서버의 메타데이터 카탈로그에 보관한다. 샤드와 마찬가지로 설정 서버도 장애 복구 지원을 위해 복제될 수 있다. 클라이언트 프로세스는 mongos 프로세스를 통해 몽고디비 클러스터에 접근한다. mongos 프로세스는 영속적인 상태를 갖고 있지 않으며 설정 서버로부터 상태를 가져온다. 몽고디비 클러스터에서 mongos 프로세스는 하나 이상 존재할 수 있다. mongos 프로세스는 쿼리를 적절히 라우팅하고 필요에 따라 결과를 조합하는 일을 책임진다. 몽고디비 클러스터에 대한 쿼리는 대상을 지정할 수도 있고 전역이 될 수도 있다. 데이터 순서가 정해진 샤드 키를 활용할 수 있는 쿼리는 보통 타깃 쿼리고, 인덱스를 활용할 수 없는 쿼리는 전역 쿼리다. 타깃 쿼리는 전역 쿼리보다 효과적이다. 전역 쿼리에는 전체 컬렉션 스캔이 필요하다고 생각하면 된다. 그림 4-11은 몽고디비의 샤딩 아키텍처를 보여준다.

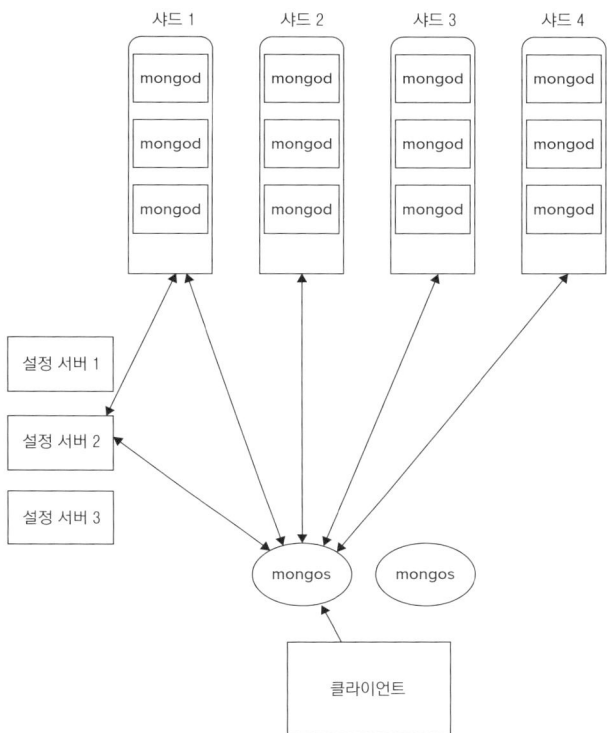

그림 4-11

이어서 키/값 저장소의 저장 스키마와 자세한 의미를 살펴보자.

MEMCACHED 및 레디스의 키/값 저장소의 의미

모든 키/값 저장소가 같지는 않지만 대부분 여러 공통점을 갖고 있다. 예를 들어 이들 키/값 저장소는 모두 데이터를 맵으로 저장한다. 이 절에서는 Memcached와 레디스(Redis)의 내부를 살펴봄으로써 강력한 키/값 저장소가 어떻게 구성되는지 들여다본다.

Memcached의 내부 들여다보기

http://memcached.org에서 내려받을 수 있는 Memcached는 분산 고성능 객체 캐싱 시스템이다. Memcached는 매우 인기 있으며 페이스북, 트위터, 위키피디아, 유튜브처럼 많은 트래픽을 사용하는 여러 사이트에서 사용 중이다. Memcached는 매우 간단하고 기능도 아주 기초적이다. 예를 들어 백업, 장애 복구, 복원 같은 지원 기능은 아예 없다. Memcached는 간단한 API를 갖고 있으며 거의 모든 웹 프로그래밍 언어와 함께 사용할 수 있다. 애플리케이션 스택에서 Memcached를 사용하는 주된 이유는 데이터베이스의 부담을 줄이기 위해서다. 그림 4-12는 전형적인 웹 애플리케이션에서의 Memcached 설정을 보여준다.

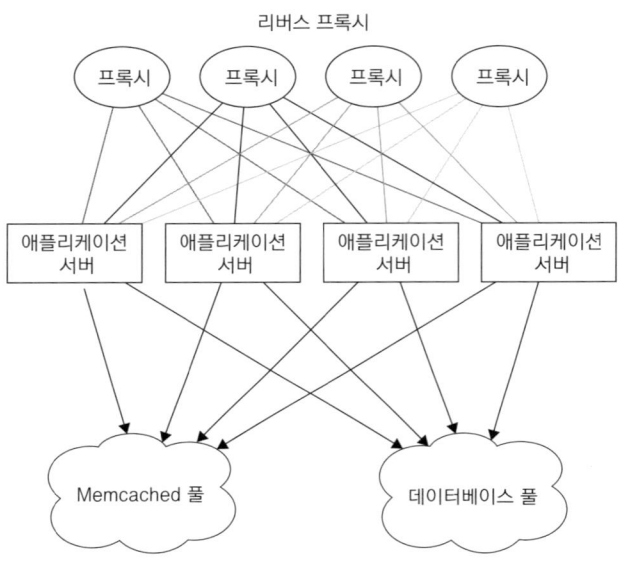

그림 4-12

Memcached의 핵심에는 슬랩 할당기가 있다. Memcached는 값을 슬랩에 저장한다. 슬랩 자체는 페이지로 이뤄져 있고, 이런 페이지는 다시 청크 또는 버킷으로 이뤄져 있다. 슬랩의 가장 작은 크기는 1kB이며, 슬랩은 1.25배의 속도로 크기가 증가한다. 따라서 슬랩의 크기는 1kb(1.25의 0승), 1.25kB(1.25의 1승), 1.5625kb(1.25의 2승) 순으로 크기가 증가한다. Memcached는 최대 1MB까지 데이터 값을 저장할 수 있다. 값은 키를 통해 저장하고 참조한다. 키는 최대 250바이트 크기까지 지정할 수 있다. 각 객체는 가장 가까운 크기의 청크 또는 버킷에 저장된다. 이 말은 객체의 크기가 1.4kB이면 객체가 1.5625kB 크기의 청크에 저장된다는 뜻이다. 이로 인해 객체가 다음으로 작은 청크 크기보다 약간만 클 경우 낭비되는 공간이 생긴다. 기본적으로 Memcached는 모든 가용 메모리를 사용하며 내부 아키텍처에 의해서만 제한된다. 그림 4-13은 Memcached의 기본 특징을 보여준다.

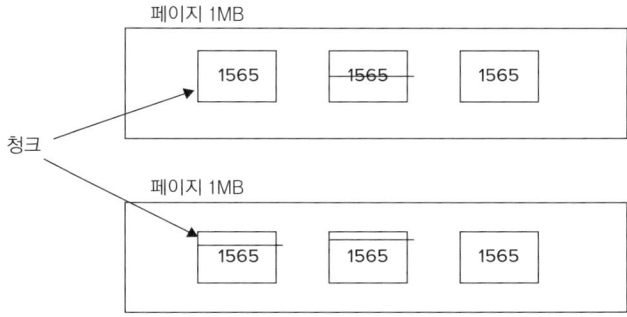

그림 4-13

LRU 알고리즘은 오래된 캐시 객체의 처리를 관리한다. LRU 알고리즘은 슬랩 단위로 동작한다. 객체를 저장하고 정리하는 과정에서 단편화가 일어날 수도 있다. 메모리 재할당은 이런 문제를 일부 해결해 준다.

Memcached는 리스트, 세트, 정렬셋, 맵 같은 컬렉션에 데이터 요소를 조직화하지 않는 객체 캐시다. 그에 반해 레디스는 이런 풍부한 데이터 구조를 모두 제공한다. 레디스는 Memcached와 접근 방식은 유사하지만 더 강력하다. 레디스는 앞에서 살펴본 다른 장에서 이미 설정하고 활용한 바 있다.

다음으로 레디스의 내부를 짧게 살펴보자.

레디스 내부

레디스에서는 모든 내용을 결국 문자열로 표현한다. 리스트, 세트, 정렬셋, 맵 같은 컬렉션도 문자열로 구성된다. 레디스는 동적 문자열 또는 SDS라고 하는 특수 구조를 정의한다. 이 구조는 다음과 같은 세 요소로 구성된다.

- buff : 문자열을 저장하는 문자 배열
- len : buff 배열의 길이를 저장하는 long 타입
- free : 사용할 수 있는 추가 바이트의 수

buff 배열을 기반으로 길이를 쉽게 계산할 수 있으므로 len을 별도로 저장하는 게 낭비라고 생각할 수도 있지만 이를 통해 고정된 시간 안에 문자열의 길이를 알 수 있다.

레디스는 데이터셋을 주 메모리에 보관하고 필요에 따라 디스크에 영속화한다. 몽고디비와 달리 레디스는 이때 메모리 매핑된 파일을 사용하지 않는다. 대신 레디스는 자체 가상 메모리 하위시스템을 구현

한다. 값을 디스크에 스왑할 때는 디스크 페이지에 대한 포인터를 키를 사용해 저장한다. 가상 메모리 기술 명세에 대한 자세한 사항은 http://code.google.com/p/redis/wiki/VirtualMemorySpecification 을 참고하자.

가상 메모리 관리자뿐 아니라 레디스는 논블로킹 소켓 작업을 조율하는 데 도움을 주는 이벤트 라이브러리도 포함한다.

그림 4-14는 레디스 아키텍처의 개요를 보여준다.

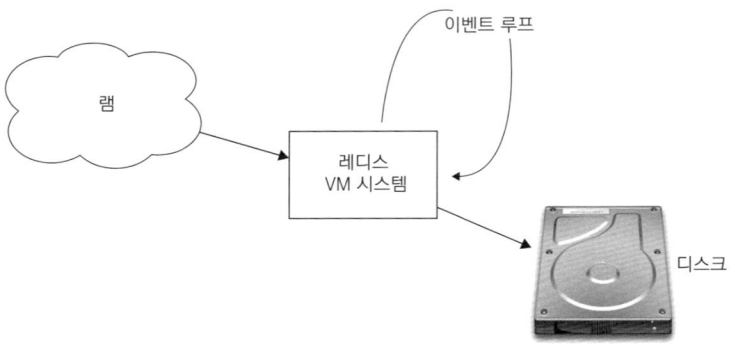

그림 4-14

레디스가 운영체제의 가상 메모리 스와핑에 의존하지 않는 이유

레디스는 운영체제 스와핑에 의존하지 않는다. 그 이유는 다음과 같다.

- 레디스 객체는 스왑 페이지와 일대일 매핑되지 않는다. 스왑 페이지는 4,096바이트 길이이고 레디스 객체는 한 페이지보다 많은 페이지에 존재할 수 있다. 마찬가지로 한 개보다 많은 레디스 객체가 한 개의 스왑 페이지에 존재할 수도 있다. 따라서 레디스 객체 중 일부만 접근할 때도 많은 스왑 페이지를 건드릴 수 있다. 운영체제 스와핑은 스왑 페이지 접근을 추적한다. 따라서 스왑 페이지 내 1바이트만 접근하더라도 스와핑 시스템이 이를 남겨둔다.

- 몽고디비와 달리 레디스의 데이터 형식은 RAM과 디스크상에서 서로 다르다. 디스크에서는 데이터가 RAM과 비교해 훨씬 더 압축된다. 따라서 커스텀 스와핑을 사용하면 디스크 I/O를 줄일 수 있다.

레디스의 개발자인 살바토레 산필리포는 그의 블로그에서 '레디스 가상 메모리: 그 이야기와 코드'라는 제목으로 레디스의 가상 메모리 시스템에 대해서 설명했다. 이 글은 http://antirez.com/post/redis-virtual-memory-story.html에서 볼 수 있다.

다음으로 칼럼 지향 데이터베이스를 살펴보자. 하지만 이번에는 궁극적으로 일관된 칼럼 지향 데이터 베이스를 다룬다.

궁극적으로 일관적인 비관계형 데이터베이스

구글의 빅테이블이 칼럼 데이터베이스에 영감을 줬다면 아마존의 다이나모(Dynamo)는 궁극적으로 일관적인 저장소의 프로토타입 역할을 했다. 아마존 다이나모의 기본 개념은 운영체제 원칙에 대한 심포지엄에서 2007년 기술 논문을 통해 일반에 공개됐다. 이 논문은 www.allthingsdistributed.com/files/amazon-dynamo-sosp2007.pdf를 통해 온라인으로 볼 수 있다. 그 후 다이나모의 개념은 아파치 카산드라, 볼드모트, 리악, 다이노마이트 같은 오픈소스 구현체로 흡수됐다. 이 절에서는 궁극적으로 일관적인 키/값 저장소의 기본적인 원리를 살펴본다. 하지만 특정 오픈소스 구현체에 대한 구체적인 설명은 이후 장으로 미룬다.

아마존 다이나모는 아마존의 대규모 e-커머스 시스템을 구동하는 내부 아마존 서비스를 구동한다. 이 시스템은 고가용성과 장애 허용 한계 같은 몇 가지 핵심적인 요구 조건을 갖고 있다. 하지만 데이터셋은 주 키만으로도 대부분의 경우 충분히 사용할 수 있게끔 구조화돼 있다. 관계 참조와 조인은 불필요하다. 다이나모는 일관적 해싱, 객체 버전 관리, 가십 기반 멤버십 프로토콜, 머클 트리(merkel tree), 힌티드 핸드오프 같은 개념을 기반으로 개발됐다.

다이나모는 데이터 저장소에 대한 단순 get-put 기반 인터페이스를 지원한다. put 요청에는 컨텍스트에 저장된 객체 버전 관련 데이터가 포함된다. 다이나모는 데이터가 늘어남에 따라 점증적으로 확장될 수 있게 개발됐다. 따라서 효과적인 파티셔닝을 위해 일관적인 해싱에 의존한다.

일관적 해싱

일관적 해싱(consistent hashing)은 분산 해시 테이블에서 매우 중요한 원칙이다. 일관적 해싱에서는 슬롯의 추가 또는 제거가 슬롯에 대한 키 매핑을 크게 바꾸지 않는다. 이런 해싱 스키마를 제대로 이해하기 위해 기본적인 해싱 스키마를 살펴보고 슬롯을 추가하거나 제거할 때 어떤 문제가 생기는지 알아보자.

노드 세트 사이에서 키를 할당하는 아주 기초적인 방법으로 나머지 함수를 사용하는 방식이 있다. 따라서 50개의 키를 7개의 노드로 분산한다면 85 값을 갖고 있는 키는 85 나누기 7이 1이므로 1 노드로 가고, 18 값을 갖고 있는 키는 18 나누기 7은 4이므로 4 노드로 간다. 이 전략은 노드 수가 바뀌기 전까지(즉 새 노드가 추가되거나 기존 노드가 제거되기 전까지)는 제대로 동작한다. 하지만 노드 개수가 변경

되면 기존 키에 적용한 나머지 함수는 다른 결과를 내놓고, 이로 인해 노드 사이에서 키를 재정렬해야한다. 이는 효율적이지 못하다. 바로 이런 문제를 일관적 해싱이 해결해준다. 일관적 해싱에서는 노드가추가되고 제거될 때 키의 재정렬이 크게 영향을 받지 않는다. 일관적 해싱을 알기 쉽게 설명하려면 원을그리고 그림 4-15처럼 원 위에 노드를 표시하면 된다.

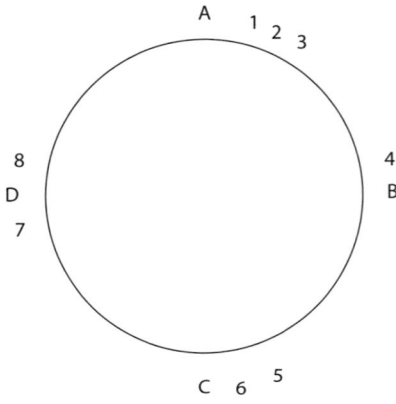

그림 4-15

이제 키 자체가 자신과 가장 가까운 노드에 지정됐다. 이 말은 그림 4-15에서 1, 2, 3은 A 노드에, 4는B 노드에, 5와 6은 C 노드에, 7과 8은 D 노드에 할당됨을 뜻한다. 이런 스키마를 설정하려면 모든 SHA1키와 매우 큰 숫자를 담을 수 있을 만큼 큰 해시 공간을 생성해야 하며 이를 원에 매핑해야 한다. 0부터시작해 반시계 방향으로 진행하며 모든 값을 최댓값에 매핑하고, 최댓값에 도달하면 다시 0부터 시작한다. 노드는 같은 스키마상에서 해시되고 매핑된다.

이제 노드 A를 제거하고 대신 노드 E를 그림 4-16에 보이는 새 위치에 추가한다고 가정하자. 그러면최소한의 재정렬만 일어난다. 1은 E로 가고 2와 3은 B에 할당되지만 나머지는 영향을 받지 않는다.

일관적 해싱이 효과적인 파티셔닝을 제공한다면, 객체 버전 관리는 데이터를 일관되게 유지하는 데도움을 준다.

객체 버전 관리

대규모 분산 및 확장형 시스템에서는 ACID 트랜잭션이 큰 부담이 된다. 따라서 다이나모는 객체 버전관리(object versioning)와 벡터 클록(vector clock)을 통해 일관성을 유지할 것을 제안한다.

예를 통해 벡터 클록이 어떻게 동작하는지 이해해보자.

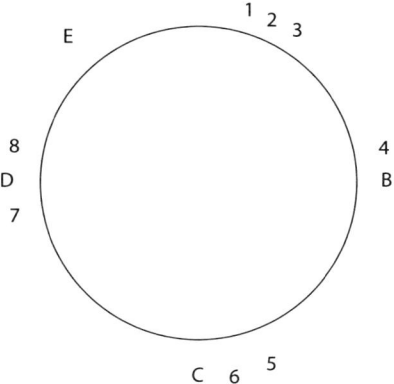

그림 4-16

Joe, Hillary, Eric, Ajay라는 네 명의 해커가 벡터 클록에 대해 얘기하기 위해 만나기로 했다고 가정하자. Joe는 Palo Alto에서 만나자고 제안했다. 그 후 Hillary와 Eric은 직장에서 만나 모임을 갖기엔 Mountain View가 좋겠다고 결정했다. 같은 날 Eric과 Ajay는 서로 문자를 보내 Los Altos에서 만나는 게 가장 좋겠다고 결론을 내렸다. 모이는 날이 되자 Joe는 모임을 알려주는 이메일을 모두에게 보냈고 장소를 Palo Alto라고 알려줬다. Hillary는 이 메일에 장소가 Mountain View로 바뀌었다고 답장했고, Ajay는 Los Altos라고 답했다. 둘 다 Eric도 이렇게 장소가 바뀐 것을 알고 있다고 말했다. 이제 Eric이 이 문제를 해결해야 한다. 이 단계에서 벡터 클록을 생성하면 이런 충돌을 해결할 수 있다.

벡터 클록은 다음과 같이 Palo Alto, Mountain View, Los Altos라는 각 장소에 해당하는 값별로 생성할 수 있다.

```
Venue: Palo Alto
Vector Clock: Joe (ver 1)


Venue: Mountain View
Vector Clock: Joe (ver 1), Hillary (ver 1), Eric (ver 1)


Venue: Los Altos
Vector Clock: Joe (ver 1), Ajay (ver 1), Eric (ver 1)
```

Mountain View와 Los Altos용 벡터 클록에는 모두들 Joe가 말한 위치를 알고 있었으므로 Joe가 최초에 선택한 위치가 포함돼 있다. Mountain View용 벡터 클록은 Hillary의 답장을 기반으로 하며, Los

Altos용 벡터 클록은 Ajay의 답장을 기반으로 한다. Mountain View와 Los Altos 벡터 클록은 서로로부터 파생하지 않았으므로 동기화되지 않았다. 벡터 클록은 다른 벡터 클록으로부터 파생하기 위해 다른 벡터 클록의 모든 값보다 크거나 같은 버전을 갖고 있어야 한다.

끝으로 Joe는 Eric에게 전화를 걸어 이 문제를 해결해줄 것을 부탁한다. Eric은 문제를 인식하고 이내 Mountain View가 가장 좋겠다고 결정한다. 이제 Joe는 다음과 같이 업데이트된 벡터 클록을 그린다.

```
Venue: Palo Alto
Vector Clock: Joe (ver 1)

Venue: Mountain View
Vector Clock: Joe (ver 1), Hillary (ver 1), Ajay (ver 0), Eric (ver 2)

Venue: Los Altos
Vector Clock: Joe (ver 1), Hillary (ver 0), Ajay (ver 1), Eric (ver 1)
```

이제 본인들이 제안하지는 않았지만 지금은 알고 있는 장소에 대해 벡터 클록 내에 Hillary와 Ajay를 위한 버전 0이 생성됐다. 이제 벡터 클록은 서로 파생되고 Mountain View가 모임 장소가 됐다. 이 예제를 보면 벡터 클록은 이벤트의 순서를 결정할 때뿐 아니라 일관성과 관련한 문제의 원인을 식별하는 데도 도움이 된다는 사실을 알 수 있다.

객체 버전 관리 외에 다이나모는 노드에 대해 가십 기반 멤버십을 사용하고 일관성을 위해 힌티드 핸드오프를 사용한다.

가십 기반 멤버십과 힌티드 핸드오프

가십 프로토콜(gossip protocol)은 소셜 네트워크와 사무실에서 퍼지는 가십 또는 루머의 형태로부터 영감을 받은 통신 프로토콜이다. 가십 통신 프로토콜은 주기적으로 쌍으로 이뤄지는 프로세스 간 상호작용을 포함한다. 보통 가십 프로토콜의 안정성은 낮으며 피어(peer) 선택은 종종 무작위로 이뤄진다.

힌티드 핸드오프(hinted handoff)에서는 지속성을 위해 메시지를 쓰는 동안 완전한 쿼럼(quorum) 대신 완화된 쿼럼을 허용한다. 쓰기 작업은 건강한 노드상에서 수행되며 실패한 노드가 다시 복구될 때 뭘 해야 하는지 알 수 있게 힌트를 기록한다.

정리

이 장에서는 NoSQL 데이터베이스의 기본 원리를 간단히 소개했다. 유명 NoSQL 저장소 몇 개를 대상으로 데이터 모델, 저장 스키마, 설정에 대한 핵심 내용을 설명했다. 칼럼 지향 데이터베이스를 구성하는 주요 요소를 보여줬고 HBase의 예를 통해 각 데이터베이스의 공통적인 주제들을 보여줬다. 그런 다음 도큐먼트 데이터베이스와 키/값 쌍의 내부 원리를 다뤘다. 끝으로 궁극적으로 일관적인 데이터베이스를 소개했다.

## 05

CRUD 작업의 수행

· NoSQL 데이터베이스의 데이터셋과 관련한 생성, 조회, 수정, 삭제 작업
· 업데이트보다는 생성이 중요한 이유 설명 및 예시
· 업데이트의 원자성 및 정합성 살펴보기
· 관련 데이터의 영속화 방식 설명

CRUD 작업(생성, 조회, 수정, 삭제)은 모든 데이터와 연동할 수 있는 기본적인 방법이다. 따라서 이들 작업을 NoSQL 세계에 어떻게 적용하는지 이해하는 게 중요하다. 알다시피 NoSQL은 단일 제품이나 기술이 아니며 특정 카테고리의 데이터베이스를 아우르는 용어다. 따라서 CRUD 작업의 의미도 NoSQL 제품마다 조금씩 다르다. 하지만 이들 제품이 모두 공유하는 한 가지 특징이 있다. 바로 NoSQL 저장소에서는 종종 생성 및 조회 작업만 수행할 정도로 생성 및 조회 작업이 수정 및 삭제 작업보다 더 중요하다는 점이다. 이어지는 절에서는 이 말이 무슨 뜻인지 배운다. CRUD 작업 관점에서 NoSQL 세계를 살펴보면 NoSQL을 칼럼 지향, 도큐먼트 중심, 키-값 맵이라는 논리적인 단위로 나눌 수 있다.

첫 번째로 살펴볼 CRUD 작업은 생성 작업이다.

레코드의 생성

레코드 생성 작업에는 정의가 거의 필요 없다. 새 레코드를 처음으로 저장할 때는 새 엔트리를 생성한다. 이 말은 레코드를 쉽게 식별하고 기존 레코드의 존재 여부를 알 수 있는 방법이 필요하다는 뜻이다. 기존 레코드가 존재한다면 레코드를 업데이트하고 재생성하지 않아야 한다.

관계형 데이터베이스에서는 레코드가 테이블 안에 저장되고, 테이블에서 주 키라고 하는 키가 각 레코드를 고유 식별한다. 레코드가 이미 존재하는지 여부를 검사할 때는 해당 레코드의 주 키를 조회하고 이 키가 테이블에 존재하는지 검사한다. 그런데 레코드에 주 키 값이 없지만 레코드가 갖고 있는 각 값이 기존 레코드의 칼럼 값과 정확히 일치하면 어떻게 될까? 이 부분부터 사실 문제가 복잡하다.

관계형 데이터베이스는 관계형 모델의 제안자인 E.F. 코드가 소개한 정규화 원칙을 지지한다. E.F. 코드와 레이몬트 F. 보이스는 1974년 보이스-코드 정규 형식(BCNF, Boyce-Codd NormalForm)을 발표했고, 이 형식은 데이터베이스를 정규화하는 데 필요한 최소 기대 수준으로 간주된다. 간단히 말해, 정규화된 스키마는 데이터를 한 번 저장하고 필요에 따라 관련 데이터에 대한 참조를 생성함으로써 레코드셋 간의 수정 이상 현상을 최소화하기 위해 노력한다. 데이터베이스 정규화에 대한 자세한 설명은 http://en.wikipedia.org/wiki/Database_normalization과 http://databases.about.com/od/specificproducts/a/normalization.htm에서 볼 수 있다.

정규화된 스키마에서 동일한 값을 갖고 있는 두 개의 레코드는 같은 레코드다. 따라서 관계형 모델에는 단일 칼럼(주 키)으로 코드화된 암시적인 값에 의한 비교(compare-by-value)가 들어 있다. 프로그래밍 언어의 세계, 특히 객체 지향 언어에서 정체성의 개념은 참조에 의한 비교라는 의미로 쓰이고, 객체로 존재하는 고유 레코드셋은 객체가 점유하는 메모리 공간을 통해 고유 식별된다. NoSQL은 전통적인 테이블형 구조뿐 아니라 객체 저장소를 닮은 데이터베이스를 모두 아우르므로, 정체성의 의미가 값 기반에서 참조 기반으로 각기 다를 수 있다. 하지만 모든 경우 고유 주 키의 개념이 중요하고 레코드를 식별하는 데 도움이 된다.

대부분의 데이터베이스가 고유 레코드 키로 임의의 문자열이나 바이트 배열을 사용할 수 있게 해주지만 종종 키가 고유하고 의미가 있게끔 몇 가지 규칙을 정해놓는다. 일부 데이터베이스에서는 유틸리티 함수를 통해 주 키를 생성해야 한다.

고유한 주 키

기본 몽고디비 BSON 객체 id(앞 장의 그림 4-10에 요약)는 이미 본 적이 있다. 이 객체 id는 키로 다음과 같은 요소로 구성된 12바이트 구조를 사용한다.

- 처음 네 바이트는 타임스탬프를 나타낸다.

- 다음 세 바이트는 장비 id를 나타낸다.

- 다음 두 바이트는 프로세스 id를 나타낸다.

- 마지막 세 바이트는 점증적인 카운터 또는 시퀀스 카운터를 나타낸다.

HBase의 행 키 또한 앞에서 본 바 있다. HBase의 행 키는 보통 바이트 배열로 이뤄져 있으며, 캐릭터가 문자열로 이뤄져 있기만 하면 된다. HBase 행 키는 종종 64바이트 길이이지만 이는 제약 사항은 아니다(키가 클수록 메모리를 더 많이 소모하긴 하지만). HBase의 행은 행 키를 통해 바이트 순서가 지정되므로 애플리케이션과 관련한 논리적 단위로 행 키를 정의하는 게 좋다.

이제 레코드 식별자를 이해했으니 이어지는 절을 통해 NoSQL 데이터베이스에서 레코드를 생성하는 법을 살펴보자. 앞의 몇 장에서는 몽고디비, HBase, 레디스를 도큐먼트 지향, 칼럼 지향, 키/값 맵으로 각각 사용했다. 이 절에서도 이들 세 데이터베이스를 다시 활용한다.

도큐먼트 지향 데이터베이스에서의 레코드 생성

많은 관계형 데이터베이스 예제에서 흔히 볼 수 있는 예제로 주문을 생성하고 관리하는 간단한 소매 시스템이 있다. 이 가상의 상점에서 고객이 구매한 내용은 각각의 주문이 된다. 주문은 여러 주문 항목 줄로 구성된다. 각 주문 항목 줄에는 상품명(항목)과 상품을 구매한 단위가 들어 있다. 각 주문 항목 줄에는 가격 어트리뷰트도 들어 있다. 가격은 상품의 단위 가격에 구매 수량을 곱해서 계산한다. 각 주문 테이블에는 상품 설명을 보관하는 관련 상품 테이블과 상품에 대한 몇 가지 어트리뷰트가 들어 있다. 그림 5-1은 전통적인 엔티티-관계 다이어그램으로 주문, 상품 테이블 및 그 관계를 보여준다.

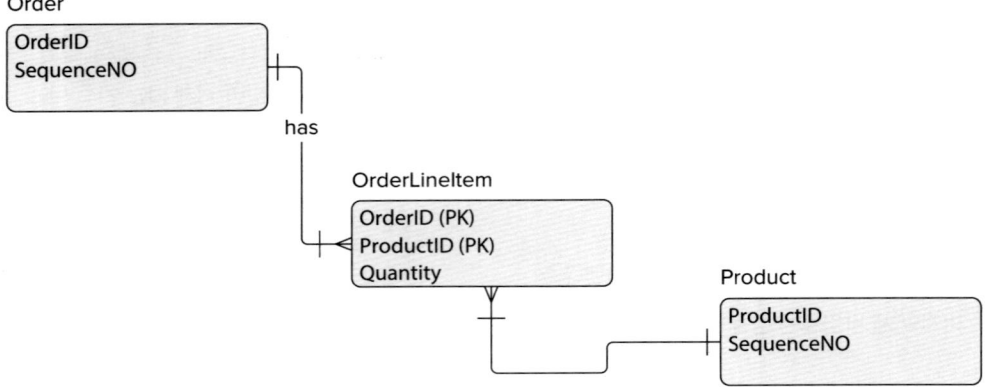

그림 5-1

이 데이터를 도큐먼트 저장소인 몽고디비에서 저장하려면 구조를 비정규화하고 각 주문 항목 줄을 주문 레코드 자체와 함께 저장해야 한다. 구체적인 사례로 라떼 하나, 카푸치노 하나, 두 개의 일반 커피에 해당하는 총 네 개의 커피를 주문한 경우를 생각해 보자. 이 커피 주문은 몽고디비에서 다음과 같은 중첩 JSON 도큐먼트 그래프로 저장한다.

```
{
    order_date: new Date(),
    "line_items": [
    {
        item : {
            name: "latte",
            unit_price: 4.00
        },
        quantity: 1
    },
    {
        item: {
            name: "cappuccino",
            unit_price: 4.25
        },
        quantity: 1
    },
    {
        item: {
            name: "regular",
```

```
                unit_price: 2.00
            },
            quantity: 2
        }
    ]
}
```

명령행 창을 열고 루트를 몽고디비 폴더로 이동한 후 다음과 같이 몽고디비 서버를 시작한다.

```
bin/mongod --dbpath ~/data/db
```

이제 별도 명령 창에서 서버와 연동할 수 있게 명령행 클라이언트를 시작한다.

```
bin/mongo
```

명령행 클라이언트를 사용해 mydb 데이터베이스 내 orders 컬렉션에 커피 주문을 저장한다. 콘솔에서의 명령 입력과 응답을 일부 보여주면 다음과 같다.

```
> t = {
...     order_date: new Date(),
...     "line_items": [ ...
...     ]
... };
{
    "order_date" : "Sat Oct 30 2010 22:30:12 GMT-0700 (PDT)",
    "line_items" : [
    {
        "item" : {
            "name" : "latte",
            "unit_price" : 4
        },
        "quantity" : 1
    },
    {
        "item" : {
            "name" : "cappuccino",
            "unit_price" : 4.25
        },
        "quantity" : 1
```

```
        },
        {
            "item" : {
                "name" : "regular",
                "unit_price" : 2
            },
            "quantity" : 2
        }
        ]
    }
> db.orders.save(t);
> db.orders.find();
{ "_id" : ObjectId("4cccff35d3c7ab3d1941b103"), "order_date" : "Sat Oct 30 2010
22:30:12 GMT-0700 (PDT)", "line_items" : [
...
] }
```

`coffee_order.txt` ↻

전체 중첩 도큐먼트 컬렉션을 저장하는 게 좋지만 때로는 중첩 객체를 별도로 저장해야 할 때도 있다. 중첩 도큐먼트를 별도로 저장할 때는 레코드셋을 서로 조인하는 작업을 개발자인 여러분이 해야 한다. 몽고디비에서 데이터베이스 조인 개념이 없는 만큼 클라이언트 사이드에서 객체 **id**를 사용해 조인 연산을 직접 구현하거나 **DBRef** 개념을 활용해야 한다.

> 몽고디비에서 DBRef는 도큐먼트 간의 참조를 생성하는 공식 명세다. DBRef에는 컬렉션 이름과 객체 id가 포함된다. 몽고디비 DBRef에 대한 자세한 설명은 www.mongodb.org/display/DOCS/Database+References#DatabaseReferences-DBRef를 참고하자.

이 예제는 상품별 단위 가격 데이터를 중첩 도큐먼트에 저장하지 않고 상품에 대한 정보를 저장하는 다른 컬렉션에 저장하게끔 구조를 재구성할 수도 있다. 이렇게 구조를 바꾸면 항목 이름이 두 컬렉션을 연결하는 키 역할을 한다. 따라서 구조를 변경한 orders 데이터를 orders2라는 컬렉션에 저장할 경우 이는 다음과 같다.

```
> t2 = {
...        order_date: new Date(),
...        "line_items": [
```

```
...      {
...           "item_name":"latte",
...           "quantity":1
...      },
...      {
...           "item_name":"cappuccino",
...           "quantity":1
...      },
...      {
...           "item_name":"regular",
...           "quantity":2
...      }
...      ]
... };
{
    "order_date" : "Sat Oct 30 2010 23:03:31 GMT-0700 (PDT)",
    "line_items" : [
    {
        "item_name" : "latte",
        "quantity" : 1
    },
    {
        "item_name" : "cappuccino",
        "quantity" : 1
    },
    {
        "item_name" : "regular",
        "quantity" : 2
    }
    ]
}
> db.orders2.save(t2);
```

coffee_order.txt

데이터가 정확히 저장됐는지 확인하려면 다음과 같이 orders2 컬렉션의 내용을 반환해보면 된다.

```
> db.orders2.find();
{ "_id" : ObjectId("4ccd06e8d3c7ab3d1941b104"), "order_date" : "Sat Oct 30 2010
23:03:31 GMT-0700 (PDT)", "line_items" : [
```

```
    {
        "item_name" : "latte",
        "quantity" : 1
    },
  ...
  ] }
```

다음으로 상품 데이터를 저장하자. 여기에는 항목 이름과 단위 가격을 다음과 같이 저장한다.

```
> p1 = {
...      "_id": "latte",
...      "unit_price":4
... };
{ "_id" : "latte", "unit_price" : 4 }
> db.products.save(p1);
```

이번에도 find 메서드를 활용해 products 컬렉션 내 레코드를 확인할 수 있다.

```
> db.products.find();
{ "_id" : "latte", "unit_price" : 4 }
```

이제 두 컬렉션을 직접 연결하고 다음과 같이 관련 데이터셋을 조회할 수 있다.

```
> order1 = db.orders2.findOne();
{
    "_id" : ObjectId("4ccd06e8d3c7ab3d1941b104"),
    "order_date" : "Sat Oct 30 2010 23:03:31 GMT-0700 (PDT)",
    "line_items" : [
        {
            "item_name" : "latte",
            "quantity" : 1
        },
        {
            "item_name" : "cappuccino",
            "quantity" : 1
        },
```

```
        {
            "item_name" : "regular",
            "quantity" : 2
        }
    ]
}
> db.products.findOne( { _id: order1.line_items[0].item_name } );
{ "_id" : "latte", "unit_price" : 4 }
```

coffee_order.txt ↻

또는 몽고디비에서 두 개의 도큐먼트 컬렉션을 연계하는 공식 명세인 DBRef를 활용해 이 과정 중 일부를 자동화할 수도 있다. DBRef 사용법을 보여주기 위해 products를 정의하고 orders 컬렉션 내에서 products에 대한 DBRef를 설정해 예제를 반복해 보자.

다음과 같이 product2 컬렉션에 latte, cappuccino, regular와 더불어 각 단위 가격을 추가한다.

```
> p4 = {"name":"latte", "unit_price":4};
{ "name" : "latte", "unit_price" : 4 }
> p5 = {
...     "name": "cappuccino",
...     "unit_price":4.25
... };
{ "_id" : "cappuccino", "unit_price" : 4.25 }
> p6 = {
...     "name": "regular",
...     "unit_price":2
... };
{ "_id" : "regular", "unit_price" : 2 }
> db.products2.save(p4);
> db.products2.save(p5);
> db.products2.save(p6);
```

coffee_order.txt ↻

세 개의 상품이 모두 컬렉션에 들어 있는지 확인한다.

```
> db.products.find();
{ "_id" : ObjectId("4ccd1209d3c7ab3d1941b105"), "name" : "latte",
"unit_price" : 4 }
{ "_id" : ObjectId("4ccd1373d3c7ab3d1941b106"), "name" : "cappuccino",
```

```
"unit_price" : 4.25 }
{ "_id" : ObjectId("4ccd1377d3c7ab3d1941b107"), "name" : "regular",
"unit_price" : 2 }
```

coffee_order.txt ⏻

다음으로 orders3라는 새로운 orders 컬렉션을 정의하고 DBRef를 사용해 orders3와 products 사이의 관계를 설정한다. orders3 컬렉션은 다음과 같이 정의할 수 있다.

```
t3 = {
...     order_date: new Date(),
...     "line_items": [
...         {
...             "item_name": new DBRef('products2', p4._id),
...             "quantity:1
...         },
...         {
...             "item_name": new DBRef('products2', p5._id),
...             "quantity":1
...         },
...         {
...             "item_name": new DBRef('products2', p6._id),
...             "quantity":2
...         }
...     ]
... };
db.orders3.save(t3);
```

coffee_order.txt ⏻

몽고디비 생성 작업은 이처럼 매우 간단하며 앞에서 본 것처럼 DBRef를 활용해 일부 관계의 성격을 공식적으로 설정할 수도 있다. 이어서 칼럼 지향 데이터베이스 관점에서 생성 작업을 살펴보자.

칼럼 지향 데이터베이스의 생성 작업

몽고디비 데이터베이스와 달리 칼럼 지향 데이터베이스는 아무런 관계 참조 개념도 정의하지 않는다. 다른 NoSQL 제품과 마찬가지로 칼럼 지향 데이터베이스는 컬렉션 사이의 조인을 지원하지 않는다. 또 외래 키나 여러 컬렉션 사이의 제약 같은 개념도 없다. 칼럼 데이터베이스는 대량의 트랜잭션적 비정규화된 레코드를 보관하는 데이터 웨어하우스 사실 테이블(data warehouse fact table)과 거의 유사한 형태로 컬렉션을 비정규화된 방식으로 저장한다. 데이터는 행 키가 각 레코드를 고유 식별하고 칼럼 패밀리 내 모든 칼럼이 함께 저장되는 형태로 저장된다.

칼럼 지향 데이터베이스, 특히 HBase는 데이터를 저장하는 시간 차원도 갖고 있다. 따라서 데이터 생성 또는 삽입 작업이 중요한 반면 업데이트 개념은 사실상 존재하지 않는다. HBase의 이런 특징을 예를 통해 살펴보자. 다양한 상품에 대한 카탈로그를 생성하고 관리해야 하는데, 유형, 카테고리, 성격, 가격, 상품 소스에 대한 정보의 양이 크게 변할 수 있다고 가정하자. 그럼 type, characteristics, source라는 세 개의 칼럼 패밀리를 갖춘 테이블을 생성할 것이다. 개별 어트리뷰트 또는 필드(칼럼이라고도 부름)는 이들 칼럼 패밀리 중 하나에 속한다. HBase에서 이런 컬렉션 또는 상품 테이블을 생성하려면 먼저 HBase 서버를 시작하고 HBase 셸을 사용해 서버에 접속한다. HBase 서버를 시작하려면 명령행 창이나 터미널을 열고 HBase 설치 디렉터리로 이동한다. 그런 다음 로컬 단독 모드로 다음과 같이 HBase 서버를 시작한다.

```
bin/start-hbase.sh
```

또 다른 명령행 창을 열고 HBase 셸을 사용해 HBase 서버에 접속한다.

```
bin/hbase shell
```

다음으로 products 테이블을 생성한다.

```
hbase(main):001:0> create 'products', 'type', 'characteristics', 'source'
0 row(s) in 1.1570 seconds
```

products_hbase.txt ⬇

테이블을 생성하고 나면 안에 데이터를 저장할 수 있다. HBase는 데이터 생성 작업을 나타내는 키워드로 put 키워드를 사용한다. 'put'이란 단어는 해시 맵 같은 작업을 통해 데이터 삽입을 수행함을 나타낸다. HBase는 내부적으로 중첩된 해시 맵이므로 이 단어가 create 키워드보다는 훨씬 적절하다.

다음과 같은 필드를 포함하는 레코드를 생성하려면

- type:category = "coffee beans"
- type:name = "arabica"
- type:genus = "Coffea"
- characteristics: cultivation_method = "organic"
- characteristics: acidity = "low"

- source: country = "yemen"

- source: terrain = "mountainous"

products 테이블에 다음과 같이 집어넣으면 된다.

```
hbase(main):001:0> put 'products', 'product1', 'type:category', 'coffee beans'
0 row(s) in 0.0710 seconds
hbase(main):002:0> put 'products', 'product1', 'type:name', 'arabica'
0 row(s) in 0.0020 seconds
hbase(main):003:0> put 'products', 'product1', 'type:genus', 'Coffea'
0 row(s) in 0.0050 seconds
hbase(main):004:0> put 'products', 'product1',
'characteristics: cultivation_method', 'organic'
0 row(s) in 0.0060 seconds
hbase(main):005:0> put 'products', 'product1', 'characteristics: acidity', 'low'
0 row(s) in 0.0030 seconds
hbase(main):006:0> put 'products', 'product1', 'source: country', 'yemen'
0 row(s) in 0.0050 seconds
hbase(main):007:0> put 'products', 'product1', 'source: terrain', 'mountainous'
0 row(s) in 0.0050 seconds
hbase(main):008:0>
```

products_hbase.txt ↺

이제 데이터 저장소에 레코드가 들어 있는지 조회해볼 차례다. 레코드를 가져오려면 다음 명령을 실행한다.

```
hbase(main):008:0> get 'products', 'product1'
COLUMN CELL
characteristics: acidity timestamp=1288555025970, value=lo
characteristics: cultivatio timestamp=1288554998029, value=organic
n_method
source: country timestamp=1288555050543, value=yemen
source: terrain timestamp=1288555088136, value=mountainous
type:category timestamp=1288554892522, value=coffee beans
type:genus timestamp=1288554961942, value=Coffea
type:name timestamp=1288554934169, value=Arabica
7 row(s) in 0.0190 seconds
```

products_hbase.txt ↺

그런데 다음과 같이 'type:category'에 대한 값을 기존 값인 'coffee beans' 대신 'beans'로 저장하면 어떻게 될까?

```
hbase(main):009:0> put 'products', 'product1', 'type:category', 'beans'
0 row(s) in 0.0050 seconds
```

products_hbase.txt

이제 레코드를 다시 조회하면 결과는 다음과 같다.

```
hbase(main):010:0> get 'products', 'product1'
COLUMN CELL
characteristics: acidity timestamp=1288555025970, value=low
characteristics: cultivatio timestamp=1288554998029, value=organic
n_method
source: country timestamp=1288555050543, value=yemen
source: terrain timestamp=1288555088136, value=mountainous
type:category timestamp=1288555272656, value=beans
type:genus timestamp=1288554961942, value=Coffea
type:name timestamp=1288554934169, value=Arabica
7 row(s) in 0.0370 seconds
```

products_hbase.txt

이제 type:category의 값이 coffee beans 대신 beans가 된 것을 볼 수 있다. 사실 두 값은 같은 필드의 다른 버전으로 저장돼 있지만 기본적으로 가장 최신 값 하나만 반환된 것이다. type:category 필드의 마지막 네 버전 값을 확인하려면 다음 명령을 실행하면 된다.

```
hbase(main):011:0> get 'products', 'product1', { COLUMN => 'type:category',
    VERSIONS => 4 }
COLUMN CELL
type:category timestamp=1288555272656, value=beans
type:category timestamp=1288554892522, value=coffee beans
```

아직까지는 두 개의 버전만 있으므로 이들 값만 반환됐다.

그런데 데이터가 매우 구조화돼 있고, 제한적이며, 기본 성격상 관계적이라면 어떻게 해야 할까? 이 경우 HBase는 전혀 올바른 해결책이 아닐 가능성이 있다.

HBase는 데이터 구조를 평탄화(flatten)하고, 칼럼 패밀리와 그 구성 칼럼 사이에만 계층구조를 생성한다. 더불어 각 셀의 데이터를 시간 차원과 함께 저장하므로 중첩 구조의 데이터를 HBase에 저장할 때는 중첩 데이터셋을 평탄화해야 한다.

소매 주문 시스템을 생각해 보자. HBase에서 소매 주문 데이터는 여러 가지 방식으로 저장할 수 있다.

- 모든 데이터셋을 평탄화하고 전체 제품 데이터를 포함한 주문의 모든 필드를 단일 행에 저장한다.
- 각 주문별로 한 행 내에 모든 주문 항목을 유지한다. 상품 정보를 별도의 테이블에 저장하고 주문 항목 정보와 함께 상품 행 키에 대한 참조를 저장한다.

주문 데이터를 평탄화하는 첫 번째 옵션을 사용하면 다음과 같은 선택을 하게 된다.

- 일반 항목 줄별로 한 개의 칼럼 패밀리를 생성하고 할인 또는 리베이트 같은 추가 항목별로 또 다른 칼럼 패밀리를 생성한다.
- 일반 항목 칼럼 패밀리 내에서는 항목 또는 상품명, 항목 또는 상품 설명, 양, 가격 같은 칼럼이 들어 있다. 모든 정보를 평탄화할 때는 각 항목별로 각기 다른 키를 갖는 것을 잊지 말아야 한다. 이렇게 하지 않으면 같은 키/값 쌍의 버전으로 데이터가 저장된다. 예를 들어 상품명 칼럼은 product_name 대신 product_name_1로 불러야 한다.

다음 예제는 레디스를 활용해 키/값 맵에 데이터를 생성하는 법을 보여준다.

키/값 맵에서의 생성 작업

레디스는 값을 단순 키/값 쌍 또는 컬렉션의 멤버로 저장할 수 있는 단순하지만 강력한 데이터 구조 서버다. 각 키/값 쌍은 단독으로 구성된 문자열의 맵이거나 컬렉션 내에 존재할 수 있다. 컬렉션은 리스트, 세트, 정렬셋, 해시 타입 중 하나가 될 수 있다. 단독 키/값 문자열 쌍은 문자열 값을 받을 수 있는 변수와 비슷하다.

레디스 문자열 키/값 맵은 다음과 같이 생성할 수 있다.

```
./redis-cli set akey avalue
```

다음과 같이 get 명령을 사용해 값이 제대로 생성됐는지 확인할 수 있다.

```
./redis-cli get akey
```

이 명령의 결과는 예상대로 avalue다. set 메서드는 create 또는 put 메서드와 동일하다. set 메서드를 한 번 더 호출하되, 이번에는 akey 키에 대해 anothervalue를 설정하면 기존 값이 새 값으로 대체된다. 다음 명령을 실행해보자.

```
./redis-cli set akey anothervalue
./redis-cli get akey
```

이 명령의 결과는 예상대로 새 값인 anothervalue다.

하지만 레디스 컬렉션에는 익숙한 set 및 get 명령을 사용할 수 없다. 예를 들어 lpush와 rpush는 리스트를 생성하고 내용을 채운다. 존재하지 않는 리스트는 첫 번째 멤버를 채워 다음과 같이 생성할 수 있다.

```
./redis-cli lpush list_of_books 'MongoDB: The Definitive Guide'
```

books_list_redis.txt ↻

다음과 같이 범위 연산을 사용해 리스트(list_of_books)의 첫 번째 멤버를 확인하고 결과를 볼 수 있다.

```
./redis-cli lrange list_of_books 0 -1
1. "MongoDB: The Definitive Guide"
```

books_list_redis.txt ↻

범위 연산은 첫 번째 요소의 인덱스인 0과 마지막 요소의 인덱스인 -1을 사용해 리스트 내의 모든 요소를 가져올 수 있다.

레디스에서는 존재하지 않는 리스트를 조회하면 빈 리스트가 반환되며, 예외가 일어나지 않는다. 존재하지 않는 리스트(mylist)에 대한 범위 쿼리는 다음과 같이 실행할 수 있다.

```
./redis-cli lrange mylist 0 -1
```

그럼 레디스는 empty list or set 메시지를 반환한다. rpush와 마찬가지로 lpush를 사용해 다음과 같이 mylist에 멤버를 추가할 수 있다.

```
./redis-cli rpush mylist 'a member'
```

물론 이제 mylist는 더는 비어 있지 않으며, 범위 쿼리를 한 번 더 반복하면 멤버가 존재하는 것을 볼 수 있다. 멤버는 리스트의 왼쪽 또는 오른쪽에 추가할 수 있으며 양방향으로 꺼낼 수도 있다. 이는 리스트를 큐나 스택으로 활용할 수 있게 해준다.

세트 데이터 구조에서는 SADD 작업을 통해 멤버를 추가할 수 있다. 따라서 aset에 'a set member'를 추가하려면 다음과 같이 하면 된다.

```
./redis-cli sadd aset 'a set member'
```

이 명령행 프로그램은 데이터가 세트에 추가됐음을 확인시켜주는 정수값 1을 결과로 보여준다. 같은 SADD 명령을 한 번 더 실행하면 멤버가 다시 추가되지 않는다. 세트는 정의상 값을 한 번만 보관하므로 값이 존재하는 한 값을 다시 추가하는 게 이치에 맞지 않다. 또 이 경우 프로그램에서 0을 응답으로 보여주는데, 이는 아무 데이터도 추가되지 않았음을 뜻한다. 세트와 마찬가지로 정렬셋도 멤버를 한 번만 저장하지만 리스트와 마찬가지로 순서 개념도 갖고 있다.

azset라는 정렬셋에 'a sset member'를 추가하는 방법은 다음과 같이 간단하다.

```
./redis-cli zadd azset 1 'a sset member'
```

값 1은 정렬셋 멤버의 위치 또는 점수다. 이 정렬셋에 또 다른 멤버인 'sset member 2'를 추가하려면 다음과 같이 하면 된다.

```
./redis-cli zadd azset 4 'sset member 2'
```

앞서 리스트에서 한 것처럼 범위 작업을 수행하면 값이 저장된 것을 확인할 수 있다. 정렬셋의 범위 명령은 zrange라고 하며, 처음 다섯 개의 값을 포함하는 범위는 다음과 같이 요청할 수 있다.

```
./redis-cli zrange azset 0 4
1. "a sset member"
2. "sset member 2"
```

그럼 이제 위치 또는 점수 3에 새 값을 추가하고 이미 값을 갖고 있는 위치 또는 점수 3에 또 다른 값을 추가하면 어떻게 될까?

azset의 점수 3에 새 값을 추가하는 법은 다음과 같다.

```
./redis-cli zadd azset 3 'member 3'
```

그리고 다음과 같이 zrange 쿼리를 실행한다.

```
./redis-cli zrange azset 0 4
```

그럼 결과는 다음과 같다.

1. "a sset member"
2. "member 3"
3. "sset member 2"

이번에는 다시 한 번 위치 또는 점수 3에 다음과 같이 값을 추가한다.

```
./redis-cli zadd azset 3 'member 3 again'
```

이어서 다음과 같이 zrange 쿼리를 실행한다.

```
./redis-cli zrange azset 0 4
```

그럼 다음과 같이 새 멤버를 수용하기 위해 멤버 위치가 조정된 것을 볼 수 있다.

1. "a sset member"
2. "member 3"
3. "member 3 again"
4. "sset member 2"

따라서 정렬셋에 새 멤버를 추가하면 기존 값이 대체되는 대신 필요에 따라 기존 멤버의 순서가 바뀐다.

레디스는 멤버를 다음과 같이 저장할 수 있는 해시 개념도 정의한다.

```
./redis-cli hset bank account1 2350
./redis-cli hset bank account2 4300
```

멤버의 존재 여부는 hget 또는 hget 명령의 변종인 hgetall 명령을 사용해 확인할 수 있다.

```
./redis-cli hgetall bank
```

복잡한 중첩 해시를 저장하기 위해 다음과 같이 계층적 해시 키를 생성할 수도 있다.

```
./redis-cli hset product:fruits apple 1.35
./redis-cli hset product:fruits banana 2.20
```

NoSQL 데이터 저장소에 데이터를 저장한 후에는 데이터에 접근해 조회해야 한다. 결국 데이터를 저장하는 이유는 이를 조회해 사용하기 위함이다.

데이터 접근

앞에서 이미 데이터에 접근하는 방법 몇 가지를 살펴봤다. 앞에서는 레코드가 생성됐는지 확인하기 위해 가장 단순한 get 명령을 몇 개 살펴봤다. 또 이전 장에서는 몇 가지 표준 쿼리 방식도 다뤘다.

이번에는 고급 데이터 접근 방식, 구문, 의미를 몇 개 살펴본다.

몽고디비에서의 도큐먼트 접근

몽고디비는 SQL과 유사한 구문 및 의미를 사용해 도큐먼트를 조회할 수 있게 해준다. 아이러니컬하게도 SQL과 유사한 NoSQL의 구문은 몽고디비에서 도큐먼트 조회를 쉽고 강력하게 만들어준다.

앞 장을 통해 도큐먼트를 조회하는 법은 이미 익혔으니 이번에는 바로 중첩 몽고디비 도큐먼트에 접근해 보자. 이번에도 이 장에서 앞서 만든 **mydb** 데이터베이스 내 **orders** 컬렉션을 사용한다.

몽고디비 서버를 시작하고 몽고 자바스크립트 셸을 사용해 접속한다. **use mydb** 명령을 사용해 **mydb** 데이터베이스로 전환한다. 먼저 다음과 같이 orders 컬렉션의 모든 도큐먼트를 가져온다.

```
db.orders.find()
```

이제 컬렉션 필터링을 시작해 보자. order_date가 2010년 10월 25일보다 큰 주문을 모두 가져와 보자. 우선 날짜 객체를 생성하는 것부터 시작한다. 자바스크립트 셸에서는 날짜 객체를 다음과 같이 생성할 수 있다.

```
var refdate = new Date(2010, 9, 25);
```

자바스크립트의 날짜는 월이 1이 아닌 0부터 시작하므로 숫자 9는 10월을 뜻한다. 파이썬에서는 같은 변수를 다음과 같이 생성한다.

```
from datetime import datetime
refdate = datetime(2010, 10, 25)
```

그리고 루비에서는 다음과 같이 생성한다.

```
require 'date'
refdate = Date.new(2010, 10, 25)
```

이제 order_date 필드 값을 refdate와 비교하는 비교기(comparator)로 refdate를 전달한다.

쿼리는 다음과 같다.

```
db.orders.find({"order_date": {$gt: refdate}});
```

몽고디비는 ~보다 작은, ~보다 큰, ~보다 작거나 같은, ~보다 크거나 같은, ~와 같은, ~와 같지 않은 등 풍부한 비교기를 지원한다. 더불어 특정 세트 내에 포함, 불포함 같은 포함 또는 배제 연산자도 지원한다.

데이터셋은 중첩 도큐먼트이므로 중첩 속성값을 기반으로 쿼리를 하는 게 도움이 될 수 있다. 몽고에서는 이 작업을 쉽게 할 수 있다. 점 표기법을 사용하면 트리를 순회해 아무 중첩 필드나 접근할 수 있다. 항목명이 **latte**인 **orders** 컬렉션의 모든 도큐먼트를 가져오려면 다음 쿼리를 사용하면 된다.

```
db.orders.find({ "line_items.item.name" : "latte" })
```

점 표기법은 한 개의 중첩 값이 있든, **orders** 컬렉션의 경우처럼 중첩값 리스트가 있든 상관없이 동작한다.

몽고디비의 표현식 매칭은 정규식을 지원한다. 정규식은 중첩 도큐먼트에서도 최상위 필드에서와 같은 방식으로 사용할 수 있다.

관계형 데이터베이스에서는 인덱스를 사용해 쿼리를 빠르게 할 수 있다. 일반적으로 인덱스가 동작하는 원리는 간단하다. 인덱스는 전체 테이블 스캔을 하지 않는 B 트리 같은 구조를 기반으로 한 효율적인 룩업 메커니즘을 제공한다. 이를 활용하면 관련 레코드를 찾을 때 더 적은 데이터를 검사하므로 쿼리가 더 빠르고 효과적이다.

몽고디비도 쿼리 속도를 빠르게 하는 인덱스 개념을 지원한다. 기본적으로 모든 컬렉션은 _id 값을 기반으로 인덱싱된다. 이런 기본 인덱스와 더불어 몽고디비는 2차 인덱스도 생성할 수 있게 해준다. 2차 인덱스는 최상위 필드 레벨 또는 중첩 필드 레벨에서 생성할 수 있다. 예를 들어 주문 항목 수량 값에 대해 다음과 같이 인덱스를 생성할 수 있다.

```
db.orders.ensureIndex({ "line_items.quantity" : 1 });
```

이제 주문 항목의 수량이 2인 도큐먼트를 모두 쿼리할 때는 속도가 꽤 빨라진다. 다음 쿼리를 실행해 보자.

```
db.orders.find({ "line_items.quantity" : 2 });
```

인덱스는 테이블과 별개로 저장되며, 앞 장에서 배운 것처럼 네임스페이스를 사용한다.

몽고디비에서 데이터에 접근하는 방법은 매우 간단하며, 풍부하고 견고하다. 하지만 모든 NoSQL 저장소가 그런 것은 아니다. 특히 칼럼 지향 데이터베이스는 이와 사뭇 다르다.

HBase에서의 데이터 접근

HBase에서 실행할 수 있는 가장 쉽고 효율적인 쿼리는 행 키를 기반으로 한 쿼리다. HBase에서 행 키는 순차적이며, 특정 범위에 속한 이웃한 행 키들은 함께 저장된다. 따라서 행 키를 조회한다는 말은 보통 시작 행 키가 특정 행 키보다 작거나 같은 첫 번째 범위를 찾는다는 뜻이다.

이 말은 애플리케이션에서 행 키를 정확히 설계하는 게 무척 중요하다는 의미다. 행 키는 테이블에 저장하는 데이터와 의미적으로 관련을 맺는 게 좋다. 구글 빅테이블의 연구 조사 논문에서는 행 키가 도메인 이름의 역순으로 이뤄졌으며, 따라서 특정 도메인과 관련한 모든 콘텐츠를 함께 그룹으로 지정할 수 있었다. 이러한 지침을 따르면 orders 테이블은 항목 또는 상품명과 주문 날짜, 그리고 카테고리의 조합으로 행 키를 만드는 게 좋다. 데이터에 접근할 때 가장 자주 사용하는 방식에 따라 이들 세 필드의 조합 순서는 달라질 수 있다. 따라서 시간순으로 주문에 가장 많이 접근한다면 행 키를 다음과 같이 생성할 수 있다.

```
<date> + <timestamp> + <category> + <product>
```

하지만 카테고리나 상품명을 통해 가장 많이 주문 정보에 접근한다면 다음과 같이 행 키를 생성할 수 있다.

```
<category> + <product> + <date> + <timestamp>
```

행 키는 중요하고 대용량 데이터에 대한 효과적인 룩업 메커니즘을 제공하지만 2차 인덱스를 지원하는 내장 기능은 거의 없다. 행 키를 활용하지 않는 쿼리는 모두 테이블 스캔으로 이어지고 이는 연산 비용도 클뿐더러 매우 느리다.

검색 엔진 프레임워크인 루씬 같은 서드파티 툴은 HBase 테이블에서 2차 인덱스 생성을 도와주는 기능을 갖고 있다. 다음으로 데이터 구조 서버인 레디스를 살펴보자.

레디스 쿼리

레디스 쿼리는 레디스에 레코드를 삽입하는 것만큼이나 우아하고 쉽다. 앞에서는 다음과 같이 **get** 명령을 사용해 특정 문자열의 값을 가져올 수 있음을 배웠다.

```
./redis-cli get akey
```

또 다음과 같이 리스트 값의 범위를 가져올 수도 있었다.

```
./redis-cli lrange list_of_books 0 4
```

마찬가지로 다음과 같이 세트 멤버를 가져올 수도 있다.

```
./redis-cli smembers asset
```

또 다음처럼 정렬셋의 멤버를 가져올 수도 있다.

```
./redis-cli zrevrange azset 0 4
```

앞에서는 교집합, 합집합, 차집합 같은 세트 작업도 각각 SINTER, SUNION, SDIFF 명령을 통해 쉽게 수행할 수 있음을 배웠다.

관계형 데이터베이스 세계에서 NoSQL 세계로 넘어올 때 사람들이 주로 얘기하는 건 데이터 생성 및 쿼리가 아니라 데이터 업데이트와 트랜잭션 정합성이다.

이어서 NoSQL 데이터베이스가 어떤 식으로 데이터 업데이트 및 수정을 관리하는지 살펴보자.

데이터 업데이트 및 삭제

관계형 데이터베이스 세계에서는 데이터 정합성을 위한 ACID 원칙이 뿌리 깊게 박혀 있으며, 데이터 업데이트 및 수정을 위해 각기 다른 고립도 수준을 지원한다. 그에 반해 NoSQL은 ACID 트랜잭션에 큰 중요성을 부여하지 않으며, 때로는 이를 완전히 무시한다.

맥락을 이해하려면 먼저 ACID의 의미부터 이해해야 한다. ACID는 원자성(atomicity), 일관성(consistency), 고립성(isolation), 지속성(durability)을 나타내는 약어다. 간단히 말해 원자성은 트랜잭션이 완전히 일어나거나 롤백돼야 함을 뜻한다. 일관성은 데이터베이스에 대한 각 수정이 한 개의 일관된 상태에서 다른 상태로 넘어가야 함을 뜻한다. 비일관성 및 해결되지 않은 상태는 존재하지 않는다. 고립성은 진행 중인 작업이 데이터를 사용하고 있는 한 다른 프로세스가 이를 수정할 수 없게 보장해준다. 지속성은 모든 커밋된 데이터를 어떠한 시스템 오류로부터도 복구할 수 있음을 뜻한다.

다른 절과 마찬가지로 여기서도 몽고디비부터 시작해 한 번에 하나씩 각기 다른 NoSQL 데이터베이스를 살펴보겠다.

몽고디비, HBase, 레디스에서의 데이터 업데이트 및 수정

관계형 데이터베이스와 달리 NoSQL 저장소에는 락 개념이 존재하지 않는다. 이는 우연의 일치가 아니라 설계 당시 결정한 사항이다. 몽고디비 같은 데이터베이스는 샤딩과 확장성을 고려해 설계됐다. 이런 상황에서는 분산된 샤드 사이에서 락을 거는 게 복잡하고 데이터 업데이트 작업을 매우 느리게 한다.

하지만 락이 없더라도 몇 가지 팁과 트릭을 활용해 원자성을 보장하는 형태로 데이터를 업데이트할 수 있다. 우선 도큐먼트의 일부 필드가 아니라 전체 도큐먼트를 업데이트한다. 이때 원자적 메서드를 사용해 도큐먼트를 업데이트하면 더욱 좋다. 사용할 수 있는 원자적 메서드는 다음과 같다.

- $set : 값을 설정한다.
- $inc : 주어진 양만큼 특정 값을 증가시킨다.
- $push : 배열에 값을 추가한다.
- $pushAll : 배열에 여러 값을 추가한다.
- $pull : 기존 배열에서 값을 제거한다.
- $pullAll : 기존 배열에서 여러 값을 제거한다.

예를 들어 { $set : { "order_date" : new Date(2010, 10, 01) } }는 원자적 방식으로 orders 컬렉션 내 order_date를 업데이트한다.

원자적 작업 방식을 사용하는 또 다른 전략은 현재 원칙에 부합하면 업데이트를 사용하는 것이다. 이 과정은 다음의 세 단계로 진행된다.

1. 객체를 가져온다.

2. 객체를 로컬에서 수정한다.

3. '객체가 여전히 기존 값과 같으면 이 객체를 새 값으로 업데이트하라'는 업데이트 요청을 보낸다.

도큐먼트 또는 행 레벨 락 및 원자성은 HBase에도 적용된다.

HBase는 행 레벨 읽기/쓰기 락을 지원한다. 이 말은 행에서 임의의 칼럼을 수정, 업데이트, 생성할 때 행에 락이 걸린다는 뜻이다. HBase에서는 생성과 업데이트의 구분이 명확하지 않다. 두 작업 모두 유사한 로직을 수행한다. 값이 존재하지 않으면 값이 삽입되고, 존재하면 업데이트된다.

따라서 행 레벨 락은 멋진 개념이다. 다만 빈 행에 락이 걸릴 경우 이 행은 타임아웃될 때까지 사용할 수 없게 된다.

레디스는 제한된 트랜잭션 개념을 갖고 있으며, 작업은 이런 트랜잭션 범위 내에서 수행될 수 있다. 레디스의 MULTI 명령은 트랜잭션 단위를 시작한다. MULTI 다음에 EXEC을 호출하면 모든 명령이 실행되고 DISCARD를 호출하면 모든 작업이 롤백된다. 두 개의 키인 key1과 key2를 원자적으로 증가시키는 간단한 예제를 보여주면 다음과 같다.

```
> MULTI
OK
> INCR key1
QUEUED
> INCR key2
QUEUED
> EXEC
1) (integer) 1
2) (integer) 1
```

제한된 원자성과 트랜잭션 정합성

최소 원자성 지원 수준과 관련한 구체적인 성격은 데이터베이스마다 다르지만 이들 데이터베이스는 비슷한 특징을 여럿 갖고 있다. 이 절에서는 CAP 이론 및 궁극적인 일관성과 관련한 보편적인 개념을 살펴본다.

CAP 이론에서는 다음 세 개 중 최대 두 개만 한 번에 달성할 수 있다고 말한다.

- 일관성(Consistency) : 각 클라이언트는 같은 데이터 뷰를 갖고 있다.
- 가용성(Availability) : 각 클라이언트는 항상 읽고 쓸 수 있다.
- 분할 지속성(Partition tolerance) : 시스템은 분산된 물리적 네트워크상에서 잘 동작한다.

CAP 이론 및 NoSQL에 대한 영향은 9장에서 자세히 설명한다.

자주 볼 수 있는 또 다른 주제로 궁극적 일관성이란 개념이 있다. 이 용어는 종종 혼란을 일으키고 많은 경우 사람들은 이 개념을 제대로 이해하지 못한다.

궁극적 일관성이란 병렬 프로그래밍 및 분산 프로그래밍 영역에서 사용하는 일관성 모델이다. 궁극적 일관성은 다음과 같이 두 가지로 해석할 수 있다.

- 충분히 긴 시간이 주어지면, 그리고 이 시간 동안 아무런 업데이트도 보내지 않으면 모든 업데이트가 궁극적으로 시스템을 통해 전파되고 모든 복제본이 일관되리라 기대할 수 있다.
- 지속적인 업데이트가 존재할 경우, 수용된 업데이트는 궁극적으로 복제본에 도달하거나 복제본이 서비스를 그만둔다.

궁극적인 일관성은 기본적으로 가용적이며(Basically Available), 부드러운 상태(Soft state), 궁극적인 일관성(Eventual consistency)을 내포하며(BASE), 앞에서 다룬 ACID와 반대되는 개념이다.

정리

이 장에서는 NoSQL 데이터베이스 관점에서 생성, 조회, 수정, 삭제 작업을 하는 법을 소개했다. 이 장에서는 도큐먼트 저장소, 칼럼 지향 데이터베이스, 키/값 해시 맵이라는 세 가지 NoSQL 저장소 관점에서 이런 기본 작업을 수행하는 법을 살펴봤다. 몽고디비는 도큐먼트 저장소를, HBase는 칼럼 저장소를, 레디스는 키/값 해시 맵을 나타낸다.

설명을 진행하는 동안 이들 데이터 저장소 모두에서 데이터 생성 및 삽입이 업데이트보다 더 중요하다는 점을 분명히 알 수 있었다. 일부 사례에서는 업데이트가 제한되기도 했다. 이 장의 끝 부분에서는 업데이트, 트랜잭션 정합성, 일관성과 같은 주제에 대해서도 설명했다.

06

NoSQL 저장소 쿼리

- NoSQL 예제 데이터셋을 활용하는 쿼리 메커니즘
- 몽고디비, HBase, 레디스에서의 쿼리 사용 사례
- NoSQL에서의 고급 쿼리 및 복잡한 쿼리 생성
- SQL 없이 풍부한 쿼리 기능을 제공하는 대안의 활용

SQL은 아마도 지금까지 나온 언어 중 가장 단순하면서도 가장 강력한 도메인 특화 언어일 것이다. SQL은 어휘가 제한적이고, 문법이 명료하며, 구문이 간단하다는 점에서 배우기 쉽다. SQL은 그 범위가 간결하고 제한적이지만 의도하는 바를 정확히 수행한다. SQL은 구조화된 데이터셋을 마음껏 요리할 수 있게 해준다. 또 데이터셋을 쉽게 필터링, 정렬, 분할할 수 있게 해준다. 관계를 기반으로 데이터셋을 조인하고 교집합과 합집합을 생성할 수도 있다. 또 데이터셋을 요약하고 특정 속성을 기준으로 그룹으로 나누거나 그룹 기준에 따라 필터링할 수도 있다. 하지만 한 가지 제약이 있다. SQL은 관계형 데이터베이스에서만 제대로 동작하는 관계를 기반으로 한다는 점이다. 이름에서 알 수 있듯 NoSQL에는 SQL이 없다.

SQL이 없다고 해서 데이터셋 쿼리를 그만둬야 한다는 뜻은 아니다. 결국 데이터를 저장하는 이유는 나중에 조회하고 수정하기 위해서다. NoSQL은 데이터에 접근하고 이를 수정하는 자체적인 방식을 갖고 있다. 이 책에서는 앞서 그 방법을 이미 살펴본 바 있다.

NoSQL은 사실 비관계형을 나타내는 NonRel이 돼야 했다. 소위 NoSQL 데이터베이스를 개발하고 지지한 개발자들이 관계형 데이터베이스가 부여하는 구조적인 관계 제약과 ACID 원칙으로 인해(특히 대용량 데이터셋으로 확장하고 이를 처리하는 데 방해가 된다는 점에서) 관계형 데이터베이스에서부터 멀어졌지만 이들이 SQL을 반대한 건 아니다. 사실 일부는 여전히 NoSQL 세계에서 SQL을 원하고 있으

며, 그 결과 구문과 방식상 기존 SQL을 모방한 쿼리 언어를 만들어냈다. 오래된 습관은 좀처럼 사라지지 않는다. 하지만 좋은 습관이라면 굳이 사라져야 할 이유도 없다.

이 장에서는 NoSQL 저장소를 쿼리하는 여러 팁과 트릭을 배운다. 이전 장에서와 마찬가지로 이번에도 NoSQL이라는 거대한 우산 아래 모여 있는 여러 제품과 다양한 기술을 통해 팁과 트릭을 살펴본다. 우선 몽고디비에 저장된 데이터셋을 쿼리하는 법부터 배우고 이어서 HBase와 레디스를 다룬다.

SQL과 몽고디비 쿼리 기능의 유사성

몽고디비는 도큐먼트 데이터베이스이며, 관계형 데이터베이스와 유사성이 거의 없지만 몽고디비의 쿼리 언어는 SQL과 무척 느낌이 비슷하다. 앞에서 이미 예제를 몇 개 살펴본 만큼 SQL과 유사한 몽고디비의 쿼리 기능에 대해서는 굳이 납득시키려 애쓰지 않아도 될 것 같다.

몽고디비의 쿼리 언어 기능과 동작 방식을 이해하려면 몽고디비 데이터베이스로 데이터셋을 먼저 로드해야 한다. 지금까지 이 책에서 사용한 데이터셋은 몽고디비의 실제 활용보다는 핵심 기능을 소개하는 데 초점을 맞췄으므로 아주 작고 제한적이었다. 하지만 이 장에서는 지금까지 책에서 다룬 것보다 좀 더 의미 있는 데이터셋을 다룬다. 여기서는 수백만 개의 영화 평점 레코드가 들어 있는 무비렌즈(MovieLens) 데이터셋을 로드한다.

무비렌즈

미네소타 대학의 컴퓨터 사이언스 엔지니어링 학과의 그룹렌즈(GroupLens) 연구소에서는 다양한 분야에 대한 연구 조사를 수행한다.

- 추천 시스템
- 온라인 커뮤니티
- 모바일 및 유비쿼터스 기술
- 디지털 라이브러리
- 지역 지리 정보 시스템

무비렌즈 데이터셋은 그룹렌즈 데이터셋의 일부다. 무비렌즈 데이터셋에는 영화에 대한 사용자의 평점이 들어 있다. 이는 구조화된 데이터셋으로 10만, 100만, 1,000만 개의 레코드를 각각 포함하는 세 가지 각기 다른 번들로 내려받을 수 있다. 무비렌즈 데이터셋은 http://grouplens.org/node/73 에서 내려받을 수 있다.

우선 http://grouplens.org/node/73으로 가서 100만 개의 영화 평점 레코드가 들어 있는 데이터셋을 내려받는다. 다운로드 번들은 tar.gz 형태와 .zip 압축 파일의 형태로 제공된다. 자신의 플랫폼에 적합한 형식을 내려받는다. 번들을 내려받은 후에는 파일 시스템에 압축 파일의 압축을 푼다. 그러고 나면 다음과 같은 세 개의 파일이 보일 것이다.

- movies.dat
- ratings.dat
- users.dat

movies.dat 파일에는 영화 자체에 대한 정보가 들어 있다. 이 파일은 3,952개의 레코드를 포함하며 파일 내 각 줄당 한 개의 레코드가 들어 있다. 이 레코드는 다음과 같은 형식으로 저장된다.

```
<MovieID>::<Title>::<Genres>
```

MovieId는 간단한 정수 일련번호다. 영화 제목은 문자열로, 이름 뒤에 붙은 괄호를 통해 영화가 개봉된 연도를 표시한다. 영화 제목은 IMDB(www.imdb.com)에서의 제목과 동일하다. 각 영화는 여러 장르로 분류될 수 있는데, 각 장르는 파이프 형식으로 구분한다. 이 파일에서 한 줄을 예로 들면 다음과 같다.

```
1::Toy Story (1995)::Animation|Children's|Comedy
```

ratings.dat 파일에는 6,000명 이상의 사용자가 평가한 3,952개 영화의 영화 평점이 들어 있다. ratings 파일에는 100만 개 이상의 레코드가 있다. 각 줄에는 다음과 같은 형식으로 된 서로 다른 레코드가 들어 있다.

```
UserID::MovieID::Rating::Timestamp
```

UserID와 MovieID는 사용자와 영화 사이의 관계를 각각 식별하고 나타낸다.

평가는 5점(별 다섯 개) 방식으로 이뤄진다. Timestamp는 평점이 등록된 시간을 저장한다.

users.dat 파일에는 영화를 평가한 사용자에 대한 데이터가 들어 있다. 6,000명 이상의 사람들에 대한 정보가 다음 형식으로 기록돼 있다.

```
UserID::Gender::Age::Occupation::Zip-code
```

무비렌즈 데이터의 로드

예제를 간단히 하기 위해 데이터를 세 개의 몽고디비 컬렉션인 movies, ratings, users로 업로드한다. 이들 컬렉션은 각각 .dat 데이터 파일에 매핑된다. .dat 파일에서 데이터를 추출해 몽고디비 도큐먼트 저장소로 로드할 때는 www.mongodb.org/display/DOCS/Import+Export+Tools에서 내려받을 수 있는 mongoimport 유틸리티가 적합하다. 하지만 여기서는 이 방식을 사용할 수 없다. 무비렌즈 데이터는 이중 콜론(::) 문자로 구분돼 있고, mongoimport는 JSON, 콤마 구분, 탭 구분 형식만 인식하기 때문이다.

따라서 여기서는 프로그래밍 언어와 관련 몽고디비 드라이버를 활용해 텍스트 파일 파싱을 도와주고 데이터셋을 몽고디비 컬렉션으로 로드한다. 예제를 간단히 하기 위해 여기서는 루비를 선택했다. 또는 루비 대신 파이썬(역시 간결하고 우아함), 자바, PHP, C, 기타 다른 지원 언어를 사용해도 된다.

예제 6-1에 보이는 짧고 간결한 코드는 users, movies, ratings 파일에서 데이터를 추출하고 몽고디비 컬렉션으로 각각 로드하는 코드다. 이 코드는 간단한 파일 읽기 및 문자열 분할 기능과 더불어 몽고디비 드라이버를 활용해 작업을 수행한다. 이 코드는 우아한 코드는 아니다. 이 코드는 예외를 처리하지 않으며, 대용량 파일에서 빠르게 동작하지도 않는다. 하지만 이 예제에 사용하기에는 충분하다.

예제 6-1　　　　movielens_dataloader.rb

```ruby
require 'rubygems' # 루비 1.9에서는 이 줄을 생략 가능
require 'mongo'

field_map = {
    "users" => %w(_id gender age occupation zip_code),
    "movies" => %w(_id title genres),
    "ratings" => %w(user_id movie_id rating timestamp)
}

db = Mongo::Connection.new.db("mydb")
collection_map = {
    "users" => db.collection("users"),
    "movies" => db.collection("movies"),
    "ratings" => db.collection("ratings")
}
```

```ruby
unless ARGV.length == 1
    puts "Usage: movielens_dataloader data_filename"
    exit(0)
end


class Array
    def to_h(key_definition)
        result_hash = Hash.new()

        counter = 0
        key_definition.each do |definition|
            if not self[counter] == nil then
                if self[counter].is_a? Array or self[counter].is_a? Integer then
                    result_hash[definition] = self[counter]
                else
                    result_hash[definition] = self[counter].strip
                end
            else
                # 키를 포함하는 해시가 필요할 수 있으므로
                # 빈 값을 사용해 키 정의를 삽입.
                result_hash[definition] = ""
            end
            # 어떤 이유에선지 여기서는 counter.next가 제대로 동작하지 않는다...
            counter = counter + 1
        end

        return result_hash
    end
end


if File.exists?(ARGV[0])
    file = File.open(ARGV[0], 'r')
    data_set = ARGV[0].chomp.split(".")[0]
    file.each { |line|
        field_names = field_map[data_set]
        field_values = line.split("::").map { |item|
```

```ruby
            if item.to_i.to_s == item
                item = item.to_i
            else
                item
            end
        }
        puts "field_values: #{field_values}"
        #last_field_value = line.split("::").last
        last_field_value = field_values.last
        puts "last_field_value: #{last_field_value}"
        if last_field_value.split("|").length > 1
            field_values.pop
            field_values.push(last_field_value.split().join('\n').split("|"))
        end
        field_values_doc = field_values.to_h(field_names)
        collection_map[data_set].insert(field_values_doc)
    }
    puts "inserted #{collection_map[data_set].count()} records into the
#{collection_map[data_set].to_s} collection"
end
```

movielens_dataloader.rb ⟲

데이터를 로드하고 나면 쿼리를 실행해 이를 분할할 준비가 모두 끝난다. 쿼리는 자바스크립트 셀이나 다른 지원 언어를 통해 실행할 수 있다. 이 예제에서는 대부분의 쿼리를 자바스크립트 셀을 통해 실행하고 몇 개의 쿼리만 한두 개의 프로그래밍 언어와 관련 드라이버를 사용해 실행한다. 여기서는 자바스크립트 셀을 통해 할 수 있는 대부분(전부는 아닐지언정)의 작업을 다른 언어 드라이버를 통해서도 할 수 있음을 보여주기 위해 프로그래밍 언어를 포함시켰다.

몽고디비 컬렉션 조회를 시작하기 위해 몽고디비 서버를 시작하고 몽고 셀을 사용해 접속하자. 필요한 프로그램은 몽고디비를 설치한 경로의 bin 폴더에 들어 있다. 앞서 여러 장을 통해 몽고디비를 시작해봤으니 지금쯤이면 프로그램을 시작하고 중단하는 법은 잘 알고 있으리라 생각한다.

몽고 자바스크립트 셀에서 먼저 다음과 같이 ratings 컬렉션에 들어 있는 전체 값의 개수를 가져온다.

```
db.ratings.count();
```

그럼 결과로 1000209가 보일 것이다. 100만 개가 넘는 평점을 업로드했으니 이 결과는 제대로된 것으로 보인다.

이어서 다음 명령을 사용해 평점 데이터셋을 가져온다.

```
db.ratings.find();
```

셸에서는 컬렉션의 값을 출력하기 위해 명시적인 커서가 필요 없다. 셸은 행 개수를 한 번에 최대 20 개로 제한한다. 더 많은 데이터를 보려면 셸에서 it(iterate의 약어)를 그냥 입력하면 된다. 그럼 it 명령에 반응해 20개의 레코드를 추가로 볼 수 있고 이미 셸에서 본 레코드보다 더 많은 레코드가 있으면 'has more'라는 라벨을 볼 수 있다.

평가 데이터, 예를 들어 { "_id" : ObjectId("4cdcf1ea5a918708b0000001"), "user_id" : 1, "movie_id" : 1193, "rating" : 5, "timestamp" : "978300760" }는 영화 제목이 아니라 영화 id로 연결돼 있으므로 관련 영화를 알기가 쉽지 않다. 이 문제를 해결하려면 다음 질문에 답해야 한다.

■　　특정 영화에 대한 전체 평가 데이터를 어떻게 가져올 수 있을까?

■　　특정 평점 데이터에 대한 영화 정보를 어떻게 가져올 수 있을까?

■　　전체 영화를 영화 관련 평점과 함께 그룹으로 지정하려면 어떻게 해야 할까?

관계형 데이터베이스에서는 조인을 활용해 이런 관계 사이를 서로 연결한다. 몽고디비에서는 이런 관계형 데이터의 상호 관계를 서버 스코프 밖에서 명시적으로 지정한다. 몽고디비는 두 개의 별도 컬렉션의 두 필드 사이의 관계를 설정하는 DBRef 개념을 정의하지만 이 기능은 몇 가지 제약이 있으며, 명시적인 id 기반 연결만큼 강력하지 않다. 이 절에서는 DBRef를 다루지 않는다. DBRef를 다룬 예제는 이전 장에서 살펴본 바 있으며, 이후 장에서도 다시 살펴볼 것이다.

특정 영화에 대한 전체 평점 데이터를 가져오려면 영화 id를 기준으로 사용해 데이터를 필터링해야 한다. 예를 들어 아카데미상을 수상한 유명 영화인 타이타닉에 대한 모든 평점을 보려면 먼저 영화의 id를 찾은 다음 이를 ratings 컬렉션을 필터링하는 데 사용해야 한다. 타이타닉의 제목을 정확히 모르지만 제목에 titanic이란 단어가 들어간다고 확실히 알고 있다면 movies 컬렉션 내에서 정확한 비교가 아닌 대략적인 비교를 시도하면 된다. RDBMS에서는 이런 환경에서 영화를 찾을 때 SQL의 where 절에 like 표현식을 사용한다. 몽고디비에는 like 표현식은 없지만 정규식을 사용해 패턴을 정의할 수 있는 더 강력한 기능이 있다. 따라서 제목에 Titanic이나 titanic이 들어 있는 movies 컬렉션 내 모든 레코드를 가져오려면 다음과 같이 쿼리하면 된다.

```
db.movies.find({ title: /titanic/i});
```

이 쿼리는 다음 도큐먼트셋을 반환한다.

```
{ "_id" : 1721, "title" : "Titanic (1997)", "genres" : [ "Drama", "Romance" ] }
{ "_id" : 2157, "title" : "Chambermaid on the Titanic, The (1998)", "genres" :
"Romance" }
{ "_id" : 3403, "title" : "Raise the Titanic (1980)", "genres" : [ "Drama",
"Thriller" ] }
{ "_id" : 3404, "title" : "Titanic (1953)", "genres" : [ "Action", "Drama" ] }
```

무비렌즈 데이터셋의 title 필드에는 영화가 개봉된 연도도 들어 있다. title 필드에서 개봉 연도는 괄호 안에 들어 있다. 따라서 타이타닉이 1997년에 개봉된 사실을 알고 있다면 다음과 같이 쿼리 표현식을 좀 더 정확히 지정할 수 있다.

```
db.movies.find({ title: /titanic.*\(1997\).*/i});
```

그럼 다음과 같은 한 개의 도큐먼트가 반환된다.

```
{ "_id" : 1721, "title" : "Titanic (1997)", "genres" : [ "Drama", "Romance" ] }
```

이 표현식에서는 기본적으로 제목 문자열에 Titanic, titanic, TitaniC, TiTAnic 등이 들어 있는 데이터를 모두 찾는다. 간단히 말해 이 표현식에서는 대소문자를 무시한다. 더불어 (1997) 문자열도 찾는다. 또 titanic과 (1997) 사이, 및 (1997) 이후에는 0개 이상의 글자가 있을 수 있다고 지정한다. 정규식에 대한 지원은 매우 강력한 기능이며, 이런 정규식은 충분히 익힐 만한 가치가 있다.

ratings 컬렉션의 movie_id 필드의 값 범위는 movies 컬렉션의 _id에 의해 정의된다. 따라서 Titanic에 대한 모든 평점을 가져오려면 다음과 같이 쿼리하면 된다.

```
db.ratings.find({ movie_id: 1721 });
```

Titanic과 관련한 평점의 개수를 알아오려면 다음과 같이 그 개수를 세면 된다.

```
db.ratings.find({ movie_id: 1721 }).count();
```

이 쿼리에 대한 결과는 1546이다. 평가는 5점 만점으로 이뤄진다. 영화 타이타닉에 5점을 준 데이터 목록과 그 개수를 알고 싶다면 레코드셋을 다음과 같이 한 번 더 필터링하면 된다.

```
db.ratings.find({ movie_id: 1721, rating: 5 });
db.ratings.find({ movie_id: 1721, rating: 5 }).count();
```

쿼리 도큐먼트에서의 데이터 타입 구분

몽고디비 쿼리 도큐먼트는 데이터 타입을 구분한다. 다시 말해 { movie_id: "1721"}와 { movie_id: 1721 }는 같지 않으며, 첫 번째 쿼리 도큐먼트는 문자열을 비교하고 두 번째 쿼리 도큐먼트는 값을 숫자로 판단한다. 도큐먼트를 지정할 때는 올바른 데이터 타입을 사용했는지 항상 확인해야 한다. ratings와 movies 컬렉션에서 movie_id는 숫자(정수)로 저장됐으므로 데이터 타입으로 문자열을 지정하면 정확한 결과가 반환되지 않는다. 따라서 db.ratings.find({ movie_id: 1721 });의 결과는 1,546개의 도큐먼트인 데 반해 db.ratings.find({ movie_id: "1721" });의 결과로는 아무 도큐먼트도 반환되지 않는다.

예제 6-1을 자세히 살펴보면 다음 줄을 볼 수 있다.

```
field_values = line.split("::").map { |item|
    if item.to_i.to_s == item
        item = item.to_i
    else
        item
    end
}
```

이 코드에서는 분할한 문자열이 정수 값을 갖고 있는지 검사하고 정수 값을 갖고 있으면 이를 정수로 저장한다. 이렇게 숫자 값을 숫자로 저장하면 추가적인 장점이 있다. 숫자 레코드에 대한 인덱싱 및 쿼리는 보통 문자 기반(문자열) 레코드보다 빠르고 훨씬 효율적이기 때문이다.

이어서 타이타닉 영화의 전체 평점에 대한 통계를 계산한다고 가정하자. 각기 다른 평점들(1점과 5점 사이의 정수로 이뤄진 데이터셋)을 모두 조회하려면 다음과 같이 조회하면 된다.

```
db.runCommand({ distinct: 'ratings', key: 'rating', query: { movie_id: 1721} });
```

타이타닉에 대한 평점에는 1점과 5점 사이의 평점이 모두 들어 있으므로 결과는 다음과 같다.

```
{ "values" : [ 1, 2, 3, 4, 5 ], "ok" : 1 }
```

runCommand 명령은 다음 인자를 받는다.

- distinct 필드에 사용할 컬렉션 이름

- key 필드에 지정하는 고유 값을 나열할 키

- 선택적으로 컬렉션을 필터링하기 위한 쿼리

runCommand는 고유 값을 검사하기 전에 컬렉션을 먼저 필터링한다는 점에서 지금까지 본 쿼리 방식과는 패턴이 다르다. 모든 평점에 대한 고유 값은 지금까지 살펴본 방식을 통해 다음과 같이 나열할 수 있다.

```
db.ratings.distinct("rating");
```

이제 타이타닉에 대한 고유 평점값에는 1부터 5 사이의 모든 평점이 들어 있음을 알게 됐다. 이어서 이들 평점이 5점 만점 기준으로 어떻게 나뉘는지 보려면 다음과 같이 그룹 카운트를 하면 된다.

```
db.ratings.group(
... {      key: { rating:true },
...        initial: { count:0 },
...        cond: { movie_id:1721 },
...        reduce: function(obj, prev) { prev.count++; }
... }
... );
```

이 그룹 쿼리의 결과는 다음과 같은 배열이 된다.

```
[
    {
        "rating" : 4,
        "count" : 500
    },
    {
        "rating" : 1,
        "count" : 100
    },
    {
        "rating" : 5,
        "count" : 389
    },
    {
        "rating" : 3,
        "count" : 381
    },
    {
```

```
            "rating" : 2,
            "count" : 176
        }
    ]
```

이 그룹 바이(group by) 함수는 단일 몽고디비 인스턴스에서는 무척 편리하지만 샤딩 배포 환경에서는 동작하지 않는다. 샤딩 몽고디비 환경에서는 몽고디비의 맵리듀스 기능을 통해 그룹 기능을 실행해야 한다. 그룹 함수의 맵리듀스 버전은 그룹 작업을 설명한 후 바로 이어서 소개한다.

그룹 작업은 객체를 입력값으로 받아들인다. 그룹 작업 객체에는 다음과 같은 필드가 들어 있다.

- **key** : 그룹 바이를 적용할 도큐먼트 필드다. 앞의 예제에서는 rating이라는 한 개의 필드만 들어 있었다. 추가 그룹바이 필드는 콤마 구분 목록으로 지정해 key 필드의 값으로 대입할 수 있다. 예 컨대 key: { fieldA: true, fieldB: true} 같은 방식으로 지정할 수 있다.

- **initial** : 취합 통계의 초기 값이다. 앞의 예제에서는 초기 카운트 값을 0으로 설정했다.

- **cond** : 컬렉션을 필터링하는 데 사용할 쿼리 도큐먼트다.

- **reduce** : 취합 함수다.

- **keyf** (선택 옵션) : 원하는 키가 기존 도큐먼트 필드가 아닌 경우 대체 파생 키다.

- **finalize** (선택 옵션) : reduce 함수를 적용하는 각 항목별로 실행할 함수다. 이 함수는 기존 항목 을 수정하는 데 사용할 수 있다.

이론적으로 이 예제는 다음과 같이 간단한 그룹 작업을 사용해 평점으로 각 영화를 그룹 관리하는 사례로 쉽게 변형할 수 있다.

```
db.ratings.group(
... {      key: { movie_id:true, rating:true },
...      initial: { count:0 },
...      reduce: function(obj, prev) { prev.count++; }
... }
... );
```

하지만 실제로는 100만 개의 항목을 갖고 있는 **ratings** 컬렉션에 대해 이런 방식을 적용할 수 없다. 이 경우 다음과 같은 에러 메시지가 나타난다.

```
Fri Nov 12 14:27:03 uncaught exception: group command failed: {
    "errmsg" : "exception: group() can't handle more than 10000 unique keys",
    "code" : 10043,
    "ok" : 0
}
```

결과는 단일 BSON 객체로 반환되므로, 그룹 작업을 수행하는 컬렉션에는 10,000개보다 많은 키가 존재할 수 없다. 맵리듀스 기능을 사용하면 이런 제약도 극복할 수 있다.

다음 절에서는 몽고디비의 맵리듀스 기능을 살펴보고 전체 ratings 데이터셋에 대한 취합 함수를 몇 개 실행한다.

몽고디비의 맵리듀스

맵리듀스는 대규모 분산 컴퓨터 클러스터상에서 분산 컴퓨팅을 지원하는 구글의 특허 받은 소프트웨어 프레임워크다. 구글의 맵리듀스에 대한 자세한 내용은 구글의 논문인 'MapReduce: Simplified Data Processing on Large Clusters(http://labs.google.com/papers/mapreduce.html)'에서 볼 수 있다.

구글의 맵리듀스 프레임워크는 많은 복제품과 오픈소스 커뮤니티의 분산 컴퓨팅 프레임워크에 영감을 줬다. 몽고디비도 이런 제품 중 하나다. 구글과 몽고디비의 맵리듀스 기능은 함수형 프로그래밍 세계의 유사 요소를 통해 영감을 받았다. 함수형 프로그래밍에서 map 함수는 컬렉션의 각 멤버별로 적용되는 함수이고, reduce 또는 fold 함수는 컬렉션 사이에서 취합을 수행하는 함수다.

몽고디비의 맵리듀스 기능은 구글의 맵리듀스 인프라스트럭처의 복제품이 아니다. 하둡의 맵리듀스는 구글의 분산 컴퓨팅 개념의 오픈소스 구현체이며, 칼럼 데이터베이스(HBase) 및 맵리듀스 기반 컴퓨팅을 위한 인프라스트럭처를 모두 포함한다.

맵리듀스를 이해하는 게 때로는 엄두가 나지 않을 수도 있지만 일단 구조와 흐름을 이해하고 나면 분산 컬렉션 데이터 사이에서 대규모 연산을 수행하는 데 맵리듀스를 유용하게 활용할 수 있다. 따라서 간단한 예제부터 시작해 점차 복잡한 예제로 나아가는 방식을 통해 학습 부담을 줄이고 이 주제를 마스터해 보자.

가장 간단한 취합 예제는 컬렉션 내 각 항목별로 개수를 세는 예제일 것이다. 맵리듀스를 사용하려면 map 함수와 reduce 함수를 정의한 후 컬렉션을 대상으로 map과 reduce 함수를 실행해야 한다. map

함수는 컬렉션의 모든 멤버에 함수를 적용하고 처리 결과로 각 멤버별 키/값 쌍을 반환한다. map 함수의 키/값 출력 결과는 reduce 함수가 사용한다. reduce 함수는 전체 키/값 쌍을 대상으로 취합 함수를 실행하고 결과를 생성한다.

users 컬렉션에서 여성(F)과 남성(M) 응답자의 수를 계산하는 map 함수는 다음과 같다.

```
> var map = function() {
... emit({ gender:this.gender }, { count:1 });
... };
```

movielens_queries.txt

이 map 함수는 gender 속성을 갖고 있는 컬렉션 내 각 항목별로 키/값 쌍을 반환한다. 이런 항목을 만날 때마다 카운트를 1씩 올린다.

전체 사용자 중 남성과 여성의 수를 계산하는 reduce 함수는 다음과 같다.

```
> var reduce = function(key, values) {
... var count = 0;
... values.forEach(function(v) {
... count += v['count'];
... });
...
... return { count:count };
... };
```

movielens_queries.txt ↻

reduce 함수는 map 함수가 반환한 키/값 쌍을 받아들인다. 이 reduce 함수에서는 특정 성별의 응답자를 세는 함수로 키/값 쌍의 각 값을 전달한다. count += v['count'] 줄은 자바스크립트의 객체 멤버 접근 방식과 해시 데이터 구조로 이뤄진 값의 성격으로 인해 count += v.count처럼 작성할 수도 있다.

끝으로 map 함수와 reduce 함수를 users 컬렉션을 대상으로 실행하면 users 컬렉션 내 남성 및 여성 응답자의 전체 인원 수를 알 수 있다. mapReduce 실행 및 결과 추출 명령은 다음과 같다.

```
> var ratings_respondents_by_gender = db.users.mapReduce(map, reduce);
> ratings_respondents_by_gender
{
    "result" : "tmp.mr.mapreduce_1290399924_2",
    "timeMillis" : 538,
```

```
        "counts" : {
            "input" : 6040,
            "emit" : 6040,
            "output" : 2
        },
        "ok" : 1,
    }


> db[ratings_respondents_by_gender.result].find();
{ "_id" : { "gender" : "F" }, "value" : { "count" : 1709 } }
{ "_id" : { "gender" : "M" }, "value" : { "count" : 4331 } }
```

movielens_queries.txt ⬇

결과를 확인하기 위해 성별 값이 'F'와 'M'인 users 컬렉션을 필터링하고 각각 필터링한 하위 컬렉션에서 도큐먼트의 수를 계산해 보자. users 컬렉션의 필터링 및 'F'와 'M'에 해당하는 성별에 따라 users 컬렉션의 개수를 계산하는 방법은 다음과 같다.

```
> db.users.find({ "gender":"F" }).count();
1709
> db.users.find({ "gender":"M" }).count();
4331
```

movielens_queries.txt ⬇

이번에는 map 함수를 조금 수정해 map과 reduce 함수를 ratings 컬렉션을 대상으로 실행해 각 영화별 별점 종류(1, 2, 3, 4, 5)의 개수를 세보자. 다시 말해 각 영화별로 별점 값을 그룹으로 지정한 컬렉션의 개수를 세는 것이다. 다음은 ratings 컬렉션을 대상으로 실행할 map 함수와 reduce 함수의 전체 정의다.

```
> var map = function() {
... emit({ movie_id:this.movie_id, rating:this.rating }, { count:1 });
... };
> var reduce = function(key, values) {
... var count = 0;
... values.forEach(function(v) {
... count += v['count'];
... });
...
```

```
... return { count: count };
... };
> var group_by_movies_by_rating = db.ratings.mapReduce(map, reduce);
> db[group_by_movies_by_rating.result].find();
```

movie_id 1721로 식별한 영화 타이타닉의 별점별 개수를 가져오려면 다음과 같이 중첩 속성 접근 방식을 사용해 맵리듀스의 결과를 필터링하면 된다.

```
> db[group_by_movies_by_rating.result].find({ "_id.movie_id":1721 });
{ "_id" : { "movie_id" : 1721, "rating" : 1 }, "value" : { "count" : 100 } }
{ "_id" : { "movie_id" : 1721, "rating" : 2 }, "value" : { "count" : 176 } }
{ "_id" : { "movie_id" : 1721, "rating" : 3 }, "value" : { "count" : 381 } }
{ "_id" : { "movie_id" : 1721, "rating" : 4 }, "value" : { "count" : 500 } }
{ "_id" : { "movie_id" : 1721, "rating" : 5 }, "value" : { "count" : 389 } }
```

지금까지 본 두 개의 맵리듀스 예제에서 reduce 함수는 동일했지만 map 함수는 매번 달랐다. 매 경우 서로 다른 키/값 쌍에 대해 카운트를 1로 설정했다. 한 예제에서는 gender 속성을 갖고 있는 각 도큐먼트 별로 한 개의 키/값 쌍을 반환했고, 또 다른 예제에서는 영화 id와 평점 id의 조합을 통해 식별한 도큐먼트별로 한 개의 키/값 쌍을 반환했다.

이번에는 ratings 컬렉션 내 각 영화에 대한 평점 평균을 다음과 같이 계산해보자.

```
> var map = function() {
... emit({ movie_id:this.movie_id }, { rating:this.rating, count:1 });
... };
> var reduce = function(key, values) {
... var sum = 0;
... var count = 0;
... values.forEach(function(v) {
... sum += v['rating'];
... count += v['count'];
... });
...
... return { average:(sum/count) };
... };
```

```
> var average_rating_per_movie = db.ratings.mapReduce(map, reduce);
> db[average_rating_per_movie.result].find();
```

movielens_queries.txt ⬇

맵리듀스는 여러 종류의 복잡한 취합 알고리즘을 작성할 수 있게 해주며, 이 절에서도 이 중 몇 개를 소개했다. 또 다른 예제는 이 책에서 나중에 살펴본다.

지금쯤이면 몽고디비 컬렉션을 쿼리하는 다양한 방법을 충분히 이해할 수 있을 것이다. 다음으로 테이블형 데이터베이스를 쿼리하는 법을 익혀보자. 이번에는 HBase를 사용해 쿼리 메커니즘을 배운다.

HBase 같은 칼럼 지향 데이터베이스에서의 데이터 접근

HBase 데이터셋을 쿼리하는 법을 다루기 전에 먼저 데이터를 저장해야 한다. 몽고디비와 마찬가지로 HBase 및 내부 파일 시스템(주로 하둡 분산 파일 시스템(HDFS)을 기본으로 사용)에 데이터를 저장하고 접근하는 법은 앞에서 살펴본 바 있다. 또 HBase와 하둡에 대한 기본 지식도 익혔다. 이 절에서는 이런 기본 지식을 토대로 추가 설명을 진행한다. 사용할 데이터로는 1970년부터 2010년 2월까지의 NYSE 일간 주식 시장 데이터를 HBase 인스턴스에 로드한다. 이렇게 로드한 데이터셋은 HBase 방식의 쿼리 메커니즘을 사용해 접근한다. 역사적인 시장 자료는 Infochimp.org를 통해 원본 소스를 수집했으며, www.infochimps.com/datasets/nyse-daily-1970-2010-open-close-high-low-and-volume을 통해 접근할 수 있다.

역사적인 일간 시장 자료

zip 파일로 압축된 전체 데이터셋의 크기는 199MB로, 크기가 상당하지만 HDFS와 HBase 기준에서 보면 매우 작은 규모다. HBase와 하둡 인프라스트럭처는 많은 물리적인 장비로 분산된 페타바이트 크기의 데이터를 처리할 수 있으며, 실제로 이 정도 규모의 데이터를 처리하는 데 종종 사용된다. 여기서는 데이터를 준비하고 이를 로드하느라 정작 중요한 내용에 집중하지 못하는 것을 막기 위해 예제에 사용할 데이터셋으로 관리하기 쉬운 데이터셋을 선택했다. 이 장의 주제는 NoSQL 저장소에서의 쿼리 방식이고 이 절의 중심 내용은 칼럼 지향 데이터베이스다. 작은 데이터셋을 활용해 데이터에 접근하는 법을 이해하는 게 훨씬 관리하기 쉬우며, 대용량 데이터에도 이 개념은 동일하게 적용된다.

데이터 필드는 논리적으로 세 유형으로 분리된다.

- 거래소, 주식 종목명, 날짜의 조합은 고유 키 역할을 한다.

- 시가, 최고가, 최저가, 종가, 조정 종가는 가격 측정 단위다.

- 일간 거래량

행 키는 거래소, 주식 종목명, 날짜의 조합을 사용해 생성할 수 있다. 따라서 NYSE,AA,2008-02-27는 NYSEAA20080227로 구조화해 데이터에 대한 행 키로 사용할 수 있다. 모든 가격 관련 정보는 price라는 칼럼 패밀리에 저장할 수 있으며, 거래량 데이터는 volume 칼럼 패밀리에 저장할 수 있다.

이 테이블 자체의 이름은 historical_daily_stock_price다. NYSE, AA, 2008-02-27에 대한 행 데이터를 가져오려면 다음과 같이 쿼리하면 된다.

```
get 'historical_daily_stock_price', 'NYSEAA20080227'
```

시가는 다음과 같이 가져올 수 있다.

```
get 'historical_daily_stock_price', 'NYSEAA20080227', 'price:open'
```

또 프로그래밍 언어를 사용해 데이터를 조회할 수도 있다. 시가와 최고가를 가져오는 자바 프로그램 예제는 다음과 같이 작성할 수 있다.

```java
import org.apache.hadoop.hbase.client.HTable;
import org.apache.hadoop.hbase.HBaseConfiguration;
import org.apache.hadoop.hbase.io.RowResult;

import java.util.HashMap;
import java.util.Map;
import java.io.IOException;

public class HBaseConnector {
    public static Map retrievePriceData(String rowKey) throws IOException {
        HTable table = new HTable(new HBaseConfiguration(),
            "historical_daily_stock_price");
        Map stockData = new HashMap();
        RowResult result = table.getRow(rowKey);

        for (byte[] column : result.keySet()) {
            stockData.put(new String(column), new
            String(result.get(column).getValue()));
```

```
        }
        return stockData;
    }
    public static void main(String[] args) throws IOException {
        Map stock_data = HBaseConnector.retrievePriceData("NYSEAA20080227");
        System.out.println(stock_data.get("price:open"));
        System.out.println(stock_data.get("price:high"));
    }
}
```

HBaseConnector.java ⭘

HBase에는 여기서 보여준 것 이상의 고급 쿼리 기능이 거의 없지만 루씬과 하이브를 활용하면 HBase의 인덱싱 및 쿼리 기능을 확장할 수 있다. HBase에서 하이브를 활용하는 자세한 방법은 12장에서 다룬다.

레디스 데이터 저장소의 쿼리

몽고디비 및 HBase와 마찬가지로 앞 장을 통해 레디스를 사용하는 법은 이미 다룬 바 있다. 이전 장에서는 레디스에서의 데이터 저장과 관련한 핵심 정보와 접근 방식을 배웠다. 이 절에서는 데이터 조회 주제를 좀 더 살펴본다. 이 장에서 지금까지 살펴본 다른 여타 예제와 마찬가지로 이번에도 레디스 인스턴스로 데이터셋부터 먼저 로드한다.

예제 데이터로는 www.nyc.gov/data에서 제공하는 주차 공간에 대한 NYC의 데이터 마인 공개 로(raw) 데이터를 사용한다. 이 데이터는 콤마로 구분된 텍스트 파일의 형태로 제공된다. 다운로드한 파일의 이름은 parking_facilities.csv다. CSV 데이터셋을 파싱해 로컬 레디스 저장소로 로드하는 예제 6-2의 파이썬 프로그램을 참고하자. 파이썬 스크립트를 사용해 데이터를 로드하기 전에 로컬 레디스 서버를 실행해야 한다는 점을 기억하자. 레디스 설치 경로에서 레디스 서버 프로그램을 실행하면 레디스 서버 인스턴스가 실행된다. 이 인스턴스는 기본값으로 6379 포트에서 클라이언트 커넥션을 기다린다.

예제 6-2   NYC 주차 지역 데이터를 추출하는 파이썬 프로그램

```
import csv
import redis

f = open("parking_facilities.csv", "r")
```

```python
parking_facilities = csv.DictReader(f, delimiter=',')
r = redis.Redis(host='localhost', port=6379, db=0)


def add_parking_facility(license_number,
    facility_type,
    entity_name,
    camis_trade_name,
    address_bldg,
    address_street_name,
    address_location,
    address_city,
    address_state,
    address_zip_code,
    telephone_number,
    number_of_spaces):
    if r.sadd("parking_facilities_set", license_number):
        r.hset("parking_facility:%s" % license_number, "facility_type", facility_type)
        r.hset("parking_facility:%s" % license_number, "entity_name", entity_name)
        r.hset("parking_facility:%s" % license_number, "camis_trade_name",
camis_trade_name)
        r.hset("parking_facility:%s" % license_number, "address_bldg", address_bldg)
        r.hset("parking_facility:%s" % license_number, "address_street_name",
address_street_name)
        r.hset("parking_facility:%s" % license_number, "address_location",
address_location)
        r.hset("parking_facility:%s" % license_number, "address_city", address_city)
        r.hset("parking_facility:%s" % license_number, "address_state", address_state)
        r.hset("parking_facility:%s" % license_number, "address_zip_code",
address_zip_code)
        r.hset("parking_facility:%s" % license_number, "telephone_number",
telephone_number)
        r.hset("parking_facility:%s" % license_number, "number_of_spaces",
number_of_spaces)
        return True
    else:
        return False


if __name__ == "__main__":
    for parking_facility_hash in parking_facilities:
        add_parking_facility(parking_facility_hash['License Number'],
```

```
                parking_facility_hash['Facility Type'],
                parking_facility_hash['Entity Name'],
                parking_facility_hash['Camis Trade Name'],
                parking_facility_hash['Address Bldg'],
                parking_facility_hash['Address Street Name'],
                parking_facility_hash['Address Location'],
                parking_facility_hash['Address City'],
                parking_facility_hash['Address State'],
                parking_facility_hash['Address Zip Code'],
                parking_facility_hash['Telephone Number'],
                parking_facility_hash['Number of Spaces'])
        print "added parking_facility with %s" % parking_facility_hash['License
Number']
```

`nyc_parking_data_loader.py` ↻

이 파이썬 프로그램은 추출한 해시 레코드를 순회하며 값을 레디스 인스턴스에 저장한다. 각 해시 레코드는 라이선스 번호를 키로 사용한다. 모든 라이선스 번호는 parking_facilities_set이라는 세트에 저장된다.

parking_facilities_list라는 세트에 들어 있는 전체 라이선스 번호의 목록을 가져오려면 다른 프로그램을 통해 서버에 접속하거나 명령행 클라이언트를 사용해 다음 명령을 실행한다.

```
SMEMBERS parking_facilities_set
```

그럼 이 세트에 들어 있는 1,912개의 라이선스 번호가 출력된다. 이 숫자가 정확한지 확인하려면 wc –l paking_facilities.csv를 실행해보면 된다. CSV의 각 줄은 주차 시설과 대응되므로 두 숫자는 서로 일치할 것이다.

각 주차 시설별 어트리뷰트는 해시로 저장되고, 이는 parking_facility:<license_number> 형태의 키를 통해 식별할 수 있다. 따라서 1105006이라는 라이선스 번호와 연관된 해시에 들어 있는 모든 키를 보려면 다음 명령을 사용하면 된다.

```
HKEYS parking_facility:1105006
```

그럼 다음과 같은 응답 결과가 출력된다.

1. "facility_type"
2. "entity_name"
3. "camis_trade_name"

```
 4. "address_bldg"
 5. "address_street_name"
 6. "address_location"
 7. "address_city"
 8. "address_state"
 9. "address_zip_code"
10. "telephone_number"
11. "number_of_spaces"
```

라이선스 번호 1105006은 SMEMBERS parking_facilities_set 명령에서 반환한 리스트에서 첫 번째에 들어 있었다. 하지만 세트는 순서가 없으므로 이 명령을 다시 실행하면 같은 라이선스가 맨 먼저 나오지 않을 수도 있다. 리스트의 멤버가 특정 순서로 나와야 한다면 세트 대신 정렬셋을 사용해야 한다. 이때는 정렬셋을 사용해

if r.sadd("parking_facilities_set", license_number):를

if r.zadd("parking_facilities_set", license_number):로 바꾸기만 하면 된다.

이제 해시에서 특정 값, 예컨대 시설 종류를 조회하려면 다음과 같이 하면 된다.

```
HGET parking_facility:1105006 facility_type
```

그럼 응답으로 'Parking Lot'이 출력된다. 또 HVALS 명령을 사용해 다음과 같이 모든 값을 출력할 수도 있다.

```
HVALS parking_facility:1105006
```

그럼 응답 결과는 다음과 같다.

```
 1. "Parking Lot"
 2. "CENTRAL PARKING SYSTEM OF NEW YORK, INC"
 3. ""
 4. "41-61"
 5. "KISSENA BOULEVARD"
 6. ""
 7. "QUEENS"
 8. "NY"
 9. "11355"
10. "2126296602"
11. "808"
```

물론 모든 키와 해당 값을 해시로 출력할 수 있다면 더 좋을 것이다. 이때는 다음과 같이 HGETALL 명령을 사용하면 된다.

```
HGETALL parking_facility:1105006
```

그럼 다음과 같은 응답 결과가 출력된다.

```
 1. "facility_type"
 2. "Parking Lot"
 3. "entity_name"
 4. "CENTRAL PARKING SYSTEM OF NEW YORK, INC"
 5. "camis_trade_name"
 6. ""
 7. "address_bldg"
 8. "41-61"
 9. "address_street_name"
10. "KISSENA BOULEVARD"
11. "address_location"
12. ""
13. "address_city"
14. "QUEENS"
15. "address_state"
16. "NY"
17. "address_zip_code"
18. "11355"
19. "telephone_number"
20. "2126296602"
21. "number_of_spaces"
22. "808"
```

때로는 전체 키/값 쌍 대신 특정 필드셋에 대한 값만 출력해야 할 때가 있다. 예를 들어 address_city 와 address_zip_code만 출력하고 싶다면 다음과 같이 하면 된다.

```
HMGET parking_facility:1105006 address_city address_zip_code
```

응답 결과는 다음과 같다.

```
 1. "QUEENS"
 2. "11355"
```

마찬가지로 HMSET 명령을 사용해 특정 필드셋에 대한 값만 설정할 수도 있다. 키의 개수를 알아오려면 다음과 같이 HLEN 명령을 사용한다.

```
HLEN parking_facility:1105006
```

그럼 응답 결과로 11이 출력된다. 이때 address_city가 포함됐는지 확인하고 싶다면 HEXISTS 명령을 사용해 키로 존재하는지 확인할 수 있다. 이 명령은 다음과 같이 사용한다.

```
HEXISTS parking_facility:1105006 address_city
```

이 경우 필드가 존재하면 응답이 1, 존재하지 않으면 응답 결과가 0이다.

다시 parking_facilities_set으로 돌아가서, 멤버를 나열하는 대신 멤버 개수만 알고 싶어 할 수도 있다. 이때는 다음과 같이 SCARD 명령을 사용하면 된다.

```
SCARD parking_facilities_set
```

예상한 바와 같이 이 명령의 응답 결과는 1912다. 특정 멤버가 세트에 존재하는지 확인할 때는 SISMEMBER 명령을 사용한다. 1005006가 이 세트의 멤버인지 확인하려면 다음 명령을 사용하면 된다.

```
SISMEMBER parking_facilities_set 1105006
```

세트 내 멤버의 존재 여부를 확인하는 이 명령의 결과로 0 또는 1이 반환된다. 0은 존재하지 않음, 1은 존재함을 나타낸다.

정리

이 장에서는 지금까지 살펴본 쿼리 방식보다 좀 더 고급 쿼리 메커니즘을 살펴봤다. 쿼리 방식은 예제를 사용해 설명했다. 몽고디비 쿼리에서는 영화 평점 데이터셋을 예제로 사용해 설명했다. HBase 예제에서는 주식 시장 데이터를 예로 들었고, 레디스 예제에서는 뉴욕 시의 공개 정보를 데이터로 활용했다.

이 장에서 다룬 쿼리 기능은 완전한 설명은 아니며 모든 사용 사례를 다 다루지도 않는다.

이 장에서 다룬 사용 사례는 수많은 가능성 중 일부일 뿐이다. 하지만 이런 예제를 따라 하다 보면 NoSQL 데이터 저장소에서의 쿼리 방식과 메커니즘을 충분히 익힐 수 있다.

## 07

데이터 저장소 수정 및 변화 관리

· 도큐먼트 데이터베이스, 칼럼 지향 저장소, 키/값 데이터베이스에서의 데이터 스키마 관리
· 데이터셋의 어트리뷰트가 발전함에 따른 데이터 저장소 관리
· 데이터 불러오기와 내보내기

시간이 지남에 따라 데이터도 변하고 발전한다. 때로는 그 변화가 급격히 이뤄지기도 하고 때로는 느리고 점진적으로 이뤄지기도 한다. 더불어 데이터는 종종 애플리케이션보다 오래 살아남기도 한다. 특정 사용 사례를 염두에 두고 설계하고 구조를 지정한 데이터는 종종 처음에는 생각지도 못한 방식으로 소비되기도 한다.

하지만 관계형 데이터베이스 세계에서는 보통 이와 같은 데이터의 발전에 대해 크게 주의를 기울이지 않는다. 관계형 데이터베이스에서는 스키마 정의 변경과 데이터 타입 변경 수단을 제공하긴 하지만 대부분의 경우 메타데이터가 정적이라고 가정한다. 또 대다수 유형의 데이터셋의 구조가 동일하다고 가정하며, 스키마를 사전 정의하는 게 옳다고 믿는다. 관계형 데이터베이스는 구조화돼 있고, 밀도 있는 데이터의 효과적인 저장에 초점을 맞추며 데이터 레코드의 정규화를 중요하게 생각한다.

RDBMS가 변화에 대응할 수 있는지 여부에 대해 논의하는 게 이 장의 핵심 내용은 아니지만 RDBMS에서 스키마와 데이터 타입을 수정하고 스키마의 두 버전을 병합하는 작업은 복잡하며 많은 우회책을 필요로 한다는 점은 참고할 만하다. 예를 들어 기존 테이블(데이터가 들어 있는)에 새 칼럼을 추가하는 간단한 일조차 심각한 문제를 일으킬 수 있다. 특히 새 칼럼이 고유 값을 필요로 할 경우 문제가 될 수 있다. 이런 문제에 대한 우회책은 여러 가지가 있지만 이들 방식은 우아하지 않을뿐더러 뾰족한 해결책도 아니다. 그에 반해 NoSQL 데이터베이스는 스키마 없는 데이터 저장소를 지향하므로 변화가 쉽고 자연스럽다.

앞의 다른 장과 마찬가지로 데이터베이스 수정 및 발전에 대한 주제도 세 가지 인기 있는 NoSQL 제품인 도큐먼트 데이터베이스, 칼럼 데이터베이스, 키/값 저장소를 통해 살펴본다.

도큐먼트 데이터베이스의 변경

도큐먼트 데이터베이스는 형태상 스키마가 없으며, 독립적인 도큐먼트를 레코드 또는 컬렉션 내 항목으로 저장할 수 있다. 공식 스키마나 형태에 대한 제약이 덜한 만큼 도큐먼트 데이터베이스는 평균적인 형식에 대한 다양한 변종 및 수정을 수용할 수 있다. 사실 도큐먼트 데이터베이스는 한 컬렉션 내에 전혀 다른 도큐먼트셋을 저장할 수 없게 제약하지 않는다(물론 이런 컬렉션은 논리적으로 그다지 유용하지 않지만).

지금은 카우치베이스에 편입된 카우치디비와 몽고디비는 오픈소스 도큐먼트 데이터베이스를 이끄는 데이터베이스로서 같은 컬렉션 내에 각기 다른 속성 세트를 갖춘 도큐먼트를 저장하는 데 매우 유연하다. 예를 들어 다음과 같은 두 도큐먼트는 쉽게 한데 저장할 수 있다.

```
{ name => "John Doe", organization => "Great Co", email => "john.doe@example.com" }
{ name => "Wei Chin", company => "Work Well", phone => "123-456-7890" }
```

카우치디비를 시작하고 실제로 두 도큐먼트를 contacts라는 데이터베이스에 저장해보자.

> 몽고디비 서버는 여러 데이터베이스를 호스팅할 수 있고, 각 데이터베이스는 여러 컬렉션을 가질 수 있다. 그에 반해 카우치디비 서버는 여러 데이터베이스를 호스팅할 수는 있지만 컬렉션 개념은 없다.

이때 명령행 유틸리티인 푸톤(Futon)을 사용하거나 CouchDB와 인터페이스할 수 있는 외부 프로그램을 사용해 도큐먼트를 저장할 수 있다.

> 카우치디비는 데이터베이스, 도큐먼트, 복제 트리거의 생성 및 관리를 포함한 모든 작업을 수행할 수 있는 REST API를 제공한다. 계속해서 책의 내용을 진행하기 전에 카우치디비를 설치하자. 예제를 직접 따라 하고 테스트하는 것보다 개념을 더 잘 배울 수 있는 방법은 없다. 설정하는 데 도움이 필요하다면 부록 A를 참고하자. 부록 A에는 이 책에서 다루는 모든 NoSQL 제품에 대한 설치 및 설정 정보가 들어 있다.

그림 7-1은 contacts 데이터베이스에 들어 있는 두 도큐먼트 목록을 푸톤에서 본 화면이다. 이 목록에 서는 카우치디비가 생성한 UUID인 id와 도큐먼트의 버전만 보여준다.

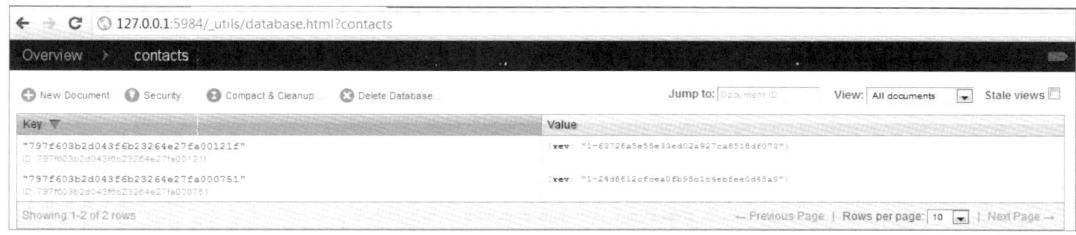

그림 7-1

Wei Chin에 대한 정보를 펼치면 그림 7-2처럼 전체 필드가 모두 들어 있는 전체 도큐먼트를 볼 수 있다.

그림 7-2

그림 7-2의 우측 하단에 있는 방향 화살표는 도큐먼트 버전을 이동할 수 있게 해준다. 이 화살표를 보 면 버전 관리 소프트웨어 또는 도큐먼트 관리 시스템을 연상할 수 있는데, 이 기능은 카우치디비에 내장 된 중요한 기능이다. 카우치디비의 도큐먼트를 업데이트하면 내부적으로 도큐먼트의 새 버전이 추가된 다. 따라서 이름을 'Wei Chin'에서 'Wei Lee Chin'으로 업데이트하면 도큐먼트의 현재 업데이트된 버전 (JSON 형식)은 다음과 같이 된다.

```
{
    "_id": "797f603b2d043f6b23264e27fa00121f",
    "_rev": "2-949a21d63459638cbd392e6b3a27989d",
    "name": "Wei Lee Chin",
    "company": "Work Well",
    "phone": "123-456-7890"
}
```

couchdb_example.txt

이 결과를 보면 name 필드에 값이 업데이트될 뿐더러 _rev 속성에서 값이 달라진 것도 볼 수 있다. _rev 필드는 도큐먼트의 리비전 번호를 보관한다. 도큐먼트의 기존 리비전 번호는 1-63726a5e55e33ed0 2a927ca8518df073이었다. 업데이트 후에는 리비전 번호가 2-949a21d63459638cbd392e6b3a27989d가 됐다. 카우치디비에서 리비전 번호는 N-<hash value> 형태인데, 여기서 N은 도큐먼트가 업데이트된 횟수를 나타내고 해시 값은 도큐먼트의 전송 표현에 대한 MD5 해시다. 도큐먼트가 처음 생성될 때는 N이 1이다.

> MD5는 임의의 길이의 데이터를 받아 128비트 지문 또는 메시지 다이제스트를 생성하는 단방향 해시 알고리즘이다. MD5에 대한 자세한 내용은 www.ietf.org/rfc/rfc1321.txt에서 볼 수 있다.

카우치디비는 다중 버전 동시성 제어(MVCC, MultiVersion Concurrency Control)를 활용해 데이터베이스에 대한 동시 접근을 손쉽게 만들어준다. MVCC를 통해 카우치디비는 락 메커니즘을 사용하지 않고 쓰기 작업을 보장할 수 있다. 모든 도큐먼트는 버전 관리되며, 도큐먼트 버전은 충돌을 복원하는 데 도움이 된다. 도큐먼트를 업데이트하기 전에는 현재 버전(업데이트 이전 버전)이 도큐먼트를 업데이트하기 위해 읽었을 때의 버전과 같은지 확인한다. 두 버전이 일치하지 않으면 이는 읽은 시점과 업데이트 시점 사이에 다른 독립적인 프로세스에 의한 업데이트로 인해 충돌이 일어났음을 나타낸다.

도큐먼트를 업데이트할 때는 기존 도큐먼트에 대한 업데이트가 아니라 전체 도큐먼트의 새 버전을 저장한다. 그 자리에서 업데이트하는 것보다는 인접한 메모리에 첨부하는 게 더 빠르므로 이런 처리 과정을 통해 부수적으로 성능 향상 효과를 볼 수 있다. 버전 또는 리비전 번호는 카우치디비의 핵심 개념이므로 앞으로 여러 버전을 보게 될 것이다.

하지만 기본적으로 도큐먼트의 여러 버전을 영원히 저장하지는 않는다. 버전의 목적은 충돌을 피하고 동시성을 제공하는 것이다. 정리 작업과 복제 작업을 통해 오래된 버전을 잘라내고 특정 시점에서는 항상 최신 버전만이 존재하는 것을 보장한다. 이 말은 기본적으로 _rev 필드를 사용해 도큐먼트의 과거 버전을 쿼리할 수 없다는 뜻이다.

단일 노드 시나리오에서는 정리 기능을 끄고 버전을 유지하고 싶은 생각이 들 수 있다. 하지만 이 방식은 클러스트를 설정하는 순간 최신 버전만 복제됨에 따라 바로 실패하게 된다.

버전을 유지하고 도큐먼트의 기존 버전도 꼭 쿼리해야 한다면 이를 프로그래밍적으로 수행해야 한다.

카우치디비 설계자들은 이 문제에 대한 단순하지만 효과적인 해결책을 내놓았다. 이에 대한 자세한 설명은 http://blog.couchone.com/post/632718824/simple-document-versioningwith-couchdb에서 볼 수 있다. 해결책은 비교적 단순하다. 즉 다음과 같은 작업을 하면 된다.

■   도큐먼트에 접근할 때 도큐먼트의 현재 버전을 나타내는 문자열을 추출한다.

■   업데이트를 수행하기 전에 Base64 인코딩을 사용해 문자열을 인코딩하고 이를 바이너리로 변환한 값을 도큐먼트의 첨부 값으로 저장한다. 이때 현재 버전 번호(업데이트 이전)를 첨부 값의 이름으로 사용한다.

이 말은 도큐먼트 자체를 다음과 같이 접근할 때

```
http://127.0.0.1:5984/contacts/797f603b2d043f6b23264e27fa00121f
```

도큐먼트에서 첨부 값을 통해 사용할 수 있는 버전 2는 다음과 같이 접근할 수 있다는 뜻이다.

```
http://127.0.0.1:5984/contacts/797f603b2d043f6b23264e27fa00121f/2-949a21d63459
638cbd392e6b3a27989d
```

이렇게 하면 버전 관리가 간단하고 대부분의 경우 유용하게 사용할 수 있다. 좀 더 복잡한 버전 관리 시스템은 도큐먼트 버전을 사용 사례별로 저장함으로써 개발할 수 있다.

푸톤은 앞에서 설명한 기법을 활용해 도큐먼트 버전을 관리한다. 이 기법은 카우치디비용 제이쿼리 자바스크립트 클라이언트 라이브러리에 구현돼 있다. 제이쿼리 클라이언트 라이브러리는 http://svn.apache.org/viewvc?revision=948262&view=revision에서 내려받을 수 있다.

카우치디비의 버전 관리 기능이 재미있기는 하지만 도큐먼트 저장소의 유연성은 좀 더 일반적인 기능으로, 스키마가 없는 다른 NoSQL 데이터베이스에서도 흔히 볼 수 있다.

스키마 없는 유연성

앞의 예제를 보면 카우치디비가 각기 다른 필드로 이뤄진 두 개의 도큐먼트를 한 데이터베이스에 충분히 저장할 수 있음을 알 수 있다. 이는 특히 다음과 같은 상황에서 많은 장점이 있다.

■   null인 필드는 아예 저장하지 않아도 되는 만큼 희소성 데이터셋을 효과적으로 저장할 수 있다.

■   도큐먼트가 발전함에 따라 추가 필드도 손쉽게 추가할 수 있다.

앞의 예제에서 'John Doe'는 이메일 주소를 갖고 있지만 'Wei Chin'은 이메일 주소가 없다. 이런 경우도 문제 없이 둘을 같은 데이터베이스에 저장할 수 있다. 향후에 'Wei Chin'에게 wei.chin@example.com 같은 이메일 주소가 생기더라도 부담 없이 도큐먼트에 추가 필드를 추가할 수 있다. 마찬가지로 필드를 제거하고, 필드 값을 수정할 수도 있다.

필드 자체를 추가하고 제거할 수 있을뿐더러 필드가 보관하는 데이터 타입에 대한 엄격한 규칙도 없다. 따라서 문자열 값을 보관하는 필드가 정수 값을 보관할 수도 있다. 또 배열 타입을 값으로 보관할 수도 있다. 이 말은 강타입에 대해 전혀 신경쓰지 않아도 된다는 뜻이다. 하지만 한편으로 애플리케이션에서는 데이터가 유효하고 의미적으로 일관성을 유지하는지 확인해야 한다.

지금까지 카우치디비를 통해 스키마 없는 구조의 유연성을 살펴봤다.

이런 유연성의 몇 가지 측면을 좀 더 살펴보기 위해 이번에는 몽고디비를 사용한다. 우선 contacts라는 몽고디비 컬렉션을 생성하고 이 컬렉션에 두 개의 도큐먼트를 추가한다. 이 작업은 몽고디비를 시작한 후 다음 명령을 차례로 실행해 수행할 수 있다.

```
use mydb

db.contacts.insert({ name:"John Doe", organization:"Great Co", email:"john.doe@example.com" });
db.contacts.insert({ name:"Wei Chin", company:"Work Well", phone:"123-456-7890"});
```

mongodb_example.txt ⬇

다음으로 컬렉션이 생성됐고 두 개의 도큐먼트가 들어 있는지 확인하자. 다음과 같이 도큐먼트를 나열하면 이를 확인할 수 있다.

```
db.contacts.find();
```

mongodb_example.txt ⬇

이 쿼리의 결과는 다음과 같다.

```
{ "_id" : ObjectId("4d2bbad6febd3e2b32bed964"), "name" : "John Doe",
"organization" : "Great Co", "email" : "john.doe@example.com" }
{ "_id" : ObjectId("4d2bbb43febd3e2b32bed965"), "name" : "Wei Chin", "company" :
"Work Well", "phone" : "123-456-7890" }
```

_id 값은 몽고디비가 필자의 시스템에서 생성한 값인 만큼 몽고디비 인스턴스마다 값이 다르다. 이번에는 'Wei Chin'과 관련한 도큐먼트에 다음과 같이 email 필드를 추가하자.

```
var doc = db.contacts.findOne({ _id:ObjectId("4d2bbb43febd3e2b32bed965") });
doc.email = "wei.chin@example.com";
db.contacts.save(doc);
```

mongodb_example.txt ⟳

여기서는 _id를 사용해 도큐먼트를 가져온 후 email 필드에 값을 그냥 대입하고 도큐먼트를 저장했다. 새 필드가 추가됐는지 확인하기 위해 다시 한 번 contacts 컬렉션을 조회해보자.

```
db.contacts.find();
```

mongodb_example.txt ⟳

그럼 다음과 같은 응답 결과가 출력된다.

```
{ "_id" : ObjectId("4d2bbad6febd3e2b32bed964"), "name" : "John Doe",
"organization" : "Great Co", "email" : "john.doe@example.com" }
{ "_id" : ObjectId("4d2bbb43febd3e2b32bed965"), "name" : "Wei Chin", "company":
"Work Well", "phone" : "123-456-7890", "email" : "wei.chin@example.com" }
```

카우치디비와 달리 몽고디비는 도큐먼트 버전을 유지하지 않으며, 업데이트를 하면 그 자리에서 도큐먼트가 수정된다.

이번에는 좀 더 많은 연락처 도큐먼트를 갖고 있는 contacts2라는 또 다른 컬렉션이 있고, contacts와 contacts2라는 두 컬렉션을 하나로 합쳐야 한다고 가정하자. 이 작업은 어떻게 할 수 있을까?

아쉽지만 현재로서는 컬렉션을 병합할 수 있는 마술 같은 명령은 없다. 그렇지만 원하는 언어를 사용해 두 컬렉션을 병합하는 코드를 작성하는 게 그리 어렵지만은 않다. 병합 스크립트를 설계할 때 고려할 몇 가지 사항은 다음과 같다.

- 각기 다른 두 컬렉션에서 같은 _id를 갖고 있는 두 도큐먼트를 어떻게 병합할지 결정하기 위해 덮어쓰기(overwrite), 업데이트(update), 복사(copy) 중 한 가지 방식을 선택해야 한다. 두 도큐먼트는 한 컬렉션 내에서 같은 _id 값을 가질 수 없다. 덮어쓰기는 두 번째 컬렉션의 도큐먼트가 첫 번째 컬렉션의 해당 도큐먼트를 덮어 쓰는 방식이다. 업데이트와 복사 방식을 사용할 경우 두 데이터를 모두 보존하는 병합 전략을 정의할 것이다.

- 병합은 _id 이외의 필드를 기반으로 수행한다.

두 개의 몽고디비 컬렉션을 병합하는 루비 스크립트가 몽고툴즈라는 프로젝트명으로 제공되며, https://github.com/tshanky/mongo-tools에서 내려받을 수 있다.

몽고디비에서의 데이터 내보내기/불러오기

데이터베이스에서 데이터를 내보내고 불러오는 작업은 중요한 작업이며 백업, 복원, 데이터베이스 병합을 할 때 종종 사용한다. 몽고디비는 이 작업을 도와주는 유용한 유틸리티 몇 개를 제공한다.

mongoimport

불러올 데이터가 한 파일에 들어 있고 이 파일이 JSON 형식 또는 콤마나 탭으로 구분된 텍스트 데이터라면 mongoimport 유틸리티가 몽고디비 컬렉션으로 데이터를 불러오는 작업을 도와줄 수 있다. 이 유틸리티는 몇 가지 옵션을 제공하는데, 이들 옵션에 대해서는 옵션 없이 명령을 실행하고 나면 배울 수 있다. 아무 옵션도 없이 bin/mongoimport를 실행하면 다음과 같은 결과가 출력된다.

```
connected to: 127.0.0.1
no collection specified!
options:
--help                        produce help message
-v [ --verbose ]              be more verbose (include multiple times for more
                              verbosity e.g. -vvvvv)
-h [ --host ] arg             mongo host to connect to ("left,right" for pairs)
--port arg                    server port. Can also use --host hostname:port
-d [ --db ] arg               database to use
-c [ --collection ] arg       collection to use (some commands)
-u [ --username ] arg         username
-p [ --password ] arg         password
--ipv6                        enable IPv6 support (disabled by default)
--dbpath arg                  directly access mongod database files in the given
                              path, instead of connecting to a mongod server -
                              needs to lock the data directory, so cannot be used
                              if a mongod is currently accessing the same path
--directoryperdb              if dbpath specified, each db is in a separate
                              directory
-f [ --fields ] arg           comma separated list of field names e.g. -f name,age
--fieldFile arg               file with fields names - 1 per line
--ignoreBlanks                if given, empty fields in csv and tsv will be ignored
--type arg                    type of file to import. default: json (json,csv,tsv)
```

```
--file arg              file to import from; if not specified stdin is used
--drop                  drop collection first
--headerline            CSV,TSV only - use first line as headers
--upsert                insert or update objects that already exist
--upsertFields arg      comma-separated fields for the query part of the
                        upsert. You should make sure this is indexed
--stopOnError           stop importing at first error rather than continuing
--jsonArray             load a json array, not one item per line. Currently
                        limited to 4MB.
```

이 유틸리티는 유용하긴 하지만 콤마나 탭으로 구분된 값(또는 JSON 형식)보다 데이터가 조금만 복잡해도 제약에 부딪힌다. 앞서 6장에서 MovieLens 데이터를 몽고디비 컬렉션으로 로드하기 위해 루비 스크립트를 사용한 것을 기억할 것이다. 이런 작업에는 mongoimport를 사용할 수 없다.

mongoexport

몽고디비 컬렉션으로 데이터를 로드하는 작업의 정반대 작업은 컬렉션 데이터를 내보내는 작업이다. 필요한 형식이 JSON이나 CSV 형식이라면 이 툴을 사용해 컬렉션에서 데이터를 내보낼 수 있다. 옵션을 살펴보려면 아무 컬렉션도 지정하지 않고 mongoexport 명령을 실행하면 된다. 그럼 다음과 같이 전체 옵션이 출력된다.

```
connected to: 127.0.0.1
no collection specified!
options:
--help                  produce help message
-v [ --verbose ]        be more verbose (include multiple times for more
                        verbosity e.g. -vvvvv)
-h [ --host ] arg       mongo host to connect to ("left,right" for pairs)
--port arg              server port. Can also use --host hostname:port
-d [ --db ] arg         database to use
-c [ --collection ] arg collection to use (some commands)
-u [ --username ] arg   username
-p [ --password ] arg   password
--ipv6                  enable IPv6 support (disabled by default)
--dbpath arg            directly access mongod database files in the given
                        path, instead of connecting to a mongod server -
                        needs to lock the data directory, so cannot be used
                        if a mongod is currently accessing the same path
```

```
--directoryperdb          if dbpath specified, each db is in a separate
                          directory
-f [ --fields ] arg       comma separated list of field names e.g. -f name,age
--fieldFile arg           file with fields names - 1 per line
-q [ --query ] arg        query filter, as a JSON string
--csv                     export to csv instead of json
-o [ --out ] arg          output file; if not specified, stdout is used
--jsonArray               output to a json array rather than one object per
                          line
```

mongodump

mongoimport와 mongoexport 유틸리티는 한 컬렉션의 데이터를 내보내거나 불러오는 일을 도와주고 사람이 읽을 수 있는 데이터 형식을 다룬다. 하지만 단순히 백업 용도라면 mongodump를 사용해 전체 데이터베이스를 바이너리 형식으로 복사할 수 있다. mongodump 옵션을 살펴보려면 –help를 인자로 사용해 mongodump 명령을 실행하면 된다. 출력 결과는 다음과 같다.

> 아무 옵션 없이 mongodump를 실행하면 관련 몽고디비 데이터베이스를 복사하므로 mongoimport나 mongoexport에서 옵션을 살펴볼 때처럼 옵션을 보기 위해 이 명령을 단독 실행해서는 안 된다.

```
--help                    produce help message
-v [ --verbose ]          be more verbose (include multiple times for more
                          verbosity e.g. -vvvvv)
-h [ --host ] arg         mongo host to connect to ("left,right" for pairs)
--port arg                server port. Can also use --host hostname:port
-d [ --db ] arg           database to use
-c [ --collection ] arg   collection to use (some commands)
-u [ --username ] arg     username
-p [ --password ] arg     password
--ipv6                    enable IPv6 support (disabled by default)
--dbpath arg              directly access mongod database files in the given
                          path, instead of connecting to a mongod server -
                          needs to lock the data directory, so cannot be used
                          if a mongod is currently accessing the same path
```

```
--directoryperdb               if dbpath specified, each db is in a separate
                               directory
-o [ --out ] arg (=dump)       output directory
-q [ --query ] arg             json query
```

이제 도큐먼트 데이터베이스의 유연성에 대해 충분히 살펴보고 관리 툴도 다뤄봤으니 이어서 칼럼 데이터베이스를 살펴보자.

칼럼 지향 데이터베이스의 스키마 발전

HBase는 완전히 스키마가 없는 데이터베이스는 아니다. HBase에는 칼럼 패밀리를 정의하는 관점에서 느슨하게 정의된 스키마가 있다. 칼럼 패밀리는 좀 더 동적이고 유연한 칼럼 정의를 논리적인 번들로 분할하는 매우 정적인 정의다. 이번 설명에서는 3장에서 HBase를 처음 시작할 때 살펴본 예제를 재사용하고 확장한다. 이 데이터는 블로그 포스트에 대한 데이터다. 자세한 내용은 3장에서 HBase를 다룬 절을 참고하자.

이 컬렉션의 요소는 다음과 같다.

```
{
    "post" : {
        "title": "an interesting blog post",
        "author": "a blogger",
        "body": "interesting content",
    },
    "multimedia": {
        "header": header.png,
        "body": body.mpeg,
    },
}
```

또는

```
{
    "post" : {
        "title": "yet an interesting blog post",
        "author": "another blogger",
        "body": "interesting content",
    },
```

```
    "multimedia": {
        "body-image": body_image.png,
        "body-video": body_video.mpeg,
    },
}
```

blogposts.txt ↻

HBase는 bin/start-hbase.sh를 사용해 시작하고 bin/hbase 셸을 통해 접속할 수 있다.

이어서 다음 명령을 차례로 실행해 테이블을 생성하고 예제 데이터를 채운다.

```
create 'blogposts', 'post', 'multimedia'
put 'blogposts', 'post1', 'post:title', 'an interesting blog post'
put 'blogposts', 'post1', 'post:author', 'a blogger'
put 'blogposts', 'post1', 'post:body', 'interesting content'
put 'blogposts', 'post1', 'multimedia:header', 'header.png'
put 'blogposts', 'post1', 'multimedia:body', 'body.mpeg'
put 'blogposts', 'post2', 'post:title', 'yet an interesting blog post'
put 'blogposts', 'post2', 'post:title', 'yet another interesting blog post'
put 'blogposts', 'post2', 'post:author', 'another blogger'
put 'blogposts', 'post2', 'post:body', 'interesting content'
put 'blogposts', 'post2', 'multimedia:body-image', 'body_image.png'
put 'blogposts', 'post2', 'multimedia:body-video', 'body_video.mpeg'
```

blogposts.txt ↻

데이터베이스가 준비되고 나면 다음과 같이 간단한 get 쿼리를 실행할 수 있다.

```
get 'blogposts', 'post1'
```

blogposts.txt ↻

그럼 다음과 같은 결과가 출력된다.

```
COLUMN                   CELL
multimedia:body          timestamp=1294717543345, value=body.mpeg
multimedia:header        timestamp=1294717521136, value=header.png
post:author              timestamp=1294717483381, value=a blogger
post:body                timestamp=1294717502262, value=interesting content
```

```
post:title                  timestamp=1294717467992, value=an interesting blog
post
5 row(s) in 0.0140 seconds
```

이제 데이터셋을 준비했으니 HBase의 몇 가지 기본 원리를 복습하고 데이터 스키마가 변함에 따라 HBase가 어떻게 발전하는지 살펴보자.

우선 HBase에서 모든 데이터 업데이트는 새 버전을 사용해 레코드를 쓰는 것이며, 기존 레코드를 그 자리에서 업데이트하는 게 아니다. 이와 유사한 동작은 카우치디비에서도 살펴본 바 있다. 기본적으로 HBase는 최신 버전 세 개를 유지하도록 설계됐지만 이 설정은 세 개의 버전보다 많은 버전을 저장하게끔 변경할 수 있다. 버전 개수는 칼럼 패밀리 레벨에서 설정한다. 칼럼 패밀리를 정의할 때는 이런 버전 개수를 지정할 수 있다. HBase 셸에서 'mytable'이란 테이블을 생성하고 15개의 과거 버전을 보관하는 'afamily'란 칼럼 패밀리를 만드는 법은 다음과 같다.

```
create 'mytable', { NAME => 'afamily', VERSIONS => 15 }
```

VERSIONS 속성은 정수 값을 받아들이므로 이 값으로 지정할 수 있는 최댓값은 Integer.MAX_VALUE다. 물론 보관할 버전 개수로 큰 수를 정의할 수는 있지만 버전을 기반으로 한 내장 인덱스가 없으므로 이 데이터를 사용해 값을 조회하기란 쉽지 않다. 또 버전은 타임스탬프도 갖고 있지만 이런 시간을 따라 데이터셋을 조회하는 기능은 구현하기가 쉽지 않고 효율적이기도 어렵다.

앞에서는 명령행 유틸리티를 사용해 설정을 수행했지만 같은 설정을 프로그래밍적으로도 할 수 있다. 이 경우 최대 버전 속성을 HColumnDescriptor 생성자의 인자로 전달해야 한다.

HBase에서의 칼럼은 미리 정의하지 않아도 되는 만큼 계속해서 진화하는 스키마를 유연하게 관리할 수 있게 해준다. 그에 반해 칼럼 패밀리는 좀 더 정적이다. 하지만 칼럼은 이름을 바꾸거나 한 칼럼 패밀리에서 다른 칼럼 패밀리로 쉽게 대입할 수 없다. 이렇게 변경하려면 새 칼럼을 생성하고, 기존 칼럼에서 새 칼럼으로 데이터를 이전한 후 기존 칼럼을 삭제해야 한다.

HBase가 셸 또는 프로그래밍 옵션을 통한 칼럼 패밀리 생성을 지원하지만 카산드라는 전통적으로 훨씬 더 엄격한 규칙을 따랐다. 과거 버전의 카산드라에서는 칼럼 패밀리를 정의하려면 데이터베이스를 재시작해야 했다. 현재 버전의 카산드라는 좀 더 유연하며 런타임 시점에 설정을 변경할 수 있게 지원한다.

HBASE의 데이터 불러오기/내보내기

'blogposts' 같은 테이블에 있는 데이터를 로컬 파일 시스템이나 HDFS로 내보낼 수 있다. 로컬 파일 시스템으로 데이터를 내보낼 때는 다음 명령을 사용한다.

```
bin/hbase org.apache.hadoop.hbase.mapreduce.Driver export blogposts
path/to/local/filesystem
```

또 다음과 같이 같은 데이터를 HDFS로 내보낼 수도 있다.

```
bin/hbase org.apache.hadoop.hbase.mapreduce.Driver export blogposts
hdfs://namenode/path/to/hdfs
```

내보내기와 마찬가지로 HBase 테이블 안으로 데이터를 불러올 수도 있다. 이때도 로컬 파일 시스템이나 HDFS로부터 HBase로 데이터를 불러올 수 있다. 내보내기와 마찬가지로 로컬 파일 시스템에서 데이터를 불러오는 법은 다음과 같다.

```
bin/hbase org.apache.hadoop.hbase.mapreduce.Driver import blogposts
path/to/local/filesystem
```

HDFS에서 불러오는 방법도 이와 유사하다. 이때는 데이터를 다음과 같이 불러온다.

```
bin/hbase org.apache.hadoop.hbase.mapreduce.Driver import blogposts
hdfs://namenode/path/to/hdfs
```

키/값 저장소에서의 데이터 진화

키/값 저장소는 보통 매우 제한적인 데이터셋을 지원하며, 문자열 또는 객체 값만을 보관한다.

하지만 레디스 같은 일부 데이터베이스는 복잡한 데이터 구조도 몇 가지 지원한다. Memcached와 멤베이스 같은 키/값 저장소는 시간에 민감한 데이터를 저장하며 설정에 따라 오래된 데이터를 모두 정리한다.

레디스는 해시, 세트, 리스트 등과 같은 컬렉션 구조를 갖고 있지만 메타데이터 기능은 거의 없다. 레디스에서는 모든 것이 해시이거나 해시의 컬렉션이다. 레디스에서는 키나 키의 의미에 대해서는 전혀 신경쓰지 않는다.

키/값 데이터베이스는 도큐먼트, 데이터 구조, 객체를 보관하지 않으므로 키/값 쌍 자체를 넘어서는 스키마에 대한 개념이 거의 없다. 따라서 키/값 데이터베이스에서는 스키마의 진화 개념이 그다지 중요하지 않다.

따라서 필드 이름을 바꾸려면 키 이름을 바꾸면 된다. 키가 존재한다면 다음과 같이 쉽게 키를 바꿀 수 있다.

```
RENAME old_key_name new_key_name
```

레디스는 디스크에 씀으로써 보관 중인 모든 데이터를 영속화한다. 레디스 데이터베이스를 백업하려면 레디스 DB 파일을 그냥 복사하고 다른 인스턴스에서 이 파일을 사용하게 하면 된다. 또는 BGSAVE 명령을 실행해 데이터베이스 실행 및 저장 작업을 비동기적으로 수행할 수도 있다.

정리

NoSQL 데이터베이스는 스키마 없는 구조를 지원하며, 따라서 유연하고 지속적인 진화를 수용할 수 있다. 이는 NoSQL의 핵심 기능 중 하나다. 엄격한 스키마가 없다는 개념은 도큐먼트 데이터베이스가 정규화된 관계 모델에 자신을 맞추는 대신 실세계를 중심으로 한 데이터를 저장하는 데 집중할 수 있게 해준다.

칼럼 데이터베이스에서는 스키마가 엄격하지 않아 쉽게 관리할 수 있고 희소성 데이터가 늘어나더라도 이를 감당할 수 있다. 키/값 기반 저장소에서는 스키마 개념이 제한적이다.

## 08

인덱싱 및 데이터셋 정렬

· 쿼리 성능 개선에 도움되는 인덱스의 생성
· 도큐먼트 데이터베이스 및 칼럼 패밀리 데이터베이스에서의 인덱스 생성과 유지
· NoSQL 데이터셋의 정렬
· 최적의 인덱스 및 정렬 패턴을 생성하기 위한 효과적인 설계 결정

NoSQL 데이터베이스를 조회하는 법은 앞에서 이미 배웠다. 이 장에서는 한 걸음 더 나아가 빠르고 효과적으로 쿼리를 수행하는 법을 살펴본다. 관계형 데이터베이스에서는 쿼리 성능 최적화를 위해 데이터베이스 인덱스를 자주 활용한다. NoSQL 세계에도 이와 비슷한 개념이 적용된다.

인덱스는 데이터 접근 성능을 높이기 위해 존재한다. 이론적으로 인덱스는 책의 색인과 하는 일이 비슷하다. 책에서 용어나 단어를 찾을 때는 다음과 같은 두 방식 중 하나를 택할 수 있다.

- 전체 책 페이지를 모두 훑어가며 용어나 단어를 찾는다.
- 끝에 있는 색인을 살펴보고 용어나 단어를 찾을 수 있는 페이지를 확인한 후 해당 페이지를 바로 찾는다.

용어를 찾기에는 당연히 페이지별로 모두 살펴보는 방식보다는 색인을 찾는 게 빠르다. 이렇게 하면 찾기도 쉽고 시간도 줄일 수 있다.

마찬가지로 데이터베이스의 레코드에 접근할 때도 두 가지 옵션이 있다.

- 전체 컬렉션 또는 데이터셋에서 각 항목을 살펴본다.
- 인덱스를 활용해 관련 데이터를 빠르게 찾는다.

당연히 이번에도 인덱스 방식이 더 적합하다. 하지만 책의 색인과 데이터베이스의 인덱스가 유사하기는 하지만 이런 유사성을 지나치게 넓게 해석하면 오해를 낳기 쉽다. 책의 색인은 전체 단어 및 용어 중 중요한 단어만을 대상으로 한다. 그에 반해 데이터베이스의 인덱스는 컬렉션 내 모든 데이터셋에 적용된다. 인덱스는 항목 식별자 또는 특정 속성에 대해 생성한다.

데이터베이스 인덱스와 관련한 내부 개념

인덱스를 생성하는 보편적인 규칙은 없지만 대부분의 방식은 몇 가지 공통적인 개념을 기반으로 한다. 이들 개념을 구성하는 기반은 해시 함수 및 B 트리, B+- 트리 데이터 구조다. 이 절에서는 이런 개념을 따라 내부 이론을 이해해본다.

해시 함수는 많은 데이터(종종 크기가 가변적이고 복잡한) 값을 단일 정수나 바이트셋으로 변환하는 잘 정의된 수학 함수다. 해시 함수의 결과는 해시 코드, 해시 값, 해시 합, 체크섬 등 다양한 이름으로 부른다. 해시 코드는 종종 연관 배열(해시 맵이라고도 부르는)의 키로 사용한다. 해시 함수는 인덱스 생성을 위해 복잡한 데이터 속성을 해시 코드에 매핑할 때 유용하다.

트리 데이터 구조는 값을 트리 같은 구조로 분산시킨다. 값은 트리 내 특정 노드 사이의 링크 또는 포인터 같은 계층구조 형태로 구조화된다. 이진트리는 최대 두 개의 자식 노드(왼쪽 노드와 오른쪽 노드)를 갖고 있는 트리다. 노드는 부모가 될 수 있고(이 경우 노드는 최대 두 개의 노드를 가질 수 있다), 잎이 될 수도 있다(이 경우 이 노드가 체인상의 마지막 노드가 된다). 트리 구조의 기저에는 루트 노드가 있다. 그림 8-1은 이진트리 데이터 구조를 보여준다.

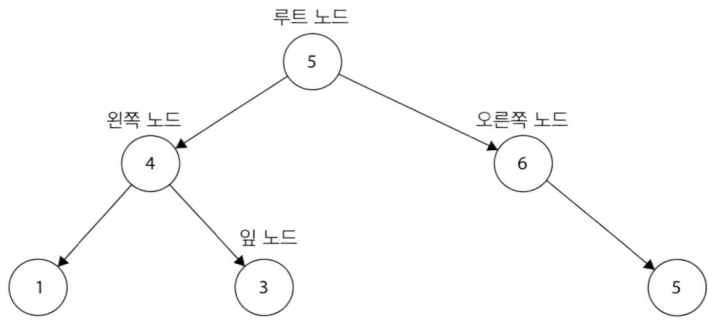

그림 8-1

B 트리는 이진트리를 일반화한 것이다. B 트리에서는 부모 노드가 자식 노드를 두 개보다 많이 가질 수 있다. B 트리는 데이터의 정렬 상태를 유지하므로 효과적인 검색 및 데이터 접근을 지원한다.

B+- 트리는 B 트리의 특수 변종이다. B+- 트리에서는 모든 레코드를 잎 노드에 저장하고 잎 노드가 순차적으로 연결돼 있다. B+- 트리는 데이터베이스 인덱스를 저장하는 데 가장 많이 사용하는 데이터 구조다.

B 트리나 B+- 트리에 대한 자세한 내용이 알고 싶다면 온라인에서 볼 수 있는 다음 자료를 참고하자.

- http://en.wikipedia.org/wiki/B-tree
- www.semaphorecorp.com/btp/algo.html
- http://en.wikipedia.org/wiki/B%2B_tree

또 좀 더 체계적인 설명을 보고 싶다면 코멘, 레이서손, 리베스트, 스타인이 저술한 Introduction to Algorithms, ISBN 0-262-03384-4[1]를 참고하자.

기본적인 구성 요소는 동일하지만 인덱스는 NoSQL 제품별로 각기 다른 방식으로 생성, 적용된다. 이 장의 이어지는 절에서는 몽고디비, 카우치디비, 아파치 카산드라의 인덱스를 소개한다. 또 인덱스와 밀접한 관련이 있는 만큼 인덱스를 다루면서 효과적인 데이터 정렬 방법도 함께 살펴본다.

몽고디비의 인덱싱 및 정렬

몽고디비는 쿼리 성능을 개선하기 위해 컬렉션 인덱싱과 관련해 다양한 옵션을 제공한다. 기본적으로 몽고디비는 보관하는 모든 컬렉션의 _id 속성에 대해 인덱스를 생성한다.

인덱싱은 예제를 통해 설명하는 게 가장 쉽다. 여기서는 6장에서 소개한 몽고디비의 movie-ratings 컬렉션부터 시작한다. 몽고디비 인스턴스에 movie-ratings 컬렉션이 없다면 6장의 예제를 따라 이를 설정하고 로드하자. 설정을 마치고 나면 movies, ratings, users라는 세 개의 컬렉션을 사용할 수 있다.

인덱스의 중요성과 효과를 이해하려면 인덱스를 사용하기 전, 후의 쿼리 성능을 측정할 수 있는 수단이 필요하다. 몽고디비에서는 쿼리 플랜을 설명하고 느리게 실행되는 쿼리를 식별하는 내장 도구를 통해 쿼리 성능을 쉽게 측정할 수 있다.

---

1 국내에는 Introduction to Algorithms(한빛미디어)로 출간됐다.

쿼리 플랜은 특정 쿼리를 실행하기 위해 데이터베이스 서버가 해야 할 일을 나타낸다. 쿼리 플랜의 출력 결과와 전달 내용을 살펴보기 전에 플랜 설명 유틸리티를 실행해 보자. Ratings 컬렉션 내 항목을 모두 가져오려면 다음과 같이 쿼리하면 된다.

```
db.ratings.find();
```

movielens_indexes.txt ⓤ

이 쿼리에 대한 설명 플랜을 실행하려면 다음 쿼리를 실행하면 된다.

```
db.ratings.find().explain();
```

movielens_indexes.txt ⓤ

이 설명 플랜의 결과는 다음과 같다.

```
{
    "cursor" : "BasicCursor",
    "nscanned" : 1000209,
    "nscannedObjects" : 1000209,
    "n" : 1000209,
    "millis" : 1549,
    "indexBounds" : {

    }
}
```

이 결과를 보면 1,000,209(100만 개보다 많은)개의 도큐먼트를 반환하는 데 1,549밀리초가 걸렸음을 알 수 있다. 또 1,000,209개의 도큐먼트를 반환하면서 1,000,209개의 항목을 검사한 것도 알 수 있다. 더불어 이 과정에서 BasicCursor를 사용한 것도 볼 수 있다.

이처럼 explain 함수의 출력 결과 또한 도큐먼트 형태다. 이 도큐먼트의 속성은 다음과 같다.

- **cursor** : 쿼리의 결과셋을 반환하는 데 사용된 커서. 커서는 기본 커서와 B 트리 커서 중 하나가 될 수 있다. 기본 커서는 테이블 검사를 뜻하고, B 트리 커서는 인덱스 사용을 뜻한다.

- **nscanned** : 스캔한 엔트리의 개수. 인덱스를 사용할 때는 인덱스 엔트리의 개수와 일치한다.

- **nscannedObjects** : 스캔한 도큐먼트의 개수

- **n** : 반환한 도큐먼트의 개수

- **millis** : 쿼리를 실행하는 데 걸린 시간(밀리초)

- **indexBounds** : 쿼리 비교를 수행할 때 사용한 최소 및 최대 인덱스 키를 나타낸다. 이 필드는 인덱스를 사용할 때만 의미가 있다.

다음 예제에서는 ratings의 서브셋을 조회한다. ratings 컬렉션은 사용자의 영화 별점(1점부터 5점까지)으로 이뤄져 있다. ratings 컬렉션을 필터링하려면 이를 특정 영화와 관련된 서브셋으로 제한해야 한다. ratings 컬렉션은 영화 ID만 갖고 있으므로 ID를 이름과 연계하려면 movies 컬렉션에서 값을 찾아야 한다. 여기서는 Toy Story (that is, Toy Story 1) 영화를 예제로 사용한다. 물론 독자들은 다른 영화를 선택해도 된다.

토이 스토리와 관련한 도큐먼트를 가져올 때는 정규식을 활용할 수 있다. 이런 쿼리 필터링 기법은 6장에서 이미 배운 바 있다. 언제든 앞에서 배운 내용이 확실히 기억나지 않으면 주저하지 말고 관련 장을 참조해 개념을 복습하자. movies 컬렉션에서 토이 스토리와 관련한 전체 도큐먼트는 다음과 같이 조회할 수 있다.

```
db.movies.find({title: /Toy Story/i});
```

movielens_indexes.txt ↴

그럼 출력 결과는 다음과 같다.

```
{ "_id" : 1, "title" : "Toy Story (1995)", "genres" : [ "Animation",
"Children's", "Comedy" ] }
{ "_id" : 3114, "title" : "Toy Story 2 (1999)", "genres" : [ "Animation",
"Children's", "Comedy" ] }
```

아마 이들 별점을 컴파일할 당시에는 토이 스토리 3편이 나오지 않았던 것 같다. 그래서 이 목록에는 이 영화가 없는 듯하다. 다음으로 '토이 스토리'에 대한 영화 ID 값인 1을 가지고 전체 사용자로부터 관련 별점을 찾아보자. 하지만 이 작업을 하기 전에 explain 플랜 함수를 실행해 데이터베이스가 movies 컬렉션에서 Toy Story를 어떤 식으로 조회하는지부터 살펴보자.

```
db.movies.find({title: /Toy Story/i}).explain();
```

movielens_indexes.txt ↴

출력 결과는 다음과 같다.

```
{
    "cursor" : "BasicCursor",
    "nscanned" : 3883,
    "nscannedObjects" : 3883,
    "n" : 2,
    "millis" : 6,
    "indexBounds" : {

    }
}
```

도큐먼트의 개수를 확인하기 위해 movies 컬렉션에 대해 db.movies.count();를 실행하면 도큐먼트 개수가 쿼리 설명에 나온 nscanned 및 nscannedObjects 값과 일치함을 알 수 있다. 이 말은 정규식 쿼리는 테이블 검사를 수행한다는 뜻이며, 이는 효과적이지 않다. 도큐먼트의 개수는 3,883개로 제한됐으므로 쿼리는 충분히 빠르게 실행됐고 6밀리초밖에 걸리지 않았다. 인덱스를 활용해 이 쿼리를 더 효과적으로 수행하는 법은 잠시 후에 살펴보기로 하고, 지금은 ratings 컬렉션으로 돌아와 토이 스토리와 관련한 서브셋을 가져오는 데 집중하자.

토이 스토리(좀 더 정확하게는 Toy Story (1995))와 관련된 모든 평점을 가져오려면 다음과 같이 조회하면 된다.

```
db.ratings.find({movie_id: 1});
```

movielens_indexes.txt ⏻

앞의 쿼리에 대한 플랜을 조회하려면 다음과 같이 explain을 실행하면 된다.

```
db.ratings.find({movie_id: 1}).explain();
```

movielens_indexes.txt ⏻

출력 결과는 다음과 같다.

```
{
    "cursor" : "BasicCursor",
    "nscanned" : 1000209,
    "nscannedObjects" : 1000209,
    "n" : 2077,
```

```
    "millis" : 484,
    "indexBounds" : {

    }
  }
}
```

지금까지의 결과를 보면 nscanned과 nscannedObjects 개수가 컬렉션 내 전체 도큐먼트에 해당하는 1,000,209이므로 쿼리가 최적으로 실행되지 않은 것을 명확히 알 수 있다. 이쯤에서 인덱스를 도입하고 성능을 최적화해 보자.

몽고디비에서의 인덱스 활용

몽고디비에서는 ensureIndex 키워드가 인덱스 생성과 관련한 대부분의 마법을 수행한다. ratings 컬렉션을 필터링한 마지막 쿼리는 movie_id를 기반으로 했으므로 이 속성에 대한 인덱스를 생성하면 테이블 스캔에서 B 트리 인덱스 순회로 조회 방식을 변경할 수 있다. 먼저 이런 이론이 유효한지부터 확인하자.

다음 명령을 실행해 인덱스를 생성한다.

```
db.ratings.ensureIndex({ movie_id:1 });
```
movielens_indexes.txt

그럼 movie_id에 대한 인덱스가 생성되고 오름차순으로 인덱스 내 키를 정렬한다. 내림차순으로 정렬된 키를 사용해 인덱스를 생성하려면 다음 명령을 사용하면 된다.

```
db.ratings.ensureIndex({ movie_id:-1 });
```
movielens_indexes.txt

그런 다음 기존 쿼리를 다음과 같이 실행한다.

```
db.ratings.find({movie_id: 1});
```
movielens_indexes.txt

이어서 다음과 같이 쿼리 플랜을 확인한다.

```
db.ratings.find({movie_id: 1}).explain();
```
movielens_indexes.txt

그럼 다음과 같은 출력 결과가 나온다.

```
{
    "cursor" : "BtreeCursor movie_id_1",
    "nscanned" : 2077,
    "nscannedObjects" : 2077,
    "n" : 2077,
    "millis" : 2,
    "indexBounds" : {
        "movie_id" : [
            [
                1,
                1
            ]
        ]
    }
}
```

이 결과를 보면 조회한 항목(도큐먼트) 개수가 1,000,209개(컬렉션 내 전체 도큐먼트 개수)에서 2,077 개(필터 조건에 부합하는 도큐먼트 개수)로 크게 줄어든 것을 분명히 알 수 있다. 이는 성능을 크게 개선 해준다. 알고리즘적으로 말하면 도큐먼트 검색이 선형적으로 확장되는 시간에서 일정 시간으로 줄어들 었다. 따라서 쿼리를 실행하는 전체 시간은 484ms에서 2ms로 줄었고, 이는 쿼리를 실행하는 시간을 99 퍼센트나 줄인 것이다.

쿼리 플랜 커서 값을 보면 movie_id_1 인덱스가 사용된 것을 분명히 알 수 있다. 내림차순으로 정렬된 키를 갖는 인덱스를 생성하고 이 쿼리와 쿼리 플랜을 다시 실행해보는 것도 좋다. 하지만 쿼리를 실행하 기 전에 ratings 컬렉션 내 인덱스 목록을 분석하고 특정 인덱스를 강제 적용하는 법부터 알아야 한다.

전체 인덱스의 목록, 정확하게는 인덱스의 배열을 가져오는 법은 간단하다. 이때는 다음과 같이 쿼리 하면 된다.

```
db.ratings.getIndexes();
```

movielens_indexes.txt ⬇

이제 오름차순과 내림차순으로 정렬된 movie_id에 대한 두 개의 인덱스와 기본 _id 인덱스가 있으므 로 인덱스 목록을 가져오면 다음과 같은 세 인덱스가 나온다. getIndexes의 출력 결과는 다음과 같다.

```
[
```

```
    {
        "name" : "_id_",
        "ns" : "mydb.ratings",
        "key" : {
            "_id" : 1
        }
    },
    {
        "_id" : ObjectId("4d02ef30e63c3e677005636f"),
        "ns" : "mydb.ratings",
        "key" : {
            "movie_id" : -1
        },
        "name" : "movie_id_-1"
    },
    {
        "_id" : ObjectId("4d032faee63c3e6770056370"),
        "ns" : "mydb.ratings",
        "key" : {
            "movie_id" : 1
        },
        "name" : "movie_id_1"
    }
]
```

앞에서 이미 다음 명령을 사용해 내림차순으로 movie_id에 대한 인덱스를 생성한 바 있다.

```
db.ratings.ensureIndex({ movie_id:-1 });
```

movielens_indexes.txt ↻

필요하다면 hint 메서드를 사용해 쿼리가 특정 인덱스를 사용하게끔 강제 지정할 수 있다. 'Toy Story (1995)'와 관련한 별점을 가져올 때 movie_id에 대한 내림차순 인덱스를 강제 적용하려면 다음과 같이 쿼리하면 된다.

```
db.ratings.find({ movie_id:1 }).hint({ movie_id:-1 });
```

movielens_indexes.txt ↻

쿼리를 실행하고 나면 잠시 후 쿼리 플랜을 확인해 어떤 인덱스가 사용됐고 성능이 어떤지 확인할 수

있다. movie_id에 대한 내림차순 인덱스를 사용한 앞의 쿼리에 대한 쿼리 플랜은 다음과 같이 접근할
수 있다.

```
db.ratings.find({ movie_id:1 }).hint({ movie_id:-1 }).explain();
```

movielens_indexes.txt ⬇

이 쿼리 플랜의 결과는 다음과 같다.

```
{
    "cursor" : "BtreeCursor movie_id_-1",
    "nscanned" : 2077,
    "nscannedObjects" : 2077,
    "n" : 2077,
    "millis" : 17,
    "indexBounds" : {
        "movie_id" : [
            [
                1,
                1
            ]
        ]
    }
}
```

이 결과를 보면 movie_id_-1를 통해 movie_id에 대한 내림차순 인덱스가 사용된 것을 확인할 수 있
다. 또 오름차순 인덱스와 마찬가지로 내림차순 인덱스도 2,077개의 항목만 접근하는 것도 알 수 있다.

그런데 이 결과에는 한 가지 이상한 점이 있다. 인덱스를 사용하고 몇 개의 도큐먼트만 스캔했음에도
결과셋을 반환하는 데 17밀리초가 걸린 것이다. 이 시간은 테이블 스캔에 걸린 484밀리초보다는 훨씬
짧지만 오름차순 인덱스를 사용해 결과셋을 반환할 때 걸린 2밀리초보다는 훨씬 길다. 이는 아마도 이
경우 movie_id가 1이고 오름차순 목록의 처음에 있으며 이전 쿼리로부터 결과를 캐싱했기 때문일 것이
다. 오름차순 인덱스가 리스트의 앞에 있는 도큐먼트에 접근할 때 항상 내림차순 인덱스보다 성능이 좋
은 것은 아니다. 마찬가지로 내림차순 인덱스도 리스트의 끝에 있는 도큐먼트에 접근할 때 오름차순 인
덱스보다 성능이 좋지는 않다. 대부분의 경우 특히 중간쯤에 있는 항목의 경우 두 인덱스 방식 모두 동
일한 성능을 보인다. 이런 성능을 테스트해 보려면 movie_id가 양 끝에 있는 영화에 대한 별점을 두 인
덱스를 사용해 검색해보면 된다.

ratings 컬렉션의 movie_id 필드(또는 속성)는 movies 컬렉션의 _id 필드에 대응된다. _id 필드 (및 movie_id 필드도 마찬가지)는 정수 값을 갖고 있으므로 내림차순 정렬된 리스트의 가장 위에서 movie_id를 찾으면 movies 컬렉션의 _id 필드 중 최댓값을 찾는 것과 같다. movies 컬렉션의 _id 중 최 댓값을 찾는 방법 중 하나는 다음과 같이 내림차순으로 정렬하는 것이다.

```
db.movies.find().sort({ _id:-1 });
```

movielens_indexes.txt

자바스크립트 콘솔에서는 한 번에 20개의 도큐먼트만 반환하므로 한눈에 최댓값(3,952)을 알 수 있 다. 이 쿼리를 언어 API나 다른 메커니즘을 사용해 실행한다면 결과 내 항목 개수를 제한하는 게 좋다. 여기서는 한 개의 항목만 필요한 만큼 다음과 같이 쿼리를 실행하면 된다.

```
db.movies.find().sort({ _id:-1 }).limit(1);
```

movielens_indexes.txt

> 내림차순으로 정렬한 목록 중 최상위 항목을 반환하면서 왜 findOne 메서드를 사용하지 않고 limit 메서드를 사용했는지 궁금한 독자도 있을 것이다. 하지만 findOne 메서드는 정렬된 목록에 서는 제대로 동작하지 않는다. 그 이유는 findOne은 한 개의 도큐먼트만 반환할 수 있고 한 개의 도큐먼트를 정렬한다는 건 전혀 의미가 없기 때문이다. 그에 반해 limit 메서드는 최종 결과만을 특 정 결과셋의 서브셋으로 제한한다.

movie_id 3952는 The Contender, (2000)에 해당한다. 영화 The Contender에 대한 별점을 가져오려 면 movie_id에 대한 오름차순 또는 내림차순 정렬된 인덱스를 사용하면 된다. 여기서는 두 인덱스가 경 계 조건을 만족하는 항목에 대해 어떤 성능을 보이는지 분석하는 게 목적인 만큼 두 인덱스를 모두 차 례로 사용한다. 그런 다음 두 경우 모두 쿼리 플랜을 실행한다. 오름차순 정렬된 movie_id 인덱스에 대 한 쿼리 및 쿼리 플랜 명령은 다음과 같다.

```
db.ratings.find({ movie_id:3952 }).hint({ movie_id:1 });
db.ratings.find({ movie_id:3952 }).hint({ movie_id:1 }).explain();
```

movielens_indexes.txt

쿼리 플랜의 결과는 다음과 같다.

```
{
    "cursor" : "BtreeCursor movie_id_1",
    "nscanned" : 388,
    "nscannedObjects" : 388,
    "n" : 388,
    "millis" : 2,
    "indexBounds" : {
        "movie_id" : [
            [
                3952,
                3952
            ]
        ]
    }
}
```

내림차순 정렬된 **movie_id** 인덱스에 대한 쿼리 및 쿼리 플랜은 다음과 같다.

```
db.ratings.find({ movie_id:3952 }).hint({ movie_id:-1 });
db.ratings.find({ movie_id:3952 }).hint({ movie_id:-1 }).explain();
{
    "cursor" : "BtreeCursor movie_id_-1",
    "nscanned" : 388,
    "nscannedObjects" : 388,
    "n" : 388,
    "millis" : 0,
    "indexBounds" : {
        "movie_id" : [
            [
                3952,
                3952
            ]
        ]
    }
}
```

movielens_indexes.txt ⬇

이들 쿼리를 여러 번 실행해보면 양 극단에 있는 값이 해당 위치에서 시작하는 인덱스로부터 항상 이득을 보지는 않는다는 이론이 사실임을 알 수 있다. 하지만 쿼리 플랜의 결과는 멱등성이 성립하지 않음을 명심해야 한다. 즉, 매번 실행할 때마다 출력 결과는 다를 수 있다. 예를 들어 값이 캐싱됨에 따라 재실행 시 내부 데이터 구조에 접근하지 않을 수도 있다. 또 movies 컬렉션처럼 작은 데이터셋의 경우 차이는 크지 않으며 때로는 I/O처럼 쿼리와 관련 없는 연산 부담이 응답 시간에 큰 영향을 미친다. 하지만 일반적으로, 그리고 특히 데이터셋이 크다면 쿼리하는 항목에 유리한 정렬 순서를 사용하는 게 좋다.

때로는 컬렉션을 여러 번 수정한 후 인덱스를 재구성할 필요가 있다. ratings 컬렉션에 대한 전체 인덱스를 모두 재생성하려면 다음 명령을 실행하면 된다.

```
db.ratings.reIndex();
```

movielens_indexes.txt

또는 인덱스를 재지정하기 위해 runCommand를 사용해도 된다.

```
db.runCommand({ reIndex:'ratings' });
```

movielens_indexes.txt

컬렉션의 크기가 크게 바뀌었거나 인덱스가 비정상적으로 많은 디스크 공간을 차지하는 경우가 아니라면 보통 인덱스 재구성은 필요하지 않다.

때로는 기존에 존재하는 인덱스를 재구성하는 대신 기존 인덱스를 드롭하고 새 인덱스를 생성하는 게 좋다. 인덱스는 dropIndex 명령을 사용해 드롭할 수 있다.

```
db.ratings.dropIndex({ movie_id:-1 });
```

movielens_indexes.txt

이 명령은 내림차순으로 정렬된 movie_id 인덱스를 드롭한다. 또 필요에 따라 전체 인덱스를 드롭할 수도 있다. 전체 인덱스(_id 필드의 인덱스 제외)는 다음과 같이 드롭할 수 있다.

```
db.ratings.dropIndexes();
```

movielens_indexes.txt

복합 키와 임베디드 키

지금까지 단일 필드 또는 속성에 대한 인덱스만 생성했다. 그런데 여러 필드를 포함하는 복합 인덱스도 생성할 수 있다. 예를 들어 movie_id와 ratings 필드 모두에 대한 인덱스를 생성할 수 있다. 이런 인덱스를 생성하려면 다음 명령을 사용하면 된다.

```
db.ratings.ensureIndex({ movie_id:1, rating:-1 });
```

movielens_indexes.txt

이 명령은 movie_id(오름차순 정렬) 및 rating(내림차순 정렬)에 대한 복합 인덱스를 생성한다. 이 경우 movie_id와 rating에 대해 내림차순과 오름차순을 조합한 세 가지 인덱스를 더 생성할 수 있다. 이들 네 가지 인덱스 조합은 두 키의 오름차순 및 내림차순 정렬 방식의 조합 가능성 덕분이다. 정렬 순서는 정렬을 포함하는 쿼리 및 범위 쿼리에 영향을 주는 만큼 컬렉션에 대한 복합 인덱스를 정의할 때는 순서를 염두에 둬야 한다.

movie_id와 rating을 포함하는 복합 인덱스는 이들 두 키와 일치하는 도큐먼트 및 첫 번째 키(movie_id)하고만 일치하는 도큐먼트를 조회할 때 사용할 수 있다. 이 인덱스를 사용해 movie_id만을 기준으로 도큐먼트를 필터링할 때는 movie_id에 단일 필드 인덱스를 사용할 때와 동작 방식이 비슷하다.

복합 키에 두 개의 키만 사용할 수 있는 것은 아니다. 즉 원하는 키는 얼마든지 포함시켜도 된다. movie_id, rating, user_id에 대한 복합 인덱스는 다음과 같이 생성할 수 있다.

```
db.ratings.ensureIndex({ movie_id:1, rating:-1, user_id:1 });
```

movielens_indexes.txt

이 인덱스는 다음 중 임의의 조합을 쿼리하는 데 사용할 수 있다.

- `movie_id, rating, user_id`
- `movie_id, rating`
- `movie_id`

복합 인덱스는 중첩(또는 임베디드) 필드도 포함할 수 있다. 중첩 필드를 포함하는 복합 쿼리를 살펴보기 전에 중첩 필드를 포함하는 단일 인덱스를 생성하는 법부터 알아보자. 예제를 위해 여기서는 사람 컬렉션(people2)을 사용한다. people2 컬렉션의 요소는 다음과 같다.

앞에서 이미 people이란 컬렉션이 있었으므로 이번에는 두 번째 컬렉션의 이름을 people2로 지정했다. 원한다면 다른 이름으로 컬렉션 이름을 지정해도 된다.

```
{
    "_id" : ObjectId("4d0688c6851e434340b173b7"),
    "name" : "joe",
    "age" : 27,
    "address" : {
        "city" : "palo alto",
        "state" : "ca",
        "zip" : "94303",
        "country" : "us"
    }
}
```

address 필드 내 **zip** 필드에 대한 인덱스는 다음과 같이 생성할 수 있다.

```
db.people2.ensureIndex({ "address.zip":1 });
```

movielens_indexes.txt ↻

이번에는 name 및 address.zip 필드에 대한 복합 인덱스를 생성해보자.

```
db.people2.ensureIndex({ name:1, "address.zip":1 });
```

movielens_indexes.txt ↻

다음과 같이 전체 하위 도큐먼트를 인덱스의 키로 지정해 address 필드에 대해 단일 인덱스만 생성할 수도 있다.

```
db.people2.ensureIndex({ address:1 });
```

movielens_indexes.txt ↻

이렇게 하면 도큐먼트의 zip 필드뿐 아니라 전체 도큐먼트를 인덱싱한다. 이런 인덱스는 예컨대 컬렉션의 서브셋을 조회할 때 쿼리 도큐먼트로 전체 도큐먼트를 넘겨주는 데 사용할 수 있다.

몽고디비 컬렉션 필드는 도큐먼트 대신 배열을 포함할 수도 있다. 이런 필드에 대해서도 인덱스를 생성할 수 있다. 이번에는 배열 속성을 인덱싱하는 법을 보기 위해 또 다른 orders 컬렉션 예제를 살펴보자. orders 컬렉션의 요소는 다음과 같다.

```
{
    "_id" : ObjectId("4cccff35d3c7ab3d1941b103"),
    "order_date" : "Sat Oct 30 2010 22:30:12 GMT-0700 (PDT)",
    "line_items" : [
        {
            "item" : {
                "name" : "latte",
                "unit_price" : 4
            },
            "quantity" : 1
        },
        {
            "item" : {
                "name" : "cappuccino",
                "unit_price" : 4.25
            },
            "quantity" : 1
        },
        {
            "item" : {
                "name" : "regular",
                "unit_price" : 2
            },
            "quantity" : 2
        }
    ]
}
```

이때는 line_items를 사용해 인덱스를 생성할 수 있다.

```
db.orders.ensureIndex({ line_items:1 });
```

movielens_indexes.txt

인덱싱한 필드가 배열을 포함하면 배열 내 각 항목이 인덱스에 추가된다. 더불어 line_items 배열의 item 속성을 통해 인덱싱할 수도 있다.

```
db.orders.ensureIndex({ "line_items.item":1 });
```

movielens_indexes.txt

또 여기서 한 걸음 더 나아가 다음과 같이 line_items 배열에 포함된 item 도큐먼트의 name 속성을 통해 인덱싱할 수도 있다.

```
db.orders.ensureIndex({ "line_items.item.name":1 });
```

movielens_indexes.txt ⏻

이 경우 다음과 같이 중첩 필드인 name을 통해 결과를 조회할 수 있다.

```
db.orders.find({ "line_items.item.name":"latte" });
```

movielens_indexes.txt ⏻

쿼리 플랜을 실행해 쿼리에 사용된 커서 값이 중첩 인덱스를 사용했음을 나타내는 BtreeCursor line_items.item.name_1인지 확인하자.

고유 인덱스 및 희소 인덱스의 생성

이제 몽고디비가 효율적인 쿼리 성능을 위해 도큐먼트를 인덱싱하는 다양한 옵션을 제공한다는 사실을 확실히 알 수 있을 것이다. 인덱스는 쿼리 성능을 개선할 뿐 아니라 제약을 부여하는 역할도 수행할 수 있다.

희소 인덱스는 다음과 같이 명시적으로 지정해 생성할 수 있다.

```
db.ratings.ensureIndex({ movie_id:1 }, { sparse:true });
```

movielens_indexes.txt ⏻

희소 인덱스는 인덱스를 찾을 수 없는 필드가 들어 있는 도큐먼트를 완전히 무시하고 인덱스에서 제외함을 뜻한다. 때로는 이런 동작 방식이 적절할 수도 있지만 희소 인덱스는 컬렉션 내 모든 도큐먼트를 참조하지 않을 수 있다는 점을 염두에 둬야 한다.

몽고디비는 고유 인덱스를 생성할 수 있는 기능도 제공한다. movies 컬렉션 내 title 필드에 대한 고유 인덱스는 다음과 같이 생성할 수 있다.

```
db.movies.ensureIndex({ title:1 }, { unique:true });
```

movielens_indexes.txt ⏻

movies 컬렉션 내에는 제목이 같은 항목이 두 개 이상 없지만, 만일 제목이 같은 항목이 두 개 이상 있다면 첫 번째 항목 다음에 나오는 모든 중복 항목을 드롭하게끔 명시적으로 지정하지 않는 한 고유 인덱스를 생성할 수 없다. 이와 같은 명시적인 지정은 다음과 같이 할 수 있다.

```
db.movies.ensureIndex({ title:1 }, { unique:true, dropDups : true });
```

movielens_indexes.txt ↻

컬렉션에 포함된 도큐먼트가 인덱싱된 필드에 대해 값을 갖고 있지 않을 경우, 값이 없는 자리에 **null** 값이 삽입된다. 희소 인덱스와 달리 이때는 도큐먼트를 건너뛰지 않는다. 또 인덱싱된 필드에서 두 개의 도큐먼트가 빠져 있다면 첫 번째 도큐먼트만 저장하고 나머지는 컬렉션에서 무시한다.

키 기반 검색과 멀티키

지금까지 몽고디비의 인덱스에 대해 많은 내용을 설명했다. 이로써 핵심 개념은 모두 다뤘으며, 미묘한 차이점은 예시를 통해 살펴봤다. 이 절을 마무리하고 다음 도큐먼트 데이터베이스인 카우치디비로 넘어가기 전에 마지막 예제를 살펴보자. 이 예제는 텍스트 필드를 대상으로 한 정규식 기반 검색에 대한 예제다. 이 장에서는 앞서 토이 스토리에 대응되는 영화 ID를 검색하면서 다음 쿼리를 사용했다.

```
db.movies.find({title: /Toy Story/i});
```

그런 다음 쿼리 플랜을 실행해 3,883개의 도큐먼트를 스캔해 응답을 6밀리초만에 가져왔음을 배웠다. movies 컬렉션의 크기는 작으므로 테이블 스캔을 하더라도 비용이 크지 않다. 하지만 이 쿼리를 대규모 컬렉션을 대상으로 실행하면 속도가 훨씬 느려진다.

쿼리 성능을 개선하려면 다음과 같이 인덱스를 생성하면 된다.

```
db.movies.ensureIndex({ title:1 });
```

하지만 때로는 전통적인 인덱스를 생성하는 것만으로는 충분하지 않다. 특히 정규식에 의존하지 않고 전체 텍스트 검색을 해야 할 때가 이런 경우에 해당한다. 값 배열을 포함하는 필드도 인덱싱할 수 있다는 사실은 앞에서 이미 배웠다. 이런 경우 몽고디비는 배열 내 고유 값마다 하나씩 멀티키를 생성한다. 예를 들어 각 요소가 다음과 같이 **blogposts**라는 컬렉션을 저장한다고 가정하자.

```
{
    "_id" : ObjectId("4d06bf4c851e434340b173c3"),
    "title" : "NoSQL Sessions at Silicon Valley Cloud Computing Meetup in January
2011",
    "creation_date" : "2010-12-06",
```

```
    "tags" : [
        "amazon dynamo",
        "big data",
        "cassandra",
        "cloud",
        "couchdb",
        "google bigtable",11 10:07:48 AM
        "hbase",
        "memcached",
        "mongodb",
        "nosql",
        "redis",
        "web scale"
    ]
}
```

이 경우 tags 필드에 대한 멀티키 인덱스는 다음과 같이 생성할 수 있다.

```
db.blogposts.ensureIndex({ tags:1 });
```

여기까지는 다른 인덱스와 다를 바 없지만, 이제 다음과 같이 아무 태그 값 중 하나를 기준으로 쿼리할 수 있다.

```
db.blogposts.find({ tags:"nosql" });
```

이 기능은 완전한 키워드 기반 검색을 구축할 때 사용할 수 있다. 이 경우 태그와 마찬가지로 키워드도 필드 내 배열 값으로 저장해야 한다. 키워드 자체를 추출하는 일은 몽고디비가 자동으로 해주지 않는다. 이런 시스템은 우리가 직접 개발해야 한다.

대규모의 배열을 유지하고 큰 배열을 포함하는 수많은 도큐먼트를 쿼리하다 보면 데이터베이스의 성능 저하가 일어날 수 있다. 느린 쿼리를 찾아내고 사전에 수정하려면 몽고디비 데이터베이스의 프로파일러를 사용하면 된다. 사실 프로파일러를 사용하면 모든 작업의 로그를 남길 수 있다.

프로파일러에서는 다음과 같은 세 레벨을 정의할 수 있다.

- 0 : 프로파일러를 비활성화
- 1 : 느린 작업(100밀리초보다 오래 걸리는)을 로깅
- 2 : 모든 작업을 로깅

모든 작업을 로깅하려면 다음과 같이 프로파일러 레벨을 2로 설정하면 된다.

```
db.setProfilingLevel(2);
```

프로파일러 로그 자체도 몽고디비 컬렉션으로 조회할 수 있다. 이런 로그를 보려면 다음 쿼리를 사용하면 된다.

```
db.system.profile.find();
```

지금까지 이 책의 내용을 따라왔다면 몽고디비와 관련한 인덱싱 및 정렬에 대해 이론적으로 배워야 할 사항은 거의 전부 배운 셈이다. 다음으로 컬렉션에서 데이터에 접근할 때 최적으로 성능을 조율하는 데 사용할 만한 툴을 살펴보자.

카우치디비의 인덱싱 및 정렬

앞서 카우치디비의 RESTful 쿼리 메커니즘을 살펴본 바 있다. 이번에는 쿼리를 개선하기 위해 값이 어떻게 인덱싱되는지 좀 더 자세히 살펴본다. 몽고디비와 달리 카우치디비의 인덱싱 기능은 자동으로 수행되며, 수정 후 처음으로 데이터셋을 읽을 때 모든 데이터셋에 대해 트리거된다.

이를 좀 더 깊이 있게 이해하려면 카우치디비의 데이터 접근 방식을 살펴봐야 한다. 카우치디비는 맵리듀스 방식의 데이터 조작 방식을 따른다.

컬렉션 데이터를 기반으로 키/값 쌍을 반환하는 **map** 함수는 뷰 결과를 생성한다. 이런 뷰에 처음 접근할 때는 이 데이터로부터 B 트리 인덱스가 생성된다. 이후 데이터를 쿼리할 때는 B 트리 인덱스로부터 데이터를 반환하고 내부 데이터는 건드리지 않는다. 이 말은 첫 번째 쿼리 이후로 항상 B 트리 인덱스를 활용한다는 뜻이다.

카우치디비의 B 트리 인덱스

B 트리 인덱스는 대용량 데이터에 맞춰 쉽게 확장된다. 데이터 규모가 크게 성장하더라도 B 트리의 높이(height)는 한 자릿수에 머물며, 빠른 데이터 조회를 가능하게 한다. 카우치디비에서 B 트리 구현체는 다중 버전 동시 제어 및 첨부 전용 설계(append-only design) 같은 특화된 기능을 갖고 있다.

다중 버전 동시 제어(MVCC)는 배타적인 락을 사용하지 않고 여러 읽기 및 쓰기 작업이 병렬적으로 일어날 수 있음을 뜻한다. MVCC의 가장 단순한 형태는 깃허브 같은 분산 소프트웨어 버전 관리 시스템에서 볼 수 있다. 모든 쓰기 작업은 순차적으로 이뤄지며, 읽기는 쓰기 작업의 영향을 받지 않는다.

카우치디비는 가장 최신 리비전 값을 갖고 있는 _rev 속성을 갖고 있다. 낙관적 락과 마찬가지로 읽기 및 쓰기는 _rev 값을 기반으로 조율된다.

따라서 각 버전은 클라이언트가 데이터를 읽기 시작할 때의 최신 버전이다. 도큐먼트를 수정하거나 삭제하면 뷰 결과의 인덱스가 업데이트된다.

 카우치디비-루씬 프로젝트(https://github.com/rnewson/couchdb-lucene)는 오픈소스 검색 엔진인 루씬과 카우치디비를 활용해 전체 텍스트 검색 기능을 제공한다.

아파치 카산드라의 인덱싱

HBase 및 하이퍼테이블 같은 칼럼 지향 데이터베이스는 기본 행 키 기반 순서 및 인덱스를 갖고 있다. 보통 이들 데이터베이스에서는 칼럼 값에 대한 인덱스(종종 2차 인덱스라고 부름)를 바로 사용할 수 없다. HBase는 2차 인덱스에 대한 최소한의 지원 기능을 일부 갖추고 있다. 하이퍼테이블은 버전 1.0이 출시되는 시점(올해 말쯤)에 2차 인덱스를 지원할 예정이다.

아파치 카산드라는 칼럼 지향 데이터베이스와 순수 키/값 데이터 저장소 사이의 하이브리드 제품이다. 카산드라는 구글 빅테이블과 아마존 다이나모의 개념을 모두 차용한다. 카산드라는 칼럼 지향 데이터베이스처럼 행 키 기반 순서와 인덱스를 기본으로 지원한다. 더불어 2차 인덱스도 지원한다.

카산드라의 2차 인덱스 지원 기능을 간단한 예제를 통해 살펴보자. 앞서 2장에서 CarDataStore 키스페이스와 Cars 칼럼 패밀리를 사용한 카산드라 데이터베이스 예제를 기억할 것이다. 이 장에서 2차 인덱스 지원 기능을 설명할 때도 이 예제를 다시 살펴본다.

예제를 따라 하려면 먼저 카산드라 설치 폴더의 bin 디렉터리에서 cassandra 프로그램을 사용해 카산드라 서버를 시작한다. 그런 다음 CLI를 사용해 다음과 같이 카산드라에 접속한다.

```
PS C:\applications\apache-cassandra-0.7.4> .\bin\cassandra-cli -host localhost
Starting Cassandra Client
Connected to: "Test Cluster" on localhost/9160
Welcome to cassandra CLI.
Type 'help;' or '?' for help. Type 'quit;' or 'exit;' to quit.
```

2장의 예제를 따라 했다면 CarDataStore가 이미 로컬 데이터베이스에 들어 있을 것이다. CarDataStore가 들어 있지 않다면 2장을 살펴보고 필요에 따라 키스페이스와 칼럼 패밀리를 설정한다. 설정을 마치면 다음과 같이 CarDataStore를 현재 키스페이스로 설정한다.

```
[default@unknown] use CarDataStore;
Authenticated to keyspace: CarDataStore
```

이어서 다음 명령을 사용해 앞서 추가한 데이터가 로컬 카산드라 데이터 저장소에 존재하는지 확인한다.

```
[default@CarDataStore] get Cars['Prius'];
=> (column=make, value=746f796f7461, timestamp=1301824068109000)
=> (column=model, value=70726975732033, timestamp=1301824129807000)
Returned 2 results.
```

Cars 칼럼 패밀리는 make와 model이라는 두 개의 칼럼을 갖고 있다. make 칼럼에 들어 있는 값을 좀 더 효과적으로 조회하려면 이 칼럼의 값에 대해 2차 인덱스를 생성해야 한다. 이 칼럼은 이미 존재하므로 여기서는 인덱스를 포함하게끔 칼럼 정의를 수정하면 된다. 칼럼 패밀리 및 칼럼 정의 업데이트는 다음과 같이 할 수 있다.

```
[default@CarDataStore] update column family Cars with comparator=UTF8Type
...      and column_metadata=[{column_name: make, validation_class: UTF8Type,
index_type: KEYS},
...      {column_name: model, validation_class: UTF8Type}];
9f03d6cb-7923-11e0-aa26-e700f669bcfc
Waiting for schema agreement...
... schemas agree across the cluster
```

cassandra_secondary_index.txt 🔱

이 update 명령은 make 칼럼에 대한 인덱스를 생성한다. 인덱스의 타입은 KEYS 타입이다. 카산드라는 키/값 쌍으로 이뤄진 단순 해시를 모방한 KEYS 타입을 정의한다.

이제 make 값이 toyota인 값을 모두 조회해보자. 다음과 같이 SQL과 유사한 구문을 사용한다.

```
[default@CarDataStore] get Cars where make = 'toyota';
-------------------
RowKey: Prius
=> (column=make, value=toyota, timestamp=1301824068109000)
=> (column=model, value=prius 3, timestamp=1301824129807000)
```

```
-------------------
RowKey: Corolla
=> (column=make, value=toyota, timestamp=1301824154174000)
=> (column=model, value=le, timestamp=1301824173253000)
2 Rows Returned.
```

cassandra_secondary_index.txt

이번에는 또 다른 쿼리를 테스트해 보되, model 값이 prius 3인 데이터로만 Cars를 필터링해 보자.

```
[default@CarDataStore] get Cars where model = 'prius 3';
No indexed columns present in index clause with operator EQ
```

cassandra_secondary_index.txt ↻

make를 통해 필터링한 쿼리는 매끄럽게 동작하지만 model로 필터링한 쿼리는 제대로 동작하지 않는다. 이렇게 되는 이유는 make에 대한 인덱스만 있고 model에 대한 인덱스는 없기 때문이다. 이번에는 make와 model을 결합해 다음과 같은 쿼리를 실행해 보자.

```
[default@CarDataStore] get Cars where model = 'prius 3' and make = 'toyota';
-------------------
RowKey: Prius
=> (column=make, value=toyota, timestamp=1301824068109000)
=> (column=model, value=prius 3, timestamp=1301824129807000)
1 Row Returned.
```

cassandra_secondary_index.txt ↻

이번에는 필터 중 최소 한 개가 인덱싱된 값을 갖고 있으므로 인덱스가 다시 제대로 동작한다. 이 예제에서는 칼럼에 숫자 값을 갖고 있지 않으므로 ~보다 큰이나 ~보다 작은 필터는 사용할 수 없다. 하지만 이런 비동등 연산자 기반 쿼리에 대해 필터를 활용하고 싶어도 이를 수행할 수 없다. 현재 KEYS 인덱스는 범위 쿼리를 수행할 수 있는 기능이 없다. 인덱스를 통한 범위 쿼리는 향후 카산드라가 B 트리 또는 유사한 인덱스 타입을 포함하게 되면 지원할 수 있을 것이다. 기초적인 KEYS 인덱스만으로는 범위 쿼리에 불충분하다.

정리

이 장에서는 몽고디비에서 도큐먼트와 필드를 인덱싱하는 법을 자세히 살펴봤다. 또 카우치디비의 자동 뷰 인덱싱에 대해서도 배웠다. 이 장에서 다룬 중요한 내용 중 하나는 두 데이터베이스 모두 인덱스를 지원하고 이들 인덱스가 관계형 데이터베이스의 인덱스와 크게 다르지 않다는 점이다.

또 이 장에서는 몽고디비의 배열이 어떤 식으로 멀티키로 인덱싱되는지와 카우치디비가 마지막으로 데이터를 읽은 후 변경된 전체 도큐먼트의 자동 인덱싱을 어떻게 처리하는지도 살펴봤다.

더불어 도큐먼트 데이터베이스의 인덱스뿐 아니라 인기 있는 칼럼 패밀리 데이터베이스인 아파치 카산드라의 인덱싱 기능도 살펴봤다.

## 09

트랜잭션 관리 및 데이터 정합성

· ACID 트랜잭션의 기본 이해
· 분산 시스템에서의 트랜잭션 보장 적용
· 브루어의 CAP 이론 이해
· NoSQL 제품의 트랜잭션 지원 살펴보기

NoSQL 세계에서 트랜잭션 및 데이터 정합성을 이해하는 가장 좋은 방법은 먼저 익숙한 RDBMS 환경에서 해당 개념을 복습하는 것이다. 기본적인 트랜잭션 개념과 어휘를 정립하고 한두 개의 사용 사례까지 살펴보면 트랜잭션 개념이 대규모 분산 환경(NoSQL을 십분 활용하는)에서 어떤 과제를 안고 있는지 좀 더 쉽게 이해할 수 있다.

모든 NoSQL 제품이 트랜잭션 및 데이터 정합성에 대해 같은 견해를 갖고 있는 것은 아니다. 따라서 대규모 분산 시스템에서의 트랜잭션 정합성에 대해 보편적으로 기대하는 바를 살펴본 후, 개별 제품에서 트랜잭션 정합성이 어떻게 구현되는지 확인하는 게 중요하다. 이 장에서 이 주제를 다룰 때도 바로 이 접근 방식을 사용한다.

그럼 우선 ACID부터 시작하자.

RDBMS와 ACID

원자성, 일관성, 격리성, 지속성의 약어인 ACID는 데이터베이스 시스템에서 최고 수준의 트랜잭션 정합성을 정의하는 황금률이 됐다. 약어에서 암시하듯 이 안에는 다음과 같은 의미가 내포돼 있다.

- **원자성** : 트랜잭션 작업이 완전히 성공하거나 완전히 실패한다. 두 상태 사이에서 일관적이지 않은 것은 아무것도 받아들이지 않는다. 이 속성을 잘 보여주는 예로 계좌 A에서 또 다른 계좌 B로 자금을 송금하는 경우를 들 수 있다. 만일 100달러를 A 계좌에서 B 계좌로 송금해야 한다면 A 계좌에서는 100달러를 인출해 B 계좌로 입금해야 한다. 이는 논리적으로 이 과정에 두 단계가 포함됨을 뜻한다. 바로 A 계좌에서의 인출과 B 계좌로의 입금이다. 원자성은 어떤 이유에서든 A 계좌에서의 인출이 성공하고 B 계좌로의 입금이 실패한 경우 전체 작업을 롤백하고 작업을 비일관적인 상태(A 계좌에서는 인출됐지만 B 계좌로는 입금되지 않은)로 남기지 않는다.

- **일관성** : 일관성은 데이터가 미리 정해진 제약이나 규칙을 위반할 경우 영속화될 수 없음을 뜻한다. 예를 들어 특정 필드가 정수 값을 갖고 있어야 한다면 float 값은 받아들일 수 없거나 가장 가까운 정수로 바꾼 후 저장된다. 일관성은 종종 원자성과 헷갈리기 쉽다. 또 RDBMS에서 일관성은 종종 고유성 제한, 데이터 타입 유효성 검증, 참조 무결성과 관련이 있다. 대규모 애플리케이션 시나리오에서는 데이터에 부여한 좀 더 복잡한 규칙까지 일관성에 포함시키기도 하지만, 이런 경우 일관성을 유지하는 작업은 대부분 애플리케이션에 맡긴다.

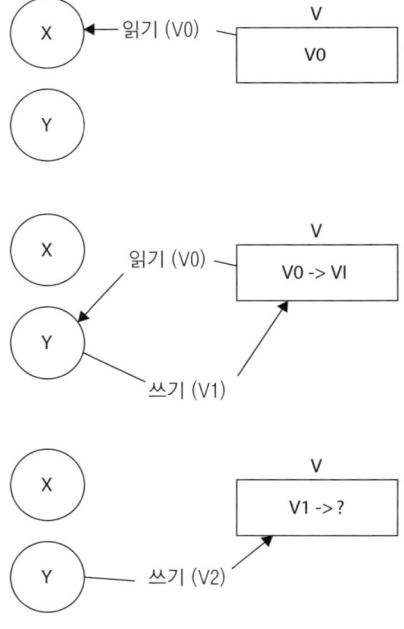

- **격리성** : 격리성은 데이터를 동시에 접근할 때 중요하다. 두 개의 독립적인 프로세스나 스레드가 같은 데이터셋을 수정한다면 서로 수정한 결과에 영향을 줄 가능성이 있다. 이 경우 요구 조건에 따라 두 프로세스나 스레드는 상호 격리될 수 있다. 예를 들어 X와 Y라는 두 프로세스가 초기 값이 10인 V 필드의 값을 수정한다고 가정하자. 이때 X가 V0을 읽고 값을 V1으로 업데이트하려고 하는데 작업을 마치기 전에 Y가 V0을 읽고 값을 V2로 업데이트했다. 이제 X가 V1 값을 쓰려고 보니 원본 값이 업데이트됐다는 사실을 알아낸다. 이 경우 이를 제어하지 않으면

그림 9-1

X는 Y가 쓴 값을 새 값으로 덮어쓰므로 적절하지 않다. 그림 9-1을 보면 여기서 말한 사용 사례를 시각적으로 확인할 수 있다. 격리성은 이런 불일치 현상을 피할 수 있게 해준다. 다양한 격리 수준 및 전략은 이어지는 절에서 설명한다.

■ 지속성 : 지속성은 트랜잭션 작업을 확인한 후에는 트랜잭션 작업이 보장됨을 뜻한다. 지속성이 문제가 되는 경우는 클라이언트 프로그램이 트랜잭션 작업이 성공했음을 확인했지만 시스템 오류로 인해 데이터가 저장소에 저장되지 못한 경우다. RDBMS는 종종 트랜잭션 로그를 유지한다. 트랜잭션은 트랜잭션 로그에 쓴 후에만 확인된다. 확인 및 데이터 영속화 사이에 시스템에 오류가 일어나면 트랜잭션 로그가 영속성 저장소와 동기화되어 시스템을 일관된 상태로 유지한다.

ACID 보장은 RDBMS에서는 널리 인식된 기능이며, 쉽게 기대할 수 있는 기능이다. 종종 RDBMS와 연동되는 애플리케이션 프레임워크 및 언어가 ACID 원칙을 전체 애플리케이션으로 확장하는 경우도 있다. 이는 전체 스택(즉 데이터베이스와 애플리케이션)이 단일 서버나 노드상에 있을 때는 잘 동작하지만 스택 구성 요소가 여러 노드로 분산되는 순간 복잡해지기 시작한다.

격리 수준과 전략

엄격한 격리 수준은 동시 접근에 직접적인 영향을 준다. 따라서 동시 처리를 허용하기 위해 종종 격리성 요구 조건을 느슨하게 하기도 한다. ISO/ANSI SQL 표준에서는 다양하고 점증적인 격리 수준을 제공하는 네 가지 격리 수준을 정의한다. 네 수준은 다음과 같다.

■ Read Uncommitted

■ Read Committed

■ Repeatable Read

■ Serializable

더불어 아무런 격리 수준도 적용하지 않은 상황을 다섯 번째 격리 수준으로 간주할 수 있다. 격리 수준은 예제를 통해 설명하면 이해하기 쉬우므로 여기서도 예제를 사용한다. 표 9-1에 보이는 데이터로 이뤄진 간단한 컬렉션(또는 RDBMS 세계의 테이블)이 있다고 가정하자.

표 9-1 격리 수준을 이해하기 위한 예제 데이터

ID	NAME	OCCUPATION	LOCATION (도시)
1	James Joyce	Author	New York
2	Hari Krishna	Developer	San Francisco
3	Eric Chen	Entrepreneur	Boston

이제 두 개의 독립적인 트랜잭션인 트랜잭션 1과 트랜잭션 2가 데이터셋을 동시에 수정한다. 순서는 다음과 같다.

1. 트랜잭션 1이 세트에 들어 있는 세 개의 데이터 포인트를 모두 읽는다.

2. 트랜잭션 2가 id가 2인 데이터 포인트를 읽고 Location(도시) 속성을 'San Francisco'에서 'San Jose'로 업데이트한다. 하지만 아직 변경사항을 커밋하지는 않는다.

3. 트랜잭션 1이 세트에 들어 있는 세 개의 데이터 포인트를 모두 다시 읽는다.

4. 트랜잭션 2가 2단계에서 수행한 업데이트를 롤백한다.

격리 수준에 따라 이 결과는 달라질 수 있다. 격리 수준이 Read Uncommitted로 설정됐다면 트랜잭션 1은 트랜잭션 2가 (2단계에서) 업데이트했지만 커밋하지 않은 변경사항을 3단계에서 볼 수 있다. 또 4단계에서는 이와 같이 커밋되지 않은 변경사항을 롤백할 수 있으며, 이와 같은 읽기 작업을 지저분한 읽기(dirty reads)라고 한다. 격리 수준을 이보다 좀 더 엄격한 다음 수준(Read Committed)으로 설정하면 트랜잭션 1은 3단계에서 데이터를 다시 읽을 때 커밋되지 않은 변경 사항을 보지 못한다.

이번에는 3단계와 4단계를 바꾸고 트랜잭션 2가 수정 사항을 커밋하는 상황을 고려해보자.

바뀐 상황에서의 진행 절차는 다음과 같다.

1. 트랜잭션 1이 세트에서 세 개의 데이터 포인트를 모두 읽는다.

2. 그런 다음 트랜잭션 2가 id가 2인 데이터 포인트를 읽고 이 데이터 항목의 Location(City) 속성을 'San Francisco'에서 'San Jose'로 업데이트한다. 하지만 아직 커밋은 하지 않는다.

3. 트랜잭션 2가 2단계에서 수행한 업데이트를 커밋한다.

4. 트랜잭션 1이 세트 내 세 개의 데이터 포인트를 모두 다시 읽는다.

Read Uncommitted 격리 수준은 이와 같은 단계 변화에 따른 영향을 받지 않는다. 이 격리 수준에서는 지저분한 읽기가 허용되므로 커밋한 업데이트는 아무 문제 없이 읽을 수 있다. 하지만 Read Committed의 동작 방식은 다르다. 이제 3단계에서 변경 사항을 커밋했으므로 트랜잭션 1은 4단계에서 업데이트된 데이터를 읽는다. 1단계에서의 읽기와 4단계에서의 읽기는 같지 않으므로 이 경우 반복 불가능한 읽기(no-repeatable read) 사례가 된다.

격리 수준을 Repeatable Read로 올리면 1단계에서의 읽기와 4단계에서의 읽기가 동일해진다. 다시 말해 트랜잭션 1과 트랜잭션 2가 모두 현재 같이 작업을 수행하고 있더라도 트랜잭션 1은 트랜잭션 2가 커밋한 업데이트로부터 격리된다. 이 격리 수준에서는 반복 가능한 읽기가 보장되지만 관련 레코드의 삽입 및 삭제가 일어날 수 있다. 이는 나중에 데이터를 읽을 때 데이터 항목이 포함되거나 배제되는 결과로 이어질 수 있으며, 종종 유령 읽기(phantom read)라고 부른다. 유령 읽기 사례를 보기 위해 새로운 순서로 트랜잭션 작업을 수행하는 시나리오를 살펴보자.

1. 트랜잭션 1이 id가 1과 5 사이(둘 다 경계 포함)인 모든 데이터 항목을 요청하는 범위 쿼리를 수행한다. 컬렉션 내에는 세 개의 데이터 포인트만 있으므로 이 조건을 만족하는 세 개의 데이터만 반환된다.

2. 트랜잭션 2가 다음 값을 사용해 새 데이터 항목을 삽입한다.
   ```
   {Id = 4, Name ='Jane Watson', Occupation = 'Chef', Location (City) = 'Atlanta'}.
   ```

3. 트랜잭션 2가 2단계에서 삽입한 데이터를 커밋한다.

4. 트랜잭션 1이 1단계의 범위 쿼리를 재실행한다.

이제 격리 수준을 Repeatable Read로 설정했으므로 1단계에서 트랜잭션 1로 반환된 데이터셋과 4단계에서 반환된 데이터셋은 같지 않다. 4단계에서는 원래 있던 세 개의 데이터 포인트에 id가 4인 데이터 항목이 추가된 것을 볼 수 있다. 유령 읽기 현상을 막으려면 읽기에 대해 범위 락을 포함시키고 가장 높은 격리 수준인 Serializable을 사용해야 한다. serializable이란 용어는 순차적인 처리 또는 트랜잭션의 직렬 순서를 의미하지만 항상 그런 것은 아니다. 하지만 한 트랜잭션이 데이터 범위에 대한 작업을 하는 동안은 다른 동시 트랜잭션은 차단한다. 일부 데이터베이스에서는 serializable 격리성을 구현하기 위해 스냅샷 격리 방식을 사용한다. 이런 데이터베이스는 시작할 때 스냅샷 격리 수준을 갖춘 트랜잭션을 제공하고 스냅샷 이후로 아무것도 변경되지 않은 경우에만 커밋을 허용한다.

높은 격리 수준을 활용하면 기아 현상 및 데드락의 가능성이 높아질 수 있다. 기아 현상은 한 트랜잭션이 다른 트랜잭션이 리소스를 사용하지 못하게끔 차단할 때 일어나고 데드락은 두 개의 동시 트랜잭션이 서로 작업을 마치고 리소스를 풀어주기를 기다릴 때 일어난다.

이로써 ACID 트랜잭션 개념과 격리 수준에 대해 복습했으니 이들 개념이 분산 시스템에서 어떻게 적용되는지 살펴보자.

분산 ACID 시스템

분산 시스템에 ACID 원칙이 적용되는지 여부를 제대로 이해하려면 먼저 분산 시스템의 속성을 살펴보고 이런 속성이 ACID 원칙으로부터 어떤 영향을 받는지 이해해야 한다.

분산 시스템은 다양한 모양, 크기, 형태로 존재하지만 전형적인 성격을 갖고 있으며 모두 유사한 문제에 노출돼 있다. 분산 시스템이 커지고 더 분산될수록 문제는 더 복잡해진다. 이와 더불어 시스템의 가용성이 높아야 한다면 문제의 어려움은 배가된다. 우선 그림 9-2에 나온 간단한 상황부터 고려해보자.

두 개의 애플리케이션이 각각 데이터베이스에 연결돼 있고 네 부분이 각기 다른 장비에서 실행되는 이런 간단한 상황에서도 ACID 원칙을 제공하기란 간단하지 않다. 분산 시스템에서는 오픈 XA 컨소시엄에서 내놓은 개념을 사용해 ACID 원칙을 적용한다. 오픈 XA 컨소시엄은 트랜잭션 매니저 또는 조율기를 통해 여러 트랜잭션적 리소스 사이에 분산된 트랜잭션을 관리해야 한다고 지정한다. 중앙 조율기를 사용하더라도 여러 데이터베이스 사

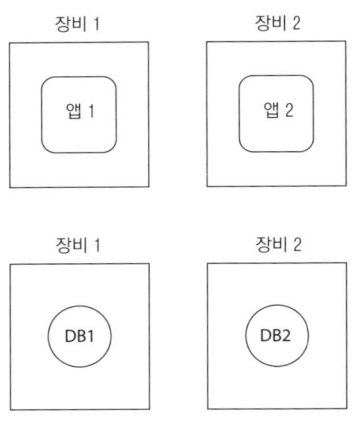

그림 9-2

이에서 격리성을 구현하기란 매우 어렵다. 이는 데이터베이스마다 격리성을 보장하는 방식이 다르기 때문이다. 2단계 락(및 변종인 SS2PL[Strong Strict Two-Phase Locking])과 2단계 커밋 같은 기술은 이런 상황을 개선하는 데 조금 도움이 된다. 하지만 이들 기술을 사용하면 결국 작업을 차단해야 하고 트랜잭션 내에서 하나의 일관된 상태에서 다른 상태로 데이터를 옮길 때 시스템의 일부 영역을 사용할 수 없게 된다. 오랜 시간이 걸리는 트랜잭션에서 XA 기반 분산 트랜잭션은 장시간 동안 리소스를 차단하는 게 현실적이지 않으므로 사용할 수 없다. 이에 대한 대안으로 작업 보상 전략 등을 사용하면 오랜 시간이 걸리는 분산 트랜잭션에서 트랜잭션의 신뢰성을 구현하는 데 도움이 된다.

2단계 락(2PL, Two-Phase Locking)은 첫 번째 단계에서만 락을 획득하고(릴리즈하지 않음) 2번째 단계에서만 락을 릴리즈(획득하지 않음)하는 분산 트랜잭션의 락 방식이다.

SS2PL은 commitment ordering이라고 하는 특수 기법이다. commitment ordering에 대한 자세한 정보는 다음 논문을 참고하자.

Yoav Raz (1992): "The Principle of Commitment Ordering, or Guaranteeing Serializability in a Heterogeneous Environment of Multiple Autonomous Resource Managers Using Atomic Commitment" (www.vldb.org/conf/1992/P292.PDF), Proceedings of the Eighteenth International Conference on Very Large Data Bases (VLDB), pp. 292–312, Vancouver, Canada, August 1992, ISBN 1-55860-151-1 (및 DEC-TR 841, Digital Equipment Corporation, November 1990).

2단계 커밋(2PC, Two-Phase Commit)은 트랜잭션 조율기가 첫 번째 단계에서 모든 트랜잭션 객체를 확인하고 두 번째 단계에서 실제 커밋 요청을 보내는 기법이다. 이렇게 하면 보통 첫 번째 단계에서 커밋 충돌을 확인하므로 부분적인 오류를 피할 수 있다.

오랜 시간이 걸리는 트랜잭션에서 리소스의 가용성을 확보해야 하는 문제는 높은 가용성을 요하는 시나리오에서도 등장한다. 이 문제는 특히 리소스 비가용성 및 부족에 대한 허용 한계가 낮을 때 핵심적인 문제가 된다.

분산 시스템에서 ACID 원칙을 보장하는 문제를 논리적으로 접근하려면 이런 시스템에서 다음 세 요소가 어떤 영향을 받는지 이해해야 한다.

- 일관성(Consistency)
- 가용성(Availability)
- 분할 지속성(Partition Tolerance)

일관성, 가용성, 분할 지속성(CAP)은 모두 브루어의 이론을 구성하는 세 축이다. 브루어의 이론은 대규모 확장 가능한 분산 시스템에서 트랜잭션 정합성과 관련한 현대 이론의 근간을 이룬다. 간단히 말해 브루어의 이론에서는 분산 또는 확장 시스템에서는 이들 세 요소(일관성, 가용성, 분할 지속성)를 한 번에 달성하기란 불가능하다. 즉 항상 다른 두 가지 요소를 위해 한 가지는 맞바꾸거나 희생해야 한다. 하지만 맞바꿀 대상에 대해 판단하기 전에 이들 세 요소의 의미를 좀 더 명확히 아는 게 중요하다.

일관성

일관성은 잘 정의된 용어는 아니지만, CAP에서는 주로 원자성 및 격리성과 관련이 있다. 일관성이란 동시 작업에서 유효하고 일관적인 데이터 상태에 똑같이 접근할 수 있는 일관적 읽기 및 쓰기를 의미한다. 이 경우 최소한 오래된 데이터에 접근하는 일은 없다.

ACID에서 일관성은 데이터가 미리 정한 제약을 만족하지 않을 경우 영속화되지 않음을 뜻한다. 이는 CAP에서의 일관성과는 다르다.

브루어의 이론은 에릭 브루어가 추측하고 2000년 분산 컴퓨의 원리(PODC)에 관한 심포지엄에서 기조 연설로 발표한 이론(www.cs.berkeley.edu/~brewer/cs262b-2004/PODC-keynote.pdf)이다. 브루어의 CAP 이론에 대한 개념은 UC 버클리와 잉크토미에서 수행한 그의 작업 과정에서 발전했다. 2002년 세스 길버트와 낸시 린치는 브루어의 추측을 증명했고 이후 브루어의 이론(또는 브루어의 CAP 이론)으로 불리게 됐다. 길버트의 린치의 증명에서는 일관성을 원자성으로 간주했다. 길버트와 린치의 증명은 'Brewer's Conjecture and the Feasibility of Consistent, Available, Partition-Tolerant Web Services'라는 제목으로 배포된 논문에서 볼 수 있으며, http://theory.lcs.mit.edu/tds/papers/Gilbert/Brewer6.ps를 통해 내용을 확인할 수 있다.

단일 노드 상황에서는 데이터베이스 ACID를 사용해 일관성을 달성할 수 있지만, 시스템 규모가 커지고 분산되면 상황이 복잡해진다.

가용성

가용성이란 필요한 시점에 시스템을 사용할 수 있음을 뜻한다. 당연히 분주하고, 통신하지 않거나, 접근했을 때 응답하지 않는 시스템은 가용적이지 않다. 어떤 사람들(특히 CAP 이론 및 그 중요성을 반박하는)은 약간의 지연이 있거나 최소한의 지체 현상이 있는 시스템도 여전히 가용적인 시스템이라고 주장한다. 하지만 CAP 이론에서의 정의는 명확하다. 시스템이 필요한 시점에 바로 요청에 반응할 수 없다면 시스템은 가용적이지 않다.

하지만 이와 별개로 많은 애플리케이션이 가용성을 어느 정도 희생할 수 있으며, 이는 애플리케이션에서 수용할 수 있는 교환 조건에 해당한다.

분할 지속성

병렬 처리 및 수평적 규모 확장은 검증된 방식이며 수직적 규모 확장과 거대 슈퍼컴퓨터 개발을 대신하는 확장성과 고성능을 위한 모델로 채택되고 있다.

지난 몇 년 동안 우리는 거대한 컴퓨터 기계를 개발하는 것은 비용이 비쌀 뿐 아니라 대부분의 경우 실용적이지 못하다는 사실을 깨달았다. 일반 하드웨어 유닛을 클러스터에 추가하고 이들 유닛이 같이 동작하게 하는 게 비용, 알고리즘, 리소스 면에서 효과적일 뿐 아니라 효율적인 해결책이다. 클라우드 컴퓨팅의 등장은 이 사실을 증명하고 있다.

두 가지 확장 전략과 관련한 교환 대가에 대해 알고 싶다면 참고에 나온 '수평적 확장과 분산 컴퓨팅의 오류'를 확인하자.

수평적 확장을 선택할 경우 분할 및 클러스터상에서의 간헐적인 장애는 불가피하다.

CAP 이론의 세 번째 축은 분할 지속성 또는 오류 허용 수준을 기반으로 한다. 다시 말해 분할 지속성은 클러스터 멤버 중 일부를 사용할 수 없을 때 시스템이 계속해서 서비스를 제공할 수 있는 능력을 측정한다.

수직적 확장과 분산 컴퓨팅의 오류

전통적으로 아키텍트들은 일관성을 선호했으며, 그 결과 수평적으로 확장하는 방식 대신 수직적으로 확장하는 방식을 택했다. 수직적 확장은 더 크고 강력한 장비를 통해 달성할 수 있다. 더 크고 강력한 장비를 충원하는 방식은 많은 경우 잘 동작하지만, 종종 다음과 같은 문제가 있다:

- 벤더 의존성 : 크고 강력한 장비는 아무나 만드는 게 아니며 이들 장비를 만드는 제조사는 여러분이 원하는 성능과 효율성을 전달하기 위해 독점 기술을 사용한다. 이 말은 벤더를 바꿀 수 없는 가능성이 있다는 뜻이다. 벤더 의존성 자체는 그 자체로만 보면 나쁜 게 아니다. 그동안 많은 애플리케이션이 독점 기술을 통해 성공적으로 개발되고 구동된 바 있다. 그럼에도 이는 선택 범위를 제한하며 개방적인 제품과 비교해 유연성이 떨어진다.

- 더 큰 비용 : 강력한 장비는 보통 일반적인 하드웨어보다 훨씬 비싸다.

- 데이터 성장 한계 : 크고 강력한 장비는 장비가 수용할 수 있는 수준까지 데이터가 커질 때까지만 제대로 동작한다. 데이터 수용 한계에 도달하면 하는 수 없이 더 큰 장비로 옮기거나 수평적으로 규모를 확장해야 한다. 세상에서 가장 큰 장비라고 하더라도 보관하고 제대로 처리할 수 있는 데이터에 한계가 있다(현실에서도 사람들로 구성된 팀이 슈퍼히어로 한 명보다 더 낫다!).

- 많은 사전 준비를 필요 : 많은 애플리케이션에서 애플리케이션 개발 초기에는 최대 규모에 대한 개념이 전혀 없다. 수직적 규모 확장 전략을 사용하면 대규모에 따른 예산을 미리 산정해야 한다. 사용량, 데이터, 트랜잭션이 앞으로 어떻게 증가할지 예측하기 어려운 만큼 확장성의 요구 조건을 미리 산정하고 계획하기란 매우 어렵고 복잡하다.

(이어서...)

수직적 규모 확장과 관련한 이런 어려움으로 인해 지난 몇 년간 수평적 규모 확장 방식이 새로운 확장 전략으로 채택됐다. 수평적 규모 확장은 시스템이 여러 장비나 노드로 분산됨을 뜻한다. 이들 각 노드는 일반 장비에 해당하므로 비용 측면에서 효과적이다. 여러 노드로 분산된 시스템은 분산 컴퓨팅의 오류에 빠지기 쉽다. 분산 컴퓨팅의 오류란 분산 시스템에서 개발자들이 당연하다고 간주하지만 실제로는 항상 유효하지 않은 가정을 나타낸다. 이런 잘못된 가정은 다음과 같다.

- 네트워크가 신뢰할 만하다.
- 반응 시간은 0이다.
- 대역폭은 무한하다.
- 망 구성은 변하지 않는다.
- 관리자는 한 명뿐이다.
- 전송 비용은 0이다.
- 네트워크는 균일하다.

분산 컴퓨팅의 오류 목록은 썬 마이크로시스템즈(지금은 오라클에 인수)에서 만들었다. 피터 듀치는 이 목록의 최초 7개 항목을 작성했다. 빌 조이, 톰 라이언, 제임스 고슬링도 이 목록에 기여했다. 이 오류에 대한 자세한 사항은 http://blogs.oracle.com/jag/resource/Fallacies.html을 참고하자.

CAP 이론의 확인

대규모 분산 시스템에서 일관성, 가용성, 분할 지속성을 항상 달성하기란 불가능하며 브루어의 이론이 이를 이미 주장하고 있다. 브루어의 주장이 왜 옳은지 이해하려면 길버트와 린치의 증명을 읽어보자. 하지만 간단하고 직관적으로 알 수 있게 여기서는 그림 9-3과 그림 9-4의 두 개의 그림을 통해 간단한 예를 보여줌으로써 핵심 개념을 설명한다.

그림 9-3과 9-4는 두 개의 노드로 이뤄진 클러스터 시스템에서 프로세스 A와 B가 X와 X'에 있는 데이터에 접근하는 모습을 보여준다. X와 X'는 복제된 데이터 저장소(또는 구조)이며, 같은 데이터셋의 복사본을 갖고 있다. A는 X에 쓰고 B는 X'로부터 읽는다. X와 X'는 서로 동기화된다. V는 X 및 X'에 저장된 엔티티 또는 객체다. V는 초기 값 v0을 갖고 있다.

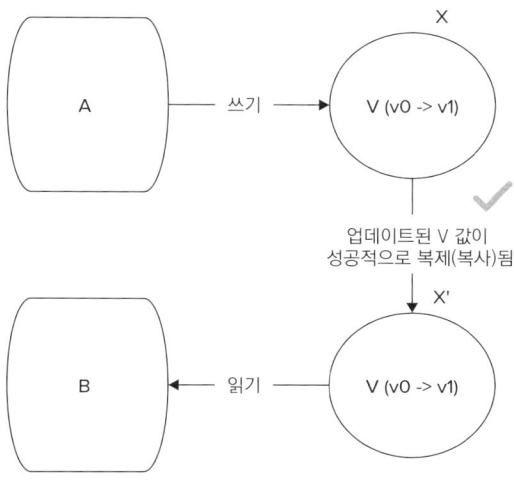

그림 9-3

그림 9-3은 A가 v1을 V(값을 v0에서 업데이트)에 쓰고, v1이 X에서 X'로 동기화된 후 B가 X'에서 V의 값으로 v1을 읽는 성공적인 사례를 보여준다. 그에 반해 그림 9-4는 A가 v1을 V에 쓰고 B가 V의 값을 읽지만 X와 X' 사이의 동기화가 실패하고 이에 따라 B가 읽은 값이 V의 최신 값과 다른 실패 사례를 보여준다. B는 여전이 v0을 읽지만 최신 업데이트 값은 v1이다.

B가 항상 정확한 값을 읽게 하려면 업데이트된 v1 값을 X에서 X'로 동기적으로 복사해야한다. 다시 말해 두 개의 작업(X에서 V 값을 v0에서 v1으로 업데이트하는 작업 하나와 업데이트된 V(즉 v1)를 X에서 X'로 복사하는 작업 하

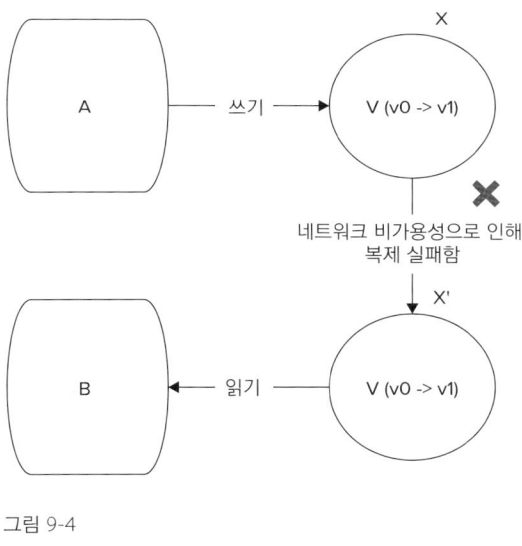

그림 9-4

나)이 단일 트랜잭션 내에 있어야 한다. 그림 9-5에서는 이런 설정을 보여준다. 이 설정은 분산 트랜잭션에서의 원자성을 보장하지만 반응 속도 및 가용성에 영향을 준다. 그림 9-4 같은 실패 사례가 일어나면 네트워크가 복구되고 X와 X' 사이의 업데이트 값 복제가 완료될 때까지 리소스가 차단된다.

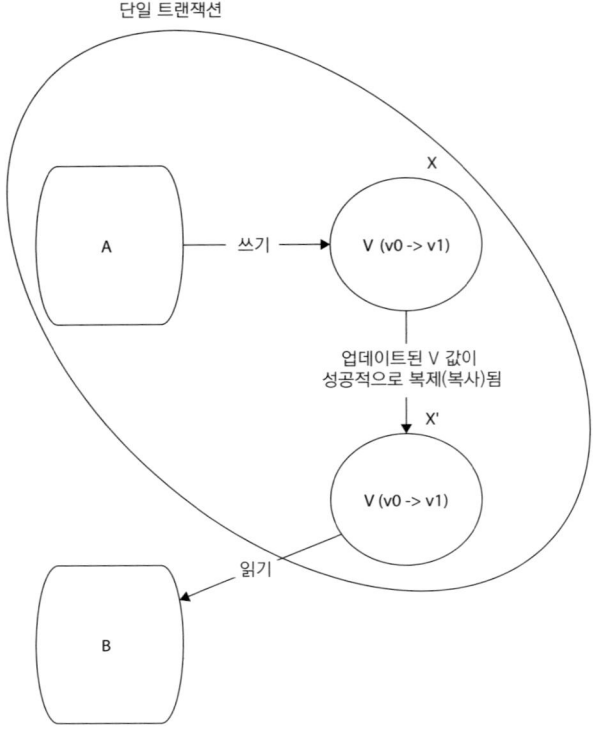

그림 9-5

X와 X' 사이의 데이터 복제가 비동기적으로 일어나면 작업이 일어나는 정확한 시간을 알 수 없게 된다. 정확히 언제 이벤트가 일어나는지 알 수 없다면 명시적으로 합의 또는 확인하지 않는 한 이벤트가 일어났는지 여부를 확실히 아는 게 불가능하다.

컨센서스 또는 확인을 기다려야 한다면 비동기적 작업이 반응 속도 및 가용성에 미치는 영향이 동기적 작업과 크게 다를 바 없다. 따라서 어떤 방식을 사용하든 분산 시스템에서는 오류가 발생할 수 있으며, 데이터 정합성, 시스템 가용성, 분할 지속성 사이의 교환 거래를 이해하고 나머지 하나보다 더 중요한 두 가지를 선택한 후, 세 번째 항목을 어느 정도 희생해야 한다.

선택은 다음과 같이 이뤄질 수 있다.

- **옵션1** : 가용성을 희생하고 일관성과 분할 지속성을 더 선호한다.
- **옵션 2** : 시스템에서 분할 지속성을 전혀 또는 거의 사용하지 않는다. 대신 일관성과 가용성을 우선시한다.

■ 옵션 3 : 일관성을 희생하는 대신 시스템을 항상 사용할 수 있게 하고 시스템 일부가 분할된 상태에서도 시스템이 잘 동작하게 한다.

전통적인 트랜잭션적 RDBMS에서는 수평적 확장 환경에서 옵션 1을 선택한다. 이런 경우 가용성은 다음 요소를 비롯해 여러 요소로부터 영향을 받는다.

■ 네트워크 지연으로 인한 반응 지연

■ 통신 병목 현상

■ 리소스 기아 현상

■ 파티셔닝으로 인한 하드웨어 오류

가용성의 희생

극단적인 경우 노드에 오류가 생기면 시스템이 복구되어 일관된 상태로 복원될 때까지 시스템 전체를 사용하지 못할 수 있다. 비가용성은 비즈니스를 계속하는 데 큰 해가 되는 것처럼 생각할 수 있지만 때로는 비가용성을 희생할 수밖에 없는 상황도 있다. 우리는 가용성을 희생해 일관된 데이터 상태를 유지하거나 아니면 트랜잭션이 실패하게 돼야 한다. 돈과 시간이 중요한 트랜잭션에서, 트랜잭션이 실패할 경우 트랜잭션 보상을 전혀 수용할 수 없거나 매우 큰 비용을 지불해야 하는 경우가 이런 사례에 속한다. 두 계좌 사이에서 돈을 송금하는 예제는 이런 사례를 얘기할 때 자주 인용된다. 하지만 실제로 은행에서는 종종 이런 극단적인 사례에 대해 완화된 대안을 갖고 있으며 이에 대해서는 약한 일관성을 다루면서 나중에 다시 살펴본다.

많은 경우 시스템(RDBMS 기반 시스템 포함)은 백업 및 빠른 복제, 오류 복구 기능을 제공한다. 이 말은 시스템이 사용할 수 없는 상태에 놓일 수도 있지만 그 기간은 매우 짧다는 뜻이다. 대부분의 경우 경미한 비가용성은 큰 문제를 일으키지 않으며 충분히 선택할 만한 옵션이다.

분할 지속성의 희생

때로는 분할 지속성을 유지하지 않는 게 더 좋다. 앞서 수평적 확장 시스템에 대해 설명하면서 노드 장애가 필연적이라고 언급한 바 있으며, 노드 개수가 증가하면 당연히 장애가 일어날 확률도 그만큼 늘어난다. 그럼 어떻게 분할 지속성이 옵션이 될 수 있을까? 많은 사람들은 분할 지속성을 장애 허용 한계(fault tolerance)와 혼동하지만 둘은 서로 다른 것이다. 네트워크상에서 격리된 파티션을 제공하지는 않지만 다른 노드를 재공급함으로써 바로 복원하는 시스템은 장애 허용적이지만 분할 지속적이지는 않다.

구글의 빅테이블은 높은 가용성과 강력한 일관성을 제공하지만 분할 지속성을 희생한 좋은 예를 보여준다. 이 시스템은 장애로부터 복구되고 노드에 장애가 생겨도 계속 구동되지만 분할 지속적이지는 않다. 좀 더 정확히 말해 장애 상황에서 이 시스템은 파티션의 주 부분과 보조 부분을 식별하고 쿼럼(quorum)을 설정함으로써 문제를 해결하려고 시도한다. 이를 좀 더 자세히 이해하려면 앞서 4장에서 빅테이블(더불어 복제품인 HBase)에 대해 배운 내용을 복습해야 한다. 4장의 'HBase 분산 저장소 아키텍처' 절을 읽어보자.

빅테이블과 그 복제품은 칼럼 패밀리 데이터가 영역 서버에 함께 저장되는 마스터-워커 패턴을 사용한다. 영역 서버는 마스터에 의해 동적으로 설정되고 관리된다. 구글의 빅테이블에서 데이터는 내부 구글 파일 시스템(GFS)에 영속화되며 전체 인프라스트럭처는 일관성을 보장하기 위한 팍소스(Paxos) 같은 쿼럼 알고리즘을 사용하는 처비(Chubby)에 의해 관리된다. HBase의 경우 하둡 분산 파일 시스템(HDFS)이 GFS와 같은 기능을 수행하고 주키퍼가 처비를 대신한다. 주키퍼는 장애 노드를 복구하기 위해 쿼럼 알고리즘을 사용한다.

장애 시 주키퍼는 이런 추론을 바탕으로 어떤 게 주 파티션이고 어떤 게 보조 파티션인지 판단하고 모든 읽기 및 쓰기 작업을 주 파티션에 할당하며 보조 파티션은 문제가 해결될 때까지 읽기 전용 파티션으로 만든다.

더불어 빅테이블과 HBase(및 각각의 내부 파일 시스템인 GFS와 HDFS)는 모든 데이터셋에 대해 세 개의 복사본을 저장한다. 이를 통해 세 복사본 중 하나가 실패하거나 동기화되지 않은 경우 컨센서스를 통한 일관성을 보장한다. 복사본의 개수가 세 개보다 적으면 컨센서스가 보장되지 않는다.[1]

일관성의 희생

어떤 상황에서는 가용성을 희생할 수 없고 분할 지속성이 필요하게끔 시스템이 분산된 경우도 있다. 이런 경우 강력한 일관성을 어느 정도 희생하는 게 가능하다.

강력한 일관성의 반대는 약한 일관성으로, 일관성에 대해 타협하는 모든 경우가 이에 속한다. 약한 일관성은 일종의 스펙트럼이며, 여기에는 일관성이 전혀 없는 경우부터 궁극적인 일관성까지 모두 포함될 수 있다. 비일관적인 데이터는 어떤 형태로든 데이터 업데이트를 수행해야 하고 데이터 정합성이 중요한 시스템에서는 선택 옵션이 될 수 없지만, 궁극적인 일관성은 선택 옵션이 될 수 있다. 잘 정의된 용어는 아니지만, 궁극적인 일관성이란 업데이트 후 클러스터 내의 모든 노드가 궁극적으로 같은 상태를 유지하게 된다는 사실을 암시한다. 일정한 제한 범위 내에서 궁극성을 정의할 수 있다면 궁극적인 일관성 모

---

1 즉, 복제본의 개수가 두 개이면 두 데이터가 서로 다를 경우 어떤 데이터가 맞는 데이터인지 알 방도가 없다.

델도 활용할 만하다.

예를 들어 쇼핑 카트는 재고 시스템의 사용 가능 여부를 확인할 수 없더라도 주문을 승인할 수 있다. 이 경우 주문한 상품의 재고가 없을 수도 있다. 이때 주문은 이월 주문으로 처리해 재고가 다시 들어오면 처리할 수 있다. 또 다른 예로 은행에서는 사용 가능한 잔고를 확인할 수 없더라도 마이너스 통장 설정 액수만큼 고객이 돈을 인출하도록 허용할 수 있다. 최악의 경우 돈이 부족하더라도 거래는 여전히 유효하며 마이너스 통장 설정 금액을 사용하면 된다.

궁극적인 일관성을 이해하려면 다음 세 가지 조건의 관점에서 상황을 살펴봐야 한다.

- R : 읽어들이는 노드의 개수
- W : 쓰는 노드의 개수
- N : 클러스터 내 전체 노드 개수

이들 세 파라미터의 각기 다른 조합은 전체 일관성에 각기 다른 영향을 미친다.

R < N과 W < N을 유지하면 가용성을 높일 수 있다. 다음은 살펴볼 만한 일반 상황이다.

- **R + W > N** : 이런 경우 읽기와 쓰기 노드 사이에 중첩되는 노드가 있으므로 일관성 상태를 쉽게 설정할 수 있다. R = N이고 W = N(즉 R + W = 2N)인 극단적인 경우 시스템은 완전한 일관성을 보이며 ACID 원칙을 보장할 수 있다.

- **R = 1, W = N** : 시스템에 쓰기 노드보다 읽기 노드가 많으면 읽기 작업의 부담을 클러스터 내 전체 노드로 균형 있게 배분하는 게 좋다. R = 1이면 각 노드는 읽기 작업과 관련해 다른 노드와는 독립적으로 행동한다. W = N인 쓰기 설정은 모든 노드가 업데이트 시 쓰기 노드가 된다는 뜻이다. 이 경우 노드 장애 시 전체 시스템이 쓰기를 사용할 수 없게 된다.

- **R = N, W = 1** : 한 노드에 쓰는 것만으로 충분하다면 데이터 비일관성의 가능성이 상당히 높다. 하지만 R = N인 시나리오에서는 클러스터 내의 모든 노드를 사용할 수 있을 때만 읽기가 가능하다.

- **R = W = ceiling ((N + 1)/2)** : 이런 상황은 궁극적인 일관성을 위한 효과적인 쿼럼을 제공한다.

에릭 브루어와 그의 이론을 따르는 사람들은 궁극적인 일관성의 사례를 나타내는 BASE란 용어를 만들었다. BASE는 Basically Available Soft-state Eventually의 약어로 ACID 개념에 맞서기 위해 의도적으로 고안해낸 용어다. 하지만 ACID와 BASE는 반대 의미가 아니며 일관성 스펙트럼에서 각기 다른 점을 나타낼 뿐이다.

궁극적인 일관성은 많은 형태로 나타날 수 있으며 다양한 방식으로 구현할 수 있다. 예컨대 메시지 중심 시스템을 사용하거나 쿼럼 기반 컨센서스를 활용하는 전략을 쓸 수 있다. 메시지 중심 시스템에서는 메시지 큐를 활용해 업데이트를 전파할 수 있다. 가장 간단한 사례에서는 고유 시퀀스 id를 사용해 업데이트의 순서를 지정할 수 있다. 4장에서는 아마존 다이나모에 대한 기본 내용과 다이나모의 궁극적인 일관성 모델을 설명한 바 있다. 이 장에서 해당 절을 다시 찾아보는 것도 도움될 것이다.

이어지는 절에서는 각기 다른 NoSQL 제품에 일관성이 어떻게 적용되는지 설명한다. 여기서는 모든 제품을 다루지는 않고 한두 개만 선택해 다룬다. 구글의 빅테이블과 HBase의 일관성 모델은 앞에서 이미 다룬 만큼 여기서는 생략한다. 이 절에서는 도큐먼트 데이터베이스와 궁극적인 일관성을 선도하는 데이터베이스인 카산드라의 일관성 모델을 살펴본다.

몇몇 NoSQL 제품의 일관성 구현체

이 절에서는 몽고디비와 카우치디비 같은 분산 도큐먼트 데이터베이스의 일관성부터 살펴본다.

몽고디비의 분산 일관성

몽고디비는 특정 일관성 모델을 규정하지는 않지만 기본적으로 강한 일관성을 선호한다. 상황에 따라 몽고디비는 궁극적인 일관성을 위해 설정할 수도 있다.

자동 샤딩 복제가 활성화된 클러스터를 사용하는 기본 설정에서는 모든 샤드에 마스터가 있다. 이런 배포 환경의 일관성 모델은 강한 일관성이다. 하지만 다른 사용 사례에서는 더 높은 가용성과 분할 지속성을 위해 몽고디비를 배포할 수 있다. 모든 쓰기 작업을 수행하는 마스터 노드를 한 개만 두고, 여러 슬레이브 노드를 읽기 노드로 사용하는 경우가 이에 해당한다. 슬레이브를 클러스터에서 분리하더라도 클라이언트에게 여전히 서비스를 제공할 수 있지만 오래된 데이터를 제공할 가능성이 있다. 파티션이 복구되면 슬레이브는 모든 업데이트를 수신하고 궁극적인 일관성을 제공한다.

카우치디비의 궁극적인 일관성

카우치디비의 궁극적인 일관성 모델은 두 가지 주요 속성을 기반으로 한다.

- 다중 버전 동시성 제어(MVCC)
- 복제

카우치디비의 모든 도큐먼트는 버전 관리되며 도큐먼트에 대한 모든 업데이트는 고유 리비전 번호 태그를 단다. 카우치디비는 가용성을 위해 느슨한 일관성을 제공하는 고가용성의 분산 시스템이다.

읽기 작업을 할 때 클라이언트 (A)는 현재 리비전 번호를 갖고 버전 관리된 도큐먼트에 접근한다. 여기서는 도큐먼트의 이름이 D이고 현재 버전 또는 리비전 번호가 v1이라고 가정하자. 클라이언트 A는 읽는 작업을 하느라 바쁘며, 도큐먼트를 업데이트하려고 하는 중이다. 이때 클라이언트 B가 같은 도큐먼트 D에 접근해 최신 리비전 번호가 v1임을 알아낸다. B는 D를 수정하는 독립 스레드 또는 프로세스다. 이어서 클라이언트 B는 A가 작업을 마치기 전에 도큐먼트 B를 업데이트할 준비를 끝낸다. B는 D를 업데이트하고 버전 또는 리비전 번호를 v2로 올린다. 이후 클라이언트 A가 D를 업데이트하고 나면 읽은 시점의 스냅샷 이후로 도큐먼트가 업데이트된 것을 깨닫게 된다.

이는 커밋 시점에 충돌을 일으키는 상황을 초래한다. 다행히 버전 또는 리비전 번호를 활용하면 이런 충돌을 해결할 수 있다. 방금 전에 살펴본 업데이트 충돌 사례를 그림으로 설명한 그림 9-6을 참고하자.

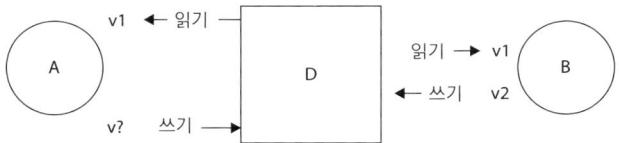

그림 9-6

이런 충돌은 클라이언트 A가 새 업데이트를 커밋하기 전에 D를 다시 읽음으로써 해결할 수 있다. 다시 읽은 후 A가 자신이 작업 중인 스냅샷 버전(이 경우 v1)이 오래된 버전임을 깨달으면 새로 읽은 데이터에 대해 업데이트를 재적용하고 변경 사항을 커밋할 수 있다. 이런 방식의 커밋 해결법은 버전 관리 소프트웨어에서 흔히 볼 수 있다. 깃이나 머큐리얼 같은 버전 관리 소프트웨어는 MVCC를 채택해 데이터 정확성을 관리하고 커밋 충돌을 방지한다.

카우치디비 저장소는 확장 가능한 분산 데이터베이스이므로 MVCC가 단일 인스턴스에서 충돌을 해결해주긴 하지만, 데이터베이스의 모든 복사본을 현재 최신 버전으로 유지하는 문제를 해결해주지는 못한다. 바로 이런 문제로 인해 복제를 사용한다. 복제는 두 데이터 저장소 유닛을 동기화하는 일반적이고 잘 정의된 방식이다. 가장 단순한 형태로, **rsync** 같은 파일 동기화 프로그램은 폴더 또는 디렉터리 같은 파일 시스템 유닛 사이에서 이런 동기화 기능을 수행해준다.

카우치디비 클러스터에 있는 모든 노드는 복제 프로세스의 도움을 받아 궁극적으로 일치하게 된다. 카우치디비에서 복제는 점증적이며 장애 허용적이다. 따라서 복제 시점에는 변경 사항(또는 델타 업데이트)만 전파하며, 변경 사항을 전송하던 중 프로세스가 장애를 일으키더라도 우아하게 복구된다. 카우치디비의 복제는 상태를 인식하며 장애가 일어나면 마지막으로 멈춘 상태에서부터 다시 재개한다. 따라서 중복 재시작을 피하며 네트워크 장애 또는 노드 비가용성을 설계의 일부로 간주한다.

카우치디비의 궁극적인 일관성 모델은 효과적이고 효율적이다. 카우치디비 클러스터는 보통 마스터-슬레이브 노드이며, 각 노드는 독립적으로 요청을 서비스할 수 있고, 따라서 가용성과 응답성을 모두 개선한다.

이제 도큐먼트 데이터베이스를 살펴봤으니 이어서 아파치 카산드라의 궁극적인 일관성 모델에 대해 알아보자.

아파치 카산드라의 궁극적인 일관성

아파치 카산드라는 구글 빅테이블 및 아마존 다이나모처럼 되는 것을 목표로 한다. CAP 이론에서 보면 이는 카산드라가 두 가지 교환 조건을 제시한다.

- 일관성과 가용성을 선호함: 이 장에서 앞서 본 빅테이블 모델이다.
- 가용성과 분할 지속성을 선호함: 마찬가지로 이 장에서 앞서 배운 다이나모 모델이다.

카산드라는 최종적인 일관성 설정을 개발자의 손에 맡김으로써 이를 달성한다.

개발자로서 여러분이 선택할 수 있는 사항은 다음과 같다.

- R + W > N으로 설정하고 일관성을 달성한다. 여기서 R, W, N은 읽기 복제 노드 개수, 쓰기 복제 노드 개수, 전체 노드 개수를 각각 가리킨다.
- R = W = ceiling ((N+1)/2)으로 설정해 쿼럼을 달성한다. 이는 궁극적인 일관성 모델이다.

또는 W = N인 모든 상황에서 쓰기 일관성을 설정할 수도 있지만 이런 설정은 장애 시 전체 애플리케이션을 사용할 수 없게 될 수 있으므로 위험하다.

끝으로 멤베이스(Membase)에서의 일관성 모델을 간단히 살펴보자.

멤베이스의 일관성

멤베이스는 Memcached 프로토콜 호환 분산 키/값 저장소로, 높은 가용성과 강력한 일관성을 제공하지만 분할 지속성은 선호하지 않는다. 멤베이스에서는 일관성이 바로 달성된다. 파티셔닝과 관련해 외부 툴을 사용해 마스터에서 슬레이브 복제 노드로 멤베이스 저장소를 복제할 수 있지만 이는 시스템의 기능은 아니다.

또 멤베이스는 Memcached와 마찬가지로 시간에 민감한 캐시를 잘 유지해준다. 강력하고 즉각적인 일관성 모델에서는 정의된 시간 주기보다 오래된 데이터를 쉽고 안정적으로 제거할 수 있다. 하지만 시간에 민감한 데이터에 대해 비일관성 창[2]을 지원할 경우 문제가 생길 수 있다.

지금까지 NoSQL의 트랜잭션 관리에 대한 기본 지식을 다루고 몇 가지 제품도 살펴봤으니 이제 장을 마무리하자.

정리

이 장은 짧기는 하지만 아마도 이 책에서 가장 중요한 장 중 하나일 것이다. 이 장에서는 ACID의 개념을 설명하고 ACID의 대안이 되는 BASE를 소개했다. 이 과정에서 브루어의 CAP 이론을 설명하고 그 중요성을 분산 시스템과 연계해 설명했다.

또 일관성과 그 다양한 형태(강한 일관성과 약한 일관성)를 분석했고 궁극적인 일관성을 분할 환경에서 높은 가용성을 위한 대안으로 제시했다.

강한 일관성을 선호하는 사람들은 종종 NoSQL의 느슨한 일관성 설정으로 인해 NoSQL 데이터베이스를 심각하게 고려하지 않았다. 많은 트랜잭션 시스템에서 일관성이 중요한 요구 조건이기는 하지만 강력한 일관성이 아니면 일관성이 없다고 보는 견해는 사용자 사이에서 많은 두려움, 비확실성, 의심을 낳았다. 다행히 이 장에서는 독자들이 이해하기 쉽게끔 명시적으로 선택 옵션을 나열했다.

끝으로 이 장에서 궁극적인 일관성을 설명하긴 했지만 궁극적인 일관성을 일관성 모델로 권장하지는 않았다. 궁극적인 일관성은 그것이 적합한 상황이 별도로 존재하며 분할 조건에서 높은 가용성을 안전하게 제공할 때 사용해야 한다. 하지만 궁극적인 일관성은 잠재적인 문제가 있을 수 있음을 염두에 둬야 한다. 궁극적인 일관성 모델 하에서 동작하는 애플리케이션을 설계하고 구현하기란 쉽지 않다. 트랜잭션 정합성이 중요하고 트랜잭션 정합성이 결여될 경우 정상 작업에 심각한 영향을 준다면 자신의 선택에 대한 장단점을 확실히 인식한 후 각별히 주의해 궁극적인 일관성을 채택해야 한다.

2　비일관성 창(inconsistency window)은 약한 일관성 모델에서 업데이트 시점과 모든 사람이 업데이트된 정보를 보는 시점 사이의 기간을 말한다.

Professional NoSQL

3부

NoSQL 실력 쌓기

10

클라우드에서의 NoSQL 활용

· 클라우드에서 바로 사용 가능한 NoSQL 데이터베이스 살펴보기
· 구글 앱엔진과 데이터 저장소의 활용
· 아마존 심플디비 활용

구글과 아마존처럼 현재 인기 있는 대부분의 애플리케이션은 높은 가용성과 수많은 장비 및 여러 데이터 센터를 통한 수평적인 확장을 통해 수백만의 사용자에게 동시 서비스를 제공할 수 있는 능력을 갖췄다. 구글이나 아마존 같은 기업이 만든 대규모 웹 애플리케이션의 성공 스토리는 수평적인 확장 환경에서는 NoSQL 솔루션이 관계형 데이터베이스보다 훨씬 더 빛을 발한다는 사실을 입증했다. 이와 같이 필요에 따라 수평적으로 확장할 수 있는 환경을 '클라우드'라고 부르게 됐다. 확장성과 가용성이 여러분의 우선순위라면 클라우드에서 NoSQL이 가장 이상적인 설정이 될 것이다.

어떤 상황에서는 관계형 저장소와 비관계형 저장소를 함께 사용하기도 한다. 따라서 수평적 확장 환경에서 NoSQL만 제대로 동작한다고 하면 정확한 표현이 아니다. 필요한 규모, 내부 데이터 구조, 애플리케이션의 트랜잭션 정합성 요구 조건에 많은 것이 달려 있다.

많은 클라우드 서비스 제공자가 존재하고 여러 NoSQL 제품이 나와 있다. 아마존 EC2(탄력적 컴퓨트 클라우드)를 비롯해 많은 경우 원하는 NoSQL 제품을 선택해 설치할 수 있다. 부록 A에서는 인기 있는 NoSQL 제품 클러스터 몇 개를 EC2에 설치하는 법을 다룬다. 하지만 선택의 자유와 상관없이 일부 클라우드 서비스 제공자는 바로 사용할 수 있게끔 설정된 데이터베이스 인프라스트럭처를 제공한다. 이 장에서는 이처럼 클라우드에서 바로 사용할 수 있는 NoSQL 솔루션을 다룬다.

클라우드의 관계형 데이터베이스

클라우드에서는 다양한 관계형 데이터베이스 옵션을 제공한다. 이 중 주요 데이터베이스를 살펴보면 다음과 같다.

- 마이크로소프트의 윈도우 애저 플랫폼상의 SQL 데이터 서비스 (microsoft.com/windowsazure/)

- MySQL 인스턴스 클러스터를 호스팅하는 아마존 관계형 데이터베이스 서비스 (RDS, http://aws.amazon.com/rds/)

또는 오라클, PostgreSQL, MySQL 등을 위한 다양한 아마존 장비 이미지(Amazon Machine Image, AMI) 옵션은 EC2 환경 내에서 나만의 데이터베이스 클러스터를 설정할 수 있게 해준다. 오라클과 그린플럼 같은 일부 데이터베이스 벤더는 프라이빗 클라우드[1] 환경을 위한 솔루션을 제공하기 시작했다. 물론 프라이빗 클라우드도 확장 가능하긴 하지만 프라이빗 클라우드가 클라우드인지 여부에 대해서는 논란이 있다.

---

[1] 퍼블릭 클라우드(public cloud)에 반대되는 개념으로, 기업 내부 등에서 제한된 사용자만 사용하는 클라우드다.

이 장에서는 클라우드에서 사용할 수 있는 두 가지 NoSQL 솔루션을 자세히 살펴본다. 바로 구글의 빅테이블 데이터 저장소와 아마존의 심플디비다. 이 과정에서 새로 등장하는 데이터베이스들도 몇 가지 언급한다. 바로 카우치원(CouchOne), 몽고HQ(MongoHQ), 그리고 조이언트(Joyent)의 스마트 장비인 리악(Riak)이다.

구글은 바로 서비스할 수 있고 사용하기 쉬운 인프라스트럭처를 선보임으로써 클라우드 컴퓨팅 분야에서 혁명을 이끌었다. 하지만 구글이 클라우드 서비스를 제공한 첫 번째 업체는 아니다. 구글이 서비스를 처음 발표했을 때 이미 시장에서는 아마존 EC2가 서비스를 제공하고 있었기 때문이다. 하지만 구글의 모델은 매우 간편했고 구글의 클라우드 플랫폼인 구글 앱 엔진(GAE)은 짧은 시간 동안 폭넓게 확산되고 채택됐다. 앱 엔진에 제약이 없는 것은 아니다. 앱 엔진의 샌드박스 환경과 오랜 시간이 걸리는 프로세스에 대한 지원 결여는 앱 엔진에 대해 사람들이 아쉬워하는 단점 중 하나다.

이 장에서는 GAE의 빅테이블 기반 데이터 저장소부터 살펴본다. 이 장에서는 예시와 예제를 통해 데이터 저장소의 기능과 권장할 만한 사용 패턴을 살펴본다.

구글 앱 엔진 데이터 저장소

구글 앱 엔진(GAE)은 애플리케이션을 위해 샌드박스 배포 환경을 제공한다. 이런 애플리케이션은 파이 썬 프로그래밍 언어나 자바 가상 머신(JVM)상에서 실행할 수 있는 언어로 작성한다. 구글은 앱 엔진용 애플리케이션을 개발할 수 있게 풍부한 API와 SDK를 개발자에게 제공한다.

데이터 저장소의 기능과 데이터 모델링에 사용할 수 있는 API를 설명하기 위해 여기서는 먼저 앱 엔진 과 관련한 파이썬 SDK의 기능을 다룬다. 그런 다음 일반 개념을 벗어난 기능을 다루는 주제로 설명 범 위를 넓히고, 동일한 기능을 자바 SDK를 활용해 접근하는 법을 살펴본다.

GAE 파이썬 SDK: 설치, 설정, 시작하기

작업을 시작하려면 먼저 파이썬과 GAE 파이썬 SDK를 설치해야 한다. 파이썬은 python.org에서 내 려받을 수 있고, GAE 파이썬 SDK도 http://code.google.com/appengine/downloads.html#Google_ App_Engine_SDK_for_Python에서 받을 수 있다. 설치에 대한 자세한 설명은 이 책의 범위를 벗어나 지만 파이썬과 GAE 파이썬 SDK는 모든 운영체제를 지원하며, 상당히 쉽고 간편하게 설치할 수 있다. 환경설정에 애를 먹는다면 문제에 대한 해결책을 구글에서 찾아보면 바로 답을 얻을 수 있을 것이다.

이 장에서는 GAE 데이터 저장소에만 집중하지만 앱 엔진의 애플리케이션 개발 환경을 이해하면 도 움이 된다. 파이썬 SDK의 경우 http://code.google.com/appengine/docs/python/gettingstarted/에서 'Getting Started: Python'이란 튜토리얼을 읽으면 도움이 된다. GAE 기반 위에 개발한 애플리케이션은 웹 애플리케이션이다. 시작하기 튜토리얼에서는 다음 내용을 설명한다.

- GAE에서 파이썬 애플리케이션을 개발하는 핵심 방법

- 요청 처리와 응답을 제공하는 방식

- URL이 핸들러로 매핑되는 방식

- 동적 및 정적 콘텐츠를 포함하는 법

- 데이터를 모델링하고 내부 데이터 저장소에 영속화하는 방식

- 뷰와 로직 요소의 결합을 해제하기 위한 템플릿 활용 방법

- 인증, 메일, 작업 큐, Memcached 같은 서비스 활용법

- 애플리케이션 개발 후 개발 웹 서버에서 로컬로 실행하는 법

- 애플리케이션을 배포 환경으로 배포하는 법

이 튜토리얼은 간결하며 요점만 적혀 있으므로 읽어보는 것만으로 빠르게 이해할 수 있다. 파이썬을 활용해 웹 애플리케이션을 개발해본 경험이 없거나 부족하다면 이 장의 내용을 보기 전에 파이썬 웹 개발 방법부터 배워야 한다. 파이썬 웹 개발을 많이 해본 독자라도 익숙한 툴과 방식 중 어떤 것을 사용할 수 있는지 이해하고 다른 전략을 사용할 수 있는 곳을 판단하기 위해서라도 튜토리얼을 읽어보는 게 도움이 될 수 있다.

> 파이썬 프로그래밍 경험이 전혀 없다면 마크 필그림의 멋진 책인 'Dive into Python'을 통해 언어의 기본 지식을 익힐 것을 권장한다. 이 책은 diveintopython.org에서 온라인으로 볼 수 있다.

이어지는 절에서는 데이터 모델링으로 들어가 GAE 데이터 저장소 내 애플리케이션 데이터에 대한 생성, 조회, 수정, 삭제(CRUD) 작업을 수행한다. 구체적인 이해를 돕기 위해 여기서는 추상적인 개념 대신 예제 애플리케이션을 통해 개념을 설명한다.

작업 관리자: 예제 애플리케이션

사용자가 작업을 정의하고 상태를 관리하며 작업 완료를 표시할 수 있는 간단한 작업 관리 애플리케이션을 생각해보자. 작업을 정의하려면 사용자는 작업 이름과 설명을 지정해야 한다. 작업을 분류하려면 태그를 추가할 수 있어야 하고 작업의 시작일과 예상 만기일도 지정할 수 있어야 한다.

작업을 완료하면 종료일도 기록한다. 작업은 사용자에게 속하며, 이 애플리케이션의 첫 번째 버전에서는 작업 소유자 이외의 다른 사람과 작업을 공유하지 않는다.

작업을 모델링하려면 작업의 속성을 나열하고 각 속성이 필수 속성인지 선택 속성인지 각 속성의 상태에 대한 데이터 타입을 지정하고, 단일 값인지 여러 값인지 언급해야 한다.

표 10-1에는 작업의 속성과 성격이 정리돼 있다.

표 10-1 작업의 속성

속성명	데이터 타입	필수 여부	단일 값 또는 다중 값
name	String	예	단일 값
description	String	아니오	단일 값
start_date	Date	예	단일 값
due_date	Date	아니오	단일 값
end_date	Date	아니오	단일 값
tags	배열(리스트 컬렉션)	아니오	다중 값

GAE 파이썬 SDK는 개발자가 작업을 나타내는 파이썬 클래스를 생성할 수 있게 데이터 모델링 API를 제공한다. 이런 모델 클래스의 가장 단순한 형태는 다음과 같다.

```python
import datetime
from google.appengine.ext import db


class Task(db.Model):
    name = db.StringProperty()
    description = db.StringProperty()
    start_date = db.DateProperty()
    due_date = db.DateProperty()
    end_date = db.DateProperty()
    tags = db.StringListProperty()
```

`taskmanager GAE project` ↻

장고(djangoproject.com/) 같은 웹 프레임워크를 활용해 프로그래밍한 경험이 있거나 인기 있는 파이썬용 데이터베이스 툴킷인 SQLAlchemy(sqlalchemy.org/) 같은 ORM을 사용해봤다면 이와 유사한 데이터 모델링 API를 본 적이 있을 것이다. GAE 파이썬 데이터 모델링 API는 파이썬 웹 개발자에게 익숙한 구문을 사용한다.

> ORM(즉 객체 관계 매핑)은 객체지향 프로그래밍과 관계형 데이터베이스 사이의 가교 역할을 한다.

표 10-1에서는 name과 start_date를 필수 필드로 지정했지만 아직 모델에서는 이를 도입하지 않았다. 이번에는 제약조건을 지정하기 위해 Task 클래스를 다음과 같이 수정한다.

```python
import datetime
from google.appengine.ext import db


class Task(db.Model):
    name = db.StringProperty(required=True)
    description = db.StringProperty()
    start_date = db.DateProperty(required=True)
    due_date = db.DateProperty()
    end_date = db.DateProperty()
    tags = db.StringListProperty()
```

`taskmanager GAE 프로젝트` ↻

> 여기서는 각종 유효성 검증 옵션을 사용할 수 있다. 예를 들어 required=True는 속성을 필수 속성으로 만든다. choices=set(["choice1","choice2", "choice3", "choice4"]) 인자는 값을 정의된 세트 내의 멤버로 제한한다. 함수 내 정의한 커스텀 유효성 검증 로직도 특정 속성 클래스의 밸리데이터 인자 값으로 넘겨줄 수 있다.

GAE는 구글 빅테이블을 데이터 저장소로 사용한다. 빅테이블은 순서 정렬된 분산 희소성 칼럼 패밀리 지향 맵으로, 칼럼 패밀리 내 칼럼의 개수나 타입 또는 칼럼에 저장하는 값 타입에 대한 제약이 거의 없다. 또 빅테이블에서는 희소성 데이터셋을 효과적으로 저장할 수 있으므로 테이블 내의 두 행이 완전히 다른 칼럼셋을 가질 수도 있다. 더불어 같은 칼럼에서 각기 다른 값 타입도 저장할 수 있다. 다시 말해 하나의 데이터 저장소에서 같은 종류의 두 엔티티(예를 들어 Task)가 전혀 다른 속성 세트를 가지거나 같은 종류의 두 엔티티가 각기 다른 데이터 타입을 보관하는 같은 이름의 속성을 가질 수 있다.

데이터 모델링 API는 이와 같이 관용적인 빅테이블을 기반으로 구조 레벨을 제공한다. 데이터 모델링 API는 속성 데이터 타입과 그 값 세트 및 관계에 대한 애플리케이션 수준의 제약을 제공한다. '작업' 엔티티를 나타내는 이 예제에서는 파이썬 클래스인 Task가 데이터 모델을 정의한다.

GAE 데이터 저장소는 각 엔티티가 객체인 객체 저장소로 생각할 수 있다. 이 말은 데이터 저장소의 엔티티나 멤버가 Task 같은 파이썬 클래스의 인스턴스가 될 수 있다는 뜻이다. 클래스명인 Task는 엔티티의 종류로 해석된다. 키는 데이터 저장소 내 모든 엔티티 사이에서 엔티티를 고유하게 식별해준다. 키는 다음을 포함하는 종합 식별자다.

- 상속 경로
- 엔티티 종류
- 엔티티 ID 또는 엔티티 키 이름

이론적으로 이 말은 BaseTask라는 엔티티가 Task 엔티티의 부모인 경우 Task 엔티티의 상속 경로에 BaseTask라는 부모 엔티티에 대한 참조가 포함된다는 뜻이다.

Task 자체도 엔티티의 한 종류가 된다. Task의 구체적인 엔티티는 주 키로 생각할 수 있는 ID를 갖고 있다. ID는 다음 중 하나가 될 수 있다.

- 애플리케이션이 제공하는 값으로, 이름이 key_name인 문자열
- 시스템(즉 GAE 데이터 저장소)이 생성한 고유 숫자 ID

따라서 엔티티는 다음과 같이 생성하고 저장할 수 있다.

```
task = Task(name = "Design task manager app",
    description = "Design the task management application.
    Create the initial blueprint and the app architecture.",
    start_date = datetime.datetime.now().date())
task.put()
```

taskmanager GAE project ⓤ

이렇게 하면 task 인스턴스가 생성된다. 이 인스턴스는 name, description, start_date의 값을 생성자로 넘겨 생성했다. 또는 인스턴스를 생성한 후 인스턴스의 속성에 값을 대입할 수도 있다. 필수 값은 인스턴스화 시점에 생성자로 모두 넘겨줘야 한다. 필수 속성이 아닌 값은 생성자를 통해 지정하거나 속성 대입을 통해 지정할 수 있다.

앞의 예제에서는 key_name 속성으로 아무 값도 넘겨주지 않았으므로 데이터 저장소에서는 엔티티에 대해 고유 숫자 ID를 생성했다. 이 경우 키는 다음과 같이 조회할 수 있다.

```
my_entity_key = task.key()
```

이 명령의 결과 값은 종류(이 경우 Task)에 숫자 값을 붙인 값이다. 또는 엔티티에 대해 키를 생성하고 생성 시점에 키 값을 넘겨줄 수도 있다. 예를 들어 Task 종류의 엔티티에 대해 task1을 키로 사용하고 싶다면 task 엔티티의 인스턴스를 다음과 같이 생성할 수 있다.

```
another_task = Task(key_name = "task1",
    name = "Yet another task",
    description = "Yet another task is, as the name says, yet another task.",
    start_date = datetime.datetime(2011, 2, 1, 12, 0, 0).date())
```

이제 another_task.key()를 사용해 키를 조회하면 생성 시점에 지정한 key_name을 포함하는 Task: task1이 반환된다.

이 예제에서는 another_task를 생성하면서 start_date 값을 2011/02/01로 지정했다. 여기서는 이 값을 임의의 날짜 값으로 지정할 수 있음을 보여주기 위해 이와 같이 값을 대입했다. 날짜 값을 정확한 형식으로 생성하는 데는 표준 파이썬 datetime.datetime 모듈이 사용된다. datetime.datetime 모듈은 기본적으로 UTC 시간대를 사용해 날짜를 생성하고 읽는다. 이 모듈의 기능을 활용하면 다른 시간대를 설정하거나 다른 속성을 선택할 수 있다. 이는 모두 표준 파이썬 기능이며, 익숙한 파이썬 방식대로 날짜를 조정할 수 있다.

다음으로 모델 클래스를 다시 보면서 코드 예제에서 설명하지 않은 기능을 몇 가지 살펴보자. 또 모델 클래스를 수정해 기능을 몇 개 추가해보자.

GAE를 위한 파이썬의 데이터 모델링

앞에서 간단한 모델 클래스 예제를 살펴보긴 했지만 좀 더 자세한 설명이 도움이 될 것 같다. 여기서는 상세 내용을 설명하면서 지금까지 다룬 내용에 살을 덧붙인다. 다음 Task 모델을 살펴보자.

```python
class Task(db.Model):
    name = db.StringProperty(required=True)
    description = db.StringProperty()
    start_date = db.DateProperty(required=True)
    due_date = db.DateProperty()
    end_date = db.DateProperty()
    tags = db.StringListProperty()
```

taskmanager GAE project ⟲

여기서 첫 번째로 살펴볼 점은 Task 모델 클래스가 db.Model 클래스를 상속한다는 점이다. Model 클래스(google.appengine.ext.db 모듈 내 존재)는 데이터 모델링 API에서 제공하는 세 가지 내장 모델 클래스 중 하나다. 나머지 두 클래스의 이름은 Expando와 PolyModel이다. Model 클래스는 세 가지 모델 클래스 중 가장 엄격하고 공식적인 클래스다. Model 클래스는 잘 정의된 속성 세트를 통해 구조화된 데이터 모델을 정의하며, 각 속성의 데이터 타입을 설계 시점에 지정한다. 어떤 측면에서 Model 클래스를 정의하고 이를 상속하는 것은 관계형 데이터베이스의 스키마를 정의하는 것과도 유사하다.

Model 타입에 속하는 Task 클래스는 여섯 개의 속성을 정의한다. 여섯 개의 속성 각각은 잘 정의된 타입을 갖고 있으며, 이들 타입은 Property 클래스의 하위 클래스를 사용해 정의한다. 파이썬 래퍼(SDK 및 API)는 여러 속성 데이터 타입을 정의하고 지원한다. 대응되는 클래스 세트는 데이터 모델 내에 속성을 정의하는 일을 도와준다. Property 클래스는 속성의 값에 대한 데이터 타입을 정의한다. 또 값의 유효성을 검사하는 방식과 데이터 저장소에 값을 저장하는 방식도 정의한다. 예를 들어 StringProperty 클래스는 길이가 최대 500글자인 모든 파이썬 str 또는 unicode 값 타입을 나타낸다. DateTimeProperty의 하위 타입인 DateProperty는 날짜 및 시간 값의 날짜 값만을 나타낸다. StringListProperty는 문자열 값의 리스트를 나타낸다.

지원되는 값 타입의 전체 목록은 GAE 파이썬 API의 온라인 문서에서 확인할 수 있다. 이 목록이 나온 절의 제목은 'Properties and Values'다. 이 온라인 문서는 http://code.google.com/appengine/docs/

python/datastore/entities.html#Properties_and_Value_Types에서 볼 수 있다. 대응되는 타입 및 속성
클래스 목록은 http://code.google.com/appengine/docs/python/datastore/typesandpropertyclasses.
html에서 확인할 수 있다.

가장 많이 사용하는 지원 타입과 해당 클래스를 표 10-2에 정리했다.

표 10-2 GAE 파이썬 API의 속성 타입과 대응되는 클래스

값 타입	속성 클래스	정렬 순서	추가 참고 사항	GAE API 데이터 타입 정의 여부
str, Unicode	StringProperty	Unicode	500글자 미만은 정렬을 위해 ASCII로 처리	아니오
db.Text	TextProperty	정렬 불가	긴 문자열(500글자 이상)	예
db.ByteString	ByteStringProperty	바이트 순서	500 바이트 미만. Db.ByteString은 str을 상속하고 인코딩되지 않은 바이트 문자열을 나타냄	예
db.Blob	BlobPropety	정렬 불가	1MB까지의 바이트 문자열	예
Bool	BooleanProperty	False < True		아니오
int, long(64비트)	IntegerProperty	숫자 순서		아니오
Float	FloatProperty	숫자 순서	float과 int가 같이 있으면 int < float. 다시 말해 5 < 4.5	아니오
datetime.datetime	DateTimeProperty, DateProperty, TimeProperty	시간순		아니오
지원되는 값 타입의 리스트	ListProperty, StringListProperty	오름차순이면 최소 엘리먼트순으로, 내림차순이면 가장 큰 엘리먼트 순으로		아니오
Null			파이썬 'None'	아니오

이 칼럼에서 '아니오'는 데이터 타입이 GAE 파이썬 API에 정의되지 않았고 파이썬 언어 및 표준 라이브러리에 정의됐음을 뜻한다.

표 10-2에 정리된 공통 데이터 타입뿐 아니라 구글 계정 및 이메일, 인스턴트 메신저, 우편 주소, 전화 번호 같은 일반적인 정보를 모델링하는 엔티티 클래스를 정의할 수 있게 추가 타입도 지원한다. 또 지리적인 점, 태그나 평가 값을 모델링할 수 있는 클래스도 정의돼 있다. 데이터 저장소 키는 google. appengine.ext.db 모듈의 Key 클래스를 사용해 모델링된다. 이들 추가 지원 타입은 다음과 같다.

- 구글 계정 : users.User
- 이메일 : db.Email
- **IM** : db.IM (인스턴트 메신저 ID)
- 우편 주소 : db.PostalAddress
- 전화번호 : db.PhoneNumber
- 카테고리 : db.Category
- 링크 : db.Link
- 평가 : db.Rating
- 지리적 점 : db.GeoPt

지원 타입과 더불어 **Model** 클래스를 사용하면 원하는 데이터 스키마를 정확히 정의할 수 있지만 때로는 모델의 유연성이 중요할 때가 있다. 앞에서는 내부 데이터 저장소에서 스키마나 데이터 타입과 관련해 아무런 제약도 가하지 않는다는 사실을 배운 바 있다. 다시 말해 필요에 따라 속성을 추가할 수 있고, 같은 종류의 두 엔티티 사이에서 속성 세트가 얼마든지 다를 수도 있다. 더불어 두 엔티티는 같은 속성에 대해 각기 다른 데이터 타입을 저장할 수도 있다. 이처럼 동적이고 유연한 스키마를 모델링할 수 있게 GAE 파이썬 API는 Expando라는 모델 클래스를 정의한다.

구글 앱 엔진은 데이터 저장소와 구분된 BlobStore도 제공한다. BlobStore 서비스는 데이터 저장소에 집어넣기에는 지나치게 큰 객체를 저장할 수 있게 해준다. BlobStore에서 블롭은 blobstore.BlobKey를 통해 식별한다. BlobKey(들)는 바이트 순서를 기준으로 정렬할 수 있다.

Expando

속성은 다음 두 가지 유형 중 하나가 될 수 있다.

- 고정 속성
- 동적 속성

모델 클래스의 어트리뷰트로 정의한 속성은 고정 속성이다. 모델 인스턴스에 어트리뷰트로 추가한 속성은 동적 속성이다.

> 모델 인스턴스(클래스가 아니다)는 엔티티로 영속화된다.

Expando 모델 클래스를 상속하는 모델 클래스의 인스턴스는 고정 속성과 동적 속성을 모두 가질 수 있다. 이로 인해 엔티티로 영속화된 두 모델 인스턴스가 같은 어트리뷰트에 대해 각기 다른 데이터 타입을 가질 수 있게 된다. 또 한 인스턴스가 어트리뷰트(이를테면 new_attribute)를 추가하고 다른 인스턴스는 이 어트리뷰트를 아예 추가하지 않는 일도 가능하다. 인스턴스는 추가 어트리뷰트를 포함하지만 값을 설정하지 않은 채 둘 수 있다. 이번에는 Expando 클래스를 상속하게끔 Task 모델 클래스를 수정한다. 새로운 Task 클래스와 그 인스턴스는 다음과 같다.

```
import datetime
from google.appengine.ext import db

class Task(db.Expando):
    name = db.StringProperty(required=True)
    description = db.StringProperty()
    start_date = db.DateProperty(required=True)
    due_date = db.DateProperty()
    end_date = db.DateProperty()
    tags = db.StringListProperty()

t1 = Task(name="task1", start_date=datetime.datetime.now().date())
t1.description = "this is task 1"
t1.tags = ["important", "sample"]
t1.collaborator = "John Doe"
```

```
t2 = Task(name="task2", start_date=datetime.datetime.now().date())
t2.description = "this is task 2"
t2.tags = ["important", "sample"]
t2.resources = ["resource1", "resource2"]
```

taskmanager GAE project ⏻

이 예제는 바로 이해할 수 있는 수준이며, 강력한 Expando 모델의 힘을 잘 보여준다. 하지만 유연성에는 대가가 따르기 마련이다. 동적 속성은 고정 속성과 달리 유효성 검증을 거치지 않는다. 모델링 API에서는 다형성 기능을 정의할 수 있는 또 다른 모델 클래스를 제공한다.

PolyModel

PolyModel 클래스(google.appengine.ext.db.polymodel 모듈에 존재)는 여러 모델 클래스 사이에서 상속 계층구조를 정의할 수 있게 해준다. 클래스 상속을 통해 상속 계층구조를 설정하고 나면 클래스 타입을 조회해 해당 클래스와 하위 클래스에 속하는 엔티티를 결과셋으로 얻을 수 있다. 이를 보여주기 위해 이번에도 Task 클래스를 한 번 더 수정한다. 이번에는 Task 클래스가 PolyModel 클래스를 상속하게 했다. 그런 다음 Task 클래스를 상속한 두 개의 하위 클래스를 생성했다. 하위 클래스는 각각 IndividualTask와 TeamTask 클래스이며, 개인별 작업과 그룹 작업을 각각 나타낸다. 예제 코드는 다음과 같다.

```
from google.appengine.ext import db
from google.appengine.ext.db import polymodel

class Task(polymodel.PolyModel):
    name = db.StringProperty(required=True)09:18 AM
    description = db.StringProperty()
    start_date = db.DateProperty(required=True)
    due_date = db.DateProperty()
    end_date = db.DateProperty()
    tags = db.StringListProperty()

class IndividualTask(Task):
    owner = db.StringProperty()

class TeamTask(Task):
    team_name = db.StringProperty()
    collaborators = db.StringListProperty()
```

taskmanager GAE project

이제 Task 엔티티를 조회하면 결과셋에 Task 엔티티뿐 아니라 IndividualTask 엔티티와 TeamTask 엔티티도 포함된다. 이 부분은 앱 엔진에서 사용할 수 있는 쿼리 메커니즘을 이해하고 나면 더 이해하기 쉬울 것이다. 다음으로 쿼리 및 인덱스를 살펴보자.

쿼리 및 인덱스

앱 엔진은 SQL과 유사한 쿼리 언어인 GQL을 제공한다. GQL은 SQL의 모든 기능을 갖추지는 않았지만 우리가 SQL 세계에서 익숙하게 사용하는 구문과 의미를 거의 모방한다. GQL은 엔티티 및 속성을 쿼리 할 수 있다. 엔티티는 GAE 파이썬 및 자바 SDK에서 객체로 표현된다. 따라서 GQL은 쿼리, 필터, 모델 인스턴스 및 속성의 조회에 사용할 수 있는 객체지향적 쿼리 언어와 유사하다. 인기 있는 객체지향적 쿼리 언어의 한 예로는 자바 영속성 쿼리 언어(JPQL, http://download.oracle.com/javaee/5/tutorial/doc/bnbtg.html)가 있다.

start_date가 2011년 1월 1일인 다섯 개의 Task 인티티를 조회하고 그 이름을 출력하려면 다음과 같이 쿼리하면 된다.

```
q = db.GqlQuery("SELECT * FROM Task" +
                "WHERE start_date = :1", datetime.datetime(2011, 1, 1, 12, 0, 0).date())
results = q.fetch(5)
for task in results:
    print "Task name: %s" % (task.name)
```
taskmanager GAE 프로젝트 ◑

또는 다음과 같이 Query 인터페이스를 사용해 같은 결과를 조회할 수도 있다.

```
q = Task.all()
q.filter("start_date =", datetime.datetime(2011, 1, 1, 12, 0, 0).date())
results = q.fetch(5)
for task in results:
    print "Task name: %s" % (task.name)
```
taskmanager GAE 프로젝트 ◑

첫 번째 옵션에서는 GqlQuery 인터페이스를 사용하고 두 번째 옵션에서는 Query 인터페이스를 사용한다. 두 경우 모두 start_date 속성이 지정한 일자와 같은 엔티티만 반환되게끔 결과셋을 제한하는 필터 조건을 지정했다. 이는 SQL의 where 절에 조건 값을 넘겨주는 것과 유사하다. 앞의 예제에서는 2011년 1월 1일 12시 정오를 파라미터로 사용했다. 시간 부분은 아침 10시나 저녁 8시처럼 다른 관련 값으로 얼마든지 지정할 수 있으며, 이렇게 하더라도 실제 파라미터에는 변함이 없다. 여기서는 파라미터의 날짜 부분만 사용하기 때문이다.

앱 엔진은 매우 풍부한 필터 조건을 제공하는데, 이 부분은 이어지는 절에서 설명한다.

앞의 예제에서는 fetch 메서드를 사용해 결과를 가져왔다. fetch 메서드는 결과셋을 제한할 수 있는 limit 인자를 받는다. 또 선택적으로 offset 인자를 fetch 메서드로 넘겨줄 수 있다. 따라서 예제 코드에서 fetch(5) 대신 fetch(limit=5, offset=10)을 호출하면 처음 다섯 개의 레코드 대신 11번째부터 15번째 레코드가 반환된다. 이는 자연스럽게 순서 개념을 연상시키며, '결과셋에 들어 있는 엔티티의 순서'에 대한 궁금증을 낳는다. 앞에서는 명시적인 순서 기준을 지정하지 않은 만큼 결과셋의 순서가 정해져 있지 않으며, 쿼리별로 순서가 바뀔 수 있다. 특정 순서를 적용하려면 이를 쿼리에 추가하면 된다. 예를 들어 name순으로 결과셋을 정렬하려면 다음과 같이 하면 된다.

```
q = db.GqlQuery("SELECT * FROM Task" +
        "WHERE start_date = :1" +
        "ORDER BY name", datetime.datetime(2011, 1, 1, 12, 0, 0).date())
```

taskmanager GAE 프로젝트 ⟲

빅테이블은 행을 정렬 및 순차적인 방식으로 저장한다는 사실을 기억할 것이다. 따라서 특정 행을 찾을 때는 랜덤 읽기가 일어나지 않는다. 대신 행 키를 사용해 손쉽게 해당 행을 호스팅하는 영역 서버를 식별하고 행 데이터(또는 엔티티)를 순차적으로 읽는다. 엔티티의 속성이 전체 컬렉션을 필터링하는 데 사용되면 원하는 정렬 순서대로 행을 보관하는 해당 인덱스를 찾는다. Task 엔티티를 start_date 속성을 기반으로 필터링하고 name 속성을 기반으로 정렬하는 쿼리는 데이터가 우선 start_date, 이어서 name으로 미리 정렬된 순서로 보관되는 인덱스를 사용한다. 사실 모든 유효한 쿼리는 내부 인덱스의 도움을 받아 기능을 수행한다. 다시 말해, 대응되는 인덱스가 없는 쿼리는 실행할 수 없다. 달라 보이는 쿼리도 같은 인덱스를 활용할 수 있다. 앱 엔진에서는 특히 속성값, 키, 조상에 대한 동등 연산자 필터링을 포함하는 쿼리를 위해 몇 개의 암시적인 인덱스를 생성해둔다. 여러 속성을 기반으로 한 필터링을 포함하는 쿼리나 비동등 연산자를 포함하는 쿼리, 여러 속성에 따른 정렬을 수행하는 쿼리에 대해서는 명시적으로 인덱스를 정의해야 한다. 개발 서버는 필요한 인덱스를 식별하고 해당 쿼리가 실행될 때 인덱스를 생성하게끔 도와줄 수 있다. 인덱스는 index.yaml이란 설정 파일에 명시적으로 정의된다.

다음으로 지원되는 몇 가지 필터 연산자를 살펴보자.

지원하는 필터와 결과의 정렬

앱 엔진은 속성값에 대해 다음 연산자를 사용할 수 있게 해준다.

- =
- >
- >=
- <
- <=
- !
- IN

비동등 필터와 비교할 때는 인덱스를 먼저 스캔해 처음으로 일치하는 행을 찾고, 이 행부터 일치하지 않는 행이 나올 때까지의 모든 행을 반환한다. 모든 행은 속성에 따른 인덱스 순서대로 정렬된다는 점을 기억하자. 단일 속성에 대해 여러 비동등 필터를 정의할 수는 있지만 같은 쿼리 내에서 각기 다른 속성에 대해 여러 비동등 필터를 지정할 수는 없다. 단일 속성에 대한 여러 비동등 필터는 결과를 반환하기 전 결과셋을 병합하는 여러 쿼리로 분할된다. 따라서 다음과 같은 쿼리는

```
SELECT * FROM Task WHERE start_date >= :a_specified_date
          AND start_date <= :another_specified_date
```

start_date가 지정일보다 크거나 같은 모든 행 또는 start_date가 또 다른 지정일보다 작거나 같은 모든 행을 가져오는 두 부분으로 나뉘어 실행된다.

비동등 필터를 포함하는 쿼리를 정렬할 때는 비동등 연산자가 적용되는 속성으로 먼저 정렬해야 한다. 다른 정렬 속성은 비동등 필터를 적용하는 속성 이후에만 포함시킬 수 있다.

비동등 필터를 속성에 사용하는 쿼리 내에서 각기 다른 속성에 대해 여러 개의 동등 필터 연산자를 사용할 수도 있다. 하지만 이 쿼리에 대해 ORDER BY를 정의할 때는 비동등 속성을 정의하는 속성으로 먼저 결과를 정렬하는 것을 잊지 말아야 한다.

데이터 저장소에서 속성은 값 리스트를 포함할 수 있다. 또 두 개의 엔티티가 같은 속성에 대해 각기 다른 데이터 타입을 가질 수도 있다. IN 연산자는 리스트를 포함하는 값에 대해 동작한다. IN 연산자는 포함 여부를 확인한다. 리스트 내 한 요소라도 필터에 부합하면 엔티티가 결과로 반환된다. 예를 들

어, a_prop = [1, 2]는 a_prop =1 및 a_prop = 2에 부합된다. 하지만 a_prop = [1, 2]는 a_prop > 1 및 a_prop < 2라고 지정하는 쿼리에는 부합되지 않는다. 그 이유는 한 요소가 각 조건에 부합하기는 하지만 두 조건에 맞는 요소는 없기 때문이다. 값 리스트를 포함하는 다중 값 속성과 관련해서는 리스트 내 각 속성이 인덱스에 추가된다. 이는 앞서 말한 매칭 기능과 별개로 정렬에 있어서 몇 가지 부수 효과를 낳는다. 다중 값 속성은 오름차순에서는 가장 작은 값을 기준으로 정렬되며, 내림차순에서는 가장 큰 값을 기준으로 정렬된다. 따라서 [1, 3, 5, 7]을 포함하는 다중 값 속성은 오름차순을 적용할 때는 1로 처리되고, 내림차순을 적용할 때는 7로 처리된다. 따라서 정렬과 관련해 [1, 3, 5, 7]은 [2, 3, 4, 5, 6]보다 작기도 하고 크기도 하다.

두 개의 엔티티는 같은 속성에서 각기 다른 데이터 타입을 포함할 수 있으며 일부 엔티티는 속성을 아예 가지지 않을 수도 있다. 특정 속성을 기반으로 쿼리 필터를 적용할 때 이 속성을 정의하지 않는 엔티티는 그냥 건너뛴다. 결과에 해당 엔티티를 포함하고 싶다면 해당 엔티티의 속성에 적어도 null(또는 파이썬에서는 None) 값을 설정해야 한다. 쿼리에서는 쿼리 필터에서 지정한 데이터 타입과 같은 데이터 타입을 포함하는 엔티티만을 비교한다. 따라서 문자열 값을 비교하는 쿼리는 해당 속성에 문자열 타입을 포함하는 엔티티만을 비교 대상으로 삼는다. 같은 속성에 여러 데이터 타입을 섞으면 정렬과 관련해 몇 가지 부수 효과가 있다. 데이터 타입 사이에는 정렬 계층구조가 있다. 예를 들어 정수는 float보다 먼저 정렬된다. 따라서 예를 들어 정수와 float 값을 모두 포함하는 속성을 정렬할 때는 5 < 4.5이므로 작업이 까다롭다.

앞서 모든 쿼리에는 인덱스가 필요하다고 언급한 바 있다. 쿼리 및 명시적으로 정의한 인덱스는 다음과 같을 수 있다.

```
q = db.GqlQuery("SELECT * FROM Task" +
        "WHERE start_date >= :1" +
        "tags IN :2" +
        "ORDER BY start_date",
datetime.datetime(2011, 1, 1, 12, 0, 0).date(), ["Important", "Sample"])
```

taskmanager GAE 프로젝트 ◑

```
indexes:
- kind: Task
properties:
- name: start_date
- name: tags
```

index.yaml in taskmanager GAE 프로젝트 ◑

지금까지 본 예제에서 쿼리 결과는 fetch 메서드를 사용해 가져왔다. fetch 메서드는 호출 한 번으로 레코드셋을 가져올 수 있게 해준다. 레코드셋이 반환하는 결과의 개수는 limit을 통해 정의한다. 결과의 최상단에 있는 엔티티 하나만 조회하고 싶다면 get 메서드를 사용하면 된다. 또 결과 내 엔티티의 개수를 알고 싶다면 count 메서드를 사용하면 된다. count 메서드는 타임아웃되지 않는 한 결과의 모든 엔티티 개수를 반환한다. 앱 엔진은 쉽게 확장할 수 있으며 빠르게 반응하는 시스템에 초점을 맞춘다. 30초보다 오래 걸리는 응답은 모두 타임아웃 처리된다.

전체 결과셋을 순회하고 싶다면 Query 인터페이스를 반복 객체로 사용하면 된다. 다음은 이를 보여주는 예제다.

```
q = db.GqlQuery("SELECT * FROM Task" +
        "WHERE start_date = :1" +
        "ORDER BY name", datetime.datetime(2011, 1, 1, 12, 0, 0).date())
for task in q:
    print "Task name: %s" % (task.name)
```

taskmanager GAE 프로젝트

반복자 객체를 사용하면 모든 결과를 확인할 때까지 작은 단위로 결과셋에 접근할 수 있다. 반복자 객체를 사용하면 전체셋을 순회할 수는 있지만 나중에 다시 뒤로 돌아가거나 지난 번 조회 시점 이후로 점증적으로 조회할 수는 없다. 이런 점증적인 조회에 사용하기에는 커서가 적합하다. 조회 후에는 쿼리 객체의 cursor 메서드를 사용해 커서를 가져올 수 있다. 커서는 base64 인코딩된 데이터 포인트로, 추가적인 결과를 점증적으로 가져올 수 있게 해준다. 점증적인 결과를 가져오는 2차 쿼리는 필터, 정렬 순서, 조상에 있어서 1차 쿼리와 동일해야 한다. 쿼리를 실행하기 전에는 커서를 with_cursor 메서드로 넘겨줘야 한다. 커서는 이미 가져온 데이터의 변경으로 인한 영향은 전혀 받지 않는다. 현재 커서 이전 범위에서의 업데이트나 삽입은 무시된다.

일관적인 데이터 상태를 유지하기 쉽게끔 앱 엔진은 모든 엔티티 및 엔티티 그룹 레벨 업데이트에 대해 원자적 트랜잭션을 지원한다. 트랜잭션 정합성은 작업이 성공하거나 롤백돼야 한다는 의미다. 단일 엔티티 수준에서 데이터 저장소에 대한 모든 쓰기(즉, 생성, 업데이트, 삭제 작업)는 원자적이다.

엔티티, 엔티티의 조상, 엔티티의 자식은 엔티티 그룹을 형성한다. 엔티티 그룹에 속한 엔티티를 조작하는 함수는 트랜잭션 경계로 감쌀 수 있다. 함수를 인자와 함께 db.run_in_transaction 메서드로 넘겨주면 함수를 트랜잭션 유닛으로 명시적으로 실행할 수 있다. 이를 보여주는 예제는 10-1에 나와 있다.

예제 10-1　　taskmanager GAE 프로젝트

```python
import datetime
from google.appengine.ext import db

class Task(db.Model):
    name = db.StringProperty(required=True)
    description = db.StringProperty()
    start_date = db.DateProperty(required=True)
    due_date = db.DateProperty()
    end_date = db.DateProperty()
    tags = db.StringListProperty()
    status = db.StringProperty(choices=('in progress', 'complete', 'not started'))

def update_as_complete(key, status):
    obj = db.get(key)
    if status == 'complete':
        obj.status = 'complete'
        obj.end_date = datetime.datetime.now().day()
    obj.put()

q = db.GqlQuery("SELECT * FROM Task" +
        "WHERE name = :1", "task1")
completed_task = q.get()

db.run_in_transaction(update_as_complete, completed_task.key(), "complete")
```

jtaskmanager GAE 프로젝트 〇

앱 엔진에서는 행에 락을 걸지 않는다. 마지막 업데이트 시간을 기반으로 한 낙관적 락과 화해 (reconciling)를 통해 모든 충돌을 해결한다. 둘 이상의 루트 엔티티에 걸쳐져 있는 작업에 대한 트랜잭션 은 지원하지 않는다.

이제 앱 엔진의 주요 기능과 앱 엔진에 사용할 파이썬 SDK의 주요 기능을 대부분 살펴봤으니 이어서 자바 앱 엔진 SDK를 다뤄보자.

자바 앱 엔진 SDK 살펴보기

먼저 http://code.google.com/appengine/docs/java/gettingstarted/에 있는 온라인 튜토리얼을 읽어 보자. 앱 엔진에서 구동하기 위해 자바로 작성한 프로그램은 자바 서블릿 같은 표준 자바 명세를 활용 하는 웹 애플리케이션이다. 앱 엔진 런타임은 자바 애플리케이션 서버를 호스팅한다. 컨테이너 자체는 Webtide 제티 애플리케이션 서버의 커스텀 구현체다.

앱 엔진의 기본 요소는 파이썬에서 접근하든 자바에서 접근하든 그대로이므로 여기서는 앞에서 다룬 내용을 반복하는 게 의미가 없다. 따라서 이 절에서는 바로 JDO와 JPA 같은 자바 표준을 사용해 데이 터 저장소에 접근하는 법을 살펴본다.

DataNucleus(www.datanucleus.org/) 오픈소스 앱 엔진 플러그인은 자바 표준 영속성 프레임워크 (특히 JDO 및 JPA)와 구글 빅테이블 기반 데이터 저장소 사이의 간극을 메워주는 가교 역할을 한다.

JDO를 설정하는 법은 http://code.google.com/appengine/docs/java/datastore/jdo/에서 온라인 문 서를 참고하자. JPA 설정은 http://code.google.com/appengine/docs/java/datastore/jpa/를 참고하자.

앞서 파이썬 예제에서 작성한 Task 클래스를 이번에는 JDO를 대상으로 하는 POJO로 다음과 같이 작성한다.

```
package taskmanager;

import com.google.appengine.api.datastore.Key;
import java.util.Date;
import javax.jdo.annotations.IdGeneratorStrategy;
import javax.jdo.annotations.PersistenceCapable;
import javax.jdo.annotations.Persistent;
import javax.jdo.annotations.PrimaryKey;

@PersistenceCapable
public class Task {
    @PrimaryKey
    @Persistent(valueStrategy = IdGeneratorStrategy.IDENTITY)
    private Key key;

    @Persistent
    private String name;

    @Persistent
```

```java
    private String description;

    @Persistent
    private Date startDate;

    @Persistent
    private String status;

    public Greeting(String name, String description, Date startDate, String status) {
        this.name = name;
        this.description = description;
        this.startDate = startDate;
        this.status = status;
    }
    public Key getKey() {
        return key;
    }

    public User getName() {
        return name;
    }

    public String getDescription() {
        return description;
    }

    public Date getStartDate() {
        return startDate;
    }

    public String getStatus() {
        return status;
    }

    public void setName(String name) {
        this.name = name;
    }

    public void setDescription(String description) {
        this.description = description;
```

```
    }

    public void setStartDate(Date startDate) {
        this.startDate = startDate;
    }

    public void setStatus(String status) {
        this.status = status;
    }
}
```

jtaskmanager GAE 프로젝트 ◑

JDO PersistenceManager 클래스는 앞서 정의한 엔티티를 데이터 저장소에 영속화하는 일을 책임진다. PersistenceManager 인스턴스는 PersistenceManagerFactory로부터 다음과 같이 가져와야 한다.

```
package taskmanager;

import javax.jdo.JDOHelper;
import javax.jdo.PersistenceManagerFactory;

public final class PMF {
    private static final PersistenceManagerFactory pmfInstance =
    JDOHelper.getPersistenceManagerFactory("transactions-optional");

    private PMF() {}
    public static PersistenceManagerFactory get() {
        return pmfInstance;
    }
}
```

jtaskmanager GAE 프로젝트 ◑

끝으로 객체는 다음과 같이 저장할 수 있다.

```
String name = "task1";
String description = "a task";
Date startDate = new Date();
String status = "task created";
Task task = new Task(name, description, startDate, status);
PersistenceManager pm = PMF.get().getPersistenceManager();
```

```
try {
    pm.makePersistent(task);
} finally {
    pm.close();
}
```

jtaskmanager GAE 프로젝트

그런 다음 GQL과 유사한 JDO 쿼리 언어(JDOQL)를 사용해 다음과 같이 모든 작업을 조회할 수 있다.

```
PersistenceManager pm = PMF.get().getPersistenceManager();
String query = "select from " + Task.class.getName();
List<Task> tasks = (List<Task>) pm.newQuery(query).execute();
```

jtaskmanager GAE 프로젝트

JDO 및 JPA(여기서는 다루지 않음)의 활용은 전통적인 객체지향적 애플리케이션 개발과 GAE의 데이터 저장소 같은 확장 가능한 순서 정렬 칼럼 패밀리 사이의 간극을 메워주는 가교 역할을 한다. 이를 통해 개발자는 새로운 데이터베이스 기술을 배우지 않아도 앱 엔진의 확장 가능한 환경을 쉽게 활용할 수 있다. 하지만 앱 엔진에 적용되는 JDO 및 JPA는 전체 명세 중 일부에 지나지 않는다는 점을 명심해야 한다.

쿼리, 쿼리의 동작, 제약과 관련한 사항은 파이썬을 사용하든 자바 SDK를 사용하든 모두 동일하다. 더불어 인덱스 및 트랜잭션 기능과 개념도 그대로다.

이어서 아마존 심플디비(Amazon SimpleDB)를 살펴보자.

아마존 심플디비

앞 절에서는 GAE의 데이터 저장소가 어떤 식으로 완전히 관리된 데이터베이스를 제공하는지 살펴봤다. GAE에서는 확장 가능한 대규모 데이터베이스를 관리하는 복잡성과 부담은 개발자로부터 완전히 추상화돼 있다. 앞에서 우리는 데이터베이스 관리, 데이터베이스 인덱스 관리, 성능 튜닝에 대해 걱정할 필요가 전혀 없었다. 데이터 저장소와 관련해 우리가 할 일은 애플리케이션과 데이터 로직에 집중하는 것뿐이다.

아마존 심플디비는 앱 엔진 데이터 저장소 대신 바로 사용할 수 있는 데이터베이스다. 심플디비는 탄력적이며 클라우드 환경에서 완전히 관리된다. 두 데이터 저장소(앱 엔진 데이터 저장소와 심플디비)는

API와 내부 구조가 상당히 다르지만 둘 다 높은 확장성을 제공하고 사용할수록 점차 커지는(grow-as-you-use) 데이터 저장소 모델을 제공한다.

> 아마존 EC2 데이터베이스 AMI는 AWS에서 원하는 데이터베이스(오라클, MySQL, PostgreSQL, DB2 등)를 선택할 수 있게 해주지만 이를 관리하는 책임은 개발자에게 있다.

심플디비 시작하기

아마존 심플디비는 아마존 웹 서비스(AWS)의 일부로 제공된다. 심플디비는 http://aws.amazon.com/sdb에서 심플디비 계정을 설정해 간단히 시작할 수 있다. 이때 두 종류의 인증 정보가 필요하다. 바로 접근 키와 AWS에 접근할 수 있는 비밀키다. 이들 인증 정보는 http://aws.amazon.com/에 로그인하고 나면 볼 수 있는 계정 상세 영역에서 얻을 수 있다. AWS 등록 및 접근에 대한 자세한 내용은 이 장이나 이 책의 다른 곳에서 다루지 않는다. 하지만 http://aws.amazon.com/에서 AWS의 홈페이지에 나온 설명을 잘 따르면 쉽게 설정할 수 있을 것이다.

심플디비는 설계상 매우 간단한 데이터베이스다. 심플디비는 몇 가지 제약만 부여하고 데이터와 상호 작용할 수 있는 아주 간단한 API를 제공한다. 심플디비에서 가장 높은 추상화를 적용한 곳은 바로 계정이다. 계정은 전통적인 RDBMS 설정에서 데이터베이스 인스턴스로 생각하면 된다. 또는 여러 개의 워크시트를 갖춘 마이크로소프트 엑셀 문서로 생각하면 더 좋다.

각 계정은 하나 이상의 도메인을 갖고 있으며, 각 도메인은 항목 컬렉션으로 이뤄진다. 기본적으로 심플디비 도메인(컬렉션)은 10GB의 데이터를 유지할 수 있으며 계정당 도메인을 100개까지 가질 수 있다. 하지만 이는 기본 설정일 뿐 최고 한계는 아니다. 필요하다면 AWS에 연락해 추가적인 용량을 요청할 수 있다. 하지만 기본 설정에서도 1TB 데이터셋까지 설정할 수 있으며 이는 적은 용량이 아니다. 또 심플디비와 아마존 심플 저장소 서비스(S3)를 잘 조합하면 저장소를 최적화하는 데 도움이 된다. 이 경우 모든 대규모 객체는 S3에 보관하고 객체나 작은 대용량 객체에 대한 메타데이터는 심플디비에 저장하면 된다.

도메인 내에서는 항목을 영속화할 수 있다. 항목은 어트리뷰트-값 쌍을 사용해 정의할 수 있는 한 임의의 타입이 될 수 있다. 따라서 각 항목은 어트리뷰트-값 쌍의 모음으로 이뤄진다. 같은 도메인 내 두 항목이 같은 어트리뷰트-값 쌍을 갖고 있지 않아도 된다. 사실 극단적인 경우 도메인 내 두 항목이 동일 어트리뷰트를 하나도 갖고 있지 않을 수도 있다. 이런 극단적인 경우는 별로 쓸 일이 없겠지만 심플디비의 관점에서는 이를 얼마든지 수용할 수 있다.

이 책에서는 앞서 도큐먼트 데이터베이스도 이와 유사한 성격을 갖추고 있음을 배웠다. 카우치디비와 몽고디비도 이와 유사한 유연성 및 기능을 제공한다. 심플디비는 필요에 따라 확장 가능한 클라우드 내 도큐먼트 데이터베이스로 생각할 수 있다. 이번에는 다음 로그 파일 데이터 형식(3장에서 가져옴)에 나온 데이터를 심플디비에 저장하는 법을 살펴보자.

```
{
    "ApacheLogRecord": {
        "ip": "127.0.0.1",
        "ident" : "-",
        "http_user" : "frank",
        "time" : "10/Oct/2000:13:55:36 -0700",
        "request_line" : {
            "http_method" : "GET",
            "url" : "/apache_pb.gif",
            "http_vers" : "HTTP/1.0",
        },
        "http_response_code" : "200",
        "http_response_size" : "2326",
        "referrer" : "http://www.example.com/start.html",
        "user_agent" : "Mozilla/4.08 [en] (Win98; I ;Nav)",
    },
}
```

이 파일은 JSON 문서로 돼 있다. JSON 요소의 키/값 쌍은 심플디비의 어트리뷰트-값 쌍에 대응된다.

위 예제의 JSON 형식은 단순히 키/값 쌍을 보여주기 위해 사용했다. 심플디비에는 JSON 형식을 이해하거나 JSON 도큐먼트를 쿼리할 수 있는 기능이 없다. JSON 문서를 심플디비에 저장하려면 먼저 문서를 파싱해 키/값 쌍을 추출해야 한다.

대부분의 AWS 옵션과 마찬가지로 심플디비도 도메인, 도메인 내 항목, 각 항목의 어트리뷰트-값 쌍을 조작할 수 있는 간단한 API를 제공한다. 이 API는 REST 및 SOAP 방식을 따르며 웹 서비스 형태로 사용할 수 있다. 클라이언트는 도메인 생성, 항목 삽입, 어트리뷰트-값 쌍 업데이트 같은 특정 작업을 수행하는 요청을 보내야 한다. 심플디비 서버는 에러가 없는 경우 작업을 완료하고 성공 코드 및 응답 데이터로 응답한다. 응답 데이터는 HTTP 응답 패킷 형태이며, 헤더, 저장 메타데이터, 페이로드를 갖춘 XML 형식이다.

이어서 심플디비 API에서 사용할 수 있는 명령 목록을 빠르게 살펴보자. 먼저 도메인을 수정하는 명령부터 살펴보자.

심플디비 도메인을 관리하는 명령은 다음과 같다.

- `CreateDomain` : 항목을 저장할 도메인을 생성한다.
- `DeleteDomain` : 기존 도메인을 삭제한다.
- `ListDomains` : 계정 내 모든 도메인을 나열한다.
- `DomainMetadata` : 도메인, 항목, 항목의 어트리뷰트-값에 대한 정보를 가져온다. 도메인 생성일, 도메인 내 항목 개수, 어트리뷰트-값 쌍의 크기 같은 정보를 가져올 수 있다.

도메인을 생성한 후에는 PutAttributes 메서드를 사용해 항목을 삽입하거나 업데이트할 수 있다.

항목은 어트리뷰트-값 쌍의 모음이란 점을 기억하자. 항목을 삽입한다는 말은 항목을 논리적으로 형성하는 어트리뷰트-값 쌍의 세트를 생성한다는 뜻이다. 또 항목을 업데이트한다는 말은 특정 항목을 조회하고 항목의 하나 이상의 어트리뷰트 값을 업데이트한다는 의미다.

한 번의 호출로 여러 개의 put 작업을 수행할 수 있는 BatchPutAttributes도 사용할 수 있다.

DeleteAttributes는 항목, 어트리뷰트-값 쌍, 또는 그냥 어트리뷰트 값만 도메인에서 삭제할 수 있게 해준다. BatchDeleteAttributes는 한 번의 호출로 여러 삭제 작업을 수행할 수 있게 해준다.

단일 항목의 어트리뷰트-값 쌍은 GetAttributes 작업을 통해 가져올 수 있다.

또는 SELECT 작업을 사용해 조회하고 도메인 내 항목을 필터링할 수도 있다. 심플디비는 도메인 내 데이터셋을 필터링할 수 있는 풍부한 기능을 지원한다. 구문과 의미는 SQL에서 사용하는 것과 유사하다. 심플디비는 쿼리를 효과적으로 수행하기 위해 자동으로 인덱스를 생성하고 관리한다.

심플디비의 쿼리 방식이 SQL과 조금 비슷하기는 하지만 심플디비를 RDBMS로 착각해서는 안 된다. 심플디비는 관계형 데이터 저장소가 아니며 관계형 데이터베이스처럼 복잡한 트랜잭션이나 외래 키 기반의 제약을 지원하지 않는다.

심플디비의 서비스 지역

현재 AWS는 각기 다른 네 지역에서 심플디비를 제공한다. 바로 미국 동부, 미국 서부, 유럽, 아시아다. 도메인을 생성하기 전에는 이런 지역 중 하나를 선택해야 한다. 응답 지연을 줄이고 성능을 개선하려면 사용자와 가장 가까운 지역을 선택해야 한다. 각기 다른 지역에 속한 두 도메인은 이름이 같을 수 있지만 완전히 다르며, 서로 완전히 고립돼 있다. 두 도메인은 서로 아무런 데이터도 공유하지 않는다.

사용할 수 있는 서비스 지역(더불어 물리적인 위치)은 다음과 같다.

- sdb.amazonaws.com : 미국 동부(북 버지니아)

- sdb.us-west-1.amazonaws.com : 미국 서부(북 캘리포니아)

- sdb.eu-west-1.amazonaws.com : 유럽(아일랜드)

- sdb.ap-southeast : 아시아(싱가포르)

다음으로 심플디비에 접근해 이를 사용하는 법을 몇 가지 살펴보자.

REST API의 활용

심플디비를 사용하는 가장 쉬운 방법은 REST API를 사용하는 것이다. 순수주의자가 보기에는 심플디비의 REST API가 완전히 RESTful하지는 않겠지만, 이 API는 HTTP 기반의 요청-응답 모델을 제공한다. 심플디비의 REST API가 왜 진정한 의미의 RESTful이 아닌지에 대해서는 수부 알라마라주가 쓴 '아마존 심플디비의 RESTful 버전(www.subbu.org/weblogs/main/2007/12/a_restful_versi.html)'이란 글을 읽어보자. 이 API를 테스트하는 가장 쉬운 방법은 명령행 클라이언트를 사용해 작업을 실행하는 것이다. 여기서는 펄 기반의 명령행 클라이언트를 사용한다. 이 명령행 클라이언트의 이름은 amazon-simpledb-cli다. 이 클라이언트는 프로젝트 페이지인 http://code.google.com/p/amazon-simpledb-cli/에서 내려받을 수 있다. amazon-simpledb-cli 프로그램은 AWS용으로 아마존에서 제공하는 펄 모듈에 의존한다. AWS용 펄 모듈은 http://amazon-simpledb-cli.googlecode.com/svn/trunk/bin/simpledb에서 내려받을 수 있다.

아마존 심플디비에서는 SOAP API도 사용할 수 있다. 이 책에서는 SOAP API를 다루지 않지만 SOAP API에 대한 자세한 설명은 온라인 개발자 문서인 http://aws.amazon.com/documentation/simpledb/에서 볼 수 있다.

amazon-simpledb-cli를 설치하기 위해 먼저 장비에 펄을 설치했는지 확인한다. POSIX 시스템 사용자(리눅스, BSD, 맥 OSX 등)라면 아마 장비에 펄이 이미 설치돼 있을 것이다. 펄이 설치돼 있지 않다면 펄 컴파일러와 인터프리터를 내려받고 실행해야 한다. 펄을 설치하는 방법은 책의 범위를 벗어나므로 도움이 필요하다면 perl.org를 참고하자.

우선 다음 펄 모듈을 가져오는(업데이트하는) 것부터 시작한다.

- Getopt::Long
- Pod::Usage
- Digest::SHA1
- Digest::HMAC
- XML::Simple
- Bundle::LWP
- Crypt::SSLeay

Getopt::Long은 다음과 같이 설치할 수 있다.

```
perl -MCPAN -e 'install Getopt::Long'
```

다른 필수 펄 모듈도 같은 방식으로 설치할 수 있다. 이때는 Getopt::Long 부분을 해당 모듈로 바꾸기만 하면 된다. 일부 시스템과 모듈에서는 명령을 루트에서 실행해야 할 수도 있다. 필수 모듈을 모두 설치하고 업데이트했다면 내려받은 AWS 펄 모듈을 다음과 같이 설치할 수 있다.

먼저 다음과 같이 내려받은 배포판의 압축을 푼다.

```
unzip AmazonSimpleDB-*-perllibrary.zip
```

이어서 다음과 같이 펄 sitelib를 가져온다.

```
sitelib=$(perl -MConfig -le 'print $Config{sitelib}')
```

끝으로 아마존 모듈을 sitelib에 다음과 같이 복사한다.

```
sudo scp -r AmazonSimpleDB-*-perl-library/src/Amazon $sitelib
```

AWS 펄 모듈을 설치하고 나면 다음과 같이 amazon-simpledb-cli를 가져온다.

```
sudo curl -Lo /usr/local/bin/simpledb http://simpledb-cli.notlong.com
```

그런 다음 누구나 스크립트를 실행할 수 있게 스크립트 권한을 설정한다.

```
sudo chmod +x /usr/local/bin/simpledb
```

이제 프로그램을 사용할 준비가 모두 끝났다. 이어서 AWS 인증 정보(AWS 접근 키와 AWS 접근 비밀키, 계정 페이지에서 확인 가능)의 위치를 확인하고 방금 전에 설치한 amazon-simpledb-cli 스크립트 (usr/local/bin 폴더에 simpledb로 저장)를 테스트하기 위해 전달한다.

simpledb 스크립트를 사용하려면 접근 키와 비밀 접근 키를 각각 awsaccess-key-id와 aws-secret-access-key 명령행 인자로 넘겨줘야 한다. 또는 $AWS_ACCESS_KEY_ID와 $AWS_SECRET_ACCESS_KEY 환경 변수를 사용해 기본 접근 키와 비밀 접근 키 값을 설정할 수도 있다.

도메인은 다음과 같이 생성할 수 있다.

```
simpledb create-domain domain1
```

이 도메인에 항목을 추가하는 법은 다음과 같다.

```
simpledb put domain1 item1 key1=valueA key2=value2 anotherKey=someValue
simpledb put domain1 item2 key1=valueB key2=value2 differentKey=aValue
```

그런 다음 item1을 수정하고 다른 어트리뷰트-값 쌍을 다음과 같이 추가할 수 있다.

```
simpledb put domain1 item1 yetAnotherKey=anotherValue
```

어트리뷰트-값 쌍을 새로운 어트리뷰트-값 쌍으로 대체하는 법은 다음과 같다.

```
simpledb put-replace domain1 item1 key1=value1 newKey1=newValue1
```

어트리뷰트 또는 어트리뷰트 값만 삭제할 수도 있다. 다음 예제 코드를 참고하자.

```
simpledb delete mydomain item1 anotherKey
simpledb delete mydomain item2 key2=value2
```

계정의 모든 도메인을 나열하는 법은 다음과 같다.

```
simpledb list-domains
```

도메인의 모든 항목 이름을 나열하는 법은 다음과 같다.

```
simpledb select 'select itemName() from domain1'
```

또는 SQL과 유사한 구문을 사용해 항목 리스트를 필터링하고 조건에 부합하는 항목 및 그 어트리뷰트를 모두 조회하는 법은 다음과 같다.

```
simpledb select 'select * from domain1 where key1="valueA"'
```

특정 항목, 이를테면 **item1**의 모든 어트리뷰트를 나열하려면 다음과 같이 simpledb를 사용하면 된다.

```
simpledb get domain1 item1
```

결과를 특정 어트리뷰트셋으로 제한하려면 앞의 명령에 다음과 같이 어트리뷰트 이름을 넘겨주면 된다.

```
simpledb get mydomain item1 newKey1 key2
```

도메인이 더 이상 필요 없거나 도메인 및 그 구성 요소를 모두 제거하려면 다음과 같이 simpledb 명령을 실행하면 된다.

```
simpledb delete-domain domain1
```

> ### 요청 인증
>
> 심플디비에 대한 모든 요청은 인증을 거쳐야 한다. 클라이언트는 요청과 함께 다음 정보를 전달한다.
>
> - AWS 접근 키
> - AWS 비밀키와 요청을 기반으로 생성된 HMAC-SHA1 서명
> - 타임스탬프
>
> AWS는 넘겨받은 AWS 접근 키를 기반으로 비밀 접근 키에 접근하고 비밀 접근 키와 넘겨받은 요청을 사용해 HMAC-SHA1 서명을 생성한다. 클라이언트가 넘겨준 HMAC-SHA1 서명이 서버에서 생성한 서명과 일치하면 요청에 적절한 응답을 내보낸다. 두 서명이 일치하지 않으면 인증 에러를 내보낸다.
>
> 이때 넘겨준 타임스탬프는 추가적인 보안 기능을 수행한다. 15분보다 오래된 타임스탬프가 들어 있는 요청은 지나치게 오래된 요청으로 간주된다.

앞에서 본 설명을 통해 amazon-simpledb-cli로 할 수 있는 작업에 대해 감을 잡을 수 있었을 것이다. 또 아마존 심플디비에서 사용할 수 있는 쿼리 및 관리 명령에 대해 어느 정도 알 수 있었을 것이다.

책의 완성도를 높이기 위해 여기서는 REST API를 사용할 때 내부 요청 및 응답에 대한 예시도 보여
주려고 한다. 다음과 같은 호출은

```
simpledb put domain1 item1 key1=valueA key2=value2 anotherKey=someValue
```

다음과 같이 변환된다.

```
https://sdb.amazonaws.com/
?Action=PutAttributes
&DomainName=domain1
&ItemName=item1
&Attribute.1.Name=key1
&Attribute.1.Value=valueA
&Attribute.2.Name=key2
&Attribute.2.Value=value2
&Attribute.3.Name=anotherKey
&Attribute.3.Value=someValue
&AWSAccessKeyId=[valid access key id]
&SignatureVersion=2
&SignatureMethod=HmacSHA256
&Timestamp=2011-01-29T15%3A03%3A05-07%3A00
&Version=2009-04-15
&Signature=[valid signature]
```

이 요청에 대한 응답은 XML 문서이며, 형식은 다음과 같다.

```
<PutAttributesResponse>
    <ResponseMetadata>
        <RequestId></RequestId>
        <BoxUsage></BoxUsage>
    </ResponseMetadata>
</PutAttributesResponse>
```

아마존 심플디비의 XSD는 http://sdb.amazonaws.com/doc/2009-04-15/AmazonSimpleDB.xsd에
서 확인할 수 있다. 응답 XML 스키마에 대한 자세한 내용은 이 문서에 정의돼 있다.

이제 심플디비의 기능을 여러 예를 통해 살펴봤으니 자바, 파이썬, 루비를 통해 심플디비에 접근할 수
있는 라이브러리 몇 개를 다뤄보자.

자바를 활용한 심플디비 접근

AWS는 자바 개발자들이 AWS와 상호작용하는 애플리케이션을 개발할 수 있게 방대한 SDK를 지원한다. 자바용 AWS SDK는 http://aws.amazon.com/sdkforjava/에서 내려받을 수 있다. 우선 http://aws.amazon.com/articles/3586에서 SDK에 대한 소개 튜토리얼부터 읽어보자. 이 SDK는 심플디비를 비롯해 AWS를 폭넓게 지원한다. 다운로드 번들에는 처음 시작할 때 살펴볼 만한 예제도 몇 개 들어 있다. 예제 10-2에는 사용법을 보여주는 기초 예제가 나와 있다.

예제 10-2   AWS SDK를 활용해 심플디비와 연동하는 간단한 자바 프로그램

```java
import java.util.ArrayList;
import java.util.List;
import com.amazonaws.AmazonClientException;
import com.amazonaws.AmazonServiceException;
import com.amazonaws.auth.PropertiesCredentials;
import com.amazonaws.services.simpledb.AmazonSimpleDB;
import com.amazonaws.services.simpledb.AmazonSimpleDBClient;
import com.amazonaws.services.simpledb.model.Attribute;
import com.amazonaws.services.simpledb.model.BatchPutAttributesRequest;
import com.amazonaws.services.simpledb.model.CreateDomainRequest;
import com.amazonaws.services.simpledb.model.Item;
import com.amazonaws.services.simpledb.model.ReplaceableAttribute;
import com.amazonaws.services.simpledb.model.ReplaceableItem;

public class SimpleDBExample {
    public static void main(String[] args) throws Exception {
        AmazonSimpleDB sdb = new AmazonSimpleDBClient(new PropertiesCredentials(
        SimpleDBExample.class.getResourceAsStream("aws_credentials.properties")));
        try {
            String aDomain = "domain1";
            sdb.createDomain(new CreateDomainRequest(aDomain));
            //데이터를 도메인에 집어넣음
            sdb.batchPutAttributes(new BatchPutAttributesRequest(myDomain,
            createSampleData()));
        } catch (AmazonServiceException ase) {
            System.out.println("Error Message: " + ase.getMessage());
            System.out.println("HTTP Status Code: " + ase.getStatusCode());
            System.out.println("AWS Error Code: " + ase.getErrorCode());
```

```java
            System.out.println("Error Type: " + ase.getErrorType());
            System.out.println("Request ID: " + ase.getRequestId());
        } catch (AmazonClientException ace) {
            System.out.println("Error Message: " + ace.getMessage());
        }
    }


    private static List<ReplaceableItem> createSampleData() {
        List<ReplaceableItem> myData = new ArrayList<ReplaceableItem>();
        sampleData.add(new ReplaceableItem("item1").withAttributes(
            new ReplaceableAttribute("key1", "valueA", true),
            new ReplaceableAttribute("key2", "value2", true),
            new ReplaceableAttribute("anotherKey", "someValue", true)
            );
        sampleData.add(new ReplaceableItem("item2").withAttributes(
            new ReplaceableAttribute("key1", "valueB", true),
            new ReplaceableAttribute("key2", "value2", true),
            new ReplaceableAttribute("differentKey", "aValue", true)
            );
        return myData;
    }
}
```

`SimpleDBExample.java` ↻

예제 11-2에서는 AWS 인증 정보를 aws_credentials.properties라는 파일에 보관한다고 가정한다. aws_credentials.properties 파일의 내용은 다음과 같다.

```
accessKey =
secretKey =
```

지금까지 살펴본 예제에서는 단독 실행형 자바 프로그램에서 API를 사용하는 법을 보여줬다. 프로그램이 단독 실행형 자바 프로그램보다 좀 더 복잡하다면 자바 영속성 API(JPA) 등을 포함하는 표준 자바 API를 활용해야 한다. JPA를 활용해 심플디비에 저장할 수 있는 오픈소스 솔루션이 몇 가지 나와 있다. SimpleJPA도 이런 프로젝트 중 하나다. SimpleJPA는 JPA의 서브셋으로, 심플디비에서만 사용할 수 있다.

루비 및 파이썬을 통한 심플디비 상호작용

레일즈는 루비 커뮤니티에서 웹 개발을 할 때 주로 사용한다. 심플디비를 레일즈 애플리케이션에서 사용하려고 해도 외부 도움 없이는 MySQL 같은 관계형 데이터베이스를 심플디비로 쉽게 대체할 수 없다. 하지만 심플레코드를 사용하면 대부분의 문제를 쉽게 해결할 수 있다. 심플레코드는 같은 이름을 사용하는 오픈소스 프로젝트(https://github.com/appoxy/simple_record/)를 통해 구현됐다. 심플레코드는 영속성 저장소로 아마존 심플디비를 사용하는 레일즈 애플리케이션에서 액티브레코드 대신 사용할 수 있다.

심플레코드를 사용하는 법은 간단하다. 다음의 한 줄만 입력하면 심플레코드를 설치할 수 있다.

```
gem install simple_record
```

여기서는 루비, 루비젬, 레일즈가 이미 설치 및 설정돼 있다고 가정한다. 간단한 예제는 다음과 같이 작성할 수 있다.

```
require 'simple_record'
    class MyModel < SimpleRecord::Base
        has_strings :key1
        has_ints :key2
    end
```

AWS를 사용할 때는 항상 그렇듯 모델을 심플디비에 저장할 수 있게 AWS 인증 정보를 먼저 설정해야 한다. AWS 인증 정보는 다음과 같이 설정할 수 있다.

```
AWS_ACCESS_KEY_ID='<aws_access_key_id>'
    AWS_SECRET_ACCESS_KEY='<aws_secret_access_key>'
    SimpleRecord.establish_connection(AWS_ACCESS_KEY_ID,AWS_SECRET_ACCESS_KEY)
```

끝으로 모델 인스턴스는 다음과 같이 저장할 수 있다.

```
m_instance = MyModel.new
m_instance.key1 = "valueA"
m_instance.key2 = value1
m_instance.save
```

모델 인스턴스는 다음과 같이 id를 통해 조회할 수 있다.

```
m_instance_2 = MyModel.find(id)
```

또는 다음과 같은 필터 조건에 부합하는 인스턴스를 모두 조회할 수도 있다.

```
all_instances = MyModel?.find(:all, ["key1=?", "valueA"],
:order=>"key2", :limit=>10)
```

이로써 레일즈 애플리케이션에서 심플디비를 활용하는 법에 대해 감을 잡을 수 있을 것이다.

아마존에서 아마존 서비스에 접속할 수 있게 제공하는 루비 언어 인터페이스 같은 다른 대체 라이브 러리도 존재한다. 심플디비용 루비 라이브러리는 http://aws.amazon.com/code/1014에서 내려받아 확인할 수 있다.

다음으로 파이썬에서 AWS 심플디비와 연동하는 법을 살펴보자. 보토(Boto)는 파이썬에서 심플디비에 접속하는 데 가장 많이 사용하는 라이브러리로, https://github.com/boto/boto에서 내려받을 수 있다. 보토를 사용하려면 깃허브에서 다음과 같이 보토의 최신 소스를 내려받아야 한다.

```
git clone https://github.com/boto/boto.git
```

그런 다음 복제된 저장소 디렉터리로 이동하고 python install setup.py를 실행해 보토를 설치한다. 설치를 마치고 나면 파이썬 인터랙티브 세션을 시작한다. 그럼 다음과 같이 손쉽게 도메인을 생성하고 항목을 추가할 수 있다.

```
import boto
sdb = boto.connect_sdb('<your aws access key>', '<your aws secret key>')
domain = sdb.create_domain('domain2')
item = domain.new_item('item1')
item['key1'] = 'value1'
item['key2'] = 'value2'
item.save()
```

이들 명령 외에 심플디비 명령과 상호작용 방식은 앞서 본 것과 동일하다.

정리

이 장에서는 클라우드에서 사용할 수 있는 두 가지 인기 있는 확장형 데이터베이스를 다루면서 그 기능과 특징점을 살펴봤다. 또 라이브러리, 명세, 다양한 언어로 된 프레임워크를 NoSQL 저장소와 연계해 사용하는 법도 보여줬다.

구글의 앱 엔진 데이터 저장소와 아마존 심플디비는 데이터베이스 분야에 일대 혁명을 가져왔으며 모든 사람들이 애플리케이션에서 데이터베이스의 복잡도를 관리하는 데 들이는 현재의 노력을 재고하게끔 만들었다. 이들 거대 기업의 어깨 위에서 확장 가능한 아키텍처를 이루는 게 많은 이들이 보기에 매력적일 뿐 아니라 비용과 유연성 관점에서 보더라도 이 방식이 더 실용적이고 도움이 된다.

구글과 아마존이 제공하는 서비스가 가장 유명하고 강력하긴 하지만 클라우드에서는 이런 데이터베이스를 제공하는 각종 대안이 등장하기 시작했다. 예를 들어 여러 클라우드 기반의 탄력적 데이터베이스가 카우치디비 및 몽고디비를 호스팅하고 있다. 카우치디비의 개발자들은 카우치원(www.couchone.com)이라는 서비스를 내놓았다. 마찬가지로 몽고HQ도 확장 가능한 몽고디비 호스트다. 확장 가능한 옵션을 제공하는 데이터베이스는 도큐먼트 데이터베이스만 있는 게 아니다. 궁극적으로 일관적인 키/값 데이터베이스의 개발자인 바쇼는 조이언트와 연계해 바로 사용할 수 있는 리악 3 및 5 노드 클러스터를 제공하고 있다. 이런 대체 데이터베이스는 앞으로도 더 등장할 것으로 보인다.

클라우드 컴퓨팅이 폭넓게 채택되면서 클라우드에서 더 많은 데이터베이스 서비스를 보게 될 확률도 높아졌다. 전부는 아니더라도 이들 클라우드 데이터베이스는 대부분 NoSQL 제품을 활용한다. 이는 개발자들이 NoSQL을 사용할 기회를 더 많이 부여하며, 데이터베이스를 점차 영속성 서비스로 인식할 수 있게 해준다.

## 11

맵리듀스를 활용한 확장 가능 병렬 처리

· 확장 가능 병렬 처리의 해결 과제
· 맵리듀스를 활용한 대규모 병렬 처리
· 맵리듀스 연산 모델의 개념 살펴보기
· 몽고디비, 카우치디비, HBase를 활용한 몽고디비 실전 경험
· 맵리듀스 기반의 기계 학습 인프라스트럭처인 머하웃(Mahout) 소개

대용량 데이터를 관리하려면 가능한 한 적은 교차점만 갖춘 상태에서 병렬적으로 작업을 실행할 수 있는 툴과 방식이 필요하다. 교차점이 적을수록 충돌 가능성이나 관리 필요성은 줄어든다. 이런 병렬 처리 툴에서는 데이터 전송도 최소화해야 한다. I/O와 대역폭은 종종 빠르고 효과적인 처리를 방해하는 병목 지점이 된다. 데이터의 양이 많으면 I/O 병목은 더 증폭되고 사용할 수 없는 수준까지 시스템이 느려질 수 있다. 따라서 대규모 연산에서는 연산 데이터를 로컬에 보관하는 게 매우 중요하다. 이런 점들을 고려하면 여러 장비로 분산된 대규모 데이터셋을 수정하기란 간단지도, 쉽지도 않은 일임을 알 수 있다.

지난 몇 년간 대규모 데이터셋에 대한 연산을 수행하기 위해 많은 기법이 개발됐다. 초기에는 슈퍼컴퓨터를 개발하는 데 주안점을 뒀다. 슈퍼컴퓨터는 일반적인 연산 능력보다 훨씬 뛰어난 능력을 갖춘 장비를 뜻한다. 이들 장비는 많은 연산이 필요한 복잡한 알고리즘을 계산하는 데는 효과적이지만 범용적인 해결책과는 거리가 멀다. 슈퍼컴퓨터는 개발 및 유지 비용이 많이 들고 대부분의 기관에서는 사용할 수조차 없다.

슈퍼컴퓨터가 해결하지 못한 문제를 해결할 수 있는 솔루션으로 그리드 컴퓨팅이 등장했다. 그리드 컴퓨팅의 기본 개념은 작업을 여러 노드로 분산하고 이를 통해 하나의 거대 장비가 같은 작업을 끝내는 데 드는 연산 시간을 줄이는 것이다. 그리드 컴퓨팅에서는 메시지 전달 인터페이스(MPI) 또는 그 변종

중 하나를 사용해 데이터를 전달함으로써 많은 연산이 소요되는 작업을 처리하는 데 중점을 둔다. 이 방식은 추가 CPU를 통해 작업을 빨리 끝낼 수 있을 때 도움이 된다. 하지만 노드 사이에 대용량 데이터를 전달해야 할 때는 효율성이 떨어진다. 노드 사이에 대용량 데이터를 전달하려고 하면 I/O 및 대역폭 제한에 부딪히고 이런 제약으로 인해 발이 묶이기 때문이다. 더불어 데이터 공유 로직을 관리하고 실패한 상태로부터 복원하는 기능이 전적으로 개발자에게 달려 있다.

SETI@Home(http://setiathome.berkeley.edu/)과 Folding@Home(http://folding.stanford.edu/) 같은 공개 컴퓨팅 프로젝트는 그리드 컴퓨팅의 개념을 확장해 개인이 '여분의' CPU 사이클을 기증함으로써 복잡한 연산을 수행하는 형태로 발전시켰다. 이들 프로젝트는 봉사자들이 기증한, 놀고 있는 수십만 대(또는 수백만 대)의 컴퓨터 CPU상에서 실행된다. 이들 개별 장비는 각 장비의 신뢰할 수 없는 성격에도 불구하고 종종 인터넷에 연결되어 대규모 연산 클러스터를 제공한다. 유휴 CPU를 병합함으로써 전체 인프라스트럭처는 한 대의 슈퍼컴퓨터와 유사한(때로는 더 똑똑한) 방식으로 동작하게 된다.

효과적인 분산 컴퓨팅을 위해 다양한 솔루션이 나왔지만 지금까지 다룬 해결책 중에는 대역폭 병목을 최소화하기 위해 컴퓨트 그리드 내에 로컬로 데이터를 보관하는 해결책은 하나도 없다. 또 참여 노드 사이의 공유를 최소화하는 정책을 따르는 해결책도 거의 없다. 그러던 중 병렬 프로세스나 스레드 사이에서 최소한의 상호의존성만을 유지하고 데이터와 연산을 함께 관리하는 함수형 프로그래밍 개념에서 영감을 얻어 맵리듀스가 등장했다. 구글의 분산 컴퓨팅을 위해 개발되고 특허를 얻은 맵리듀스는 대규모 데이터를 효과적이고 안정적으로 처리하기 위한 가장 인기 있는 방법 중 하나다. 맵리듀스는 수평적 노드 클러스터 사이에 흩어진 대규모 데이터셋에 대한 효과적인 연산을 위해 간단하면서 장애를 수용할 수 있는(fault-tolerant) 모델을 제공한다. 이 장에서는 맵리듀스를 설명하고 이 프로그래밍 모델을 활용할 수 있는 빅 데이터에 갖가지 이용 가능한 연산을 살펴본다.

맵리듀스는 명시적으로 MapReduce라고 적으며, 이 낙타 표기법 버전은 구글에서 사용하면서 인기를 얻었다. 하지만 여기서 다루는 내용은 좀 더 일반적인 주제이며, 구글의 정의에 국한되지 않는다.

맵리듀스 개념은 연구 조사 논문을 통해 발표됐으며, 이 논문은 http://research.google.com/archive/mapreduce-osdi04.pdf (Dean, Jeffrey & Ghemawat, Sanjay (2004)의 "MapReduce: Simplified Data Processing on LargeClusters")을 통해 확인할 수 있다.

맵리듀스의 이해

6장에서는 맵리듀스를 몽고디비 클러스터에서 데이터를 그룹으로 묶는 방식으로 소개한 바 있다. 따라서 맵리듀스가 전혀 낯설지는 않을 것이다. 하지만 이 장에서는 맵리듀스의 자세한 개념 및 의미를 소개하기 위해 몇 가지 예제를 사용해 개념을 다시 소개한다.

우선 맵리듀스를 사용해 sum, maximum, minimum, average 같은 취합 함수를 포함하는 쿼리를 실행하는 것부터 시작한다. 이 예제에서는 1970년과 2010년 사이의 공개 NYSE 일간 시장 데이터를 사용한다. 이 데이터는 일 단위로 취합하므로 한 개의 데이터 포인트는 한 종목에 대한 하루 거래량을 나타낸다. 따라서 데이터셋은 빅 데이터라고 부를 만큼 크지는 않다. 이 예제에서는 맵리듀스의 기본 메커니즘에 집중하므로 데이터의 크기는 사실 중요하지 않다. 여기서는 몽고디비와 카우치디비를 도큐먼트 데이터베이스로 사용한다. 맵리듀스의 개념은 이들 제품에만 국한되지는 않으며 순서 정렬 칼럼 패밀리 저장소, 분산 키/맵 저장소 등 여러 NoSQL 제품에도 그대로 적용된다. 여기서 도큐먼트 데이터베이스부터 살펴보는 이유는 이들 제품은 설치 및 설정이 그만큼 쉽고 로컬에서 테스트하기도 간편하기 때문이다. 하둡과 HBase에서 맵리듀스를 사용하는 법은 이 장에서 나중에 살펴본다.

작업을 시작하려면 1970년에서 2010년까지 NYSE 시장의 일간 데이터를 http://www.infochimps.com/datasets/nyse-daily-1970-2010-open-close-high-low-and-volume에서 내려받는다. 그런 다음 로컬 폴더에 zip 파일의 압축을 푼다. 압축을 푼 NYSE 데이터셋에는 여러 개의 파일이 들어 있다. 이들 파일의 종류는 두 가지다. 일간 시장 데이터 파일과 배당 데이터 파일이다. 여기서는 예제를 간단히 하기 위해 일간 시장 데이터 파일만 데이터베이스 컬렉션으로 업로드한다. 이 말은 NYSE_daily_prices_로 시작하고 끝에 숫자나 글자를 포함하는 파일만 필요하다는 뜻이다. 끝에 숫자가 들어 있는 파일은 모두 헤더 정보만 포함하고 있으므로 생략해도 된다.

몽고디비의 데이터베이스와 컬렉션은 각각 mydb와 nyse다. 카우치디비의 데이터베이스 이름은 nyse다. 데이터는 콤마 구분값(.csv) 형식이므로 여기서는 mongoimport 유틸리티를 사용해 이 데이터셋을 몽고디비 컬렉션으로 불러온다. 이 장에서는 나중에 파이썬 스크립트를 사용해 같은 .csv 파일을 카우치디비로 불러오는 법도 보여준다.

mongoimport 유틸리티를 사용해 NYSE_daily_prices_A.csv를 업로드한 출력 결과는 다음과 같다.

```
~/Applications/mongodb/bin/mongoimport --type csv --db mydb --collection nyse --
headerline NYSE_daily_prices_A.csv
connected to: 127.0.0.1
    4981480/40990992 12%
      89700 29900/second
```

```
10357231/40990992  25%
      185900  30983/second
15484231/40990992  37%
      278000  30888/second
20647430/40990992  50%
      370100  30841/second
25727124/40990992  62%
      462300  30820/second
30439300/40990992  74%
      546600  30366/second
35669019/40990992  87%
      639600  30457/second
40652285/40990992  99%
      729100  30379/second
imported 735027 objects
```

다른 일별 가격 데이터 파일도 같은 방식으로 업로드한다. 36개의 파일을 업로드하는 불편을 줄이려면 예제 11-1에 나온 셸 스크립트를 사용해 작업을 자동화할 수도 있다.

예제 11-1 infochimps_nyse_data_loader.sh

```bash
#!/bin/bash
FILES=./infochimps_dataset_4778_download_16677/NYSE/NYSE_daily_prices_*.csv
for f in $FILES
do
    echo "Processing $f file..."
    # MONGODB_HOME 환경 변수가 MongoDB 설치 경로를 가리키게끔 설정

    ls -l $f
    $MONGODB_HOME/bin/mongoimport --type csv --db mydb --collection nyse --
headerline $f
Done
```

`infochimps_nyse_data_loader.sh` ↻

데이터를 업로드하고 나면 다음과 같이 한 개의 도큐먼트를 쿼리해 형식을 확인할 수 있다.

```
> db.nyse.findOne();
{
```

```
    "_id" : ObjectId("4d519529e883c3755b5f7760"),
    "exchange" : "NYSE",
    "stock_symbol" : "FDI",
    "date" : "1997-02-28",
    "stock_price_open" : 11.11,
    "stock_price_high" : 11.11,
    "stock_price_low" : 11.01,
    "stock_price_close" : 11.01,
    "stock_volume" : 4200,
    "stock_price_adj_close" : 4.54
  }
```

다음으로 맵리듀스를 활용해 컬렉션을 수정해 보자. 우선 1970년부터 2010년까지 전체 데이터 중 각
종목별로 가장 높은 주가를 찾아보자. 맵리듀스에는 두 부분이 있다. 바로 map 함수와 reduce 함수다.
내부 시스템은 수시로 병렬 연산을 수행하지만 두 함수는 데이터에 순차적으로 적용된다. map은 키/값
쌍을 인자로 받고 또 다른 키/값 쌍을 내보낸다. reduce는 map 단계의 출력 결과를 받아 키/값 쌍을 수
정해 최종 결과를 도출한다. map 함수는 컬렉션 내 각 항목별로 적용된다. 컬렉션은 규모가 크고 여러
물리적인 장비 사이에 분산될 수 있다. map 함수는 각 분산 노드 내 로컬 컬렉션의 각 서브셋상에서 실
행된다. 한 노드에 대한 map 작업은 다른 노드에 대한 유사 작업으로부터 완전히 독립적이다. 이와 같은
분명한 고립은 효과적인 병렬 처리를 가능하게 하고, 장애 발생 시 map 함수를 서브셋에 대해 재실행할
수 있게 해준다.

전체 컬렉션에 대해 map 함수가 실행된 후에는 결과가 반환되고, 이 값이 reduce 단계의 입력값으로
제공된다. 맵리듀스 프레임워크는 여러 노드로부터 결과를 모으고 정렬하는 일을 책임지고 한 단계에서
다른 단계로 결과를 전달해준다.

reduce 함수는 map 단계에서 반환한 키/값 쌍을 받아들여 이를 한 차례 더 조작해 최종 결과를 도출
한다. reduce 단계에서는 공통 키를 기반으로 한 값 취합이 있을 수 있다. map과 마찬가지로 reduce 작
업도 분산된 대규모 클러스터의 각 노드상에서 실행된다. 각기 다른 노드에 대한 reduce 작업의 값은 최
종 결과를 도출하기 위해 합쳐진다. 개별 노드에 대한 reduce 작업은 값을 최종 병합할 때를 제외하고
다른 노드와 독립적으로 이뤄진다.

키/값 쌍은 map과 reduce 단계를 여러 번 거칠 수 있다. 이를 활용하면 이미 그룹으로 지정하고 기존
에 취합한 데이터를 좀 더 취합하고 조작할 수 있다. 이런 작업은 특정 데이터셋에 대해 여러 개의 요약
데이터가 필요할 때 주로 수행한다.

각 종목별 최고가 찾기

다시 1970년과 2010년 사이의 종목별 최고가를 찾는 문제로 돌아오자. 이 문제를 푸는 map 함수는 다음과 같이 작성할 수 있다.

```
var map = function() {
    emit(this.stock_symbol, { stock_price_high: this.stock_price_high });
};
```

manipulate_nyse_market_data.txt ↻

이 함수는 컬렉션 내 모든 도큐먼트에 적용된다. 각 도큐먼트별로 stock_symbol을 키로 사용하고 stock_price_high를 사용해 해당 도큐먼트의 키/값 쌍으로 stock_symbol을 내보낸다. 이를 그림으로 표현하면 그림 11-1과 같다.

```
        Key : "FDI",
        Value: {"stock_price_high" : 11.11}

                    map
{
    "_id" : objectID
{"4d519529e883c3755b5f7760"),
    "exchange":"NYSE",
    "stock_symbol":"FDI",
    "date":"1997-02-28",
    "stock_price_open":11.11,
    "stock_price_high":11.11,
    "stock_price_low":11.01,
    "stock_price_close":11.01,
    "stock_volume":4200,
    "stock_price_adj_close":4.54
}
```

그림 11-1

맵 단계에서 추출한 키/값 쌍은 리듀스 단계의 입력값이 된다. 몽고디비에서는 reduce 함수를 자바스크립트 함수로 다음과 같이 정의한다.

> 몽고디비는 map과 reduce 함수를 정의하는 언어로 자바스크립트만을 지원한다.

```
var reduce = function(key, values) {
    var highest_price = 0.0;
    values.forEach(function(doc) {
        if( typeof doc.stock_price_high != "undefined") {
            print("doc.stock_price_high" + doc.stock_price_high);
            if (parseFloat(doc.stock_price_high) > highest_price) { highest_price =
parseFloat(doc.stock_price_high); print("highest_price" + highest_price); }
        }
    });
    return { highest_stock_price: highest_price };
};
```

manipulate_nyse_market_data.txt ⬆

reduce 함수는 두 개의 인자를 받는다. 바로 키와 값 배열이다. 이 예제에서는 'FDI'라는 종목이 map 단계를 통해 각기 다른 키/값 쌍을 갖게 된다. 이들 키/값 쌍의 예는 다음과 같다.

```
(key : "FDI", { "stock_price_high" : 11.11 })
(key : "FDI", { "stock_price_high" : 11.18 })
(key : "FDI", { "stock_price_high" : 11.08 })
(key : "FDI", { "stock_price_high" : 10.99 })
(key : "FDI", { "stock_price_high" : 10.89 })
```

다음과 같이 간단히 개수를 세어 보면

```
db.nyse.find({stock_symbol: "FDI"}).count();
```

5,596개의 레코드가 있음을 알 수 있다. 따라서 map 함수에서 내보낸 키/값 쌍의 개수도 이 크기와 같다. 이들 레코드 중 일부에는 값이 정의돼 있지 않을 수도 있는 만큼 map 함수에서 내보낸 결과가 정확히 5,596개가 아닐 수도 있다.

reduce 함수는 다음과 같은 값을 받는다.

```
reduce('FDI', [{stock_price_high: 11.11}, {stock_price_high: 11.18},
    {stock_price_high: 11.08}, {stock_price_high: 10.99}, ...]);
```

reduce 함수를 다시 살펴보면 각 키별로 넘겨받은 값 배열을 순회하고 배열 요소별로 클로저를 호출하는 것을 볼 수 있다. 클로저(또는 내부 함수)는 간단한 비교를 통해 공통 키로 묶인 값 배열 중 최고가를 판단한다.

reduce 단계의 출력 결과는 종목명과 최고가 값을 포함하는 키/값 쌍 세트다. 종목명별로 키/값 쌍은 정확히 한 개뿐이다. 몽고디비는 reduce 함수의 출력 결과를 넘겨 이를 좀 더 요약할 수 있는 선택 finalize 함수도 제공한다.

다음으로 같은 데이터를 카우치디비에서 설정하고 맵리듀스를 활용해 추가적인 취합 함수를 실행해 보자.

카우치디비로의 NYSE 마켓 데이터 업로드

우선 .csv 파일을 파싱하고 .csv 레코드를 JSON 문서로 변환한 후 이를 카우치디비 서버로 업로드할 스크립트가 필요하다. 간단한 순차적 파이썬 스크립트를 작성하면 이 작업을 쉽게 할 수 있다. 하지만 이 스크립트는 순차적이라는 성격상 9백만 개 이상의 도큐먼트를 업로드할 때 속도가 매우 느리다. 대부분의 상황에서는 데이터를 카우치디비로 추가할 수 있는 강력한 병렬 스크립트가 필요하다. 가장 효과적인 방법을 사용하려면 카우치디비의 벌크 업로드 API를 활용해 수천 건의 도큐먼트를 한 번에 업로드할 수 있다.

이 스크립트의 핵심 함수는 다음과 같이 upload_nyse_market_data라는 함수로 캡슐화돼 있다.

```
def upload_nyse_market_data():
    couch_server = Couch('localhost', '5984')
    print "\nCreate database 'nyse_db':"
    couch_server.createDb('nyse_db')

    for file in os.listdir(PATH):
        if fnmatch.fnmatch(file, 'NYSE_daily_prices_*.csv'):
            print "opening file: " + file
            f = open(PATH+file, 'r' )
            reader = csv.DictReader( f )
            print "beginning to save json documents converted from csv data in
" + file for row in reader:
                json_doc = json.dumps(row)
                couch_server.saveDoc('nyse_db', json_doc)
                print "available json documents converted from csv data in
" + file + " saved"
                print "closing " + file
            f.close()
```

upload_nyse_market_data_couchdb.py

이 함수는 파일명이 'NYSE_daily_prices_*.csv' 패턴을 따르는 .csv 파일을 파싱한다. 이 파이썬 스크립트에서는 csv.DicReader를 활용해 손쉽게 .csv 파일을 파싱하고 헤더 정보를 추출한다. 그런 다음 JSON 모듈을 사용해 파싱한 레코드를 JSON 문서로 출력한다. 이 함수는 Couch라는 클래스를 사용해 카우치디비 서버에 접속하고 데이터베이스를 생성 및 삭제하며, 도큐먼트를 집어넣고 삭제한다. Couch 클래스는 카우치디비 REST API의 간단한 래퍼로, http://wiki.apache.org/couchdb/Getting_started_with_Python의 카우치디비 위키에 나온 예제 래퍼에서 많은 영감을 얻었다.

데이터를 업로드하고 나면 맵리듀스를 활용해 데이터에 대한 취합 함수를 실행할 수 있다. 여기서는 몽고디비에서 사용한 앞의 쿼리를 재실행해 1970년과 2010년 사이 종목별 최고가를 다시 찾는다. 그런 다음에는 또 다른 쿼리를 실행해 1970년과 2010년 사이 각 종목의 연도별 최저가를 찾는다. 전체 기간 동안 종목별로 최고가를 찾은 첫 번째 쿼리와 달리 두 번째 쿼리는 연도와 종목이라는 두 가지 기준으로 데이터를 취합한다.

카우치디비에서 도큐먼트 데이터베이스를 조작하고 필터링하는 일을 돕는 맵리듀스 쿼리는 뷰를 생성한다. 뷰는 카우치디비 도큐먼트에 대한 쿼리 및 보고를 위한 주요 툴이다. 뷰의 종류는 두 가지가 있는데, 바로 영구 뷰와 임시 뷰다. 이 절에서는 영구 뷰를 사용한다. 영구 뷰는 초기 인덱스를 지정한 후 결과를 빨리 볼 수 있게끔 내부 데이터 인덱스를 생성하며 대부분의 배포 환경에서 권장한다. 임시 뷰는 프로토타입에 적합하다. 뷰는 설계 도큐먼트 내에 정의한다. 설계 도큐먼트는 애플리케이션 코드를 실행하는 카우치디비 도큐먼트의 특수 타입이다. 카우치디비는 애플리케이션 코드를 각기 다른 프로그래밍 언어로 작성할 수 있는 멀티 뷰 서버 개념을 지원한다. 이 말은 자바스크립트, 얼랭, 자바, 기타 지원되는 다른 언어를 사용해 카우치디비용 맵리듀스 작업을 작성할 수 있다는 뜻이다. 여기서는 자바스크립트를 사용해 카우치디비의 맵리듀스 기반 쿼리 기능을 살펴본다.

이 단락 바로 다음에 나온 설계 도큐먼트에는 다음과 같은 세 개의 뷰가 들어 있다.

- 전체 도큐먼트 리스트
- 1970년과 2010년의 전체 기간 동안 각 종목별 최고가 찾기
- 연도별 각 종목의 최저가 찾기

설계 도큐먼트 자체의 내용은 다음과 같다.

```
{
    "_id":"_design/marketdata",
    "language": "javascript",
    "views": {
```

```
        "all": {
            "map": "function(doc) { emit(null, doc) }"
        },
        "highest_price_per_stock": {
            "map": "function(doc) { emit(doc.stock_symbol, doc.stock_price_high) }",
            "reduce": "function(key, values) {
                highest_price = 0.0;
                for(var i=0; i<values.length; i++) {
                    if( (typeof values[i] != 'undefined') && (parseFloat(values[i]) >
highest_price) ) {
                        highest_price = parseFloat(values[i]);
                    }
                }
                return highest_price;
            }"
        },
        "lowest_price_per_stock_per_year": {
            "map": "function(doc) { emit([doc.stock_symbol, doc.date.substr(0,4)],
doc.stock_price_low) }",
            "reduce": "function(key, values) {
                lowest_price = parseFloat(values[0]);
                for(var i=0; i<values.length; i++) {
                    if( (typeof values[i] != 'undefined') && (parseFloat(values[i]) <
lowest_price) ) {
                        lowest_price = parseFloat(values[i]);
                    }
                }

                return lowest_price;
            }"
        }
    }
}
```

mydesign.json ↻

이 설계 도큐먼트는 **mydesign.json**이란 파일에 저장돼 있다. 이 도큐먼트를 **nyse_db** 데이터베이스에
업데이트하는 법은 다음과 같다.

```
curl -X PUT http://127.0.0.1:5984/nyse_db/_design/marketdata -d @mydesign.json
```

카우치디비의 REST 방식 상호작용과 JSON 지원으로 인해 설계 도큐먼트를 편집하고 업로드하는 방법은 데이터베이스 도큐먼트를 관리하는 방식과 다를 바 없다. HTTP PUT 방식을 사용해 설계 도큐먼트를 업로드하고 나면 다음과 같은 응답을 볼 수 있다.

```
{"ok":true,"id":"_design/marketdata","rev":"1-9cce1dac6ab04845dd01802188491459"}
```

응답의 구체적인 내용은 다를 수 있지만 만일 에러가 보인다면 설계 도큐먼트나 업로드 작업에 문제가 있는 것이다.

카우치디비의 웹 기반 관리자 콘솔인 푸톤(Futon)은 설계 도큐먼트를 살펴보고 맵리듀스 작업을 트리거할 뷰를 호출하는 데 사용할 수 있다. 처음으로 맵리듀스를 실행할 때는 카우치디비가 map 함수를 기반으로 도큐먼트별 인덱스를 생성하느라 대규모 데이터셋에서 작업이 느릴 수 있다. 하지만 이후에 실행할 때는 인덱스를 사용하므로 훨씬 실행 속도가 빠르다. 푸톤은 맵의 단계별 뷰와 이후 수행될 reduce 작업도 보여주므로 데이터가 어떻게 취합되는지 이해하는 데 큰 도움이 된다.

앞의 예제에서는 취합 로직이 꽤 간단하므로 설명이 필요 없다. 하지만 설계 도큐먼트의 몇 가지 특징과 뷰에 대해서는 짚고 넘어가야 할 것 같다. 우선 설계 도큐먼트의 'language' 속성은 이 도큐먼트를 처리해야 할 뷰 서버를 가리킨다. 이 애플리케이션 코드는 자바스크립트를 사용하므로 'language' 속성의 값은 명시적으로 자바스크립트로 설정한다. 아무 속성도 설정하지 않으면 이 값은 기본으로 JavaScript가 된다. 자바스크립트 대신 얼랭이나 자바를 사용할 때는 Erlang 또는 Java라고 명시적으로 지정하는 것을 잊어먹지 말아야 한다. 두 번째로 맵리듀를 활용하는 모든 뷰 코드는 'views' 속성의 값으로 들어 있다. 세 번째로 맵리듀 키/값 쌍의 키는 꼭 문자열이 아니어도 된다. 키는 유효한 JSON 타입 중 아무거나 지정할 수 있다. 연도별로 각 종목의 최저가를 계산하는 뷰에서는 종목과 연도(도큐먼트 내 date 속성에서 추출)의 배열을 키로 내보냄으로써 계산을 쉽게 한다. 네 번째로 영구 뷰는 map 단계에서 내보낸 키를 통해 도큐먼트를 인덱싱한다. 이 말은 종목명과 연도의 배열을 키로 내보내면 이들 두 속성을 주어진 순서대로 사용해 도큐먼트를 인덱싱한다는 뜻이다.

우리는 뷰에 접근해 맵리듀스 함수 실행을 트리거할 수 있다. RESTful 성격을 지닌 뷰는 푸톤 콘솔, curl 같은 명령행 클라이언트, 또는 REST 기반의 상호작용을 지원하는 다른 메커니즘을 통해 호출할 수 있다.

이제 몽고디비와 카우치디비라는 두 도큐먼트 디비에서 맵리듀스를 사용하는 예제를 살펴봤으니 이어서 순서 정렬된 칼럼 패밀리 저장소를 다뤄보자.

HBASE의 맵리듀스 활용

이제 NYSE 데이터셋을 HBase 인스턴스에 업로드한다. 이번에는 맵리듀스 자체를 사용해 .csv 파일을 파싱하고 HBase에서 데이터를 생성한다. 이와 같은 '체인형' 맵리듀스 활용법은 매우 인기가 있으며, 대용량 파일을 파싱하는 데 유용하다. 데이터를 HBase로 업로드한 후에는 맵리듀스를 두 번 사용해 취합 쿼리를 몇 개 실행한다. 앞서 맵리듀스를 활용하는 예제를 두 번 살펴본 만큼 이번 세 번째 예제까지 보고 나면 맵리듀스의 개념을 더욱 확실히 익히고 여러 상황에서 맵리듀스가 적합하다는 사실을 분명히 알 수 있을 것이다.

HBase와 함께 맵리듀스를 사용할 때는 프로그래밍 언어로 자바를 사용한다. 물론 자바만 사용할 수 있는 건 아니다. 맵리듀스 작업은 파이썬, 루비, PHP 등으로 작성할 수도 있다. 이 예제에서는 서로 연동해야 하는 네 개의 프로그램 요소를 개발한다:

- 키/값 쌍을 내보내는 매퍼 클래스
- 매퍼가 내보낸 값을 받아들이고 이를 조작해 취합하는 리듀서 클래스. 데이터 업로드 예제에서는 매퍼가 데이터를 HBase 테이블에 삽입하기만 한다.
- 매퍼 클래스와 리듀서 클래스를 한데 결합하는 드라이버 클래스
- 메인 스레드에서 작업을 트리거하는 클래스

이들 네 요소는 클래스 하나로 합칠 수도 있다. 이 경우 매퍼와 리듀서는 static 내부 클래스로 작성하면 된다. 하지만 이 예제에서는 앞서 언급한 네 요소별로 하나씩 클래스를 작성한다.

여기서는 하둡과 HBase가 이미 설치 및 설정돼 있다고 가정한다. 다음 예제를 컴파일하고 실행하려면 아래의 .jar 파일을 자바 클래스패스에 추가해야 한다.

- `hadoop-0.20.2-ant.jar`
- `hadoop-0.20.2-core.jar`
- `hadoop-0.20.2-tools.jar`
- `hbase-0.20.6.jar`

hadoop jar 파일은 하둡 배포판에 있으며 hbase jar 파일은 HBase에서 제공한다.

매퍼는 다음과 같다.

```java
package com.treasuryofideas.hbasemr;

import java.io.BufferedReader;
import java.io.FileReader;
import java.io.IOException;
import org.apache.hadoop.io.LongWritable;
import org.apache.hadoop.io.MapWritable;
import org.apache.hadoop.io.Text;
import org.apache.hadoop.mapreduce.Mapper;

public class NyseMarketDataMapper extends
    Mapper<LongWritable, Text, Text, MapWritable> {

    public void map(LongWritable key, MapWritable value, Context context)
        throws IOException, InterruptedException {

      final Text EXCHANGE = new Text("exchange");
      final Text STOCK_SYMBOL = new Text("stockSymbol");
      final Text DATE = new Text("date");
      final Text STOCK_PRICE_OPEN = new Text("stockPriceOpen");
      final Text STOCK_PRICE_HIGH = new Text("stockPriceHigh");
      final Text STOCK_PRICE_LOW = new Text("stockPriceLow");
      final Text STOCK_PRICE_CLOSE = new Text("stockPriceClose");
      final Text STOCK_VOLUME = new Text("stockVolume");
      final Text STOCK_PRICE_ADJ_CLOSE = new Text("stockPriceAdjClose");
      try
      {
          //예제 시장 데이터 csv 파일
          String strFile = "data/NYSE_daily_prices_A.csv";

          //csv 파일을 읽기 위한 BufferedReader를 생성
          BufferedReader br = new BufferedReader( new FileReader(strFile));
          String strLine = "";
          int lineNumber = 0;

          //콤마 구분된 파일을 줄별로 읽음
          while( (strLine = br.readLine()) != null)
          {
            lineNumber++;
                    if(lineNumber > 1) {
```

```
                        String[] data_values = strLine.split(",");
                        MapWritable marketData = new MapWritable();
                        marketData.put(EXCHANGE, new Text(data_values[0]));
                        marketData.put(STOCK_SYMBOL, new Text(data_values[1]));
                        marketData.put(DATE, new Text(data_values[2]));
                        marketData.put(STOCK_PRICE_OPEN, new Text(data_values[3]));
                        marketData.put(STOCK_PRICE_HIGH, new Text(data_values[4]));
                        marketData.put(STOCK_PRICE_LOW, new Text(data_values[5]));
                        marketData.put(STOCK_PRICE_CLOSE, new Text(data_values[6]));
                        marketData.put(STOCK_VOLUME, new Text(data_values[7]));
                        marketData.put(STOCK_PRICE_ADJ_CLOSE, new Text(data_values[8]));
                        context.write(new Text(String.format("%s-%s", data_values[1],
    data_values[2])), marketData);
                    }
            }

        }
        catch(Exception e)
        {
            System.errout.println("Exception while reading csv file or process
    interrupted: " + e);
        }
    }
}
```

NyseMarketDataMapper.java

앞의 코드는 매우 간단하며, map 함수의 주요 기능을 보여주는 데 초점을 맞추고 있다. 매퍼 클래스는 org.apache.hadoop.mapreduce.Mapper를 상속하고 map 메서드를 구현한다. map 메서드는 키, 값, 컨텍스트 객체를 입력 파라미터로 받는다. emit 메서드에서는 종목명과 날짜를 한데 결합해 복잡한 키를 생성하는 것을 볼 수 있다.

.csv 파싱 로직 자체는 간단하며, 각 데이터 항목 내에 콤마가 나타나는 조건 등을 지원하기 위해 수정할 필요도 있다. 하지만 현재 데이터셋에서는 이 로직만으로도 잘 동작한다.

두 번째로 reduce 메서드가 들어 있는 리듀서 클래스를 작성하자. reduce 메서드는 데이터를 HBAse 테이블로 업로드하는 일만 한다. 리듀서의 코드는 다음과 같다.

```java
public class NyseMarketDataReducer extends TableReducer<Text, MapWritable,
ImmutableBytesWritable> {
    public void reduce(Text arg0, Iterable arg1, Context context) {
        //주식 종목과 날짜로 이뤄진 복잡한 키는 고유하므로
        //한 개의 값이 키로 들어온다.
        Map marketData = null;
        for (MapWritable value : arg1) {
            marketData = value;
            break;
        }

        ImmutableBytesWritable key = new ImmutableBytesWritable(Bytes
                .toBytes(arg0.toString()));
        Put put = new Put(Bytes.toBytes(arg0.toString()));
        put.add(Bytes.toBytes("mdata"), Bytes.toBytes("daily"), Bytes
                .toBytes((ByteBuffer) marketData));
        try {
            context.write(key, put);
        } catch (IOException e) {
            // TODO Auto-generated catch block
        } catch (InterruptedException e) {
            // TODO Auto-generated catch block
        }
    }
}
```

NyseMarketDataReducer.java ↻

map 함수와 reduce 함수는 다음과 같이 드라이버 클래스를 통해 서로 연결된다.

```java
public class NyseMarketDataDriver extends Configured implements Tool {

    @Override
    public int run(String[] arg0) throws Exception {
        HBaseConfiguration conf = new HBaseConfiguration();
        Job job = new Job(conf, "NYSE Market Data Sample Application");
        job.setJarByClass(NyseMarketDataSampleApplication.class);
        job.setInputFormatClass(TextInputFormat.class);
        job.setMapperClass(NyseMarketDataMapper.class);
```

```
        job.setReducerClass(NyseMarketDataReducer.class);
        job.setMapOutputKeyClass(Text.class);
        job.setMapOutputValueClass(Text.class);

        FileInputFormat.addInputPath(job, new Path(
                "hdfs://localhost/path/to/NYSE_daily_prices_A.csv"));
        TableMapReduceUtil.initTableReducerJob("nysemarketdata",
                NyseMarketDataReducer.class, job);
        boolean jobSucceeded = job.waitForCompletion(true);
        if (jobSucceeded) {
            return 0;
        } else {
            return -1;
        }
    }
}
```

NyseMarketDataDriver.java ↻

끝으로 드라이버 클래스를 다음과 같이 트리거해야 한다.

```
package com.treasuryofideas.hbasemr;
import org.apache.hadoop.conf.Configuration;
import org.apache.hadoop.util.ToolRunner;

public class NyseMarketDataSampleApplication {
    public static void main(String[] args) throws Exception {
        int m_rc = 0;
        m_rc = ToolRunner.run(new Configuration(),
        new NyseMarketDataDriver(), args);
        System.exit(m_rc);
    }
}
```

NyseMarketDataSampleApplication.java ↻

이로써 HBase에서 맵리듀스를 사용하는 간단한 사례를 살펴봤다. 이어서 단순 HBase 쓰기보다 조금 복잡한 추가 사례를 하나 더 살펴보자.

맵리듀스의 가능성과 아파치 머하웃

맵리듀스는 다양한 문제를 푸는 데 활용할 수 있다. 구글, 야후!, 페이스북, 기타 많은 기관은 분산 정렬, 웹 링크 그래프 탐색, 로그 파일 통계, 문서 클러스터링, 기계 학습 등 다양한 사용 사례에 맵리듀스를 활용하고 있다. 더불어 맵리듀스를 적용할 수 있는 사용 사례는 계속해서 더 늘어나고 있다.

오픈소스 프로젝트인 아파치 머하웃은 하둡 인프라스트럭처 내에서 맵리듀스를 활용해 확장 가능한 기계 학습 및 데이터 마이닝 라이브러리를 개발하는 것을 목표로 한다. 여기서는 이 프로젝트를 소개하고 프로젝트에 포함된 예제를 한두 개 살펴본다. 이 절에서 머하웃을 다루는 이유는 독자들이 맵리듀스의 가능성을 좀 더 폭넓게 살펴볼 수 있게 하기 위해서다. 이를 통해 독자들이 자신의 프로젝트에 겪는 개별 사례에서 맵리듀스를 효과적으로 적용할 수 있는 영감을 얻을 수 있기를 바란다.

우선 mahout.apache.org로 가서 최신 배포판이나 소스를 내려받는다. 이 프로젝트는 계속해서 발전 중이고 빠르게 기능이 추가되는 만큼 소스 배포판을 받아 빌드하는 것도 좋다. 이때 JDK 외에 필요한 툴로는 소스를 내려받게 해줄 SVN 클라이언트와 소스를 빌드하고 설치할 수 있는 메이븐 3.0.2 버전 이상이 전부다.

소스를 내려받는 법은 다음과 같다.

```
svn co http://svn.apache.org/repos/asf/mahout/trunk
```

이어서 내려받은 'trunk' 소스 디렉터리로 이동한 후 다음 명령을 실행해 아파치 머하웃을 컴파일하고 설치한다.

```
mvn compile
mvn install
```

머하웃 예제는 다음과 같이 컴파일할 수 있다.

```
cd examples
mvn compile
```

머하웃은 taste-web 추천 예제 애플리케이션을 기본 제공한다. tasteweb 디렉터리로 이동한 후 mvn 패키지를 실행하면 애플리케이션을 컴파일하고 실행할 수 있다.

머하웃은 새 프로젝트지만 클러스터링, 카테고리 분류, 공동 필터링, 진화적 프로그래밍 구현체를 포함하고 있다. 이와 같은 기계 학습 주제에 대한 설명은 이 책의 범위를 벗어나지만 여기서는 머하웃을 사용하는 기초 예제를 살펴본다.

머하웃에는 Taste라는 추천 엔진 라이브러리가 들어 있다. 이 라이브러리는 사용자 기반 추천과 항목 기반 추천을 제공하는 시스템을 빠르게 개발하는 데 사용할 수 있다. 이 시스템은 협업 필터링을 사용한다.

Taste는 다음의 다섯 가지 주요 부분으로 이뤄진다.

- **DataModel** : 사용자, 항목, 환경설정을 저장할 수 있는 모델 추상화
- **UserSimilarity** : 두 사용자 사이의 유사성을 정의하는 인터페이스
- **ItemSimilarity** : 두 항목 사이의 유사성을 정의하는 인터페이스
- **Recommender** : 추천 제공자가 구현하는 인터페이스
- **UserNeighborhood** : 추천 시스템은 사용자 유사성을 비교할 때 이웃을 사용해 추천 결과를 내놓는다. 이 인터페이스는 사용자 이웃을 정의한다.

예컨대 하둡을 활용해 대용량 데이터셋에 대해 배치 연산을 실행하고 확장 가능한 기계 학습 시스템을 제공하는 추천 시스템을 개발할 수 있다.

이번에는 ratings.csv라는 한 파일에 항목셋에 대한 사용자의 평점이 들어 있다고 가정하자. 이 파일의 각 줄에는 user_id, item_id, ratings가 들어 있다. 이는 이 책에서 앞서 본 MovieLens 데이터셋과 매우 유사하다. 머하웃은 이런 데이터셋을 매핑할 수 있는 풍부한 모델 클래스를 갖추고 있다. FileDataModel은 다음과 같이 사용할 수 있다.

```
FileDataModel dataModel = new FileDataModel(new File(ratings.csv));
```

다음으로 두 개의 각기 다른 사용자 평점이 얼마나 유사한지 알 수 있게끔 거리를 측정해야 한다.

이런 거리 계산에는 유클리드 거리 측정 방식이 가장 간단하며 피어슨 상관계수도 많은 경우 유용하게 활용할 수 있는 정규화된 측정 방식이다. 피어슨 상관계수를 사용하려면 해당 유사도 클래스를 다음과 같이 설정해야 한다.

```
UserSimilarity userSimilarity = new PearsonCorrelationSimilarity(dataModel);
```

이어서 사용자 이웃과 추천자를 정의하고 이를 결합해 추천 결과를 생성해야 한다. 이 코드는 다음과 같다.

```
//사용자의 이웃을 가져옴
UserNeighborhood neighborhood =
    new NearestNUserNeighborhood(neighborhoodSize, userSimilarity, dataModel);

//추천자 생성
Recommender recommender =
    new GenericUserBasedRecommender(dataModel, neighborhood, userSimilarity);

User user = dataModel.getUser(userId);
System.out.println("User: " + user);

//사용자의 선호도를 먼저 출력
TasteUtils.printPreferences(user, handler.map);

//상위 다섯 개의 추천 결과를 가져옴
List<RecommendedItem> recommendations = recommender.recommend(userId, 5);
TasteUtils.printRecs(recommendations, handler.map);
```

'Taste' 예제 🔘

간단한 추천 시스템을 구동하는 데 필요한 과정은 이게 전부다.

앞의 예제에서는 명시적으로 맵리듀스를 사용하는 대신 협업 필터링 기반의 추천 시스템을 활용했다. 머하웃은 맵리듀스를 사용해 이 작업을 처리하고 하둡 인프라스트럭처를 통해 대규모 분산 데이터셋 내에서 추천 점수를 계산하지만 대부분의 내부 인프라스트럭처는 개발자를 위해 추상화돼 있다.

이 장에서는 여러 맵리듀스 사례를 살펴보고 대규모 데이터셋에 대한 복잡한 연산을 우아하게 처리하는 법을 보여줬다. 이 경우 저수준 API 조작은 전혀 필요 없으므로 리소스 데드락이나 기아 현상에 대해 걱정할 필요도 없다. 더불어 데이터를 보관하고 함께 계산함으로써 I/O 및 대역폭의 제한으로 인한 효과를 줄일 수 있었다.

정리

맵리듀스는 빠르고 효과적으로 많은 정보를 처리할 수 있는 강력한 방법이다. 구글은 많은 연산이 필요한 여러 작업에 맵리듀스를 활용하고 있다. 또 구글은 고맙게도 맵리듀스 연구의 핵심이 된 개념을 개발자 커뮤니티에 공개했다. 이와 더불어 하둡 팀은 이런 처리 모듈을 활용하는 매우 강력하고 확장 가능한 오픈소스 인프라스트럭처를 개발했다. 다른 NoSQL 제품과 벤더도 맵리듀스 방식을 채택했다.

맵리듀스는 대규모 데이터 작업을 하는 확장 가능하고 분산된 모델에서 SQL을 대체하는 역할을 한다. 맵리듀스의 성능과 '아무것도 공유하지 않는' 모델은 전통적인 SQL 모델과 비교해 큰 성공을 거뒀다.

인프라스트럭처에서 복잡한 내용을 모두 처리해주고 개발자는 맵리듀스 작업과 이를 대용량 데이터를 처리하는 데만 집중하면 되므로 맵리듀스 프로그램을 작성하는 일도 비교적 쉽다. 보통 일반적인 맵리듀스 작업은 카우치디비의 내장 리듀서 같은 공통 인프라나 아파치 머하웃 같은 프로젝트를 통해 처리할 수 있다. 하지만 때로는 키를 정의하고 reduce 로직을 통해 작업하는 데 주의를 기울일 필요가 있다.

12

하이브를 활용한 빅 데이터 분석

· 하둡을 기반으로 개발된 데이터 웨어하우스 인프라스트럭처인 아파치 하이브 소개
· 예제를 통한 하이브 학습
· 하이브 명령 구문 및 의미 살펴보기
· 하이브를 활용한 MovieLens 데이터셋 쿼리

빅데이터 중심 문제를 해결하는 솔루션에는 느슨한 스키마, 칼럼 패밀리 중심 저장소, 분산 파일 시스템, 복제, 더불어 종종 궁극적인 일관성이 포함된다. 이들 솔루션의 핵심은 대규모의 희소성, 비정규화된 데이터(보통 크기가 몇 테라바이트 이상인)를 관리하는 것이다. 이런 빅 데이터 저장소와 연동할 때는 보통 미리 정한 구체적인 방식으로 데이터를 분석하고 접근한다. 따라서 애드혹 쿼리 및 풍부한 쿼리 표현식은 현재 비중이 크지 않으며 현재 나와 있는 솔루션에 잘 포함돼 있지도 않다. 더불어 이들 빅 데이터 솔루션은 대부분 출시된 지 얼마 되지 않았고, 빠르게 발전 중인 제품이 대부분이다. 이들 제품은 다양한 사용 사례를 통해 충분한 테스트를 거칠 정도로 성숙하지 못했으며 기능 완성 단계와도 거리가 멀다. 하지만 이와 별개로 이들 제품이 잘 수행할 수 있게끔 설계된 일이 있다. 바로 빅 데이터를 관리하는 일이다.

새로 등장하는 빅 데이터 솔루션과 대조적으로 RDBMS의 세계는 데이터를 관리하고 조회할 수 있는 강력하고 성숙한 툴을 갖추고 있다. 이런 툴 중 가장 중요한 툴은 바로 SQL이다. SQL은 데이터를 조회하고, 나누고, 잘라내고, 취합하고, 세트 내에서 데이터 포인트의 관계를 정할 수 있는 강력하고 편리한 방법이다. 따라서 역설적으로 들릴 수도 있지만 NoSQL에서 가장 아쉬운 부분은 바로 SQL 같은 기능이다.

SQL 같은 구문 및 의미와 고수준 추상화를 통한 편리성이 필요하다는 점을 깨닫게 되면서 이를 보완하기 위해 하이브(Hive)와 피그(Pig)가 등장한다. 아파치 하이브는 하둡을 기반으로 개발된 데이터 웨어하

우스 인프라스트럭처이고 아파치 피그는 대용량 데이터를 분석하는 고수준 언어다. 이 장에서는 하이브와 피그를 살펴보고 이들 툴을 활용해 대용량 데이터셋을 분석하는 법을 배운다.

 구글 앱 엔진(GAE)은 GQL을 통해 SQL 같은 쿼리 기능을 제공한다.

하이브 기본

하이브에 대해 배우기 전에 먼저 하이브를 설치하고 설정해야 한다. 하이브는 하둡 설치판을 활용하는 만큼 아직 하둡을 설치하지 않았다면 하둡 먼저 설치해야 한다. 하둡은 hadoop.apache.org에서 내려받을 수 있다(하둡을 설치하는 데 도움이 필요하다면 부록 A를 참고하자). 현재 하이브는 자바 1.6 및 하둡 0.20.2와 잘 호환되므로 이들 소프트웨어의 버전을 제대로 받는 게 중요하다. 하이브는 맥 OS X과 다른 리눅스 운영체제에서도 문제 없이 동작한다. 윈도우에서는 Cygwin을 사용해 하이브를 실행할 수 있지만 여기서는 이를 다루지 않는다. 윈도우 사용자이고 맥 OS X이나 리눅스 환경에 접근할 수 없다면 VMWare 플레이어를 사용해 가상 머신을 통해 하이브를 사용하자. 가상 머신을 설치하는 법은 부록 A를 참고하자.

하이브를 설치하는 법은 쉽다. 다음 절차대로 진행하면 된다.

1. 하이브의 정식 배포판을 내려받는다. 맥 OS X에서는 curl -O http://mirror.candidhosting.com/pub/apache//hive/hive-0.6.0/hive-0.6.0.tar.gz를 사용해 hive-0.6.0을 내려받는다. 리눅스에서는 curl 대신 wget을 사용한다.

2. 배포판의 압축을 푼다. 맥 OS X과 리눅스에서는 다음과 같이 압축을 푼다.

    ```
    tar zxvf hive-0.6.0.tar.gz
    ```

3. HIVE_HOME 환경 변수가 하이브 설치 디렉터리를 가리키도록 설정한다.

4. $HIVE_HOME/bin을 PATH 환경 변수에 추가해 하이브 실행 파일을 홈 디렉터리 밖에서 접근할 수 있게 한다.

5. $HADOOP_HOME 디렉터리 내에서 bin/start-all.sh를 실행해 하둡 데몬을 시작한다. 그럼 HDFS 네임노드, 2차 네임노드, 데이터노드가 실행될 것이다. 또 맵리듀스 잡 트래커와 작업 트래커도 실행된다. jps 명령을 사용해 이들 다섯 개의 프로세스가 실행 중인지 확인한다.

6. HDFS에 다음과 같이 /tmp와 /user/hive/warehouse 폴더를 생성한다.

```
bin/hadoop fs -mkdir /tmp
bin/hadoop fs -mkdir /user/hive/warehouse
```

/user/hive/warehouse는 하이브 메타저장소 웨어하우스 디렉터리다.

7. HDFS 내에 생성한 /tmp 및 /user/hive/warehouse 폴더 그룹에 대해 쓰기 권한을 설정한다. 권한은 chmod 명령을 사용해 다음과 같이 변경할 수 있다.

```
bin/hadoop fs -chmod g+w /tmp
bin/hadoop fs -chmod g+w /user/hive/warehouse
```

앞의 절차를 모두 따라 하고 나면 하이브용 하둡 클러스터를 사용할 준비가 모두 끝난다. $HIVE_HOME 디렉터리에서 bin/hive를 실행해 하이브 명령행 인터페이스(CLI)를 실행한다. 하이브 CLI는 RDBMS에 접속하는 명령행 클라이언트와 구문이 매우 유사하므로 처음 사용하더라도 익숙한 느낌이 들 것이다.

> 필자의 분산 로컬 설치판에서는 bin/start-all.sh가 HDFS 및 맵리듀스 데몬용으로 다섯 개의 자바 프로세스를 실행한다.

다음과 같이 기존 테이블을 조회하는 것부터 시작하자.

```
SHOW TABLES;
```

hive_examples.txt ↻

아직까지 테이블을 생성하지 않았으므로 빈 OK 표시와 함께 쿼리를 실행하는 데 걸린 시간이 표시될 것이다. 대부분의 데이터베이스 CLI와 마찬가지로 걸린 시간 표시는 모든 쿼리에 대해 출력된다. 이 표시는 쿼리가 효과적으로 실행되는지 여부를 보여주는 좋은 척도다.

하이브는 실시간 쿼리용이 아니다

하이브는 하둡을 기반으로 SQL과 유사한 우아한 쿼리 프레임워크를 제공한다. 하둡은 대용량의 분산 데이터셋을 관리할 수 있는 확장 가능한 인프라스트럭처다. 따라서 하이브는 대용량 데이터셋을 조회하고 수정할 수 있는 강력한 추상화를 제공한다. 하이브는 HDFS와 맵리듀스를 활용한다.

하지만 하이브는 실시간 조회 시스템이 아니다. 하이브는 배치 중심 툴에 가장 적합하다. 하이브는 내부 하둡 인프라스트럭처와 맵리듀스 프레임워크에 의존하는 만큼 작업 전송 및 스케줄링에 상당한 연산 부담을 초래한다. 이 말은 하이브의 쿼리 응답이 지연율이 높다는 뜻이다. 앞으로 CLI를 사용해 예제를 실행하고 하이브를 활용하다 보면 작은 데이터셋을 조회하는 데도 몇 초, 때로는 몇 분이 걸린다는 사실을 알게 될 것이다. 이는 RDBMS에서 유사한 쿼리를 처리하는 데 드는 시간과 큰 대조를 이룬다. 하이브에는 쿼리 캐싱 기능이 없으므로 반복 쿼리도 첫 번째 쿼리만큼 시간이 걸린다.

하지만 데이터셋이 커질수록 하둡의 대규모 효율성으로 인해 하이브의 연산 부담은 더 작게 느껴진다. 모든 행을 건드리는 쿼리에 대해 전통적인 RDBMS가 테이블 스캔을 사용하는 것처럼 매우 큰 데이터셋과 배치 처리에는 하이브의 성능이 최적화돼 있다.

이번에는 다음과 같이 테이블을 생성해 보자.

```
CREATE TABLE books (isbn INT, title STRING);
```

hive_examples.txt ⏻

이 명령은 isbn과 title이란 두 칼럼으로 이뤄진 books 테이블을 생성한다. 칼럼의 데이터 타입은 각각 정수와 문자열이다. books 테이블의 스키마를 조회하려면 다음과 같이 쿼리하면 된다.

```
hive> DESCRIBE books;
OK
Isbn int
Title string
Time taken: 0.263 seconds
```

hive_examples.txt ⏻

이번에는 users라는 또 다른 테이블을 다음과 같이 생성한다.

```
CREATE TABLE users (id INT, name STRING) PARTITIONED BY (vcol STRING);
```

hive_examples.txt ⏻

users 테이블에는 id, name, vcol이란 세 개의 칼럼이 있다. 이 사실은 DESCRIBE 테이블 쿼리를 실행해 확인할 수 있다.

```
hive> DESCRIBE users;
OK
Id int
Name string
Vcol string
Time taken: 0.12 seconds
```

ive_examples.txt

vcol 칼럼은 가상 칼럼이다. 이 칼럼은 데이터셋 자체가 아니라 데이터를 저장한 파티션에서 파생된 파티션 칼럼이다. 한 테이블은 여러 개의 논리적인 영역으로 분할될 수 있다. 각 논리적인 영역은 파티션을 식별하는 가상 칼럼의 특정 값을 통해 식별할 수 있다.

이번에는 SHOW TABLES 명령을 실행해 테이블을 나열해보자.

```
hive> SHOW TABLES;
OK
books
users
Time taken: 0.087 seconds
```

hive_examples.txt

books 테이블은 책에 대한 데이터를 저장한다. books 테이블의 isbn과 title 칼럼은 책을 식별하고 설명하지만, 이들 두 속성만으로는 조금 부족하다. 아마도 author 칼럼과 category 칼럼을 books 테이블에 추가하는 게 좋을 듯하다. RDBMS 세계에서는 ALTER TABLE 명령을 통해 이런 수정 작업을 한다. 하이브도 이와 유사한 구문을 갖고 있다. books 테이블을 수정해 칼럼을 추가하는 법은 다음과 같다.

```
ALTER TABLE books ADD COLUMNS (author STRING, category STRING);
```

hive_examples.txt

books 테이블의 스키마가 수정됐는지 다시 확인해보자.

```
hive> DESCRIBE books;
OK
Isbn int
```

```
Title string
Author string
Category string
Time taken: 0.112 seconds
```

이번에는 여러 저자가 한 책을 공저하는 경우를 다루기 위해 books 테이블의 **author** 칼럼을 수정해 보자. 이런 경우 단일 문자열보다는 문자열 배열이 데이터를 더 잘 나타낸다. 이렇게 테이블을 수정하면서 칼럼에 여러 데이터가 들어 있음을 알려주는 주석을 칼럼에 첨부한다고 가정하자. 그럼 테이블을 다음과 같이 수정하면 된다.

```
ALTER TABLE books CHANGE author author ARRAY<STRING> COMMENT "multi-valued";
```

author 칼럼을 수정한 후 다시 books 테이블에 대해 DESCRIBE TABLE을 실행하면 다음과 같은 결과가 출력된다.

```
hive> DESCRIBE books;
OK
Isbn int
Title string
Author array<string> multi-valued
Category string
Time taken: 0.109 seconds
```

ALTER TABLE 명령은 다음 구문을 사용해 테이블 칼럼의 속성을 변경할 수도 있다.

```
ALTER TABLE table_name CHANGE [COLUMN]
old_column_name new_column_name column_type
[COMMENT column_comment]
[FIRST|AFTER column_name]
```

칼럼을 수정할 때 ALTER TABLE의 인자는 앞에서 보여준 순서대로 정확히 지정해야 한다. 대괄호([]) 안에 들어 있는 인자는 선택적인 인자이지만 나머지 인자는 올바른 순서대로 포함시켜야 명령이 제대로 실행된다. 따라서 칼럼명을 수정하지 않고 칼럼의 속성만 수정하고 싶은 경우에는 같은 칼럼명을 두 번 연속해서 지정해야 한다. 속성을 수정한 앞의 예제에서 author 칼럼을 살펴보면 이를 확인할 수 있다. 하이브는 원시 데이터 타입과 복잡한 데이터 타입을 지원한다. 복잡한 데이터 타입은 맵, 배열, 구조체를 사용해 하이브에서 모델링할 수 있다. 앞에서 보여준 예제에서는 값의 ARRAY를 보관하게끔 칼럼을 수정했다. ARRAY는 보관할 요소에 대한 추가적인 타입 정의를 필요로 한다. ARRAY 타입에서 보관하는 요소는 두 가지 각기 다른 타입의 데이터를 포함할 수 없다. author 칼럼의 경우 ARRAY에서는 STRING 타입만을 보관한다.

다음으로 책뿐 아니라 단편 소설, 잡지, 기타 출판물에 대한 정보를 보관할 수 있게 테이블의 이름을 published_contents로 바꾼다고 가정하자. 이 작업은 다음과 같이 할 수 있다.

```
ALTER TABLE books RENAME TO published_contents;
```

hive_examples.txt

이제 published_contents에 대해 DESCRIBE TABLE을 실행하면 다음과 같은 결과가 출력된다.

```
hive> DESCRIBE published_contents;
OK
isbn int
title string
author array<string> multi-valued
category string
Time taken: 0.136 seconds
```

hive_examples.txt

당연히 이제 books에 대해 DESCRIBE TABLE을 실행하면 에러가 일어난다.

```
hive> DESCRIBE books;
FAILED: Execution Error, return code 1 from org.apache.hadoop.hive.ql.exec.DDLTask
```

hive_examples.txt

이번에는 하이브의 쿼리 기능을 보여줄 수 있는 좀 더 완성된 예제를 살펴보자. 이 장에서는 더 이상 published_contents와 users 테이블이 필요하지 않으므로 이들 테이블은 다음과 같이 드롭해도 된다.

```
DROP TABLE published_contents;
DROP TABLE users;
```

다시 영화 평점으로

6장에서는 NoSQL 저장소를 쿼리하는 법을 배웠다. 6장에서는 무료로 받을 수 있는 영화 평점 데이터셋을 활용해 NoSQL 저장소(특히 몽고디비)에서 사용할 수 있는 쿼리 메커니즘을 살펴봤다. 이번에는 하이브를 활용해 이 데이터셋을 다시 다룬다. 계속해서 책의 내용을 보기 전에 6장을 참고해 MovieLens 예제를 살펴보면 도움될 것이다.

100만 개의 영화 평점이 들어 있는 movie lens 데이터셋은 다음 명령을 통해 내려받을 수 있다.

```
curl -O http://www.grouplens.org/system/files/million-ml-data.tar__0.gz
```

tarball의 압축을 풀면 다음과 같은 파일이 나온다.

- README
- movies.dat
- ratings.dat
- users.dat

ratings.dat 파일에는 영화 평점 데이터가 들어 있고, 각 줄에는 한 개의 평점 데이터 포인트가 들어 있다. ratings 파일에서 각 데이터 포인트는 다음 형식으로 구조화돼 있다.

```
UserID::MovieID::Rating::Timestamp
```

movie lens 데이터셋에서 평점, 영화, 사용자 데이터는 ::로 구분된다. 필자는 이 구분자를 기준으로 하이브 로더를 활용해 데이터를 제대로 파싱하고 로드하는 데 애를 먹었다. 그래서 파일 전체에서 ::를 #로 대체했다. 파일을 vi로 열고 다음 명령을 사용해 구분자인 ::를 모두 #로 대체했다.

```
:%s/::/#/g
```

구분자를 수정한 후에는 결과를 새 파일에 저장했다. 새 파일은 모두 기존 파일명 끝에 .hash_delimited를 붙였다. 따라서 다음과 같은 세 개의 파일을 새로 만들었다.

- ratings.dat.hash_delimited
- movied.dat.hash_delimited
- users.dat.hash_delimited

여기서는 이들 새 파일을 소스 데이터로 사용한다. 원본 .dat 파일은 그대로 둔다.

내려받은 **ratings** 데이터 파일과 동일한 스키마를 따르는 하이브 테이블에 데이터를 로드한다. 즉 다음과 같이 동일 스키마를 사용해 하이브 테이블을 먼저 생성한다.

```
hive> CREATE TABLE ratings(
    > userid INT,
    > movieid INT,
    > rating INT,
    > tstamp STRING)
    > ROW FORMAT DELIMITED
    > FIELDS TERMINATED BY '#'

    > STORED AS TEXTFILE;
OK
Time taken: 0.169 seconds
```

hive_movielens.txt ↻

하이브는 LOAD DATA 명령을 통해 플랫 파일로부터 데이터셋을 로드할 수 있는 유틸리티를 제공한다. 이때 소스로는 로컬 파일 시스템이나 HDFS 볼륨을 지정할 수 있다. 명령 시그니처는 다음과 같다.

```
LOAD DATA LOCAL INPATH <'path/to/flat/file'> OVERWRITE INTO TABLE <table name>;
```

로드 시점에는 아무런 유효성 검사도 수행하지 않는다. 따라서 플랫 파일 데이터 형식과 테이블 스키마가 일치하게 하는 일은 개발자의 몫이다. 이 구문에서는 소스를 로컬 파일 시스템이나 HDFS로 지정할 수 있다. 기본적으로 LODAT DATA 다음에 LOCAL을 지정하면 로컬 파일 시스템에서 소스를 찾는다. LOCAL을 포함시키지 않으면 HDFS에서 데이터를 찾는다.

플랫 파일이 HDFS 내에 있으면 데이터가 하이브 HDFS 네임스페이스로만 복사된다. 이 작업은 HDFS 파일 이동 작업이므로 로컬 파일 시스템에서 데이터를 로드하는 작업보다 훨씬 빠르다. 데이터 로딩 명령에서는 기존 테이블에 데이터를 덮어쓰거나 첨부하는 기능도 제공한다. 명령 안에 OVERWRITE를 집어넣거나 빼면 각각 데이터를 덮어쓰고, 첨부할 수 있다.

movie lens 데이터는 로컬 파일 시스템으로 다운로드된다. :: 구분자를 #로 치환해 이 데이터를 약간 수정한 데이터가 준비돼 있다. 준비된 데이터셋은 하이브 HDFS 네임스페이스로 로드된다. 데이터 로드 명령은 다음과 같다.

```
hive> LOAD DATA LOCAL INPATH '/path/to/ratings.dat.hash_delimited'
    > OVERWRITE INTO TABLE ratings;
Copying data from file:/path/to/ratings.dat.hash_delimited
```

```
Loading data to table ratings
OK
Time taken: 0.803 seconds
```

방금 전 하이브 테이블로 로드한 movie lens ratings 데이터는 100만 개 이상의 레코드를 담고 있다. 다음과 같이 익숙한 SELECT COUNT 명령을 사용하면 이를 확인할 수 있다.

```
hive> SELECT COUNT(*) FROM ratings;
Total MapReduce jobs = 1
Launching Job 1 out of 1
Number of reduce tasks determined at compile time: 1
In order to change the average load for a reducer (in bytes):
    set hive.exec.reducers.bytes.per.reducer=<number>
In order to limit the maximum number of reducers:
    set hive.exec.reducers.max=<number>/11 10:10:58 AM
In order to set a constant number of reducers:
    set mapred.reduce.tasks=<number>
Starting Job = job_201102211022_0012, Tracking URL =
http://localhost:50030/jobdetails.jsp?jobid=job_201102211022_0012
Kill Command = /Users/tshanky/Applications/hadoop/bin/../bin/hadoop job -
Dmapred.job.tracker=localhost:9001 -kill job_201102211022_0012
2011-02-21 15:36:50,627 Stage-1 map = 0%, reduce = 0%
2011-02-21 15:36:56,819 Stage-1 map = 100%, reduce = 0%
2011-02-21 15:37:01,921 Stage-1 map = 100%, reduce = 100%
Ended Job = job_201102211022_0012
OK
1000209
Time taken: 21.355 seconds
```

출력 결과를 보면 100만 개 이상의 ratings 레코드가 테이블에 들어 있음을 알 수 있다. 이 쿼리 메커니즘은 SQL에서 익숙하게 사용하던 명령을 하이브에서도 사용할 수 있음을 보여준다. 이 예제에서는 일부러 SELECT CONT 명령의 전체 콘솔 출력 결과를 포함시켰다. 여기서 주의해서 볼 사항은 다음과 같다.

- 하이브 작업은 맵리듀스 작업으로 변환된다.

- 하이브 작업의 응답 지연은 비교적 크다. 카운트 명령을 실행하는 데 21.355초나 걸렸다. 이 명령을 곧바로 다시 실행하더라도 속도는 개선되지 않는다. 쿼리 캐싱 메커니즘이 없으므로 이번에도 동일한 시간이 걸린다.

하이브는 방대한 필터 및 취합 쿼리를 수행할 수 있다. 데이터셋은 WHERE 절을 사용해 필터링할 수 있다. 결과는 GROUP BY 명령을 통해 그룹 관리할 수 있다. 고유 값은 DISTINCT 파라미터를 사용해 나열할 수 있고, 두 테이블은 JOIN 작업을 사용해 병합할 수 있다. 더불어 데이터를 조작하는 커스텀 스크립트를 작성하고 이를 map 함수와 redue 함수로 넘겨줄 수도 있다.

하이브의 기능과 강력한 쿼리 메커니즘에 대해 좀 더 알아보기 위해 movie lens 데이터셋에서 각 테이블로 영화와 사용자 데이터셋을 로드해보자. 그럼 데이터셋을 대상으로 하이브의 기능을 충분히 살펴볼 수 있을 것이다. 영화 데이터셋의 각 행은 MovieID::Title::Genres 구조로 돼 있다. MovieID는 정수이고 Title은 문자열이다. Genres도 역시 문자열이다. Genres 문자열은 파이프 구분자 형태로 여러 값을 포함한다. 우선 다음과 같이 movies 테이블을 생성한다.

> ratings 데이터와 마찬가지로 movies.dat의 원본 구분자도 ::에서 #으로 대체한다.

```
hive> CREATE TABLE movies(
    > movieid INT,
    > title STRING,
    > genres STRING)
    > ROW FORMAT DELIMITED
    > FIELDS TERMINATED BY '#'
    > STORED AS TEXTFILE;
OK
Time taken: 0.075 seconds
```

hive_movielens.txt

이어서 다음과 같이 플랫 데이터를 movies 테이블로 로드한다.

```
hive> LOAD DATA LOCAL INPATH '/path/to/movies.dat.hash_delimited'
    > OVERWRITE INTO TABLE movies;
```

genres 문자열 데이터는 여러 값을 포함한다. 예를 들어 레코드는 다음과 같은 형태가 될 수 있다.

Animation|Children's|Comedy.

따라서 이 데이터는 STRING보다는 ARRAY로 저장하는 게 더 좋다. ARRAY로 저장하면 문자열 안에 데이터를 포함시킬 때보다 훨씬 쉽게 쿼리 파라미터에 이들 값을 포함시킬 수 있다. genres 레코드를 분할하고 컬렉션으로 저장하는 작업은 컬렉션 및 맵 키에 대해 구분자 파라미터를 받는 하이브의 기능을 활용하면 쉽게 구현할 수 있다. 수정된 하이브 CREATE TABLE과 LOAD DATA 명령은 다음과 같다.

```
hive> CREATE TABLE movies_2(
    > movieid INT,
    > title STRING,
    > genres ARRAY<STRING>)
    > ROW FORMAT DELIMITED
    > FIELDS TERMINATED BY '#'
    > COLLECTION ITEMS TERMINATED BY '|'
    > STORED AS TEXTFILE;
OK
Time taken: 0.037 seconds
hive> LOAD DATA LOCAL INPATH '/path/to/movies.dat.hash_delimited'
    > OVERWRITE INTO TABLE movies_2;
Copying data from file:/path/to/movies.dat.hash_delimited
Loading data to table movies_2
OK
Time taken: 0.121 seconds
```

hive_movielens.txt ⬇

데이터를 로드한 후에는 다음과 같이 SELECT와 LIMIT을 사용해 결과셋을 다섯 개로 제한해 레코드를 몇 개만 출력한다.

```
hive> SELECT * FROM movies_2 LIMIT 5;
OK
1 Toy Story (1995) ["Animation","Children's","Comedy"]
2 Jumanji (1995) ["Adventure","Children's","Fantasy"]
3 Grumpier Old Men (1995) ["Comedy","Romance"]
4 Waiting to Exhale (1995) ["Comedy","Drama"]
5 Father of the Bride Part II (1995) ["Comedy"]
Time taken: 0.103 seconds
```

hive_movielens.txt ⬇

movie lens 번들의 세 번째 데이터셋은 users.dat이다. users 데이터셋의 행은 UserID::Gender::Age:: Occupation::Zip-code 형식으로 돼 있다. 한 행을 예로 들어 살펴보면 다음과 같다.

```
1::F::1::10::48067
```

gender, age, occupation 속성의 값은 사용 가능한 값 중 특정 영역에 속한다. gender는 각각 M과 F 로 표시된 남성 또는 여성이 될 수 있다. age는 범위 내 가장 낮은 값을 나타내는 값을 갖고 있는 단계 함수로 나타낸다. 모든 나이는 가장 가까운 연도로 반올림/반내림하고 경계 값은 포함시키지 않는다. occupation 속성값은 특정 문자열 값으로 매핑되는 고유 숫자 값이다. occupation 속성값은 다음 값 중 하나가 될 수 있다.

- 0: 기타 또는 미지정
- 1: 학자/교육자
- 2: 예술가
- 3: 사무/관리직
- 4: 대학생/대학원생
- 5: 고객 서비스
- 6: 의사/의료
- 7: 경영/관리자
- 8: 농사
- 9: 주부
- 10: 초/중/고등학생
- 11: 법률가
- 12: 프로그래머
- 13: 은퇴자
- 14: 판매/마케팅
- 15: 과학자
- 16: 1인 기업
- 17: 기술자/엔지니어

- ■   18: 판매원/수공업자

- ■   19: 실업자

- ■   20: 작가

단순 숫자 값 대신 직업 문자열을 저장하면 데이터셋을 보면서 데이터 포인트를 이해하기가 더 쉬우므로 직업 문자열을 저장하는 게 도움이 될 수 있다. 필요에 따라 데이터를 가공하려면 데이터 로드 작업과 연계해 외부 스크립트를 활용해야 한다. 하이브는 map과 reduce 함수에서 외부 함수를 끼워 넣을 수 있는 기능을 제공한다.

한 하이브 테이블에서 다른 하이브 테이블로 데이터를 복사하는 동안 map과 reduce 함수에 외부 스크립트를 끼워 넣는 개념은 그림 12-1에 잘 정리돼 있다.

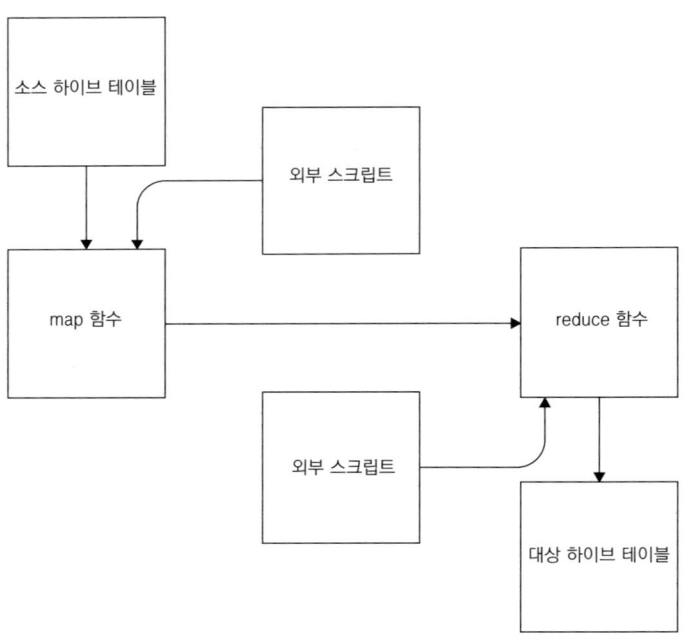

그림 12-1

외부 스크립트(특히 직업 숫자를 users 테이블에서 문자열로 바꾸는 스크립트)가 제대로 실행되는지 보려면 먼저 users 테이블을 생성하고 안에 데이터를 로드해야 한다. users 테이블은 다음과 같이 생성할 수 있다.

```
hive> CREATE TABLE users(
    > userid INT,
    > gender STRING,
    > age INT,
    > occupation INT,
    > zipcode STRING)
    > ROW FORMAT DELIMITED
    > FIELDS TERMINATED BY '#'
    > STORED AS TEXTFILE;
```

hive_movielens.txt 🔗

그런 다음 users 테이블로 다음과 같이 데이터를 로드한다.

```
hive> LOAD DATA LOCAL INPATH '/path/to/users.dat.hash_delimited'
> OVERWRITE INTO TABLE users;
```

이어서 users_2라는 또 다른 users 테이블을 생성하고 users 테이블에서 이 테이블로 데이터를 로드한다. 데이터를 로드하는 동안 외부 스크립트인 occupation_mapper.py를 활용해 occupation 정수 값을 대응되는 문자열 값으로 매핑하고 문자열 값을 users_2로 로드한다. 이 작업을 수행하는 데이터 변환 코드는 다음과 같다.

```
hive> CREATE TABLE users_2(
    > userid INT,
    > gender STRING,
    > age INT,
    > occupation STRING,
    > zipcode STRING)
    > ROW FORMAT DELIMITED
    > FIELDS TERMINATED BY '#'
    > STORED AS TEXTFILE;
OK
Time taken: 0.359 seconds
hive> add FILE
/Users/tshanky/workspace/hadoop_workspace/hive_workspace/occupation_mapper.py;
hive> INSERT OVERWRITE TABLE users_2
    > SELECT
    > TRANSFORM (userid, gender, age, occupation, zipcode)
    > USING 'python occupation_mapper.py'
```

```
> AS (userid, gender, age, occupation_str, zipcode)
> FROM users;
```

occupation_mapper.py 스크립트의 내용은 다음과 같다.

```
occupation_dict = { 0: "other or not specified",
    1: "academic/educator",
    2: "artist",
    3: "clerical/admin",
    4: "college/grad student",
    5: "customer service",
    6: "doctor/health care",
    7: "executive/managerial",
    8: "farmer",
    9: "homemaker",
    10: "K-12 student",
    11: "lawyer",
    12: "programmer",
    13: "retired",
    14: "sales/marketing",
    15: "scientist",
    16: "self-employed",
    17: "technician/engineer",
    18: "tradesman/craftsman",
    19: "unemployed",
    20: "writer"
}
for line in sys.stdin:
    line = line.strip()
    userid, gender, age, occupation, zipcode = line.split('#')
    occupation_str = occupation_map[occupation]
    print '#'.join([userid, gender, age, occupation_str, zipcode])
```

이 변환 스크립트의 내용은 설명이 필요 없을 정도로 간단하다. users 테이블에서 각 값은 파이썬 스크립트를 사용해 occupation 정수 값에서 occupation_dict 딕셔너리를 참조한 문자열 값으로 변환된다.

데이터를 로드하고 나면 이제 하이브를 활용해 익숙한 SQL 쿼리를 실행할 준비가 모두 끝난다.

익숙한 SQL 작업

SQL에는 여러 좋은 기능이 있지만 WHERE 절을 사용해 데이터를 필터링하는 기능이 아마 가장 많이 사용하고 멋진 기능일 것이다. 이 절에서는 하이브가 WHERE 절을 어떤 식으로 지원하는지 살펴본다.

먼저 movies 테이블에서 다섯 개의 영화를 임의로 가져온다. 이때 결과 레코드를 다섯 개로 제한하려면 LIMIT 함수를 사용하면 된다.

```
SELECT * FROM movies LIMIT 5;
```

hive_movielens.txt ⬇

필자의 경우 조회한 다섯 개의 레코드는 다음과 같다.

```
1 Toy Story (1995) Animation|Children's|Comedy
2 Jumanji (1995) Adventure|Children's|Fantasy
3 Grumpier Old Men (1995) Comedy|Romance
4 Waiting to Exhale (1995) Comedy|Drama
5 Father of the Bride Part II (1995) Comedy
```

movieID가 1인 Toy Story (1995)와 관련된 영화 평점을 모두 나열하려면 하이브 QL(쿼리 언어)을 사용해 다음과 같이 조회하면 된다.

```
hive> SELECT * FROM ratings
    > WHERE movieid = 1;
```

hive_movielens.txt ⬇

movieID는 숫자이므로 ID가 10보다 작은 영화에 대한 평점 개수를 가져오려면 다음과 같이 하이브 QL을 사용하면 된다.

```
hive> SELECT COUNT(*) FROM ratings
    > WHERE movieid < 10;
```

hive_movielens.txt ⬇

맵리듀스 작업을 마친 후의 출력 결과는 5,290개다.

얼마나 많은 사용자가 Toy Story (1995)를 좋게 보고 평점을 5점 만점으로 줬는지 알고 싶다면 다음 과 같이 쿼리하면 된다.

```
hive> SELECT COUNT(*) FROM ratings
    > WHERE movieid = 1 and rating = 5;
```

`hive_movielens.txt` ⏻

여기서는 WHERE 절 안에서 둘 이상의 조건을 사용하는 명령을 볼 수 있다. SELECT 절 안에서는 DISTINCT를 사용해 고유 값만 가져올 수도 있다. 기본 동작은 중복 값을 모두 반환하는 것이다.

레코드와 유사한 결과를 반환하는 LIKE 작업 같은 구문은 SELECT에서는 사용할 수 없다.

하지만 SELECT 절에서는 정규식을 칼럼명 및 WHERE 절 값과 연계해 사용할 수 있다. 제목이 Toy 로 시작하는 영화를 모두 선택하려면 다음과 같이 조회하면 된다.

```
hive> SELECT title FROM movies
    > WHERE title = `^Toy+`;
```

`hive_movielens.txt` ⏻

여기서 정규식을 역따옴표 안에 지정했다는 데 주의하자. 정규식은 자바 정규식 구문을 따른다. 정규 식 기능은 결과의 특정 칼럼만 반환하는 투영 용도로도 활용할 수 있다. 예를 들어 다음과 같이 문자의 ID로 끝나는 칼럼만 반환하게 할 수 있다.

```
hive> SELECT `*+(id)` FROM ratings
    > WHERE movieid = 1;
```

`hive_movieslens.txt` ⏻

MovieLens ratings 테이블에는 영화별 평점 값이 들어 있다. 평점은 숫자 값으로, 1부터 5 사이 값 이 될 수 있다. movieid = 1인 Toy Story (1995)의 각기 다른 평점 개수를 알고 싶다면 다음과 같이 GROUP BY를 사용해 쿼리를 그룹으로 묶을 수 있다.

```
hive> SELECT ratings.rating, COUNT(ratings.rating)
    > FROM ratings
    > WHERE movieid = 1
    > GROUP BY ratings.rating;
```

`hive_movieslens.txt` ⏻

출력 결과는 다음과 같다.

```
1       16
2       61
3       345
4       835
5       820
Time taken: 24.908 seconds
```

또 같은 칼럼을 대상으로 하는 한 count, sum, average 같은 여러 취합 함수를 한 쿼리 내에 원하는 만큼 포함시킬 수도 있다. 하지만 같은 쿼리 내에서 여러 칼럼에 대해 취합 함수를 실행할 수는 없다.

맵 레벨에서 취합 함수를 실행하려면 hive.map.aggr를 true로 설정하고 카운트 쿼리를 다음과 같이 실행하면 된다.

```
set hive.map.aggr=true;
SELECT COUNT(*) FROM ratings;
```

하이브 QL은 ORDER BY 절을 통한 결과셋의 내림차순 및 오름차순 정렬도 지원한다. movieid를 기준으로 movies 테이블의 모든 레코드를 내림차순 정렬해 조회하려면 다음과 같이 쿼리하면 된다.

```
hive> SELECT * FROM movies
 > ORDER BY movieid DESC;
```

hive_movielens.txt ⬇

하이브는 또 다른 정렬 기능도 지원한다. 바로 SORT BY다. SORT BY는 내림차순 및 오름차순으로 레코드를 정렬한다는 점에서 ORDER BY와 유사하다. 하지만 ORDER BY와 달리 SORT BY는 리듀서 기준으로 정렬을 적용한다. 이 말은 최종 결과셋이 부분적으로 정렬될 수도 있다는 뜻이다. 같은 리듀서가 관리하는 레코드는 모두 정렬되지만 여러 리듀서를 통해 처리되는 레코드는 정렬되지 않을 수도 있다.

하이브는 가상 칼럼을 기반으로 한 데이터셋 파티셔닝도 지원한다. 파티셔닝된 데이터는 DISTRIBUTE BY 메서드를 사용해 각기 다른 리듀서로 분산할 수 있다. 각기 다른 리듀서로 분산한 데이터는 리듀서를 기반으로 정렬할 수 있다. DISTRIBUTE BY와 ORDER BY를 줄인 단축 구문으로 CLUSTER BY가 있다.

하이브 QL의 SQL과 유사한 구문 및 의미는 RDBMS와 SQL에 익숙하고, 친숙한 툴을 사용해 하둡의 대규모 데이터셋을 처리하고 싶은 개발자들에게 큰 도움이 된다. 하이브를 처음 접하는 SQL 개발자들은 금세 SQL의 강력한 조인 기능을 그리워하게 된다. 하이브는 조인 기능에 있어서도 실망감을 안겨주지 않는다. 하이브 QL은 조인도 지원하는 것이다.

하이브 QL을 활용한 조인

하이브는 동등 조인, 아우터 조인, 레프트 세미 조인을 지원한다. 영화 제목과 함께 영화 평점을 가져오려면 **ratings**와 **movies** 테이블을 조인해 결과셋을 가져오면 된다. 이 쿼리는 다음과 같다.

```
hive> SELECT ratings.userid, ratings.rating, ratings.tstamp, movies.title
    > FROM ratings JOIN movies
    > ON (ratings.movieid = movies.movieid)
    > LIMIT 5;
```

이 쿼리의 출력 결과는 다음과 같다.

```
376 4 980620359 Toy Story (1995)
1207 4 974845574 Toy Story (1995)
28 3 978985309 Toy Story (1995)
193 4 1025569964 Toy Story (1995)
1055 5 974953210 Toy Story (1995)
Time taken: 48.933 seconds
```

테이블 조인이 두 개의 테이블로 제한돼 있는 것은 아니다. 두 개보다 많은 테이블도 얼마든지 조인할 수 있다. 영화 제목과 사용자 성별(영화를 평가한 사람의 성별)과 더불어 영화의 평점을 모두 조회하려면 **ratings, movies, users** 테이블을 조인하면 된다. 이 쿼리는 다음과 같다.

```
hive> SELECT ratings.userid, ratings.rating, ratings.tstamp, movies.title,
users.gender
    > FROM ratings JOIN movies ON (ratings.movieid = movies.movieid)
    > JOIN users ON (ratings.userid = users.userid)
    > LIMIT 5;
```

출력 결과는 다음과 같다.

```
1 3 978300760 Wallace & Gromit: The Best of Aardman Animation (1996) F
1 5 978824195 Schindler's List (1993) F
1 3 978301968 My Fair Lady (1964) F
1 4 978301398 Fargo (1996) F
```

```
1 4 978824268 Aladdin (1992) F
Time taken: 84.785 seconds
```

여기서는 데이터가 암시적으로 정렬됨에 따라 여성 사용자에 대한 값만 결과로 받았다. 남성 사용자의 값만 받고 싶다면 다음과 같이 WHERE 절을 추가해 쿼리를 수정하면 된다.

```
hive> SELECT ratings.userid, ratings.rating, ratings.tstamp, movies.title, users.gender
    > FROM ratings JOIN movies ON (ratings.movieid = movies.movieid)
    > JOIN users ON (ratings.userid = users.userid)
    > WHERE users.gender = 'M'
    > LIMIT 5;
```

이번에는 출력 결과가 다음과 같다.

```
2 5 978298625 Doctor Zhivago (1965) M
2 3 978299046 Children of a Lesser God (1986) M
2 4 978299200 Kramer Vs. Kramer (1979) M
2 4 978299861 Enemy of the State (1998) M
2 5 978298813 Driving Miss Daisy (1989) M
Time taken: 80.769 seconds
```

하이브는 UNION과 서브쿼리 같은 SQL 기능도 지원한다. 예를 들어 UNION 작업을 통해 두 개의 결과셋을 다음과 같이 결합할 수 있다.

```
select_statement UNION ALL select_statement UNION ALL select_statement ...
```

SELECT 명령의 UNION 결합 결과를 조회하고 필터링할 수도 있다. 예컨대 다음과 같은 SELECT 구문을 사용할 수 있다.

```
SELECT *
FROM (
    select_statement
    UNION ALL
    select_statement
) unionResult
```

하이브는 FROM 절 내에서의 서브쿼리도 지원한다. 예컨대 15편 이상의 영화에 5점 만점을 준 전체 사용자 목록을 조회하는 쿼리는 다음과 같이 작성할 수 있다.

```
hive> SELECT user_id, rating_count
    > FROM (SELECT ratings.userid as user_id, COUNT(ratings.rating) as rating_count
    > FROM ratings
    > WHERE ratings.rating = 5
    > GROUP BY ratings.userid ) top_raters
    > WHERE rating_count > 15;
```

하이브는 지금까지 살펴본 쿼리 언어보다 훨씬 더 많은 기능을 제공한다. 하지만 이쯤에서 논리적인 요점을 정리하는 게 좋을 것 같다. 이 장에서는 지금까지 하이브 QL이 SQL과 유사하며, RDBMS 개발자들이 NoSQL 저장소를 사용하면서 느끼는 간극을 메워준다고 설명했다. 하이브는 많은 개발자들이 빅 데이터 처리를 할 수 있게끔 올바른 추상화를 제공해준다.

이 장을 끝내기 전에 책의 완성도를 위해 몇 가지 사항을 더 살펴봐야 한다.

우선 설명 플랜에 대해 잠깐 살펴봄으로써 쿼리 뒤에 숨어 있는 맵리듀스를 들여다본다. 두 번째로 데이터 파티셔닝을 보여주는 간단한 사례를 살펴본다.

설명 플랜

대부분의 RDBMS는 쿼리 처리와 관련한 상세 정보를 설명하는 기능을 제공한다. RDBMS는 보통 인덱스 사용, 데이터 포인트 접근, 소요 시간 등에 대한 상세 정보를 제공한다. 하둡 인프라스트럭처는 대규모 분산 처리를 위해 맵리듀스를 활용하는 배치 처리 시스템이다. 하이브는 하둡을 기반으로 하며 맵리듀스를 활용한다. 하이브의 설명 플랜을 보면 쿼리 뒤에 숨겨진 맵리듀스를 들여다볼 수 있다.

이를 보여주는 간단한 예제는 다음과 같다.

```
hive> EXPLAIN SELECT COUNT(*) FROM ratings
> WHERE movieid = 1 and rating = 5;
OK
ABSTRACT SYNTAX TREE:
(TOK_QUERY (TOK_FROM (TOK_TABREF ratings))
(TOK_INSERT (TOK_DESTINATION (TOK_DIR TOK_TMP_FILE))
(TOK_SELECT (TOK_SELEXPR (TOK_FUNCTIONSTAR COUNT)))
(TOK_WHERE (and (= (TOK_TABLE_OR_COL movieid) 1)
(= (TOK_TABLE_OR_COL rating) 5)))))
STAGE DEPENDENCIES:
    Stage-1 is a root stage
    Stage-0 is a root stage
STAGE PLANS:
```

```
Stage: Stage-1
  Map Reduce
    Alias -> Map Operator Tree:
      ratings
        TableScan
          alias: ratings
          Filter Operator
            predicate:
              expr: ((movieid = 1) and (rating = 5))
              type: boolean
            Filter Operator
              predicate:
                expr: ((movieid = 1) and (rating = 5))
                type: boolean
              Select Operator
                Group By Operator
                  aggregations:
                    expr: count()
                  bucketGroup: false
                  mode: hash
                  outputColumnNames: _col0
                  Reduce Output Operator
                    sort order:
                    tag: -1
                    value expressions:
                      expr: _col0
                      type: bigint
    Reduce Operator Tree:
      Group By Operator
        aggregations:
          expr: count(VALUE._col0)
        bucketGroup: false
        mode: mergepartial
        outputColumnNames: _col0
        Select Operator
          expressions:
            expr: _col0
            type: bigint
          outputColumnNames: _col0
          File Output Operator
```

```
                                    compressed: false
                                    GlobalTableId: 0
                                    table:
                                        input format: org.apache.hadoop.mapred.TextInputFormat
                                        output format:
    org.apache.hadoop.hive.ql.io.HiveIgnoreKeyTextOutputFormat
        Stage: Stage-0
            Fetch Operator
                limit: -1
    Time taken: 0.093 seconds
```

물리적인 파일에 대한 추가 정보가 필요하다면 EXPLAIN과 쿼리 사이에 EXTENDED를 집어넣으면 된다.

이어서 데이터 파티셔닝을 보여주는 간단한 사용 사례를 살펴보자.

테이블 파티셔닝

테이블 파티셔닝은 데이터를 여러 네임스페이스로 나누고 네임스페이스 식별자를 기반으로 데이터셋을 필터링하고 조회할 수 있게 해준다. 예를 들어 데이터 분석가가 사용자가 평점을 전송하는 시간에 따라 평점이 영향을 받는다는 가설을 세웠다고 가정하자. 이에 따라 평점을 오후 8시와 오전 8시에 사이에 보낸 평점과 나머지 시간대에 보낸 평점의 두 파티션으로 나눈다고 가정하자. 이 경우 이 파티션을 식별하는 가상 칼럼을 생성하고 데이터를 이와 같이 저장할 수 있다.

그런 다음 이들 네임스페이스를 기반으로 필터링, 검색, 클러스터링할 수 있다.

정리

이 장에서는 하이브의 강력한 기능과 유연성을 짧게 살펴봤다. 여기서는 익숙한 **SQL** 구문을 하둡의 강력한 위력과 결합해 전통적인 **RDBMS** 개발자와 새로운 빅 데이터 사용자가 모두 쓸 수 있는 강력한 데이터 분석 툴을 개발할 수 있음을 배웠다.

하이브는 페이스북에서 개발했고 이후 하둡의 하위 프로젝트로 오픈소스화됐다. 지금은 최상위 레벨 프로젝트가 된 하이브는 계속해서 빠르게 발전하고 있으며 **SQL**과 **NoSQL** 세계 사이의 간극을 메워 주는 가교 역할을 하고 있다. 하이브가 오픈소스로 공개되기 전 하둡은 조직 내에서 '빅 데이터'에 접근해야 하는 일부 개발자들에게만 도움이 됐다. 혹자는 하이브로 인해 이 책의 주제인 **NoSQL**이란 신조어의 의미가 퇴색됐다고 말하기도 한다. 또 하이브로 인해 **NoSQL**이 사실 Not Only SQL의 약어라고 주장하는 사람들도 생겼다.

13

데이터베이스 내부 살펴보기

· 몽고디비, 멤베이스, 하이퍼테이블, 아파치 카산드라, 버클리디비의 내부 살펴보기
· 일부 NoSQL 제품의 내부 아키텍처 요소 살펴보기
· 내부 설계 선택에 대해 이해하기

제품이나 툴을 이해하려면 적어도 세 가지 차원의 이해가 필요하다. 즉,

■ 의미와 구문을 이해한다.

■ 시험하고 사용해봄으로써 배운다.

■ 내부를 이해하고 내부적으로 어떤 일이 일어나는지 안다.

이전 장에서는 특히 몽고디비, 레디스, 카우치디비, HBase, 카산드라에서 다양한 구문을 살펴봤다. 이들 예제에서는 대부분 구문을 보여주고 개념을 설명했으므로 예제를 직접 실행해봤다면 NoSQL 제품에 대한 실전 경험을 쌓을 수 있었을 것이다. 또 일부 장에서는 내부를 들여다보기도 했다. 이 장에서는 아키텍처를 살펴봄으로써 내부를 좀 더 깊이 들여다보고 일부 NoSQL 제품을 예로 들어 내부를 살펴본다. 다른 장과 마찬가지로 여기서도 각기 다른 NoSQL 유형을 나타내는 제품을 선택했다. 이들 제품을 다루는 이유는 여러 가지가 있는데 그 이유 중 몇 가지를 밝히면 다음과 같다.

■ 몽고디비 : 몽고디비는 이 책의 많은 장에서 다뤘다. 이 책에서는 이미 몽고디비의 내부 요소 몇 가지를 다룬 바 있지만 이 장에서는 이런 지식을 기반으로 이 제품을 좀 더 폭넓게 다룬다.

- **멤베이스** : 디스크 데이터 저장소로 영속화할 수 있는 옵션을 갖춘 키/값 인메모리와 관련해 이 책에서는 지금껏 레디스를 예로 들었다. 이 책에서는 여러 장에 걸쳐 레디스의 기능과 내부를 살펴봤다. 이 장에서는 레디스에서 벗어나 경쟁 제품인 멤베이스를 다룬다. 멤베이스는 성능이 우수하고 Memcached 프로토콜을 채택해 Memcached 대신 바로 사용할 수 있다는 점에서 인기를 끌고 있다.

- **하이퍼테이블** : 순서 정렬 칼럼 패밀리 저장소와 관련해서는 지금까지 대부분 HBase를 기준으로 설명했다. HBase가 인기 있는 구글 빅테이블 복제품이긴 하지만 같은 모델을 기반으로 한두 개의 대체품이 개발됐다. 이들 대체품은 바로 하이퍼테이블과 클라우데이터다. 클라우데이터는 최근에 나온 오픈소스 옵션이지만, 하이퍼테이블은 이미 잘 정착한 제품이다. 하이퍼테이블은 여러 대규모 인터넷 애플리케이션과 서비스에서 확장 가능한 데이터 저장소로 활용하고 있다. 하이퍼테이블은 C++로 작성됐으며 HBase와 비교해 더 우수한 성능을 제공한다. 따라서 이 장에서는 하이퍼테이블을 다룬다.

- **아파치 카산드라** : 구글 빅테이블과 아마존 다이나모는 대규모 NoSQL 저장소를 설계하기 위한 인기 있는 두 개의 청사진이다. 아파치 카산드라는 두 제품 모두에서 개념을 가져오려고 노력했다. 아파치 카산드라는 세간의 많은 관심을 받았으며 카산드라의 빠른 쓰기 성능은 흥분을 불러 일으키기에 충분했다. 이 장에서는 카산드라가 어떻게 구성돼 있는지도 살펴본다.

- **버클리디비** : 버클리디비는 아마존 다이나모, 링크드인, 볼드모트, 제니디비 같은 선두 NoSQL 제품의 내부 저장소를 형성하는 강력한 키/값 저장소다.

이 장에서 다루는 주제의 범위는 방대하지 않으며 제품별로 균일하지도 않다. 하지만 이 장에서는 이들 제품의 내부 코드를 살펴보고, 이를 유용하게 활용함은 물론, 이들 제품을 더 개선하는 데 기여할 수 있게끔 호기심을 자극하는 충분한 정보를 제공한다. 더불어 이 장에서는 다른 NoSQL 제품의 내부도 살펴볼 수 있게 영감을 준다. 이 책에서는 이런 기타 NoSQL 제품을 간단히 언급만 하고 넘어간다. 또 아예 언급조차 하지 않는 제품도 몇 개 있다.

몽고디비의 내부

이 책에서는 지금까지 몽고디비의 많은 명령어와 사용 패턴을 다뤘다. 저장 및 쿼리 메커니즘은 앞서 자세히 살펴봤으며 복제 주제도 다룬 바 있다. 또 전송 형식인 BSON에 대해서도 세부 사항을 몇 가지 소개했다. 이 절에서는 몽고디비의 중요한 추가 특징을 몇 개 살펴본다. 이 장에서 다루는 내용은 앞에서 배운 내용을 기반으로 한다.

몽고디비는 전통적인 RDBMS에서 흔히 볼 수 있는 클라이언트-서버 아키텍처를 따른다. 클라이언트-서버 아키텍처에서는 한 개의 서버와 서버에 접속하는 여러 개의 클라이언트가 있다. 샤딩 및 복제 시나리오에서는 한 서버가 아니라 여러 서버가 토폴로지를 형성한다. 단독 모드 또는 클러스터 및 샤디드 토폴로지에서는 데이터가 클라이언트와 서버 사이 및 노드 사이에서 전송된다.

BSON 명세

몽고디비는 BSON이라고 부르는 JSON과 유사한 바이너리 형식으로 저장 도큐먼트를 인코딩한다. BSON 형식은 이 책의 2장에서 다룬 바 있다. 여기서는 BSON의 몇 가지 성격을 짧게 복습한다.

BSON 도큐먼트는 0개 이상의 바이너리 키/값 쌍의 모음이다. BSON을 구성하는 기본 바이너리 타입은 다음과 같다.

- byte : 1바이트
- int32 : 4바이트
- int64 : 8바이트
- double : 8바이트

int32와 int64는 각각 32비트 및 64비트 부호형 정수에 해당한다. double은 64비트 IEEE 754 부동 소수 값에 해당한다. 도큐먼트의 예를 하나 들면 다음과 같다.

```
{ "hello": "world" }
```

이 도큐먼트는 BSON을 사용해 다음과 같이 표현할 수 있다.

```
"\x16\x00\x00\x00\x02hello\x00 \x06\x00\x00\x00world\x00\x00"
```

BSON 표기법

여기서 보여준 BSON 표기법 16진수를 사용해 2진 값을 표현하는 익숙한 C 구문을 사용하고 있다. 읽을 수 있는 도큐먼트를 BSON 표기법으로 매핑하면 다음과 같다.

```
{ 및 }—"\x16\x00\x00\x00 및 \x00
"hello":—x02hello\x00
"world"—\x06\x00\x00\x00world\x00
```

BSON 명세에 대한 자세한 정보는 http://bsonspec.org/에서 볼 수 있다.

몽고디비 와이어 프로토콜

클라이언트는 간단한 TCP/IP 기반 소켓 커넥션을 사용해 몽고디비 서버와 통신한다. 이 통신에 사용되는 와이어 프로토콜은 간단한 요청-응답 기반의 소켓 프로토콜이다. 와이어 프로토콜의 헤더와 페이로드는 BSON으로 인코딩돼 있다. 메시지의 순서는 BSON과 마찬가지로 리틀 엔디안 형식을 따른다.

표준 요청-응답 모델에서 클라이언트는 서버로 요청을 보내고 서버는 요청에 응답한다. 와이어 프로토콜에서는 메시지 헤더 및 요청 페이로드를 가지고 요청이 전송된다. 응답은 메시지 헤더와 응답 페이로드를 가지고 돌아온다. 요청 및 응답 사이의 메시지 헤더는 매우 유사하다. 하지만 요청 및 응답의 페이로드 형식은 무척 다르다. 그림 13.1은 클라이언트와 몽고디비 서버 사이의 기본적인 요청-응답 통신을 보여준다.

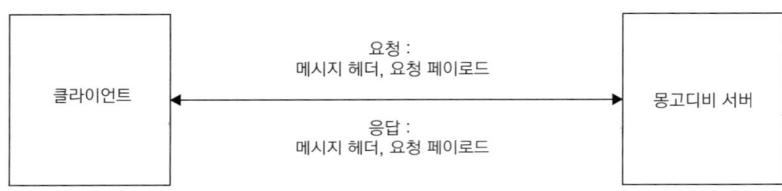

그림 13.1

몽고디비 와이어 프로토콜에서는 다양한 연산을 할 수 있다. 사용 가능한 연산의 목록은 다음과 같다.

 RESERVED 또한 연산으로, 과거 OP_GET_BY_OID에 공식적으로 사용됐다. 지금은 활발히 사용되지 않으므로 opcode 목록에는 빠져 있다.

■ **OP_INSERT** (코드: 2002) - 도큐먼트를 삽입한다. CRUD 용어로는 '생성' 연산에 해당한다.

 생성, 조회, 수정, 삭제의 약어인 CRUD는 표준 데이터 관리 연산이다. 데이터와 연동하는 많은 시스템과 인터페이스는 CRUD 작업을 지원한다.

■ **OP_UPDATE** (코드: 2001) — 도큐먼트를 업데이트한다. CRUD 용어로는 '수정'이다.
■ **OP_QUERY** (코드: 2004) — 도큐먼트 컬렉션을 조회한다. CRUD 용어로는 '조회'다.

- **OP_GET_MORE** (코드: 2005) - 쿼리로부터 더 많은 데이터를 가져온다. 쿼리 응답은 많은 도큐먼트를 포함할 수 있다. 성능을 개선하고 전체 도큐먼트셋을 전송하는 것을 피하기 위해 데이터베이스는 레코드를 점증적으로 가져오는 커서 개념을 제공한다. OP_GET_MORE 작업은 커서를 통해 추가 도큐먼트를 가져오게 해준다.

- **OP_REPLY** (코드: 1) - 클라이언트 요청에 응답한다. 이 작업에서는 OP_QUERY와 OP_GET_MORE 연산에 반응해 응답을 전송한다.

- **OP_KILL_CURSORS** (코드: 2007) - 커서를 닫는 연산이다.

- **OP_DELETE** (코드: 2006) - 도큐먼트를 삭제한다.

- **OP_MSG** (코드: 1000) - 일반 메시지 명령이다.

모든 요청 및 응답 메시지는 헤더를 갖고 있다. 표준 메시지 헤더는 다음과 같은 속성을 갖고 있다.

- **messageLength** : 메시지의 길이를 바이트로 표시한다. 조금 이상하게 보일 수도 있지만 length 속성은 length 값을 보관하기 위해 4바이트를 차지한다.

- **requestID** : 고유 메시지 식별자다. 작업을 시작한 대상에 따라 클라이언트 또는 서버가 이 식별자를 생성할 수 있다.

- **responseTo** : OP_QUERY 및 OP_GET_MORE의 경우 데이터베이스의 응답에 원본 클라이언트 요청의 requestID가 responseTo 값으로 들어 있다. 이를 통해 클라이언트는 요청을 응답에 매핑할 수 있다.

- **opCode** : 연산 코드다. 사용 가능한 연산은 앞 절에서 목록으로 정리한 바 있다.

이어서 간단한 요청-응답 시나리오를 몇 개 살펴보자.

도큐먼트의 삽입

새 도큐먼트를 생성하고 삽입할 때 클라이언트는 다음을 포함하는 요청을 통해 OP_INSERT 연산을 전송한다.

- **메시지 헤더** : messageLength, requestID, responseTo, opCode를 포함하는 표준 메시지 헤더 구조.

- **int32 값** : 0(이 값은 향후 사용하기 위해 예약된 값이다)

- **cstring** : 완전히 한정한 컬렉션 이름. 예를 들어 aDatabase라는 데이터베이스의 aCollection의 경우 aDatabase.aCollection이 된다.

- **배열** : 이 배열은 컬렉션에 삽입할 하나 이상의 도큐먼트를 포함한다.

데이터베이스가 도큐먼트 삽입 요청을 처리하면 getLastError 명령을 호출해 요청 결과를 조회할 수 있다. 하지만 데이터베이스는 도큐먼트 삽입 요청에 대응되는 응답을 명시적으로 전송하지는 않는다.

컬렉션 조회

컬렉션 내 도큐먼트를 조회할 때 클라이언트는 요청을 통해 OP_QUERY 작업을 전송한다. 그럼 클라이언트는 OP_REPLY 작업을 포함하는 데이터베이스 응답을 통해 관련 도큐먼트셋을 받게 된다.

클라이언트의 OP_QUERY 메시지는 다음 내용을 포함한다.

- **메시지 헤더** : messageLength, requestID, responseTo, opCode 요소를 포함하는 표준 헤더.

- **int32 값** : 쿼리 옵션을 나타내는 플래그를 포함한다. 플래그는 커서, 결과 스트리밍, 및 일부 샤드가 다운된 경우 부분 결과를 보여주기 위한 속성을 정의한다. 예를 들어 마지막 데이터가 반환된 후 커서를 닫을지 여부를 지정하거나 일정 시간 동안 활성 상태를 보이지 않는 커서를 타임아웃 시킬지 여부를 지정할 수 있다.

- **cstring** : 완전히 한정한 컬렉션 이름

- **int32 값** : 건너뛸 도큐먼트의 개수

- **또 다른 int32 값** : 반환할 도큐먼트의 개수. 요청에 대응되는 OP_REPLY 작업에 해당하는 데이터베이스 응답에는 도큐먼트가 들어 있다. 반환된 도큐먼트보다 도큐먼트 개수가 많다면 보통 커서도 함께 반환된다. 이 속성값은 종종 드라이버 및 결과셋을 제한할 수 있는 드라이버의 성능에 따라 달라진다.

- **BSON 형식으로 된 쿼리 도큐먼트** : 검색 조건이 되는 요소를 포함한다.

- **도큐먼트** : 반환할 필드를 나타낸다. 이 도큐먼트도 BSON 형식이다.

클라이언트의 OP_QUERY 작업 요청에 반응해 몽고디비 데이터베이스 서버는 OP_REPLY로 응답한다. 서버의 OP_REPLY 메시지에는 다음 내용이 포함된다.

- 메시지 헤더 : 클라이언트 요청에 들어 있는 메시지 헤더와 서버 응답의 메시지 헤더는 매우 유사하다. 앞에서 언급한 것처럼 OP_REPLY의 responseTo 헤더 속성에는 대응되는 OP_QUERY의 클라이언트 요청 requestID가 들어 있다.

- **int32** 값 : 주로 에러 또는 예외 상황을 나타내는 응답 플래그를 포함한다. 응답 플래그는 쿼리 오류 또는 유효하지 않은 커서 id에 대한 정보를 포함할 수 있다.

- **int64** 값 : 클라이언트가 더 많은 도큐먼트를 가져올 수 있게 해주는 커서 id를 포함한다.

- **int32** 값 : 커서 내 시작점이다.

- 또 다른 **int32** 값 : 반환된 도큐먼트의 개수다.

- 배열 : 쿼리에 응답해 반환한 도큐먼트를 포함한다.

지금까지 와이어 프로토콜의 예를 살펴봤다. 와이어 프로토콜에 대한 자세한 설명은 www.mongodb.org/display/DOCS/Mongo+Wire+Protocol에서 볼 수 있다. 또 https://github.com/mongodb에서 몽고디비 코드를 살펴볼 수도 있다.

도큐먼트는 서버에서 모두 저장돼 있다. 클라이언트는 서버와 연동해 도큐먼트를 삽입, 조회, 수정, 삭제할 수 있다. 이로써 클라이언트와 서버 사이의 상호작용에는 효율적인 바이너리 형식과 와이어 프로토콜이 필요하다는 점을 배웠다. 이어서 저장 스키마를 살펴보자.

몽고디비 데이터베이스 파일

몽고디비는 mongod 서버 프로그램에 --dbpath 옵션으로 지정한 경로에 데이터베이스 및 컬렉션 데이터 파일을 저장한다. dbpath의 기본 값은 /data/db다. 몽고디비는 이들 파일에 도큐먼트를 저장하기 위해 미리 정한 스키마를 따른다. 파일 할당 스키마는 컬렉션의 저장 속성을 조회하는 법을 몇 가지 보여준 후 이 절에서 나중에 자세히 다룬다.

컬렉션의 저장 속성은 몽고 셸을 사용해 조회할 수 있다. 셸을 사용하려면 먼저 **mongod**를 시작해야 한다. 그런 다음 명령행 프로그램을 사용해 서버로 연결한다. 서버로 연결한 후에는 다음과 같이 컬렉션의 크기를 조회할 수 있다.

```
> db.movies.dataSize();
327280
```

mongodb_data_size.txt

여기서 사용한 컬렉션은 6장의 movies 컬렉션이다. 미네소타 대학의 그룹렌즈 영화평 데이터셋에 대한 정보를 담고 있는 **movies.dat** 파일의 크기는 171308이지만 해당 컬렉션의 크기는 몽고디비 포맷이 저장하는 추가 메타데이터 때문에 훨씬 더 크다. 이 명령에서 반환된 크기는 디스크상의 저장 크기가 아니다. 이 크기는 단순히 데이터의 크기일 뿐이다. 이 컬렉션이 할당된 저장 공간에는 사용하지 않는 공간도 있을 수 있다. 컬렉션의 저장 공간을 조회하려면 다음과 같이 하면 된다.

```
> db.movies.storageSize();
500480
```

mongodb_data_size.txt ⟳

데이터 크기가 327280인 데 반해 저장 공간은 500480이다. 이 컬렉션은 몇 개의 연관 인덱스를 갖고 있다. 컬렉션의 전체 크기(즉 데이터, 할당되지 않은 저장 공간, 인덱스 저장 공간)를 조회하려면 다음과 같이 조회하면 된다.

```
> db.movies.totalSize();
860928
```

mongodb_data_size.txt ⟳

각기 다른 저장 공간 값을 모두 추가하려면 인덱스 크기를 알아와야 한다. 인덱스 크기를 알려면 movies 컬렉션과 연관된 인덱스의 컬렉션 이름이 필요하다. movies 컬렉션과 관련한 모든 인덱스의 완전히 한정된 이름, 데이터베이스 및 컬렉션 이름을 가져오려면 시스템 내 모든 네임스페이스를 다음과 같이 조회해야 한다.

```
> db.system.namespaces.find()
```

mongodb_data_size.txt ⟳

필자의 몽고디비 인스턴스에는 많은 컬렉션이 있으므로 이 결과가 꽤 길지만 현재 예제와 관련한 정보만 보여주면 다음과 같다.

```
{ "name" : "mydb.movies" }
{ "name" : "mydb.movies.$_id_" }
```

mydb.movies는 컬렉션 자체이고, **mydb.movies.$_id_**는 id에 대한 인덱스 요소의 컬렉션이다. 인덱스 컬렉션의 데이터 크기, 저장 크기, 전체 크기를 보려면 다음과 같이 쿼리하면 된다.

```
> db.movies.$_id_.dataSize();
139264
> db.movies.$_id_.storageSize();
655360
> db.movies.$_id_.totalSize();
655360
```

또 컬렉션 자체를 사용해 인덱스 데이터 크기를 다음과 같이 알아올 수도 있다.

```
> db.movies.totalIndexSize();
360448
```

컬렉션의 totalSize는 storageSize와 totalIndexSize를 합한 값이 된다. 컬렉션에 대해 validate 메서드를 사용하면 크기 측정 결과 및 더 많은 정보를 얻을 수 있다. movies 컬렉션에 대해 validate 메서드를 실행하는 법은 다음과 같다.

```
> db.movies.validate();
{
    "ns" : "mydb.movies",
    "result" : "\nvalidate\n firstExtent:0:51a800 ns:mydb.movies\n
lastExtent:0:558b00 ns:mydb.movies\n # extents:4\n
datasize?:327280 nrecords?:3883 lastExtentSize:376832\n
padding:1\n first extent:\n loc:0:51a800 xnext:0:53bf00
xprev:null\n nsdiag:mydb.movies\n size:5888
firstRecord:0:51a8b0 lastRecord:0:51be90\n 3883 objects found,
nobj:3883\n 389408 bytes data w/headers\n 327280 bytes
data wout/headers\n deletedList: 1100000000001000000\n
deleted: n: 3 size: 110368\n nIndexes:2\n
mydb.movies.$_id_ keys:3883\n mydb.movies.$title_1 keys:3883\n",
    "ok" : 1,
    "valid" : true,
    "lastExtentSize" : 376832
}
```

validate 명령은 단순 크기 이외에 더 많은 정보를 제공한다. 여기에는 레코드, 헤더, 범위 크기, 키에 대한 정보가 포함된다.

몽고디비는 데이터베이스 및 컬렉션을 파일 시스템상의 파일에 저장한다. 저장 파일의 크기가 어떻게 할당됐는지 이해하려면 각 파일을 크기와 함께 나열해보면 된다. 리눅스, 유닉스, 맥 OS X, 기타 유닉스 변종 운영체제에서는 크기를 다음과 같이 나열할 수 있다.

```
ls -sk1 ~/data/db
total 8549376
0 mongod.lock
65536 mydb.0
131072 mydb.1
262144 mydb.2
524288 mydb.3
1048576 mydb.4
2096128 mydb.5
2096128 mydb.6
2096128 mydb.7
16384 mydb.ns

65536 test.0
131072 test.1
16384 test.ns
```

mongodb_data_size.txt

이 결과는 필자의 /data/db 디렉터리에서의 출력 결과이며, 독자들의 결과와는 다를 수 있다. 하지만 데이터베이스 파일의 크기 패턴은 다르지 않을 것이다. 이들 파일은 데이터베이스에 대응된다. 각 데이터 베이스별로 한 개의 네임스페이스 파일과 여러 개의 데이터 저장 파일이 있다. 네임스페이스 파일은 데이터베이스와 상관없이 크기가 항상 16384바이트, 즉 필자의 스노우 레오파드 맥 OS X에서는 16MB로 동일하다. 데이터 파일 자체는 0부터 시작해 순서가 지정돼 있다. mydb의 경우 순서 패턴은 다음과 같다.

- mydb.0은 65536바이트, 즉 64MB 크기다.
- mydb.1은 mydb.0의 두 배 크기다. 이 파일의 크기는 131072바이트로, 128MB이다.

- mydb.2, mydb.3, mydb.4, mydb.5는 256MB, 512MB, 1024MB(1GB), ~2047MB(2GB) 크기다.

- mydb.6과 mydb.7은 각각 2GB로, mydb.5와 크기가 같다.

몽고디비는 점차적으로 더 큰 고정 블록을 데이터 파일 저장소에 할당한다. 이 크기는 미리 정한 최대 수준까지 늘어날 수 있는데, 기본 설정상 최대 크기는 2GB다. 이 크기부터는 각 파일의 가장 큰 블록 크기가 모두 동일해진다. 몽고디비의 저장 파일 할당 방식은 사용하지 않는 공간과 단편화를 최소화하는 알고리즘을 기반으로 한다.

몽고디비와 관련해, 특히 메모리 관리 및 샤딩을 중심으로 살펴봐야 할 내용이 많지만 이는 독자의 몫으로 남겨두겠다. 이 책에서는 다양한 제품을 다루는 만큼 여러 제품에 대해 세부 내용을 일일이 다룰 수 없다.

이어서 멤베이스의 기본적인 아키텍처를 살펴보자.

멤베이스 아키텍처

멤베이스는 Memcached 프로토콜을 지원하므로 Memcached를 사용하는 클라이언트 애플리케이션은 손쉽게 애플리케이션 스택에 멤베이스를 포함시킬 수 있다. 하지만 내부적으로 멤베이스는 Memcached가 지원하지 않는 영속화 및 복제 같은 기능을 추가해준다.

각 멤베이스 노드는 ns_server 인스턴스를 실행한다. ns_server는 노드상에서 일어나는 행동을 책임지는 관리자 역할을 한다. 클라이언트는 Memcached 프로토콜을 사용하거나 REST 인터페이스를 통해 ns_server와 연동한다. REST 인터페이스는 Menelaus라는 컴포넌트의 도움을 받아 지원된다. Menelaus는 REST 호출을 서버로 매핑할 수 있는 강력한 제이쿼리 레이어를 포함한다.

Memcached 프로토콜을 사용해 멤베이스에 접근하는 클라이언트는 Moxi라는 프록시를 통해 내부 데이터에 접근한다. Moxi는 vBuckets의 도움을 받아 클라이언트를 항상 올바른 위치로 라우팅하는 중간자 역할을 한다. vBuckets이 정보를 정확히 라우팅하는 방식을 이해하려면 vBuckets이 사용하는 일관적 해싱을 좀 더 깊이 들여다봐야 한다.

vBuckets 기반의 라우팅은 그림 13-2에 잘 나와 있다.

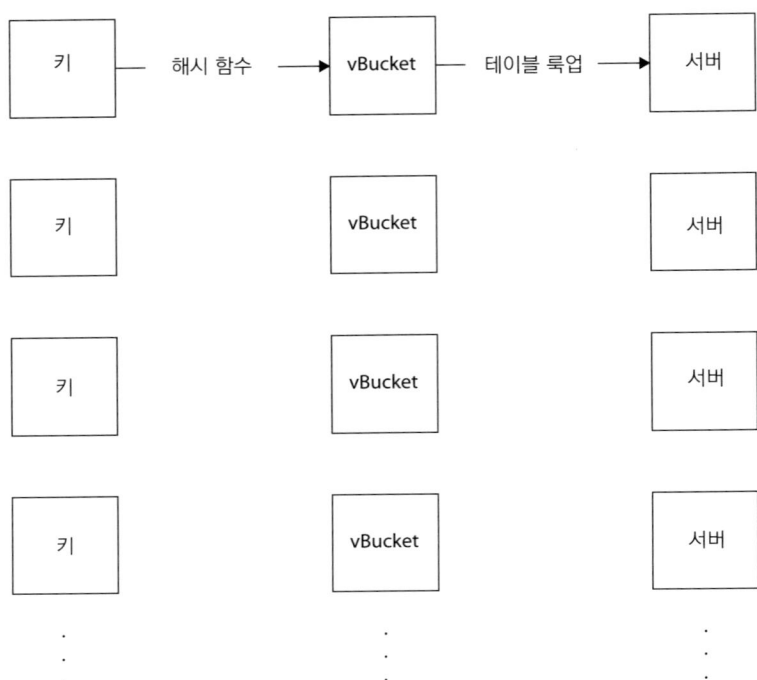

그림 13-2

그림 13-2에서 볼 수 있듯이 키를 통해 식별한 데이터에 대한 클라이언트 요청은 서버가 아니라 vBucket으로 매핑된다. 그런 다음 vBucket이 서버로 매핑된다. 해시 함수는 키를 vBucket으로 매핑하고 vBucket의 개수가 변함에 따라 리밸런싱을 지원한다. 동시에 vBucket 자체도 룩업 테이블을 통해 서버로 매핑된다. 따라서 vBucket과 서버 간 매핑은 다소 정적이며, vBucket이 재할당되더라도 데이터의 실제 물리적 저장 공간은 움직이지 않는다.

멤베이스는 다음과 같은 컴포넌트로 이뤄진다.

- **ns_server**: 핵심 관리자

- **Memcached 및 Membase 엔진**: 멤베이스는 Memcached를 기반으로 한다. 네트워크 및 프로토콜 지원 레이어는 Memcached에서 그대로 가져와 멤베이스에 포함됐다. 멤베이스 엔진은 비동기적 영속화 및 TAP(Telocator Alphanumeric Protocol) 지원 같은 부가 기능을 추가한다.

- **Vbucketmigrato** : ns_server가 하나 이상의 vbucketmigrator 프로세스를 시작하는 방식에 따라 데이터가 노드 사이에서 복제되거나 전송된다.

- **Moxi**: 클라이언트 라우팅을 위해 vBuckets 해싱 기능을 갖춘 Memcached 프록시

멤베이스에 대해 좀 더 다뤄야 할 내용이 있긴 하지만 이 절의 내용을 통해 멤베이스의 기본적인 아키텍처는 이해할 수 있으리라 생각한다. 멤베이스 아키텍처 및 성능에 대한 자세한 설명은 이후 장에서 다룬다.

더불어 멤베이스가 지금은 카우치베이스의 일부라는 점을 기억하자. 카우치베이스는 멤베이스와 카우치디비 연합이 만든 병합 제품이다. 이로 인해 향후 출시될 멤베이스에서는 아키텍처가 크게 영향을 받을 수 있다.

하이퍼테이블의 내부

하이퍼테이블은 HBase를 대체할 수 있는 고성능 제품이다. 하이퍼테이블의 기본 성격은 구글 빅테이블의 복제품인 HBase와 매우 유사하다. 하이퍼테이블은 사실 새로운 프로젝트는 아니다. 하이퍼테이블은 2007년 HBase와 같은 시기에 시작됐다. 하이퍼테이블은 HDFS와 유사한 분산 파일 시스템상에서 실행된다.

HBase에서는 칼럼 패밀리 중심 데이터를 행 키로 정렬한 순서로 저장한다. 앞에서는 데이터의 각 셀이 데이터의 여러 버전을 보관한다는 사실도 배운 바 있다. 하이퍼테이블도 비슷한 개념을 지원한다. 하이퍼테이블에서는 모든 버전 정보가 행 키에 첨부된다. 이 버전 정보는 타임스탬프를 통해 식별한다. 각 행 키별 모든 버전에 해당하는 전체 데이터는 각 칼럼 패밀리별로 정렬된 방식으로 저장된다.

하이퍼테이블은 칼럼 패밀리 중심의 데이터 저장소를 제공하지만 물리적 저장소의 성격은 접근 그룹 개념으로 인한 영향도 받는다. 하이퍼테이블에서 접근 그룹은 관련 칼럼 데이터를 물리적으로 한데 저장할 수 있는 수단을 제공한다. 전통적인 RDBMS에서는 행을 정렬한 후 데이터를 저장한다. 즉, 두 개의 인접한 행에 대한 데이터를 보통 나란히 저장한다. 칼럼 지향 저장소에서는 두 칼럼에 대한 데이터를 물리적으로 함께 저장한다. 하이퍼테이블의 접근 그룹을 사용하면 하나 이상의 칼럼을 같은 그룹에 마음대로 집어넣을 수 있다. 모든 칼럼을 같은 접근 그룹에 집어넣으면 전통적인 RDBMS 환경을 모방할 수 있다. 각 칼럼을 다른 칼럼과 별개로 보관하면 칼럼 지향 데이터베이스를 시뮬레이션할 수 있다.

정규식 지원

하이퍼테이블의 쿼리는 행 키, 칼럼 한정자, 값에 대한 정규식을 기반으로 셀을 걸러낼 수 있다. 하이퍼테이블은 구글의 오픈소스 정규식 엔진인 RE2를 사용해 정규식 지원 기능을 구현한다. RE2에 대한 자세한 정보는 http://code.google.com/p/re2/에서 볼 수 있다. RE2는 빠르고, 안전하며, 스레드 친화적인 정규식 엔진으로, C++로 작성됐다. RE2는 빅테이블과 Sawzall 같은 유명 구글 제품 여러 곳에서 정규식을 지원하는 데 사용 중이다.

RE2 구문은 펄 호환 정규식(PCRE), 펄, VIM에서 지원하는 정규식을 대부분 지원한다. 지원 구문의 전체 목록은 http://code.google.com/p/re2/wiki/Syntax에서 볼 수 있다.

하이퍼테이블 개발자들이 수행한 테스트(http://blog.hypertable.com/?p=103)에 따르면 RE2가 java. util.regex.Pattern보다 3배 내지 50배 빠른 것으로 밝혀졌다. 이 테스트는 450만 개의 고유 ID를 갖고 있는 100MB의 데이터셋을 대상으로 수행했다. 테스트 결과는 데이터셋과 크기에 따라 달라질 수 있지 만 이 결과를 보면 RE2가 빠르고 효율적이라는 사실만은 잘 알 수 있다.

하이퍼테이블과 HBase는 많은 개념이 동일하므로 여기서 같은 개념을 반복 설명하는 것은 별 도움이 안 된다. 하지만 두 제품 모두에서 중요하지만 아직 다루지 않은 개념이 하나 있는데, 바로 블룸 필터다.

블룸 필터

블룸 필터는 요소가 세트의 멤버인지 여부를 검사하는 데 사용하는 확률적 데이터 구조다. 블룸 필터는 비트의 m 숫자 배열로 생각하면 된다. 빈(empty) 블룸 필터는 모든 m 위치에 0 값을 갖고 있다. 만일 요소 a, b, c가 세트의 멤버이면 이들 멤버는 k 해시 함수의 세트를 통해 블룸 필터로 매핑된다. 이 말은 각 멤버, 즉 a, b, c가 k개의 각기 다른 해시 함수를 통해 블룸 필터상의 k 위치로 매핑된다는 뜻이다. 멤버가 해시 함수를 통해 m 비트 배열 내 특정 위치로 매핑되면 해당 위치의 값이 1로 설정된다. 각기 다른 멤버는 해시 함수를 통과해 블룸 필터 내 같은 위치로 매핑될 수 있다.

이제 특정 요소, 예를 들어 w가 세트의 멤버인지 확인하려면 이 요소가 k 해시 함수를 거치게 함으로 써 결과를 블룸 필터 배열에 매핑해야 한다. 매핑된 위치 중 하나라도 값이 0이라면 이 요소는 세트의 멤버가 아니다. 모든 위치의 값이 1이라면 요소가 세트의 멤버이거나 다른 요소에 의해 값이 1로 설정 된 하나 이상의 위치로 이 요소가 매핑된다는 뜻이다. 따라서 가양성은 가능하지만 가음성은 불가능하 다. 블룸 필터에 대한 자세한 설명은 펄 관점에서 블룸 필터를 설명한 www.perl.com/pub/2004/04/08/ bloom_filters.html을 참고하자.

아파치 카산드라

아파치 카산드라는 매우 인기 있고 유명한 NoSQL 데이터베이스다. 이 책에서는 앞서 카산드라를 사용 하는 몇 가지 예제를 통해 카산드라의 핵심 개념을 소개한 바 있다. 이 절에서는 카산드라의 핵심 아키 텍처를 살펴봄으로써 내부 동작 방식을 이해한다.

p2p 모델

가장 인기 있는 NoSQL 제품을 비롯해 대부분의 데이터베이스는 확장성 및 복제를 위해 마스터-슬레이브 모델을 따른다. 이 말은 각 세트별로 쓰기 명령을 마스터 노드로 보내고, 이 작업이 슬레이브로 복제된다는 뜻이다. 슬레이브는 읽기 확장성은 개선해주지만 개선된 쓰기 확장성은 제공하지 못한다. 카산드라는 마스터-슬레이브 모델에서 벗어나 p2p 모델을 사용한다. 이 말은 단일 마스터가 있는 게 아니라 모든 노드가 잠재적인 마스터라는 뜻이다. 이로 인해 쓰기 및 읽기의 확장성이 크게 개선되고 파티션 장애가 일어나도 노드가 동작할 수 있게 해준다. 하지만 이와 같은 확장성에는 비용이 따르기 마련인데, 이 경우 강력한 일관성을 어느 정도 희생해야 한다. p2p 모델은 약한 일관성 모델을 따른다.

가십 및 안티엔트로피 기반

카산드라의 p2p 확장성과 궁극적인 일관성 모델에서는 피어(peer) 간 통신과 노드 장애를 감지할 수 있는 프로토콜을 만드는 게 중요하다. 카산드라는 노드 사이에 통신할 수 있는 가십 기반 프로토콜에 의존한다. 가십은 이름에서 암시하듯 사람들의 가십 개념과 유사한 개념을 사용한다.

가십 프로토콜에서 피어는 다른 노드를 임의로 선택해 메시지를 전송한다. 카산드라에서는 가십을 좀 더 시스템적으로 관리하며, 타이머를 기반으로 실행되는 Gossiper 클래스를 통해 가십을 트리거한다. 노드는 스스로 Gossiper 클래스를 등록하며 가십이 네트워크를 통해 전파되면 업데이트를 수신한다. 가십은 대규모 분산 시스템을 위한 용도로, 특별히 안정적이지 않다. 카산드라에서 Gossiper 클래스는 가십이 노드 사이에 퍼지는 동안 노드를 추적해준다.

작업 흐름으로 보면 모든 타이머 기반 Gossiper 행동에는 Gossiper가 랜덤 노드를 선택하는 과정과 그 노드로 메시지를 보내는 과정이 필요하다. 이 메시지의 이름은 GossipDigestSyncMessage다. 메시지를 받는 노드는 활성화돼 있는 경우 Gossiper로 승인 결과를 보낸다. 가십을 끝내기 위해 Gossiper는 자신이 받은 승인 결과에 대한 응답으로 승인 결과를 보낸다. 이와 같은 모든 단계의 통신이 끝나면 가십이 Gossiper와 노드 사이에 성공적으로 상태 정보를 공유하게 된다. 가십이 퍼지는 동안 통신이 실패한다면 노드가 현재 다운됐을 가능성이 있다.

실패를 검출하기 위해 카산드라는 Phi Accrual Failure Detection이라는 알고리즘을 사용한다. 이 검출 방식은 살아 있는 노드와 죽은 노드의 바이너리 스펙트럼을 의심 레벨을 나타내는 중간 레벨로 변환한다. 따라서 주기적 하트비트에 따른 전통적인 실패 검출 방식을 의심 레벨을 연속적으로 측정하는 방식으로 대체한다.

가십을 통해 노드의 동기화를 유지하고 임시 장애를 복구한다면 좀 더 심각한 장애는 안티 엔트로피 메커니즘을 통해 식별하고 복구한다. 이 과정에서 칼럼 패밀리에 들어 있는 데이터는 머클리 트리를 사용해 해시로 변환된다. 머클리 트리 표현법에서는 이웃한 노드 사이의 데이터를 비교한다. 두 노드에 불일치 현상이 있으면 노드를 화해시키고 복구한다. 머클리 트리는 주요 컴팩션 작업이 진행되는 동안 스냅샷으로 생성된다.

이로써 카산드라의 약한 일관성으로 인해 비일관성을 피하려면 쿼럼으로부터 읽는 과정이 필요함을 다시 한 번 확인했다.

빠른 쓰기

카산드라에서 쓰기는 사용 가능한 노드상의 커밋 로그에 단순 추가되고 핵심 경로에 아무런 락도 부여하지 않으므로 매우 빠르다. 쓰기 작업에는 지속성과 복구성을 위해 커밋 로그에 쓰는 작업과 인메모리 데이터 구조를 업데이트하는 작업이 포함된다. 인메모리 데이터 구조에 쓰는 작업은 커밋 로그에 쓰는 작업이 성공한 후에만 수행된다. 보통 커밋 로그에 대한 모든 쓰기 작업은 순차적으로 이뤄지므로 각 장비에는 커밋 로그를 위한 별도의 디스크가 있으며 이를 통해 디스크 입력이 최적화된다. 인메모리 데이터 구조가 특정 범위를 넘어서면(이 범위는 데이터의 크기와 객체의 수를 기반으로 계산) 데이터를 디스크에 쓴다.

디스크에 대한 모든 쓰기 작업은 순차적으로 일어나며 행 키를 기반으로 한 효율적인 룩업을 위해 인덱스를 생성한다. 이들 인덱스도 데이터와 함께 저장된다. 시간이 흐르면서 이런 로그가 디스크에 많이 쌓이면 병합 프로세스를 백그라운드에서 실행해 각기 다른 로그를 한 로그로 합칠 수 있다. 이런 병합 프로세스는 데이터를 내부 저장 형식인 SSTable로 저장한다. 또 이 작업은 키 및 칼럼 조합의 합리화, 삭제를 위한 데이터 항목 삭제 표시, 새 인덱스의 생성으로 이어진다.

힌티드 핸드오프

쓰기 작업 동안 노드가 사용 불가 상태이면 카산드라 노드에 대한 요청이 실패할 수 있다. 노드가 네트워크로부터 파티션됐다면 쓰기 작업이 제대로 동기화되지 못할 수 있다. 이런 상황을 처리하기 위해 카산드라는 힌티트 핸드오프 개념을 제공한다. 힌티드 핸드오프는 간단한 예제를 통해 설명하는 게 가장 이해하기 쉬우므로 네트워크상의 두 노드인 X, Y가 있다고 가정하자. X에서 쓰기 작업을 시도했지만 X가 다운된 상태라 쓰기 작업이 Y로 전송됐다. Y는 쓰기 작업이 X용이므로 X가 온라인으로 돌아오면 이를 X에게 전달해야 한다는 약간의 힌트와 함께 정보를 저장한다.

바쇼 리악(www.basho.com/products_riak_overview.php 참고)은 아마존 다이나모에서 영감을 받은 또 다른 데이터베이스로, 이 데이터베이스도 쓰기 화해를 위해 힌티드 핸드오프 개념을 활용한다.

카산드라의 기능 및 내부에 대해 지금까지 설명한 내용 외에 카산드라가 SEDA(단계적 이벤트 주도 아키텍처)를 기반으로 개발됐다는 점도 언급하고 싶다. SEDA에 대한 자세한 정보는 www.eecs.harvard.edu/~mdw/proj/seda/를 참고하자.

다음으로 살펴볼 제품은 키/값 저장소인 버클리 디비다. 버클리 디비는 많은 NoSQL 제품의 내부 저장소로 사용 중이며, 그 자체로 NoSQL 제품으로 사용되기도 한다.

버클리 디비

버클리 디비는 세 가지 종류로 제공되며 여러 가지 설정을 지원한다.

- **Berkeley DB** : C로 프로그래밍한 키/값 저장소. 버클리 디비의 초기 제품이다.
- **Berkeley DB Java Edition (JE)** : 자바로 재작성한 키/값 저장소. 자바 스택에 쉽게 포함시킬 수 있다.
- **Berkeley DB XML** : C++로 작성한 버전. 이 버전은 키/값 저장소를 감싸 인덱싱 및 최적화된 XML 저장 시스템처럼 동작한다.

버클리 디비(또는 BDB라고도 함)는 그 속을 들여다보면 키/값 저장소다. 이처럼 그 핵심은 간단하지만 버클리디비에서는 여러 설정을 지원한다. 예를 들어 BDB는 동시 논블로킹 접근을 제공하거나 트랜잭션을 지원하도록 설정할 수 있다. 또 가용성 높은 마스터-슬레이브 복제본으로 이뤄진 클러스터로서 확장성을 제공한다.

BDB는 키/값 데이터 저장소다. BDB는 암시적인 스키마나 키/값 쌍에 대한 구조에 대해 아무 가정도 하지 않는다. 따라서 BDB는 내부 키/값 저장소 위에 고수준 API, 쿼리, 추상화 모델링을 쉽게 제공할 수 있게 해준다. 이는 데이터를 추상적인 데이터 형식으로 변환하는 부담 없이 애플리케이션 관련 데이터의 빠르고 효과적인 저장을 가능하게 해준다. 이와 같이 단순하지만 우아한 설계를 통해 제공되는 유연성 덕분에 BDB는 구조화된 데이터와 반구조화된 데이터를 모두 저장할 수 있다.

BDB는 작은 양의 데이터를 보관하기 위해 인메모리 저장소로 실행할 수도 있고 빠른 인메모리 캐시를 갖춘 대규모 데이터 저장소로 설정해 사용할 수도 있다. 또 환경이라고 부르는 고수준 추상화 덕분에 한 개의 물리적인 설치 제품 내에서 여러 개의 데이터베이스를 설정할 수도 있다. 하나의 환경은 여러 데이터베이스를 가질 수 있다. 데이터베이스에 데이터를 쓰거나 데이터베이스에서 데이터를 읽으려면 환경을 열고 데이터베이스를 열어야 한다. 리소스를 최적으로 활용하려면 작업을 마친 후에는 데이터베이스와 환경을 닫아야 한다. 데이터베이스 내 각 항목은 키/값 쌍이다. 키는 보통 고유하지만, 중복된 키를 가질 수도 있다. 값은 키를 사용해 접근한다. 조회한 값은 업데이트하고 데이터베이스에 다시 저장할 수 있다. 여러 값은 커서를 사용해 접근하고 순회한다. 커서는 값의 컬렉션을 순회하고 한 번에 하나씩 값을 조작할 수 있게 해준다. 또 트랜잭션과 동시 접근도 지원한다.

키/값 쌍의 키는 거의 항상 주 키 역할을 하며 인덱싱된다. 값 내의 다른 속성은 2차 인덱스 역할을 할 수 있다. 2차 인덱스는 2차 데이터베이스에 별도로 보관된다. 이로 인해 키/값 쌍을 갖고 있는 메인 데이터베이스를 종종 주 데이터베이스라고 부르기도 한다.

BDB는 프로세스 내 데이터 저장소로 실행되므로 해당 프로그램에서 C, C++, C#, 자바, 스크립트 언어 API를 통해 BDB에 접근할 때 정적으로 또는 동적으로 연결할 수 있다.

저장소 설정

키/값 쌍은 B트리, 해시, 큐, 레크노(recno)라는 네 가지 유형의 데이터 구조로 저장할 수 있다.

B트리 저장소

B트리에 대해서는 거의 설명이 필요 없겠지만 혹시 정의에 대해 알고 싶다면 B트리와 관련해 온라인에서 무료로 볼 수 있는 www.bluerwhite.org/btree/를 참고하자. B트리는 요소를 정렬 상태로 유지하고 빠른 순차 접근, 삽입, 삭제가 가능한 균형적 트리 데이터 구조다. 키와 값은 임의의 데이터 타입이 될 수 있다. BDB에서 B트리 접근 방식은 중복을 허용한다. B트리는 복잡한 데이터 타입을 키로 사용해야 할 때 도움이 된다. 또 인접 또는 이웃한 레코드에 접근하는 데이터 접근 패턴을 사용할 때도 상당히 좋다. B트리는 효과적인 성능을 위해 상당히 많은 메타데이터를 보관한다. 대부분의 BDB 애플리케이션은 B트리 저장소 설정을 사용한다.

해시 저장소

B트리와 마찬가지로 해시도 복잡한 타입을 키로 사용할 수 있게 해준다. 해시는 B트리와 비교해 좀 더 선형적인 구조를 갖고 있다. BDB 해시 구조도 중복을 허용한다.

B트리와 해시 모두 복잡한 키를 지원하지만 데이터셋의 크기가 가용 메모리의 양보다 훨씬 큰 경우 보통 해시 데이터베이스가 B트리보다 성능이 훨씬 좋다. 그 이유는 B트리가 해시 방식보다 더 많은 메타데이터를 저장하므로 데이터셋이 클수록 B트리 메타데이터가 인메모리 캐시에 모두 들어가지 않을 확률이 커지기 때문이다. 이런 극단적인 상황에서는 B트리 메타데이터뿐 아니라 실제 데이터 레코드 자체도 좀 더 자주 파일로부터 가져와야 하고, 이는 작업당 여러 번의 I/O로 이어진다. 해시 접근 방식은 데이터

레코드 접근에 필요한 I/O를 최소화하게끔 설계됐고 따라서 이런 극단적인 상황에서 B트리보다 성능이 우수하다.

큐 저장소

큐는 순차적으로 저장된 고정 길이 레코드의 세트다. 키는 논리적인 레코드 개수로 제한되며, 정수 타입이다. 레코드는 순차적으로 첨부되며, 이로 인해 매우 **빠른** 쓰기가 가능하다. 로그 첨부를 통한 아파치 카산드라의 **빠른** 쓰기 기능이 마음에 든다면 BDB의 큐 접근 방식을 사용해보면 실망하지 않을 것이다. 이 방식에서는 큐의 헤드를 통한 효과적인 읽기 및 업데이트도 지원한다. 큐는 행 수준에서의 락도 추가로 지원한다. 이를 통해 동시 처리 시에도 효과적인 트랜잭션 정합성을 유지할 수 있다.

레크노 저장소

레크노는 큐와 유사하지만 가변 길이 레코드를 사용할 수 있다. 큐와 마찬가지로 레크노의 키도 정수로 제한된다.

이들 각기 다른 설정은 임의의 데이터 타입을 컬렉션에 저장할 수 있게 해준다. 이때 여러분의 모델에서 부여하는 스카마 외에 고정 스키마는 전혀 없다. 극단적인 상황에서는 컬렉션 내의 두 키에 대해 각기 다른 값 타입을 저장할 수도 있다. 값 타입은 JSON 도큐먼트를 나타내는 복잡한 클래스, 복잡한 데이터 구조, 또는 구조화된 데이터셋이 될 수 있다. 유일한 제약은 값이 바이트 배열로 직렬화될 수 있어야 한다는 것뿐이다. 단일 키 또는 단일 값은 최대 4GB 크기까지 될 수 있다.

2차 인덱스 덕분에 값 속성을 기반으로 한 필터링도 가능하다. 주 데이터베이스는 테이블 형태로 데이터를 저장하지 않으며 존재하지 않는 속성은 희소 데이터셋에서 저장되지 않는다. 2차 인덱스는 인덱스를 생성하는 속성이 없는 키/값 쌍을 모두 건너뛴다. 일반적으로 저장은 간소하고 효과적이다.

정리

이 장에서 많은 데이터베이스의 내부 구조 중 일부를 살펴보긴 했지만 같은 개념을 다른 저장소에 적용하는 것은 무리가 있으며, 정확하지 않다. 아키텍처 및 내부 구조는 개념적인 개론에서부터 자세한 코드까지 여러 깊이로 살펴볼 수 있다. 여기서는 모든 독자가 이 장의 내용을 이해하기 쉽게 개념적인 수준에서 내부를 들여다봤다. 하지만 이를 통해 내부를 좀 더 학습할 수 있는 충분한 툴과 지식을 쌓을 수 있었다.

Professional NoSQL

4부

NoSQL 마스터

NoSQL 제품의 선택

모든 NoSQL 데이터베이스가 비슷한 것도 아니고, 같은 문제를 해결해주는 것도 아니다. 따라서 이들 제품을 비교해 하나를 선택하더라도 큰 소득은 없다. 하지만 특정 상황과 맥락에 어떤 데이터베이스가 적합한지 이해하는 일만큼은 여전히 중요하다. 이 장에서는 사용 가능한 NoSQL 제품을 비교, 대조하는 데 도움되는 사실과 견해를 소개한다. 이 과정에서 NoSQL 데이터베이스를 분류하고 서로의 장단점을 가늠하기 위해 기능, 성능, 맥락 기반의 조건을 사용한다.

NoSQL의 진화와 RDBMS를 넘어선 데이터베이스의 발전은 과거 몇 년간 여러 프로그래밍 언어가 빠르게 발전한 것에 견줄 수 있다. 여러 프로그래밍 언어를 사용할 수 있게 되면서 우리는 특정 작업에 맞는 적합한 언어를 사용할 수 있게 됐고, 한 개발자가 종종 여러 언어를 활용하는 일도 일어났다. 여러 언어를 활용할 수 있는 개발자는 여러 외국어를 말할 수 있는 사람에 비유할 수 있다. 여러 언어에 대한 지식을 갖춘 사람은 다국어 활용자가 된다. 다국어 활용자는 곤란한 상황에서도 효과적으로 의사소통할 수 있다. 마찬가지로 여러 프로그래밍 언어를 받아들이는 것을 다언어(polyglot) 프로그래밍이라고 한다. 종종 다언어 프로그래밍은 작업에 적합한 언어를 사용하는 현명한 프로그래밍 방식으로 간주한다. 같은 선상에서 한 데이터베이스가 모든 크기에 적합하지 않은 만큼 여러 데이터베이스에 대한 지식과 채택도 현명한 전략이라 할 수 있다. 여러 데이터베이스 제품에 대한 지식과 활용 및 방법론은 현재 다언어 영속성이라고 부른다.

NoSQL 데이터베이스는 모양, 크기, 형태가 다양한 만큼 이를 논리적으로 분류하려면 먼저 기능을 중심으로 비교해야 한다. 보통 많은 문제에 대한 해결책은 결국 특정 기능으로 매핑되기 때문이다.

NOSQL 제품 비교

이 절에서는 다음 기능을 중심으로 NoSQL 제품을 비교, 대조한다.

- 확장성
- 트랜잭션 정합성 및 일관성
- 데이터 모델링
- 쿼리 지원
- 접근성 및 인터페이스 가용성

확장성

모든 NoSQL 데이터베이스가 수평적 확장성을 약속하지만 이 문제를 동일하게 해결해주는 것은 아니다. 이 기능에 있어서는 빅테이블 복제품(HBase 및 하이퍼테이블)이 가장 앞서 있고 인메모리 저장소(멤베이스 및 레디스)와 도큐먼트 데이터베이스(몽고디비, 카우치베이스 서버)는 뒤처져 있다. 이런 차이는 데이터의 크기가 훨씬 커짐에 따라 더욱 두드러진다. 특히 데이터가 페타바이트 이상 커질 경우에는 더욱 그렇다.

앞의 몇 장을 통해 대부분의 주류 NoSQL 데이터베이스에서의 저장 아키텍처에 대해 깊이 있게 이해할 수 있었다. 빅테이블과 그 복제품은 대규모의 개별적 데이터 포인트와 대규모 데이터 컬렉션의 저장 방식을 선호한다. 빅테이블 모델은 많은 칼럼과 수많은 행을 지원한다. 데이터는 많은 칼럼에 값이 없을 경우 희소성을 보일 수 있다. 물론 빅테이블 모델은 공간을 낭비하지 않으며 값이 없는 셀은 그냥 저장하지 않는다.

HBase 클러스터에서 칼럼 및 행의 개수는 이론적으로 제한이 없다. 칼럼 패밀리의 개수는 약 100개로 제한된다. 행의 개수는 데이터를 저장할 수 있는 새 노드를 사용할 수 있는 한 계속해서 늘어날 수 있다. 칼럼 개수는 보통 몇 백 개를 넘는 경우가 거의 없다. 칼럼이 지나치게 많으면 데이터셋을 관리하는 게 논리적으로 어려워진다.

구글은 크롤러가 가져오는 웹 인덱스가 날로 증가함에 따라 이를 저장하기 위해 칼럼 패밀리 중심의 데이터 저장소 혁명을 이끌었다. 웹은 지난 몇 년간 무한히 성장했다. 구글은 늘어나는 인덱스와 함께 성장할 수 있는 저장소가 필요했다. 따라서 빅테이블과 그 복제품은 클러스터 내에서 새로운 노드로 분화할 수 있는 하드웨어의 가용성을 통해서만 확장성에 제한을 받게끔 개발됐다. 지난 몇 년간 구글은 빅테이블 모델을 성공적으로 사용해 규모가 매우 큰 수많은 데이터를 저장하고 조회했다.

HBase 위키의 Powered By 페이지(http://wiki.apache.org/hadoop/Hbase/PoweredBy)에서는 수많은 사용자를 볼 수 있다. 그리고 이 중 일부 사용자는 HBase의 확장성을 충분히 증명해준다.

> 다음 단락에서는 HBase의 기능을 다루고 있지만 구글 빅테이블의 또 다른 복제품인 하이퍼테이블도 이와 동일한 약속을 제공한다.

미트업(www.meetup.com)은 사용자 그룹과 이익 단체가 지역 이벤트와 미팅을 주선할 수 있게 해주는 인기 있는 사이트다. 미트업은 2001년 알려지지 않은 작은 사이트에서 출발해 100개국 800만 회원, 65,000개 이상의 모임 주선자, 80,000개 이상의 모임 그룹, 매주 50,000개의 미트업으로 발전했다(http://online.wsj.com/article/SB10001424052748704170404575624733792905708.html). 미트업도 HBase를 사용한다. 모든 그룹 활동은 HBase에 직접 쓰고, 회원별로 인덱싱된다. 회원의 커스텀 피드는 HBase로부터 직접 제공된다.

페이스북도 HBase를 사용하는 또 다른 주요 사용자다. 페이스북의 메시지 기능은 HBase를 기반으로 개발됐다. 2010년 페이스북은 인터넷상에서 가장 많은 방문자가 찾는 사이트로 기록됐다. 페이스북은 5억 명 이상의 유효 사용자(www.facebook.com/press/info.php?statistics)를 갖고 있으며 사용자 수로 보면 세계에서 가장 큰 소프트웨어 애플리케이션이다. 페이스북의 메시지 기능은 채팅, SMS, 이메일을 통합하는 강력한 인프라스트럭처다. 매달 페이스북의 메시지 인프라스트럭처를 통해 수천억 개의 메시지가 전달된다. 페이스북의 엔지니어링 팀은 메시지 인프라스트럭처에 HBase를 사용하는 것과 관련해 몇 가지 글을 공유했다. 이 글은 www.facebook.com/notes/facebook-engineering/the-underlying-technology-of-messages/454991608919에서 볼 수 있다.

HBase는 확장 시스템과 관련해 태생적인 장점이 몇 가지 있다. HBase는 자동 로드 밸런싱, 장애 극복(failover), 압축, 서버별 다중 샤드를 지원한다. HBase는 하둡 분산 파일 시스템(즉 HDFS로, 대규모 확장이 가능한 분산 파일 시스템)과도 잘 연동된다. 앞에서 다른 장을 통해 HDFS가 여러 서버에 걸친 대규모 파일을 손쉽게 수용하기 위해 복제 및 자동 재밸런싱을 한다는 사실을 이미 배운 바 있다. 페이스북은 이와 같은 여러 기능을 활용하기 위해 HBase를 선택했다. 페이스북이 서비스하는 사용자의 수와 메시지 수를 감안하면 HBase는 꼭 필요한 선택이었다. 페이스북 기술 팀은 자신들의 인프라스트럭처에서 메시지가 짧고, 휘발성이 강하며, 임시 메시지 성격을 띠는 만큼 나중에 다시 접근하는 일이 드물다고 언급한다. HBase 및 일반적으로 빅테이블 복제품은 데이터의 애드혹 쿼리가 중요하지 않을 때 특히 적합하다. 이전 장을 통해 HBase는 데이터셋 쿼리를 지원하지만 쿼리 기능과 관련해서는 RDBMS를 대체하기에는 약하다는 사실을 배웠다. 구글 앱 엔진(GAE) 같은 인프라스트럭처는 빅테이블 기반 위에 고급 쿼리 기능을 갖춘 데이터 모델링 API를 제공한다. 쿼리에 대한 자세한 정보는 이 장에서 나중에 다루는 '쿼리 지원'을 참고하자.

따라서 극단적인 확장성이 필요할 때는 칼럼 패밀리 중심의 NoSQL 데이터베이스가 확실히 좋아 보인다. 하지만 이런 데이터베이스가 모든 시스템에 가장 적합한 선택은 아니다. 특히 실시간 트랜잭션 처리가 필요한 시스템의 경우에는 더욱 그렇다. 트랜잭션 정합성이 매우 중요한 경우에는 NoSQL 제품보다 RDBMS가 더 나은 선택이 될 수 있다. 또 조금 약한 일관성도 받아들일 수 있다면 카산드라나 리악처럼 궁극적인 일관성을 제공하는 NoSQL 옵션도 활용할 만하다. 아마존은 궁극적으로 일관적인 데이터 저장소를 사용할 수 있는 사례로 대규모 확장이 가능한 e-commerce 사이트가 존재한다는 사실을 보여줬지만, 아마존을 제외하면 이런 모델을 적용한 곳을 찾기 어렵다. 카산드라 같은 데이터베이스는 아마존 다이나모의 패러다임을 따르며 궁극적인 일관성을 지원한다. 카산드라는 매우 빠른 읽기 및 쓰기 속도를 약속한다. 또 카산드라는 빅테이블 같은 칼럼 패밀리 중심의 데이터 모델링도 지원한다. 아마존 다이나모는 리악에도 영감을 줬다. 리악은 궁극적으로 일관적인 데이터 저장소이면서 도큐먼트 저장소 추상화를 지원한다. 카산드라와 리악 모두 수평적 클러스터에서 잘 확장되지만, 확장성이 가장 중요한 경우라면 궁극적으로 일관적인 저장소보다는 HBase나 하이퍼테이블을 권장한다. 궁극적으로 일관적인 저장소가 정렬된 칼럼 패밀리 저장소보다 적합한 때는 쓰기 속도나 지연 시간이 중요한 경우다. 따라서 수평적 확장성과 빠른 쓰기 속도가 모두 필요하다면 카산드라나 리악을 고려하는 게 좋다. 하지만 이런 경우에도 데이터 쓰기 작업을 접근 및 분석 작업과 논리적으로 분할하고 각 작업에 두 개의 별도 데이터베이스를 활용하는 하이브리드 접근 방식을 고려해봄 직하다.

대규모 데이터를 매우 빠른 속도로 접근해야 하는 의미의 확장성이라면, 예를 들어 주식 시장의 틱 데이터나 광고 클릭 추적 데이터를 다룬다면 칼럼 패밀리 저장소만으로는 완전한 해결책을 제공하기 어렵다. 이들 저장소에 늘어나는 데이터를 저장하고 맵리듀스 작업을 활용해 배치 쿼리를 실행하고 데이터 마이닝을 하는 것도 좋지만 빠른 읽기 및 실시간 조작을 하려면 좀 더 민첩한 수단이 필요하다. 메모리 상에 있는 데이터를 조작하는 것보다 더 빠른 방법은 없으므로 이때는 메모리에 데이터를 저장하고 가용 공간을 모두 채우면 디스크에 쓰는 NoSQL 옵션이 좋은 선택이 될 수 있다. 몽고디비와 레디스는 모두 이 전략을 따른다. 현재 몽고디비는 mmap을 사용하고 레디스는 메모리에서 디스크로 쓰는 커스텀 매핑을 구현한다. 하지만 몽고디비와 레디스 모두 자신들의 메모리 매핑 기능에 대한 리엔지니어링을 활발히 하고 있는 만큼 시간이 지나면서 상황은 계속 달라질 것이다. 실시간 데이터 조작이 필요한 시스템 이나 방대한 데이터 마이닝을 수행하는 저장소에서는 HBase 또는 하이퍼테이블과 더불어 몽고디비나 레디스를 사용하는 게 좋다. 또 몽고디비나 레디스 대신 Memcached 및 멤베이스를 사용할 수도 있다. Memcached 및 멤베이스는 빠르고 효과적인 캐시 레이어 역할을 하므로 칼럼 패밀리 저장소를 보완하는 역할을 잘 할 수 있다. 멤베이스는 하둡 기반 시스템과 함께 이런 사용 사례에 효과적으로 활용되고 있다. 멤베이스와 카우치디비의 합병으로 인해 빠른 캐시를 중심으로 하는 기능과 분산 확장 가능 저장소를 중심으로 한 기능을 모두 잘 통합한 NoSQL 제품이 곧 등장할 것 같다.

여러분의 데이터 요구 조건이 구글이나 페이스북만큼 커진다면 확장 가능성이 매우 중요하겠지만 모든 애플리케이션이 규모가 크지는 않다. 물론 이들 시스템보다 훨씬 작은 시스템에서도 확장 가능 시스템이 중요할 수 있지만 자칫 확장 가능 시스템을 만들려고 하다가 과도한 엔지니어링을 적용하는 우를 범할 수 있다. 이런 불필요한 복잡성은 누구도 바라지 않을 것이다.

많은 시스템에서 데이터 정합성과 트랜잭션 일관성이 다른 요구 조건보다 중요하다. 그렇다면 이런 시스템에서도 NoSQL을 선택해 활용할 수 있을까?

트랜잭션 정합성 및 일관성

트랜잭션 정합성은 데이터를 수정, 업데이트, 생성, 삭제할 때만 중요하다. 따라서 트랜잭션 정합성 문제는 순수 데이터 웨어하우스나 데이터 마이닝 맥락에서는 중요하지 않다. 이 말은 웨어하우스 데이터에 대한 배치 중심의 하둡 기반 분석도 트랜잭션 요구 조건의 대상이 아니라는 뜻이다.

웹 트래픽 로그 파일이나 소셜 네트워크 상태 업데이트(트윗, 버즈 등), 사용자의 광고 클릭 흔적, 도로 교통 데이터, 주식 시장 틱 데이터, 게임 점수 등은 주로 한 번만 쓰고 여러 번 읽는다. 이처럼 한 번만 쓰고 여러 번 읽는 데이터셋도 트랜잭션 요구 조건이 제한적이거나 거의 없다.

어떤 데이터셋은 업데이트 및 삭제되지만 종종 이런 수정이 단일 항목으로 제한되고, 데이터셋 내의 범위에 속하지 않는다. 또 때로는 업데이트가 빈번하게 일어나고 범위 작업을 필요로 한다. 범위 작업이 일반적이고 업데이트 정합성이 요구된다면 RDBMS를 선택하는 게 가장 좋다. 개별 항목 수준의 원자성으로도 충분하다면 칼럼 패밀리 데이터베이스, 도큐먼트 데이터베이스, 일부 분산 키/값 저장소가 이를 보장해준다. 시스템에서 트랜잭션 정합성이 필요하지만 비일관성 창[1]을 수용할 수 있다면 궁극적인 일관성도 고려할 만하다.

---

1   업데이트가 이뤄진 시점과 다른 노드로 업데이트 정보가 복제되는 시점까지의 시간을 의미한다. 이 시간 동안은 임시로 비일관적인 상태를 보이게 된다.

> NoSQL을 반대하는 사람들은 ACID 지원 부족을 많은 확장 가능 및 비관계형 데이터베이스의 주된 약점으로 지적한다. 하지만 많은 데이터셋에서 트랜잭션 지원 기능은 거의 필요 없거나 전혀 필요하지 않다. 더불어 대부분의 데이터셋(트랜잭션 요구 조건이 거의 필요 없는)은 NoSQL의 확장 가능하고 유연한 아키텍처로 인해 곧바로 이득을 볼 수 있다. NoSQL 데이터베이스에서 맵리듀스 작업을 활용한 확장 가능 병렬 처리의 강력한 위력은 대규모 데이터셋을 효과적으로 조작하고 마이닝할 수 있게 도와준다. 불필요한 트랜잭션 정합성에 대한 걱정으로 스스로를 옭아매지 말자.

HBase와 하이퍼테이블은 행 수준의 원자적 업데이트를 제공하고 Paxos의 도움을 받아 일관적인 상태를 제공한다. 몽고디비는 도큐먼트 수준의 원자적 업데이트를 제공한다. 마스터-슬레이브 복제 모델을 따르는 모든 NoSQL 데이터베이스는 암시적으로 트랜잭션 정합성을 지원한다.

데이터 모델링

RDBMS는 데이터를 모델링할 수 있는 일관된 방법을 제공한다. 데이터 모델은 관계 대수를 기반으로 한다. 이 이론은 잘 정립돼 있으며 구현체는 표준화돼 있다. 따라서 데이터를 모델링하고 정규화하는 일관된 방식은 사람들이 잘 이해하고 있고 문서화도 잘 돼 있다. NoSQL 세계에는 이런 표준이나 잘 정의된 데이터 모델이 없다. 이는 모든 NoSQL 제품이 같은 문제를 해결하기 위해 개발된 것도 아니며, 같은 아키텍처를 갖고 있지도 않기 때문이다.

저장 및 쿼리에 RDBMS 중심의 데이터 모델이 필요하고 이런 정의에서 한 발자국도 벗어날 수 없다면 그냥 NoSQL을 사용하지 않으면 된다. 하지만 SQL 같은 쿼리를 제공하면서 비관계형 저장 모델을 수용하고 싶다면 몇 가지 선택할 수 있는 NoSQL 옵션이 있다.

몽고디비 같은 도큐먼트 데이터베이스는 공식적인 RDBMS 모델에서 도큐먼트 중심 모델로 점차 전환하는 데 도움이 된다. 몽고디비는 SQL 같은 쿼리 기능과 기초적인 관계 참조, 표준 테이블 및 칼럼 기반 모델에서 많은 영감을 얻은 데이터베이스 객체를 지원한다. NoSQL을 사용하는 주된 이유가 완화된 스키마 때문이라면 NoSQL을 처음 시작할 때 몽고디비가 가장 적합한 선택이 될 수 있다.

몽고디비는 많은 웹 중심 기업에서 사용 중이다. 이 중 아마도 포스퀘어가 가장 유명할 것이다. 셔터플라이, bit.ly, etsy, 소스포지 등에서도 몽고디비를 사용한다. 몽고디비는 유연한 데이터 모델을 지원하고 빠른 읽기 및 쓰기를 제공하므로 이런 사용 사례에서 선호된다. 웹 애플리케이션은 종종 빠르게 발전하는 만큼 내부 RDBMS 모델을 계속해서 수정하는 게 번거로울 수 있다. 특히 수정이 빈번하고 규모가 크다면 더욱 그렇다. 스키마 변경뿐 아니라 데이터 이관과 관련한 이슈도 있다.

몽고디비는 웹 프레임워크 연동을 잘 지원한다. 가장 인기 있는 웹 애플리케이션 프레임워크 중 하나인 레일즈는 몽고디비와 효과적으로 연동된다. 레일즈 애플리케이션의 데이터는 객체 매퍼를 통해 영속화할 수 있다. 따라서 RDBMS 대신 몽고디비도 쉽게 사용할 수 있다. 레일즈 3 연동에 대해서는 www.mongodb.org/display/DOCS/Rails+3+-+Getting+Started를 읽어보자.

자바 웹 개발자라면 스프링이 제공하는 스프링 데이터 프로젝트를 통해 몽고디비용 지원 기능을 활용할 수 있다. 몽고디비를 지원하는 스프링 데이터 도큐먼트 출시와 관련한 자세한 내용은 www.springsource.org/node/3032를 참고하자. 사실 스프링 데이터 프로젝트는 몽고디비뿐 아니라 여러 NoSQL 제품을 지원한다. 이 프로젝트는 레디스, 리악, 카우치디비, Neo4j, 하둡과 스프링을 연동한다. 자세한 정보는 스프링 데이터 프로젝트 홈페이지인 www.springsource.org/spring-data에서 볼 수 있다.

몽고디비는 데이터를 메모리에 보관하고 필요할 때 디스크에 쓰는 영속성 캐시처럼 동작한다. 따라서 몽고디비는 RDBMS와 인메모리 저장소 또는 플랫 파일 구조 사이의 중간 정도로 생각할 수 있다. 실시간 분석 시스템, 댓글 시스템, 평점 저장소, 콘텐츠 관리 소프트웨어, 사용자 데이터 시스템, 이벤트 로깅 애플리케이션 등 많은 웹 애플리케이션이 몽고디비가 제공하는 유연한 스키마의 도움을 받을 수 있다. 더불어 이런 애플리케이션은 몽고디비의 RDBMS와 유사한 기능 및 테이블을 닮은 컬렉션으로 데이터를 분화하는 기능을 활용할 수 있다.

아파치 카우치디비는 몽고디비 대신 사용할 수 있는 도큐먼트 데이터베이스다. 아파치 카우치디비는 카우치디비의 주요 개발자들이 자신들의 회사인 카우치원을 멤베이스와 합병함에 따라 현재 카우치베이스 서버로 사용할 수 있다. 카우치베이스는 GeoCouch를 갖춘 아파치 카우치디비 패키징 버전을 제공하고 카우치베이스 서버 형태로 제품을 지원한다.

카우치베이스 서버는 웹 표준을 준수하는 전형을 보여준다. 카우치베이스의 데이터 저장소에 대한 주요 인터페이스는 RESTful HTTP 상호작용을 거치며, 다른 어떤 데이터베이스보다도 웹 중심적이다. 카우치베이스는 데이터 저장소 내에 웹 서버를 포함한다. 카우치베이스는 얼랭 OTP 기반으로 개발됐다. 이 말은 카우치베이스를 사용해 전체 애플리케이션을 모두 개발할 수도 있다는 뜻이다. 카우치베이스의 미래 버전에는 멤베이스의 속도 관리 기능을 십분 활용해 Memcached 프로토콜을 통한 데이터 저장소 접근 기능도 추가될 것이다. 또 카우치베이스는 멤베이스의 탄력적 기능에서부터 좀 더 많은 노드 사이에서 매끄럽게 확장되는 확장 기능도 계획하고 있다. 카우치베이스가 매우 강력하고 기능이 풍부하긴 하지만 아직 남긴 족적은 매우 미미하다. 간편하다는 특징 덕분에 카우치베이스는 스마트폰 또는 임베디드 기기에 설치하기 적합하다. 모바일 카우치베이스에 대한 자세한 정보는 www.couchbase.com/products-and-services/mobile-couchbase를 참고하자.

카우치베이스 모델은 REST 방식의 데이터 관리를 지원한다. 카우치디비 내 데이터베이스는 JSON 형식의 도큐먼트와 더불어 추가 메타데이터 또는 지원 아티팩트를 포함할 수 있다. 데이터에 대한 모든 연산(생성, 조회, 수정, 삭제)은 RESTful HTTP 요청을 통해 수행된다. 복제된 카우치베이스 서버 사이에서 오랜 시간이 걸리는 복잡한 쿼리는 맵리듀스를 활용한다.

> 표현적 상태 전송의 약어인 REST는 월드 와이드 웹 같은 분산 하이퍼미디어 시스템에 적합한 소프트웨어 아키텍처의 한 방식이다. REST란 용어는 로이 필딩이 자신의 박사 논문에서 소개하고 정의했다. REST에 대한 자세한 내용은 www.ics.uci.edu/~fielding/pubs/dissertation/rest_arch_style.htm을 참고하자.

단순 맵이 아니다

일반적인 인메모리 데이터베이스 및 캐시에서 가장 잘 알려진 데이터 구조는 맵 또는 해시다. 맵은 키/값 쌍을 저장하고 데이터에 대한 빠르고 쉬운 접근을 제공한다. 인메모리 NoSQL 저장소는 파일 시스템을 통한 인메모리 데이터의 영속화 기능을 제공한다. 이 말은 시스템을 재부팅하더라도 저장된 데이터가 남아 있다는 뜻이다. 많은 NoSQL 인메모리 데이터베이스는 단순 맵 이상의 데이터 구조를 지원하며, 이를 통해 단순 데이터 캐시 이외의 여러 용도로 데이터베이스를 활용할 수 있게 해준다.

가장 기본적인 수준에서 버클리디비는 바이너리 키/값 쌍을 저장한다. 내부 저장소 자체는 저장된 키/값 쌍에 대해 아무런 메타데이터도 첨부하지 않는다. 기본 저장 레이어 위에 있는 영속성 API나 객체 래퍼 같은 레이어는 버클리디비 저장소에 고수준 추상화를 통한 영속화를 제공한다.

그에 반해 멤베이스는 텍스트와 바이너리 모두로 Memcached 프로토콜을 지원하고 기본 키/값 저장소 위에 분산 복제 및 일관적 해싱을 중심으로 기능을 추가한다. 또 멤베이스는 클라이언트 접근을 방해하지 않으면서 클러스터를 구성하는 서버 개수를 늘이거나 줄이는 기능도 추가한다. 레디스는 이와는 조금 다른 접근 방식을 취한다. 레디스는 인기 있는 데이터 구조를 대부분 기본적으로 지원한다. 사실 레디스는 '데이터 구조' 서버로 정의된다. 레디스는 맵뿐 아니라 리스트, 세트, 정렬 세트, 문자열을 지원한다. 레디스는 여러 작업 사이의 원자성을 지정하기 위해 트랜잭션과 유사한 기능도 추가했다.

파일 지원 인메모리 NoSQL 제품을 활용할 생각이라면 가장 적합한 데이터베이스를 선택하기 위해 각 데이터베이스가 지원하는 데이터 모델을 고려하자. 많은 경우 키/값 저장소로 충분하지만 키/값 저장소만으로 충분하지 않다면 버클리디비, 멤베이스, 레디스를 살펴보자. 대규모 사용자와 활동 부하를 지원할 수 있는 강력하고 안정적인 분산 키/값 저장소가 필요할 경우 멤베이스를 선택하면 잘못될 일이 거의 없다.

HBase와 하이퍼테이블은 어떨까?

확장 가능성을 다룬 앞 절에서 필자는 칼럼 패밀리 저장소를 전적으로 옹호한 바 있다. 하지만 풍부한 모델 지원과 관련해서는 보통 칼럼 패밀리 저장소가 가장 좋은 선택은 아니다. 룩업에 행 키를 사용하려는 것과 칼럼 패밀리 중심 모델 메타데이터만 지원하는 특징은 많은 경우 적합하지 않을 수 있다. 칼럼 패밀리 저장소 위에 강력한 추상 레이어를 적용하면 많은 것이 가능해진다.

구글은 칼럼 패밀리 저장소 혁명을 시작했다. 구글은 자신들의 인기 있는 앱 엔진을 위해 칼럼 패밀리 저장소 위에 데이터 모델링 추상화도 구현했다. GAE 데이터 모델링 지원은 파이썬과 자바를 활용한 풍부한 데이터 모델링을 지원한다(이 주제는 10장에서 자세히 다룬다). DataNucleus JDO와 JPA 지원 기능을 활용하면 자바에서 인기 있는 객체 모델링 추상화를 통해 HBase 및 하이퍼테이블로 데이터를 영속화할 수 있다. 또 앱 엔진과 잘 연동되는 장고의 비관계형 지원으로부터도 영감을 얻을 수 있다.

쿼리 지원

저장소는 전체 퍼즐 중 절반일 뿐이다. 나머지 절반은 바로 저장 데이터를 쿼리하는 방식이다. 빠르고 효과적으로 데이터를 쿼리할 수 있는 기능은 모든 데이터베이스가 심각하게 고려해야 하는 의무적인 기능이다. 특히 사람들이 사용하는 애플리케이션용 데이터 저장소를 구축할 때 쿼리 기능이 중요하다. RDBMS는 데이터에 쉽게 접근해 조회할 수 있다는 점에서 SQL 지원 기능에 앞서 있다. 표준화된 구문과 의미는 RDBMS를 매력적인 데이터베이스로 만들어 준다. 이 책의 1장에서는 NoSQL 세계에서 SQL과 유사한 쿼리 언어를 찾아 떠나는 여정에 대해 설명했고 이후 장에서 이런 기능이 어떻게 구현되는지 보여준 바 있다.

도큐먼트 데이터베이스 중에는 몽고디비가 가장 좋은 쿼리 기능을 제공한다. 하지만 가장 좋다는 말은 상대적인 기준이며, 개발자들 사이에는 어떤 데이터베이스가 더 우수한지에 대한 논쟁이 있다. 하지만 필자는 다음의 세 가지 요소를 근거로 이런 주장을 뒷받침한다. 바로 SQL과의 유사성, 쉬운 구문, 낮은 학습 곡선이다. 카우치디비의 쿼리 기능도 몽고디비만큼 강력하며, 뷰 및 설계 도큐먼트의 개념을 이해하고 나면 오히려 더 간편하다. 하지만 카우치디비의 뷰 개념은 카우치디비에서 정의하는 새로운 개념인 만큼 처음 접하는 개발자들에게 어려울 수 있다.

키/값 쌍 및 인메모리 저장소의 경우 쿼리 기능과 관련해 레디스만큼 기능이 풍부한 데이터베이스는 없다. 레디스는 저장된 데이터 구조를 쿼리할 수 있는 방대한 기능을 제공한다. 또 문서화도 잘 돼 있다. 레디스의 데이터 접근 방법은 http://redis.io/commands를 참고하자.

HBase 같은 칼럼 패밀리 저장소에는 풍부한 쿼리 기능은 거의 없다. 하지만 하이브라는 연계 프로젝트 덕분에 SQL 같은 구문과 의미를 사용해 HBase를 쿼리할 수 있다. 12장에서는 하이브를 다룬 바 있다. 하이퍼테이블은 HQL이란 쿼리 언어를 정의하며 하이브도 지원한다.

하이브를 사용할 수 있다고 하면 운영 용도로 데이터를 조작하는 것과 배치 처리 및 비즈니스 인텔리전스를 위해 데이터에 접근하는 것 중 어떤 사례에 하이브가 적합한지에 대한 궁금증이 생기기 마련이다. 아쉽지만 하이브는 RDBMS의 SQL이 그러하듯 인터랙티브한 툴이 아니다. 하이브는 구문상 SQL을 닮긴 했지만 실제로는 맵리듀스 방식의 조작을 추상화하는 수단일 뿐이다. 하이브는 map과 reduce 함수 정의 대신 SQL 같은 서술식 중심의 구문을 사용해 데이터셋에 대한 배치 데이터 조작을 수행한다.

접근 및 인터페이스 가용성

몽고디비는 드라이버 개념을 갖고 있다. 몽고디비는 몽고디비와 인터페이스하고 상호작용할 수 있는 주류 라이브러리용 드라이버를 대부분 지원한다. 카우치디비는 웹 표준에 따른 상호작용 방식을 사용하는 만큼 웹 통신을 지원하는 프로그래밍 언어라면 아무 언어나 사용해 접속할 수 있다. 카우치디비에서는 항상 RESTful HTTP 인터페이스를 사용할 수 있기는 하지만 카우치디비와의 통신을 위한 일부 언어용 래퍼는 몽고디비의 드라이버와 비슷한 기능을 한다.

레디스, 멤베이스, 리악, HBase, 하이퍼테이블, 카산드라, 볼드모트는 대부분의 주류 언어에서 연결할 수 있게끔 언어 바인딩을 지원한다. 이들 래퍼는 대부분 내부적으로 쓰리프트나 에이브로 같은 직렬화 메커니즘을 통해 언어 독립적인 서비스 레이어를 사용한다. 따라서 다양한 직렬화 형식의 성능 특징을 잘 이해하는 게 중요하다. JVM상에서 직렬화 형식의 성능 특징을 잘 살펴볼 수 있는 벤치마크 중 하나는 jvm-serializer 프로젝트로, https://github.com/eishay/jvmserializers/wiki/에서 볼 수 있다. 이 프로젝트에서는 다음과 같은 여러 데이터 형식에 대한 성능을 측정한다. 다루는 형식은 다음과 같다.

- **protobuf 2.3.0**: 구글 데이터 교환 형식. http://code.google.com/p/protobuf/
- **thrift 0.4.0**: 페이스북이 오픈소스화함. HBase, 하이퍼테이블, 카산드라 같은 NoSQL 제품에서 널리 사용됨. http://thrift.apache.org/
- **avro 1.3.2**: 아파치 프로젝트. 일부 NoSQL 제품에서 쓰리프트를 대신함. http://avro.apache.org/
- **kryo 1.03**: 자바용 객체 그래프 직렬화 프레임워크. http://code.google.com/p/kryo/
- **hessian 4.0.3**: 바이너리 웹 서비스 프로토콜. http://hessian.caucho.com/
- **sbinary 0.3.1-SNAPSHOT**: 스칼라 타입을 위한 바이너리 형식을 설명. https://github.com/harrah/sbinary

- **google-gson 1.6**: 자바 객체를 JSON으로 변환하는 라이브러리. http://code.google.com/p/google-gson/

- **jackson 1.7.1**: 자바 JSON 프로세서. http://jackson.codehaus.org/

- **javolution 5.5.1**: 실시간 및 임베디드 시스템을 위한 자바. http://javolution.org/

- **protostuff 1.0.0.M7**:protobuf를 활용한 직렬화. http://code.google.com/p/protostuff/

- **woodstox 4.0.7**: 고성능 XML 프로세서. http://woodstox.codehaus.org/

- **aalto 0.9.5**: Aalto XML 프로세서. www.cowtowncoder.com/hatchery/aalto/index.html

- **fast-infoset 1.2.6**: 바이너리 XML을 위한 빠른 인포셋 오픈소스 구현체. http://fi.java.net/

- **xstream 1.3.1**: XML을 직렬화, 역직렬화하기 위한 라이브러리. http://xstream.codehaus.org/

이 성능 실행 결과는 JVM에서 수행한 결과지만, 다른 플랫폼에서도 중요한 의미가 있다. 이 결과를 보면 protobuf, protostuff, kryo 및 수동 처리가 직렬화와 역직렬화에 가장 효과적인 것으로 드러났다. Kyro와 에이브로는 직렬화 크기 및 압축 크기 측면에서 가장 효과적인 형식이다.

이로써 각 형식의 성능에 대해 알게 됐으니 다음 절에서는 이어서 NoSQL 제품 자체의 벤치마크 결과를 살펴보겠다.

성능 벤치마크

야후! 클라우드 서비스 벤치마크(YCSB)는 NoSQL 제품 비교와 관련해 가장 유명한 벤치마킹 인프라스트럭처다. YCSB에 제약이 없는 건 아니지만 각기 다른 NoSQL 제품이 어떤 성능을 보여주는지 잘 보여준다. YCSB 툴킷에는 다음과 같은 두 가지 유용한 유틸리티가 들어 있다.

- 워크로드 생성기
- 워크로드 생성기가 사용하는 샘플 로드

YCSB 프로젝트의 온라인 사이트는 https://github.com/brianfrankcooper/YCSB다. 야후!는 벤치마크에서 여러 인기 있는 NoSQL 제품에 대한 테스트를 수행했다. 가장 최근에 공개된 결과에는 다음과 같은 대상이 포함된다.

- Sherpa/PNUT 빅테이블 유사 시스템(HBase, 하이퍼테이블, HTable, 메가스토어)

- 애저

- 아파치 카산드라

- 아마존 웹 서비스(S3, 심플디비, EBS)

- 카우치디비

- 볼드모트

- 다이노마이트

- 토쿄 캐비넷

- 레디스

- 몽고디비

테스트는 각 단에서 지연 시간과 스루풋을 측정하기 위해 각 단별로 수행됐다. 1단에서는 주어진 하드웨어상에서 워크로드를 최대화함으로써 성능을 측정하는 데 집중한다. 하드웨어는 동일하게 유지한 채 하드웨어가 포화 상태가 될 때까지 워크로드를 증가시킨다. 2단에서는 확장 가능성에 초점을 둔다. 이 말은 워크로드가 늘어남에 따라 하드웨어를 추가한다는 뜻이다. 2단의 벤치마크에서는 워크로드 및 하드웨어 가용성이 늘어남에 따른 지연 속도를 측정한다.

워크로드는 균형 잡힌 철저한 테스트를 위해 성능 및 확장 가능성을 측정할 수 있는 다양한 설정을 갖고 있다. 인기 있는 테스트 케이스는 다음과 같다.

50/50 읽기 및 업데이트

50/50 읽기 및 업데이트 시나리오는 업데이트 중심 테스트 케이스로 간주된다. 이 테스트 케이스에서의 결과를 보면 아파치 카산드라가 읽기 및 업데이트 지연 시간에서 월등한 성능을 보인 것을 알 수 있다. HBase도 거의 유사한 성능을 보여줬지만 카산드라에는 뒤처졌다. 카산드라는 평균 25밀리초의 읽기 지연 시간으로 초당 10,000개의 작업(50/50 읽기 및 업데이트) 이상을 할 수 있다. 업데이트 작업은 초당 10,000개 이상의 작업을 수행하면서 지연 시간이 평균 10밀리초 정도로, 읽기보다 더 우수한 것으로 드러났다. YCSB에서는 NoSQL 제품뿐 아니라 MySQL 제품도 테스트한다. 이 장에서는 RDBMS와 NoSQL의 벤치마크 비교에 대해서는 무시하고 있지만, MySQL의 경우 읽기 및 쓰기 지연 시간이 4,000개 정도의 작업까지는 비슷한 수준을 유지하다가 초당 작업이 5,000개를 넘어서는 순간 빠르게 늘어나는 경향이 있다는 점은 참고할 만하다.

95/5 읽기 및 업데이트

95/5 읽기 및 업데이트 테스트 케이스는 읽기 중심의 테스트 케이스다. 이 테스트 케이스는 정렬 칼럼 패밀리 저장소가 연속적인 범위 읽기에 있어서 가장 성능이 좋다고 주장한 이 장의 몇 가지 이론을 확인시켜준다. HBase는 초당 작업 개수와 상관없이 읽기에 대해 일관된 성능을 제공하는 것으로 보인다. HBase에서 5퍼센트의 업데이트는 거의 지연 시간이 없다. MySQL은 읽기 전용 케이스에서 가장 좋은 성능을 전달한다. 이는 데이터가 캐시로부터 반환되기 때문이다. HBase를 Memcached나 멤베이스 같은 분산 캐시와 결합하면 MySQL의 읽기 성능에 견줄 만한 성능이 나오고, 작업량이 증가함에 따라 확장성도 개선할 수 있다.

카산드라도 읽기 중심 케이스에서 상당한 성능을 보여주고, 테스트에서 HBase를 능가했다. 하지만 카산드라는 궁극적인 일관성 모델을 따른다는 점과 모든 쓰기가 커밋 로그에 첨부된다는 사실을 기억해야 한다.

스캔

HBase는 짧은 1-100 레코드 및 범위 스캔에 있어서 다른 데이터베이스보다 성능이 좋도록 설계됐고 테스트도 이를 확인시켜준다. 카산드라는 스캔과 관련해서는 예측할 수 없는 성능을 보여준다.

확장성 테스트

작업량이 늘어나고 하드웨어가 추가됨에 따라 카산드라와 HBase에서는 성능이 꽤 일관된 모습을 보여줬다. 일부 결과는 세 개 미만의 노드가 있을 때 HBase가 불안정한 상태에 처하는 것을 보여준다. 하드웨어를 추가함에 있어 중요한 점은 바로 탄력성이다. 탄력성은 노드를 추가함에 따라 데이터가 어떻게 리밸런싱되는지를 측정한다. 카산드라는 낮은 성능을 보여주고 안정화되기까지 많은 시간이 걸리는 것으로 드러났다. HBase는 리밸런싱에 따라 성능이 컴팩션의 영향을 받는다는 것을 보여준다.

앞에서 말한 것처럼 성능 테스트는 전체적인 상황을 알려주기는 하지만 테스트에만 의존해 결정을 내리면 잘못된 결정에 이를 수 있다. 또 제품들이 계속해서 발전하고 있고 다른 제품 버전을 테스트하면 또 다른 결과가 나온다. 성능 측정 결과뿐 아니라 기능을 토대로 한 비교를 병행해야 좀 더 현명한 선택을 할 수 있다.

하이퍼테이블 테스트는 YCSB 테스트에 포함되지 않는다. 하이퍼테이블 테스트 및 YCSB 테스트는 별도의 독립 테스트다. YCSB 테스트는 다양한 NoSQL 및 RDBMS 제품을 대상으로 적용하는 데 반해 하이퍼테이블 테스트는 정렬 칼럼 패밀리 저장소의 테스트에만 초점을 맞춘다.

하이퍼테이블 테스트

하이퍼테이블 팀은 구글 빅테이블 복제품인 HBase와 하이퍼테이블을 비교, 대조하기 위한 테스트를 수행했다. 이 테스트에서는 재미있는 결과를 볼 수 있다. 이 테스트는 구글 빅테이블에 대한 연구 논문에서 제안한 방식과도 긴밀한 연관이 있다. 이 테스트를 이해하려면 http://research.google.com/archive/bigtable-osdi06.pdf에서 빅테이블 연구 논문의 7절을 읽어보자.

이 결과에서는 대부분의 성능 측정에서 하이퍼테이블이 HBase보다 성능이 우수하다는 점을 일관되게 보여준다. 테스트의 세부 내용 및 결과는 www.hypertable.com/pub/perfeval/test1/에서 볼 수 있다.

이어서 중요한 측정 결과를 살펴보자.

하이퍼테이블은 작업량에 따라 각 하위 시스템으로 얼마만큼의 메모리를 할당할지 동적으로 조절한다. 읽기 중심 테스트 케이스에서 하이퍼테이블은 대부분의 메모리를 블록 캐시에 할당한다. HBase는 고정 캐시 할당 방식을 갖고 있으며, 이 캐시는 자바 힙 메모리의 20퍼센트다. 지연 시간 관점에서 보면 하이퍼테이블이 HBase보다 지연 시간이 적다는 점을 명확히 알 수 있다. 이런 차이는 데이터 크기가 작을 때 더 분명히 드러난다. 2GB의 최소 데이터만 사용하는 경우 모든 데이터가 캐시에 로드될 수 있다.

랜덤 쓰기, 순차 읽기, 스캔 성능과 관련한 하이퍼테이블 및 HBase의 테스트 결과는 하이퍼테이블이 각 경우마다 더 나은 성능을 보여줬음을 보여준다. 대용량 데이터를 관리하기 위해 클러스터 데이터 저장소를 운영할 때 때로는 이와 같은 성능 차이가 큰 비용을 초래할 수 있다. 더 나은 성능은 더 낮은 컴퓨터 사이클 및 리소스 소비로 이어지는 만큼, 많은 비용을 절약할 수 있다.

그 외 다양한 벤더의 여러 벤치마크 결과도 다음과 같이 확인할 수 있다.

- 도쿄 캐비닛 벤치마크: http://tokyocabinet.sourceforge.net/benchmark.pdf
- 레디스 속도 측정: http://redis.io/topics/benchmarks
- 리악 벤치마크: https://bitbucket.org/basho/basho_bench/
- **VoltDB** 키/값 벤치마크: http://voltdb.com/blog/key/value-benchmarking

- 정렬 벤치마크 : http://sortbenchmark.org/

맥락 비교

앞의 두 절에서는 기능과 벤치마크 관점에서 NoSQL 옵션을 비교했다. 이 절에서는 NoSQL 제품의 개발 및 발전을 초래한 조건과 관련한 맥락 정보를 제공한다.

모든 NoSQL 제품이 동일하지는 않다. 또 모든 NoSQL 제품이 기능 및 벤치마크와 관련해 동일한 성능을 보여주지도 않는다. 하지만 각 NoSQL 제품은 자체 역사, 동기, 사용 사례, 고유 가치 제안이 있다. 각 제품의 역사 및 발전 과정에 대한 이해를 토대로 이들 제품을 바라보면 어떤 NoSQL 제품을 사용하는 게 적합한지 좀 더 명확히 이해할 수 있을 것이다.

인기 있는 도큐먼트 데이터베이스와 관련해 다음의 인터넷 자료를 살펴보자.

- 카우치디비: 카우치디비의 개발자인 다미엔 카츠가 개인적인 관점에서 카우치디비의 개발 역사에 대해 설명하는 얼랭 팩터리의 2009년 세션 동영상(www.erlang-factory.com/conference/SFBayAreaErlangFactory2009/speakers/DamienKatz)을 보자. 다미엔은 카우치디비에 대한 영감에 대해서 얘기하면서, 왜 좀 더 작은 집으로 아내와 아이들을 이주시키고 저금해둔 돈에 의지해 살면서 데이터베이스를 개발하기로 결정했는지 얘기한다. 또 얼랭으로 전환하고 아파치 재단에 참여하기로 한 결정에 대해서도 얘기해준다. 이 동영상은 제품을 만든 동기와 이유를 알려준다.
- 몽고디비: 크리스티나 코드로우가 자신의 블로그에 쓴 몽고디비에 대한 비공식적 역사(www.snailinaturtleneck.com/blog/2010/08/23/history-of-mongodb/)를 읽어보자.

키/값 중심 데이터베이스와 관련해서는 다음 자료를 참고하자.

- 레디스: 안티레즈가 lloogg.com에서 MySQL 대신 레디스로 전환하기로 결정한 후 쓴 다음의 메일링 리스트 포스트(http://groups.google.com/group/redisdb/browse_thread/thread/0c706a43bc78b0e5/17c21c48642e4936?#17c21c48642e4936)를 읽어보자.
- 도쿄 캐비넷: http://fallabs.com/tokyocabinet/에 있는 제품 홈페이지에서 도쿄 캐비넷의 가치 제안에 대해 읽어보자.
- 교토 캐비넷: 도쿄 캐비넷을 만든 이들은 교토 캐비넷이라는 새 제품도 만들었다. 자세한 사항은 http://fallabs.com/kyotocabinet/을 참고하자.

빅테이블 및 다이나모 복제품(HBase, 하이퍼테이블, 카산드라, 리악)의 역사는 주로 구글 및 아마존의 성능을 모방하려는 시도의 역사다. 이들 복제품의 초기 역사 및 발전 과정을 들여다보더라도 구글 및 아마존에서 나온 훌륭한 개념을 모방하려는 여정밖에 드러나지 않는다. 물론 개념을 모방하기도 쉽지 않고 새로운 발견과 혁신 과정이 뒤따른다. 또 사용자들이 새롭고 다양한 사례에 이들 제품을 사용함에 따라 제품이 빠르게 발전하고 있다. 이들 제품의 발전 과정은 초기 영감을 제품의 구현체 위에 많은 신기능을 추가하는 것에 가깝다.

NoSQL은 새롭게 떠오르는 분야다. 이들 제품의 역사를 이해하는 게 도움이 되기도 하지만 대다수 NoSQL 제품의 역사는 지금 쓰여지고 있다.

정리

이 장에서는 간략하게나마(아쉽지만 이 장을 통해 방대한 설명을 하거나 모든 문제에 대한 만병통치약을 줄 수는 없다) 인기 있는 NoSQL 제품을 서로 비교했다. NoSQL 제품은 주의해서 선택해야 하며, 각 제품의 기능, 성능, 역사를 이해한 후 비로소 제품을 선택해야 한다.

이 장에서는 모든 기능을 설명하거나 제품을 선택할 수 있는 모델을 제공하지 않았다. 대신 이 책의 앞 장에서 다룬 내용을 기반으로 설명을 이어갔다. 이 과정에서 중요한 사실을 몇 가지 지적하고 핵심적인 관점을 정리했다. 항상 그렇듯 선택은 여러분의 몫이다.

15

공존

· 다언어 영속성 준비
· 불변 데이터셋에 적합한 데이터베이스 기술 이해
· 애플리케이션 개발을 쉽게 해줄 올바른 데이터베이스의 선택
· RDBMS 및 NoSQL 제품의 병행 사용

NoSQL의 등장과 그 기대가 점차 커지면서 개발자들은 NoSQL이 RDBMS를 대체할 수 있는지 궁금해하기 시작했다. 이로 인해 혹자는 RDBMS는 죽었고 NoSQL이 차세대 데이터베이스 기술이라고 주장하기도 한다. 또 NoSQL은 '용두사미'로 끝날 거라고 주장하는 거부 반응도 거세지고 있다. 하지만 진실은 두 양 극단의 주장과는 꽤 거리가 있다. NoSQL과 RDBMS는 둘 다 중요하며 제 위치가 있다. 현실에서는 두 기술이 평화적으로 공존한다. 기술적인 면에서 다양성은 언제나 있어 왔고 다언어 영속성은 우리의 현재이자 미래다. 이 장에서는 몇 가지 사례를 설명하고 다언어 영속성에 필요한 절차를 살펴본다.

먼저 인기 있는 오픈소스 RDBMS 제품인 MySQL에서 NoSQL을 활용하는 법을 살펴본다. 이어서 수정 불가능 데이터셋과 데이터 웨어하우스 및 비즈니스 인텔리전스 영역에서의 데이터베이스 요구 조건을 들여다본다. 또 애플리케이션 개발을 쉽게 할 수 있게끔 적절한 데이터베이스 기술을 선택하는 법도 살펴본다.

NOSQL 솔루션으로서의 MySQL 활용

지금까지 이 책에서는 RDBMS와 NoSQL을 별도의 두 기술로 다뤘다. 이런 구분은 SQL 및 관계형 테이블에 반하는 NoSQL의 개념을 이해하는 데 매우 중요하다. 하지만 두 기술 분야는 완전히 서로를 배제

한 기술이 아니다. 둘 다 많은 내부 개념을 공유하고 있다. 이런 공유 개념 중 하나로 RDBMS와 NoSQL 제품의 인덱스 구조를 들 수 있다. 둘 다 저장에 B 트리 및 B 트리와 유사한 구조를 사용한다. 하지만 스키마 지원과 SQL은 RDBMS에 고유한 정체성을 부여해준다.

가장 인기 있는 오픈소스 관계형 데이터베이스 중 하나는 MySQL이다. MySQL은 기본 설계상 모듈화돼 있고, 저장소 엔진을 플러그인처럼 추가할 수 있게 지원하며, 원하는 기능을 위해 모듈을 자유롭게 추가할 수 있다. 클라이언트에서 접근한 MySQL 서버는 개념적으로 그림 15-1처럼 묘사할 수 있다.

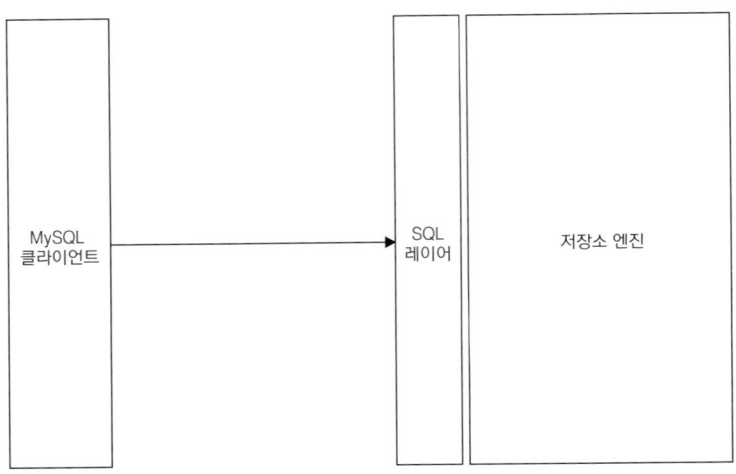

그림 15-1

MySQL은 **빠른** 데이터베이스 서버다. MySQL에서 수천 개의 행을 읽는 데 걸리는 일반적인 읽기 및 쓰기 반응 시간은 매우 빠르며, 대부분의 사용 사례에 충분하다. 데이터의 양이 늘어나면 충분한 메모리를 갖춘 장비에서 서버를 실행함으로써 MySQL의 성능을 높일 수 있다. 다른 RDBMS 제품과 마찬가지로 MySQL도 저장소 엔진의 버퍼 풀에 가져온 행을 캐싱함으로써 이후 같은 행을 가져올 때 성능을 개선해준다. 하지만 데이터가 늘어나면 SQL의 부담이 상당해진다. MySQL에서는 매 조회마다, 특히 여러 클라이언트가 자주, 동시에 조회하는 경우 다음과 같은 값 비싼 연산을 여러 번 수행해야 한다.

- SQL 구문 파싱
- 테이블 열기
- 테이블 락
- SQL 실행 플랜 생성
- 테이블 언락

- 테이블 닫기

- 뮤텍스 및 스레드를 활용한 동시 접근 관리

따라서 부하를 많이 받는 상황에서 성능을 끌어올리려면 가능한 한 많은 데이터를 캐싱해야 한다.

Memcached는 MySQL과 잘 호환되는 인메모리 캐싱 솔루션이다. 행은 캐싱되고 메모리를 통해서만 클라이언트로 제공된다. 대용량의 메모리(예를 들어 32GB 이상)를 사용할 수 있는 경우 Memcached를 갖춘 MySQL은 초당 400,000쿼리 이상을 잘 수행할 수 있다.

물론 이들 쿼리는 주 키 룩업이며, 애드혹 조인 등이 아니다. 또 전체 관련 데이터셋을 메모리에 모두 집어넣을 수 있고, 디스크에서 읽지 않아도 된다고 전제한다. 디스크 I/O는 인메모리 접근과 비교해 연산 비용이 매우 크며 큰 성능 부담을 줄 수 있다.

Memcached는 이 책에서 앞서 키/값 쌍 저장소로 소개한 바 있다. 멤베이스, 레디스, 도쿄 캐비넷, 교토 캐비넷 같은 대체품도 유사한 성능 효과를 위해 MySQL과 연계해 사용할 수 있다. 이는 RDBMS(MySQL)를 Memcached 같은 NoSQL 솔루션과 연계해 주 키를 통한 룩업 기능에 효과적으로 활용하는 사례의 한 예다. 그림 15-2는 클라이언트에서 Memcached 데이터 저장소를 갖춘 MySQL에 접근하는 과정을 보여준다.

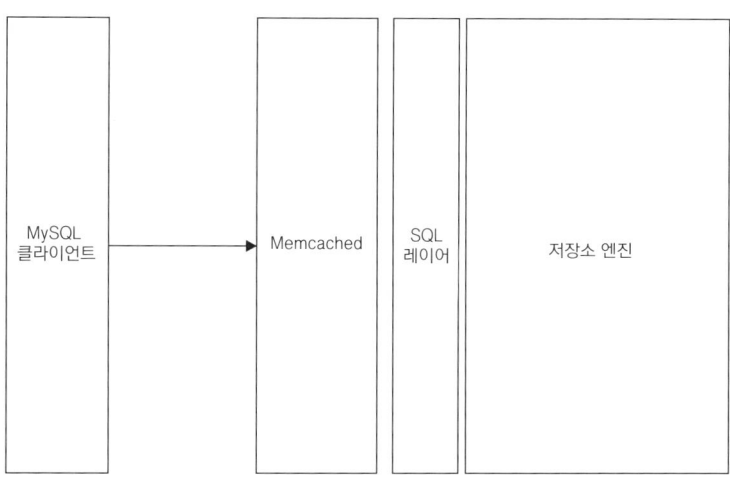

그림 15-2

Memcached를 MySQL과 사용하는 게 도움되긴 하지만 이 아키텍처는 단점이 있다.

- 데이터가 메모리상의 두 곳에 저장된다. 즉 저장소 엔진 버퍼와 Memcached 모두에 데이터가 캐시된다.

- 저장소 엔진과 Memcached 사이에서 데이터를 복제할 때 데이터의 상태가 일치하지 않을 수 있다.

- 데이터는 SQL 레이어를 통해 Memcached로 가져오므로 SQL의 부담은 최소화했다고 하더라도 여전하다.

- Memcached는 모든 관련 데이터가 메모리에 저장될 수 있을 때까지만 우수한 성능을 보인다. 이 수준을 넘어서면 디스크 I/O 부담이 클 수 있으며, 시스템을 느리게 만들 수 있다.

Memcached와 더불어 MySQL을 사용하는 대신 SQL 레이어를 건너뛰고 직접 저장소 엔진에 접근하는 방법이 있다. 이 작업을 해주는 게 바로 MySQL용 HandlerSocket 플러그인이다. MySQL용 HandlerSocket 플러그인은 오픈소스 플러그인으로, SQL 레이어를 우회하고 내부 MySQL 저장소 엔진에 접근하게 해준다. 이 프로젝트는 온라인에서 깃허브(https://github.com/ahiguti/HandlerSocket-Plugin-for-MySQL)를 통해 호스팅된다.

HandlerSocket 플러그인은 기존 MySQL 서버로 로드할 수 있다. HandlerSocket을 로드한다고 해서 SQL 레이어가 비활성화되지는 않는다. 다만 두 레이어를 모두 사용할 수 있게 될 뿐이다. HandlerSocket은 MySQL에 NoSQL 같은 인터페이스를 제공함으로써 빠른 접근(특히 주 키 기반 조회에 있어서)을 가능하게 한다. 그림 15-3은 HandlerSocket을 사용하는 MySQL 설정을 보여준다.

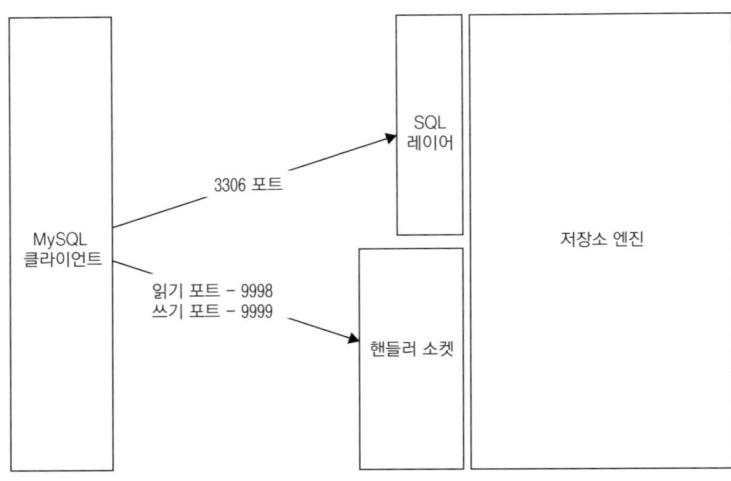

그림 15-3

HandlerSocket은 네트워크 프로토콜, API, 이노디비(InnoDB) 같은 MySQL 저장소 엔진과 직접 인터페이스할 수 있는 경량 커넥션을 구현한다. 또 NoSQL 데이터베이스가 제공하는 유연한 고성능 방식을 그대로 사용해 MySQL 저장소를 쿼리할 수 있게 해준다. http://yoshinorimatsunobu.blogspot.com/2010/10/using-mysql-as-nosql-storyfor.html에 공개된 벤치마크 결과는 HandlerSocket을 사용해 초당 750,000개의 주 키 룩업을 수행할 수 있음을 보여준다. 이는 매우 주목할 만한 결과다.

HandlerSocket의 API는 테이블을 열고, 락을 걸고, 락을 해제하고, 닫는 연산 부담이 없다. HandlerSocket API는 매우 가벼우며 SQL 레이어와 비교해 NoSQL 중심적이다. HandlerSocket은 C++ 및 펄 API를 배포판에서 제공한다. PHP, 자바, 파이썬, 루비, 자바스크립트, 스칼라용 HandlerSocket API의 추가 구현체는 핵심 배포판 이외의 소스를 통해 사용할 수 있다. 이들 추가 라이브러리의 소스 목록은 https://github.com/ahiguti/HandlerSocket-Plugin-for-MySQL에서 볼 수 있다. HandlerSocket의 네트워크 패킷은 작으며 여러 동시 커넥션을 지원할 수 있다.

HandlerSocket은 SQL 레이어를 우회할뿐더러 중복 캐시와 복제에서의 비일관성을 제거해주는 만큼 HandlerSocket을 사용하는 것이 SQL 레이어에서 Memcached를 사용하는 것보다 좋다. HandlerSocket은 저장소 엔진과 직접 인터페이스하므로 두 개의 복제 저장소 대신 한 개의 저장소만 존재한다.

HandlerSocket 기반 NoSQL 솔루션은 특히 고성능 읽기에 적합하다. 기본 MySQL 저장소 엔진은 트랜잭션 지원 기능 및 충돌 복구 기능을 제공한다. 또 MySQL과 함께 제공되는 툴과 유틸리티를 활용해 쿼리를 모니터링하고 관리할 수도 있다. 끝으로 HandlerSocket은 기존 MySQL 서버에 쉽게 추가할 수 있는 만큼, 매우 유연한 솔루션이다.

이와 같이 NoSQL 방식으로 MySQL에 접근하는 것 외에, 인기 있는 궁극적으로 일관적인 NoSQL 데이터 저장소인 볼드모트의 내부 저장소로 MySQL을 활용할 수도 있다. 이노디비(InnoDB) 저장소 엔진은 리악의 저장소 엔진으로 사용할 수도 있다.

때로는 도큐먼트 데이터베이스, 칼럼 패밀리 저장소, 키/값 쌍에서 제공하는 특정 저장소 스키마가 적합한 나머지 MySQL을 NoSQL 솔루션으로 사용할 수 없는 경우도 있다. 이런 경우에는 RDBMS가 트랜잭션 시스템을 구동하게 하고 나머지 기능을 대부분 NoSQL로 옮길 수 있다.

일반적으로 불변하는 데이터 저장소

RDBMS는 NoSQL에 주로 부족한 트랜잭션 지원과 일관성을 제공한다.

흥미롭게도 이는 종종 NoSQL을 채택하지 않는 주요 이유 중 하나다. 하지만 데이터베이스에서의 트랜잭션 지원 기능(또는 그 부족)에 대해 판단하기 전에 데이터셋의 트랜잭션 성격 및 수정 가능성에 대해 먼저 고려해야 한다.

많은 개발자들이 믿고 있는 것과 달리 현대 애플리케이션 중 많은 애플리케이션에서 트랜잭션 지원이 거의 또는 전혀 필요 없다. 이는 주로 데이터를 한 번만 쓰고 여러 번 읽고 가공하기 때문이다. 어떤 데이터가 이런 범주에 속하는지 궁금하다면 이메일이나 소셜 미디어 애플리케이션을 열어서 이들 시스템이 얼마나 자주 업데이트나 삭제를 수행하는지 확인해보자. 많은 소셜 미디어 애플리케이션(메시지나 트윗을 보내고 상태 업데이트를 전송하는 애플리케이션 등)은 주로 한 번만 쓰고 여러 번 소비된다. 이런 활동 스트림을 관리하는 일부 시스템에서는 업데이트를 허용할 수도 있지만, 이 경우에도 업데이트는 주로 트랜잭션 보상의 결과이지 인라인 업데이트가 아니다. 삭제 또한 허용될 수 있지만 트랜잭션적으로 모든 수신자에게 전파되지 않는다. 이 말은 삭제되는 트윗이나 메시지가 서비스에서는 삭제됐더라도 모든 소비 애플리케이션에서 삭제되지 않을 수도 있다는 뜻이다. 이런 서비스에서 삭제는 주로 보상 메시지로 전송된다.[1]

한 번 쓰고 여러 번 읽는 패러다임은 RSS 업데이트, 이메일, 문자 메시지, 피드백에서도 자주 볼 수 있다. 투표, 피드백, 평점, 댓글에 대한 응답을 이끌어내는 애플리케이션도 종종 한 번 쓰고 여러 번 읽는 유형에 해당한다. 이런 애플리케이션에서는 업데이트가 허용되더라도 보통 빈번하지 않다.

> 앞에서 다른 장을 통해 HBase, 하이퍼테이블, 몽고디비 같은 NoSQL 데이터베이스가 행 수준의 원자적 업데이트를 제공한다는 점을 배운 바 있다. 이들 및 다른 데이터베이스는 범위에 대한 ACID 트랜잭션을 보장하지 않는다. 하지만 업데이트가 고립돼 있고 데이터 항목의 그룹에 적용되는 게 아니라면 행 수준 업데이트만으로도 대부분의 경우에 충분하다.
>
> 아파치 카산드라, 리악, 링크드인 볼드모트 같은 NoSQL 데이터베이스는 궁극적으로 일관적인 데이터베이스다. 이 말은 이러한 궁극적으로 일관적인 데이터베이스가 팍소스(Paxos) 또는 다른 유사 알고리즘을 기반으로 강력한 일관성을 제공하지는 않지만, 업데이트가 복제된 노드 사이에서 퍼짐에 따른 비일관성 창을 갖고 있다는 뜻이다. 이런 데이터베이스는 단시간 내에 일관성을 보이며, 대부분 애플리케이션에서 짧은 시간 동안의 비일관적 상태는 별 문제가 없다.

---

1   예컨대 과거에 트위터에 올린 글을 삭제한 경우, 이 글을 과거에 이미 로드한 트위터 앱 클라이언트에서는 이 글이 계속해서 보인다. 이때 이미 서비스에서 삭제한 글을 트위터에서 앱에서 탭하면 이 시점에 서비스에서 결과를 호출해 글이 삭제됐음을 알려주는 게 보상 메시지에 해당한다.

페이스북, 트위터, 링크드인 같은 대규모 소셜 미디어 서비스에서는 NoSQL 및 RDBMS를 폭넓게 활용하고 있다.

페이스북의 다언어 영속성

특히 페이스북은 많은 필수 기능에 MySQL을 사용한다. 또 페이스북은 거대한 HBase 사용자이기도 하다. 페이스북의 MySQL 최적화는 테크 토크에서도 발표한 바 있으며, 발표 동영상은 www.livestream.com/facebookevents/video?clipId=flv_cc08bf93-7013-41e3-81c9-bfc906ef8442에서 볼 수 있다. 페이스북에서는 대용량과 우수한 성능이 중요한 만큼 MySQL의 최적화도 예외가 될 수 없다. 페이스북의 최적화 작업은 초당 쿼리를 최대화하고 요청-응답 시간의 변량을 제어하는 데 초점을 맞췄다. 2010년 11월 프레젠테이션에서 발표한 수치는 매우 인상적이다. 공개된 페이스북의 온라인 트랜잭션 처리 시스템의 주요 수치를 몇 가지 살펴보면 다음과 같다.

- 읽기 응답은 평균 4ms, 쓰기 응답은 평균 5ms다.
- 초당 최대로 읽을 수 있는 행은 4억 5천만 개까지 확장됐다. 이는 대다수 시스템과 비교해 매우 큰 수치다.
- 최대 초당 1,300만 개의 쿼리를 처리했다.
- 경계 사례에서는 320만 개의 행 업데이트 및 520만 개의 이노디비 디스크 작업이 수행됐다.

페이스북은 초당 쿼리를 최대화하는 것보다는 안정성에 초점을 맞췄지만, 초당 쿼리 수 또한 매우 인상적이다. 활성 하위 2차 레벨(sub-second-level) 모니터링과 프로파일링을 통해 페이스북 데이터베이스 팀은 스톨(stall)이라고 부르는 서버 성능 저하점을 찾아낸다. 이렇게 찾아낸 느린 쿼리와 문제는 점진적으로 식별하고 수정함으로써 최적화된 시스템을 구축한다. 자세한 정보는 프레젠테이션에서 볼 수 있다.

페이스북은 카산드라가 태어난 곳이기도 하다. 페이스북은 최근 카산드라를 버리고 HBase를 택했다. 현재 페이스북 메시지 인프라스트럭처는 HBase를 기반으로 개발됐다. 페이스북의 새로운 메시지 시스템은 매월 1,350억 개의 메시지 저장을 지원한다. 앞에서 언급한 것처럼 이 시스템은 HBase 기반으로 개발됐다. www.facebook.com/note.php?note_id=454991608919에서 볼 수 있는 기술 팀의 글에서는 페이스북이 다른 제품 대신 HBase를 선택한 이유를 볼 수 있다. 페이스북은 여러 가지 이유로 HBase를 택했다. 우선 팍소스 기반의 강력한 일관성 모델을 선호했다. HBase는 확장성이 우수하며, 매우 많은 복제가 이뤄지는 설정에서도 사용할 수 있는 인프라스트럭처를 갖고 있다. 또 장애 극복 및 로드 밸런싱이 기본으로 제공되며, 내부 분산 파일 시스템인 HDFS는 추가적인 중복 레벨 및 장애 허용 기능을 스택에 제공해준다. 더불어 조율 시스템인 주키퍼는 약간의 수정을 통해 사용자 서비스를 지원하는 데 재사용할 수 있다.

따라서 페이스북 같은 기업이 작업에 적합한 툴을 사용할 수 있게 해주는 다언어 영속성 전략을 택한 것은 당연한 이치다. 페이스북 기술 팀은 필요에 따라 시스템을 수정하는 데 주저하지 않았으며, DBMS 와 NoSQL 중 하나를 선택하는 것보다 적절한 데이터베이스를 선택하는 게 더 중요하다는 사실을 보여 줬다. 페이스북에서 흔히 볼 수 있는 또 다른 특징은 페이스북이 가장 익숙한 툴을 사용했다는 점이다. 트렌드를 쫓는 대신 페이스북은 엔지니어들이 고치고 활용할 수 있는 툴을 사용했다. 예를 들어 페이스 북은 그동안 필요에 맞게 MySQL과 PHP를 수정해 사용했으므로 MySQL과 PHP를 고수한 것은 페이 스북에 도움이 됐다. 혹자는 레거시로 인해 이를 버릴 수 없었을 것이라고 주장하기도 하지만 성능 수치 가 보여주듯 페이스북은 이를 확장 가능하게 사용하는 법을 알아냈다.

페이스북과 마찬가지로 트위터와 링크드인도 다언어 영속성을 받아들였다. 예를 들어 트위터는 MySQL과 카산드라를 활발히 사용한다. 트위터도 누가 누구를 팔로우하고 누가 누구로부터 전화 알 림을 받는지와 같은 관계를 추적하는 데 그래프 데이터베이스인 플록디비(FlockDB)를 사용한다. 트위터 의 인기와 데이터의 양은 지난 몇 년간 어마어마하게 늘어났다. 케빈 웨일의 2010년 9월 프레젠테이션 (www.slideshare.net/kevinweil/analyzing-big-data-at-twitter-web-20-expo-nyc-sep-2010)에서는 트 윗과 쪽지가 하루에 12TB까지 추가되며, 이를 선형적으로 확장하면 매년 4페타바이트에 해당한다. 이 들 수치는 계속해서 늘어날 예정이며 더 많은 사람들이 트위터를 사용해 소통함에 따라 더 커질 전망이 다. 이런 대용량 데이터를 처리하기란 매우 어렵다. 트위터는 하둡과 맵리듀스 기능을 활용해 대용량 데 이터셋을 분석한다. 트위터는 데이터 분석에 고수준 언어인 피그(http://pig.apache.org/)를 사용한다. 하지만 트위터의 핵심 저장소 중 많은 곳이 여전히 MySQL에 의존한다. MySQL은 트위터 내에서 여러 기능에 폭넓게 사용된다. 카산드라는 지리 중심 데이터를 저장하는 일부 영역에만 활용된다.

링크드인도 트위터와 마찬가지로 여러 데이터 저장소를 사용한다. 2010년 하둡 서밋에서 제이 크랩 은 링크드인의 대용량 데이터 아키텍처 및 처리에 대해 발표했다. 이 프레젠테이션의 슬라이드는 http://www.slideshare.net/ydn/6-data-applicationlinkedinhadoopsummmit2010에서 볼 수 있다. 링크드인 은 사용자가 알 수도 있는 사람들을 확률적으로 예측하는 대규모 분석 작업을 수행하는 데 하둡을 많 이 활용한다. 하둡 클러스터에서 다루는 데이터셋은 그 규모가 매우 크며 보통 하루당 1,200억 개 이상 의 관계 범위에 속한다. 이는 약 82개의 하둡 잡을 통해 수행되며, 여기에는 16TB 크기 이상의 중간 데이 터가 필요하다. 확률 그래프는 오프라인 저장소에서 살아 있는 NoSQL 클러스터로 배치를 통해 복사된 다. NoSQL 데이터베이스는 데이터를 키/값 쌍으로 나타내는 아파치 다이나모 복제품인 볼드모트다. 관 계 그래프 데이터는 읽기 전용이므로 볼드모트의 궁극적 일관성 모델이 아무 문제도 야기하지 않는다.

관계 데이터는 배치 모드로 처리하지만 실시간 검색을 통해 필터링된다. 이런 필터에서는 어떤 사람이 모른다고 표시한 사람들을 제외시킬 수 있다.

이처럼 페이스북, 트위터, 링크드인을 살펴보면 다언어 영속성의 장점을 분명히 알 수 있다. 또 각 데이터 저장소를 사용 사례에 맞게 적절히 활용하면 최적의 스택을 구성할 수 있음을 알 수 있다.

데이터 웨어하우싱 및 비즈니스 인텔리전스

데이터 웨어하우스 및 비즈니스 인텔리전스에서 애플리케이션의 전체 카테고리는 아카이브된 데이터셋을 저장하고 제어하기 위해 개발된다. 보통 이런 데이터 웨어하우스는 '사실 데이터(fact data)'라고 하는 오래된 트랜잭션 데이터로부터 개발한다. 데이터 웨어하우스에 있는 데이터는 이후 분석되고 제어를 통해 패턴을 밝혀내거나 트렌드를 예측하는 용도로 사용된다. 이처럼 아카이브되고 웨어하우스에 보관된 데이터는 읽기 전용이며 이런 데이터에 대한 트랜잭션 요구 사항은 최소 수준이다. 이런 데이터셋은 전통적으로 대용량의 데이터를 저장할 수 있고 다차원적으로 데이터를 분석할 수 있는 특수 목적의 데이터 저장소에 저장됐다.

하둡의 등장으로 대규모 분석 작업 중 일부를 맵리듀스 기반 작업이 하게 됐다. 맵리듀스 기반의 분석 모델은 하이브 같은 쿼리 툴과 피그 같은 고수준 작업 흐름 정의 언어로 인해 더욱 풍부해졌다. 더불어 맵리듀스 세계의 혁신은 계속해서 커지고 있다. 아파치 머하웃 프로젝트는 하둡 기반으로 기계 학습 인프라스트럭처를 개발한다. 따라서 머하웃을 활용하면 하둡 맵리듀스 인프라스트럭처상에서 공동 필터링 알고리즘을 실행하거나 나이브 베이즈 분류기(Naive Bayes)를 실행할 수 있다.

웹 프레임워크와 NoSQL

확장 가능한 웹 애플리케이션 개발은 매우 어려운 과제가 될 수 있다. 요구 조건은 계속해서 변하며 데이터는 계속해서 진화한다. 이런 상황에서는 전통적인 RDBMS가 유연성이 떨어진다. 이와 같은 사용 사례 중 일부에서는 도큐먼트 데이터베이스가 적합하다.

레일즈를 통한 NoSQL 활용

루비 온 레일즈는 소개하지 않아도 될 것 같다. 루비 온 레일즈는 가장 인기 있는 애자일 웹 개발 프레임워크다. 설정보다는 관례를 지킴으로써 레일즈는 웹 개발을 쉽고 재미있게 만들어 준다. 레일즈는 내부 모델에 대한 주요 작업에 RESTful을 사용하는 모델-뷰-컨트롤러(MVC) 프레임워크를 구현한다. 레일즈에서는 액티브레코드(ActiveRecord) 덕분에 모델 객체를 관계형 테이블에 저장한 데이터로 자동 매핑할 수 있다. 뷰는 내부 데이터를 제어할 수 있는 사용자 인터페이스를 제공하고, 컨트롤러는 모델과 뷰 사이의 조율을 가능하게 해준다.

여러분이 애자일 웹 개발자이고 작업을 수행하는 데 레일즈를 사용한다면 몽고디비에서 MySQL, PostgreSQL, 기타 다른 RDBMS로 쉽게 대체할 수 있다. mongo_mapper를 통한 몽고디비에 대한 지원 덕분에 이런 손쉬운 대체가 가능하다.

레일즈를 몽고디비와 함께 사용하려면 먼저 액티브레코드를 비활성화해야 한다. 몽고디비를 사용할 때는 ORM 레이어인 액티브레코드가 필요하지 않다. 레일즈를 제대로 설치했다면(제대로 설치한다는 말은 대부분의 플랫폼에서 루비와 루비젬을 설정한 후 다음 명령을 실행한다는 의미다)

```
gem install rails
```

앱을 손쉽게 생성하고 액티브레코드를 사용하지 않게 할 수 있다. 액티브레코드 없이 레일즈 앱을 생성하는 법은 다음과 같다.

```
rails new sample_app –skip-active-record
```

이어서 mongo_mapper를 설치한다. mongo_mapper는 젬으로 배포되며 다음과 같이 익숙한 구문을 사용해 설치할 수 있다.

```
gem install mongo_mapper
```

mongo_mapper를 설치한 후에는 레일즈 애플리케이션에서 이를 사용할 수 있게끔 mongo_mapper를 젬파일에 추가한다. 젬파일을 다음과 같이 수정한다.

```
require 'rubygems'
require 'mongo'
source 'http://gemcutter.org'
gem "rails", "3.0.0"
gem "mongo_mapper"
```

젬 정의를 bson_ext 이슈에 대한 우회책으로 사용하려면 먼저 몽고와 루비젬이 필요하다.

다음으로 필요한 젬을 내려받고 설치하기 위해 번들 설치를 실행한다.

번들러가 준비를 마치고 나면 config/initializers에 파일을 생성하고 다음 내용을 초기화 파일에 추가한다.

```
MongoMapper.connection = Mongo::Connection.new('localhost', 27017)
MongoMapper.database = "#sample_app-#{Rails.env}"

if defined?(PhusionPassenger)
    PhusionPassenger.on_event(:starting_worker_process) do |forked|
        MongoMapper.connection.connect if forked
    end
end
```

mongo_mapper를 활용하는 간단한 모델 클래스는 다음과 같다.

```
class UserData
    include MongoMapper::Document

    key :user_id, Integer
    key :user_name, String
end
```

이제 다음과 같은 컨트롤러를 사용해 모델 객체를 영속화할 수 있다.

```
class MyActionController < ApplicationController
    def create_user

        @auser = UserData.create(
            {
                :user_id => 1,
                :user_name => "John Doe",
                :updated_at => Time.now
            })
        @auser.save()
    end
end
```

이 액션은 REST 방식의 URL을 통해 다음과 같이 호출할 수 있다.

```
get 'my_action/create_user'
```

웹 프레임워크가 레일즈만 있는 것은 아니다. 다른 웹 프레임워크로는 장고(파이썬)와 스프링(자바)이 있다.

장고를 통한 NoSQL 활용

루비 개발자들에게 레일즈가 있다면 파이썬 커뮤니티에는 장고가 있다. 장고는 빠른 프로토타입 개발과 신속한 개발을 할 수 있게 해주는 경량 웹 프레임워크다. 장고도 모델을 데이터베이스에 매핑하는 ORM을 기반으로 한다. SQL 표준과 비중개적(disintermediating)[2] ORM 레이어의 존재로 인해 장고 애플리케이션은 한 개의 RDBMS를 다른 RDBMS로 대체할 수 있다. 하지만 NoSQL 세계에서는 이와 같은 일이 흔하지 않다. 사실 한 개의 NoSQL 제품과 연동하도록 작성한 코드는 종종 개별 성격이 지나치게 강해서 다른 NoSQL 제품에서는 사용할 수 없다. 하지만 NoSQL 제품 및 SQL과 NoSQL 제품에서 부드럽게 동작하는 애플리케이션 소스를 사용할 수 있으면 좋을 것이다.

NoSQL 세계에서는 인덱스의 개념과 데이터셋을 조인하는 방식이 제품별로 크게 다르다. 장고 애플리케이션이 여러 NoSQL 제품과 연동하게 하려면 인덱스 관리 및 데이터 취합, 각 NoSQL별 조인을 위해 직접 확장지점에 대한 코드를 작성해야 한다. 끝으로 NoSQL은 클라우드 플랫폼에서 인기가 있지만 이들 플랫폼 사이의 이식은 매우 어려운 문제라는 점을 지적하고 싶다. 예를 들어 구글 앱 엔진(GAE)은 구글 빅테이블을 기반으로 모델링 추상화를 제공하는 데 반해 아마존 웹 서비스는 심플디비로 호스팅된 도큐먼트 데이터베이스를 제공한다. GAE용 또는 아마존 심플디비용 장고 애플리케이션은 플랫폼과 긴밀하게 결합되며, 두 플랫폼 사이의 이전이나 다른 클라우드 서비스 제공자로의 이전은 매우 어렵다. 때로는 이렇게 이전하기 위해 거의 전체 코드를 재작성해야 하는 일도 필요하다. 이는 애플리케이션이 벤더에 묶이게 하며, 한 플랫폼에서 다른 플랫폼으로 이전하려고 하면 추가적인 비용과 노력이 필요하다.

이런 문제를 해결하고 여러 NoSQL 제품에서 장고를 활용할 수 있는 공통 추상 레벨을 제공하기 위해 django-nonrel 독립 오픈소스 프로젝트가 나왔다. 이 프로젝트의 소스는 https://bitbucket.org/wkornewald/django-nonrel/src에서 볼 수 있다.

왈데마 코르네왈드와 토마스 완식은 이 프로젝트의 창시자이자 핵심 공헌자다. django-nonrel 프로젝트는 RDBMS 이외의 데이터베이스와 연동할 수 있게끔 최소한의 수준에서 코어 장고 배포판에 패치를 적용한다. 무거운 작업은 NoSQL 세계에서 비정규화 및 데이터셋 조인을 처리하는 django-dbindexer가 모두 수행한다.

django-dbindexer는 초기 단계의 오픈소스 프로젝트다. 이 프로젝트는 https://bitbucket.org/wkornewald/django-dbindexer/src에서 호스팅한다. django-dbindexer는 NoSQL 데이터베이스 위에

---

2   원문 그대로 하면 비중개적에 가깝지만, 좀 더 쉽게 표현하면 느슨한 결합이라고 생각하면 된다. 예를 들어 ORM 레이어가 특정 데이터베이스를 대상으로 구현됐다면, ORM 레이어는 이 데이터베이스와 서비스 사이에서 조율하는 기능에 초점을 맞추게 된다. 하지만 추상화와 느슨한 결합을 활용하면 ORM 레이어가 데이터베이스에 대한 지식을 갖지 않게끔 할 수 있다.

서 레이어 역할을 한다. 이 레벨에서는 각기 다른 NoSQL 제품의 차이를 처리하므로 대소문자를 구분하는 쿼리 및 조인 지원(또는 지원 부족)도 이 레벨에서 모두 처리한다.

예를 들어 대소문자를 구분하는 몽고디비의 필터는 인덱스를 사용할 수 없다. 인덱스 스캔과 비교해 전체 스캔은 비효율적이다. django-dbindexer 레이어에서는 이런 비효율적인 필터를 대소문자를 구분하는 필터로 처리할 수 있으므로 인덱스를 활용할 수 있다.

RDBMS의 SQL처럼 공통으로 사용하는 강력한 쿼리 언어의 결여는 NoSQL 플랫폼에서 특정 쿼리를 지원할 때 어려운 문제를 야기한다. django-dbindexer는 이와 같은 쿼리 API도 단순화 및 표준화해 준다. 따라서 다음과 같은 GAE의 우회 코드는

```python
# models.py:
class MyModel(models.Model):
    name = models.CharField(max_length=64)
    lowercase_name = models.CharField(max_length=64, editable=False)
    last_modified = models.DateTimeField(auto_now=True)
    month_last_modified = models.IntegerField(editable=False)

    def save(self, *args, **kwargs):
        self.lowercase_name = self.name.lower()
        self.month_last_modified = self.last_modified.month
        super(MyModel, self).save(*args, **kwargs)7 AM

    def run_query(name, month):
        MyModel.objects.filter(lowercase_name=name.lower(),
                    month_last_modified=month)
```

models.py ⟳

다음과 같이 좀 더 우아하고, 깔끔하며, 재사용 가능한 코드로 바뀌게 된다.

```python
# models.py:

class MyModel(models.Model):
    name = models.CharField(max_length=64)
    last_modified = models.DateTimeField(auto_now=True)

    def run_query(name, month):
        MyModel.objects.filter(name__iexact=name, last_modified__month=month)
```

```
# dbindexes.py:

from models import MyModel
from dbindexer.api import register_index
register_index(MyModel, {'name': 'iexact', 'last_modified': 'month'})
```

models_with_dbindexer.py ↻

django-nonrel 프로젝트에 대한 자세한 설명은 www.allbuttonspressed.com/projects/django-nonrel에서 문서를 통해 확인할 수 있다.

스프링 데이터의 활용

레일즈와 장고가 애자일 개발에 인기 있는 웹 프레임워크이긴 하지만 많은 엔터프라이즈 개발자는 여전히 자바를 사용해 차세대 애플리케이션을 개발한다. 스프링은 전세계적으로 폭넓게 사용되는 인기 있는 자바 의존성 주입 프레임워크다. 스프링은 스프링 데이터 프로젝트를 통해 NoSQL 지원 기능을 포함시켰다. 스프링 데이터 프로젝트에 대한 자세한 설명은 www.springsource.org/spring-data에서 볼 수 있다. 스프링 데이터는 많은 NoSQL 제품에 대한 추상 레이어를 제공할뿐더러 맵리듀스 기반 처리 및 클라우드 플랫폼 접근도 가능하게 해준다.

이어지는 절에서는 스프링 데이터를 활용해 레디스에 접근하고 상호작용하는 간단한 예제를 보여준다. 스프링 데이터는 하위 프로젝트를 통해 레디스를 지원한다. 스프링 데이터는 유사한 방식을 통해 다른 NoSQL 제품도 지원한다. 레디스와 인터페이스 및 상호작용할 수 있는 자바 클라이언트 라이브러리는 이미 나와 있다. 이런 라이브러리 중 하나로 제이레디스(http://code.google.com/p/jredis/)가 있다. 또 다른 라이브러리로는 제디스(https://github.com/xetorthio/jedis)가 있다. 스프링 데이터는 스프링이 JdbcTemplate을 통해 JDBC 접근을 추상화하고 HibernateTemplate을 통해 하이버네이트 접근을 추상화하는 것과 거의 같은 방식으로 RedisTemplate을 통해 이들 자바 클라이언트 라이브러리를 추상화한다. 이 템플릿의 목적은 사용자가 신경 쓰지 않아도 되게끔 API의 저수준 세부 사항을 캡슐화하는 것이다.

예제를 시작하기 위해 https://github.com/SpringSource/spring-data-keyvalue에서 스프링 데이터 레디스 하위 프로젝트를 내려받고 빌드한다. 간편하고 빠른 개발을 하려면 스프링소스 툴 스위트(STS, www.springsource.com/developer/sts)에서 프로젝트 템플릿을 사용해 새 스프링 프로젝트를 생성하면 된다. STS는 메이븐을 사용해 프로젝트를 설정하고 빌드하므로 의존성 정의가 프로젝트의 POM에 지정돼 있다. 메이븐에 대한 자세한 설명은 http://maven.apache.org/에서 볼 수 있다. 레디스 스프링 데이터 하위 프로젝트를 사용하게끔 pom.xml 파일을 수정한다. 일반적인 pom.xml 파일은 예제 15-1과 같다.

예제 15-1 스프링 데이터 레디스 프로젝트의 pom.xml

```
<?xml version="1.0" encoding="UTF-8"?>
xmlns="http://maven.apache.org/POM/4.0.0"
xmlns:xsi="http://www.w3.org/2001/XMLSchema-instance"
xsi:schemaLocation="http://maven.apache.org/POM/4.0.0
http://maven.apache.org/maven-v4_0_0.xsd">
    <modelVersion>4.0.0</modelVersion>
    <groupId>com.treasuryofideas.pronosql</groupId>
    <artifactId>redis</artifactId>
    <name>redis-dictionary</name>
    <packaging>war</packaging>
    <version>1.0.0-BUILD-SNAPSHOT</version>
    <properties>
        <java-version>1.6</java-version>
        <org.springframework-version>3.0.5.RELEASE</org.springframework-version>
        <org.springframework.roo-version>1.0.2.RELEASE</org.springframework.rooversion>
        <org.aspectj-version>1.6.9</org.aspectj-version>
        <redis.version>1.0.0.M2-SNAPSHOT</redis.version>
    </properties>
    <dependencies>
        <!-- 스프링 -->
        <dependency>
            <groupId>org.springframework</groupId>
            <artifactId>spring-context</artifactId>
            <version>${org.springframework-version}</version>
            <exclusions>
                <!-- SLF4j를 사용하기 위해 Commons Logging을 제외
하기 위한 SLF4j -->
                <exclusion>
                    <groupId>commons-logging</groupId>
                        <artifactId>commons-logging</artifactId>
                </exclusion>
            </exclusions>
        </dependency>
```

```xml
            <!-- <span class="hiddenSpellError"
pre="">AspectJ</span> -->
            <dependency>
                <groupId>org.aspectj</groupId>
                <artifactId>aspectjrt</artifactId>
                <version>${org.aspectj-version}</version>
            </dependency>
            <dependency>
                <groupId>log4j</groupId>
                <artifactId>log4j</artifactId>
                <version>1.2.15</version>
            <exclusions>
                <exclusion>
                    <groupId>javax.mail</groupId>
                    <artifactId>mail</artifactId>
                </exclusion>
                <exclusion>
                    <groupId>javax.jms</groupId>
                    <artifactId>jms</artifactId>
                </exclusion>
                <exclusion>
                    <groupId>com.sun.jdmk</groupId>
                    <artifactId>jmxtools</artifactId>
                </exclusion>
                <exclusion>
                    <groupId>com.sun.jmx</groupId>
                    <artifactId>jmxri</artifactId>
                </exclusion>
            </exclusions>
            <scope>runtime</scope>
        </dependency>

        <!-- @Inject -->
        <dependency>
            <groupId>javax.inject</groupId>
            <artifactId>javax.inject</artifactId>
            <version>1</version>
        </dependency>

        <!-- 테스트 -->
```

```xml
<dependency>
    <groupId>junit</groupId>
    <artifactId>junit</artifactId>
    <version>4.8.1</version>
    <scope>test</scope>
</dependency>
<dependency>
    <groupId>org.springframework.data</groupId>
    <artifactId>spring-data-redis</artifactId>
    <version>${redis.version}</version>
</dependency>
<dependency>
    <groupId>org.springframework.data</groupId>
    <artifactId>spring-data-keyvalue-core</artifactId>
    <version>${redis.version}</version>
</dependency>
<dependency>
    <groupId>org.springframework</groupId>
    <artifactId>spring-aop</artifactId>
    <version>${org.springframework-version}</version>
</dependency>
<dependency>
    <groupId>org.springframework</groupId>
    <artifactId>spring-aspects</artifactId>
    <version>${org.springframework-version}</version>
</dependency>
<dependency>
    <groupId>org.apache.commons</groupId>
    <artifactId>commons-io</artifactId>
    <version>1.3.2</version>
</dependency>
<dependency>
    <groupId>org.springframework</groupId>
    <artifactId>spring-test</artifactId>
    <version>${org.springframework-version}</version>
    <scope>test</scope>
    <exclusions>
        <exclusion>
            <groupId>commons-logging</groupId>
            <artifactId>commons-logging</artifactId>
```

```xml
                    </exclusion>
                </exclusions>
            </dependency>
        </dependencies>
        <repositories>
            <repository>
                <id>spring-maven-milestone</id>
                Springframework Maven Repository
                <url>http://maven.springframework.org/milestone</url>
            </repository>
            <repository>
                <id>spring-maven-snapshot</id>
                <snapshots>
                    <enabled>true</enabled>
                </snapshots>
                Springframework Maven SNAPSHOT Repository
                <url>http://maven.springframework.org/snapshot</url>
            </repository>
        </repositories>
        <build>
            <plugins>
                <plugin>
                    <groupId>org.apache.maven.plugins</groupId>
                    <artifactId>maven-compiler-plugin</artifactId>
                    <configuration>
                        <source>${java-version}</source>
                        <target>${java-version}</target>
                    </configuration>
                </plugin>
                <plugin>
                    <groupId>org.apache.maven.plugins</groupId>
                    <artifactId>maven-dependency-plugin</artifactId>
                    <executions>
                        <execution>
                            <id>install</id>
                            <phase>install</phase>
                            <goals>
                                <goal>sources</goal>
                            </goals>
                        </execution>
```

```
                </executions>
            </plugin>
        </plugins>
    </build>
</project>
```

TagSynonyms ↻

메이븐은 프로젝트 빌드, 의존성 정의 및 관리를 매우 쉽고 우아하게 할 수 있게 해준다. 앞의 예제에 있는 POM 파일은 프로젝트를 빌드하는 데 필요한 외부 라이브러리를 모두 정의한다. POM 파일을 사용해 프로젝트 생명주기를 관리하면 외부 라이브러리가 자동으로 다운로드되고 설정된다.

이어서 레디스와 스프링 데이터를 활용해 간단한 키/값 예제를 개발해보자. 이 예제에서는 태그 동의어 저장소를 개발한다. 이런 저장소에서는 태그를 키로 갖고 있다. 유사 또는 동일한 의미를 키 태그로 갖고 있는 모든 태그는 값을 구성한다. 예를 들어 'web' 같은 태그는 키가 될 수 있으며, 'internet', 'www' 같은 태그는 값이 될 수 있다. 이런 데이터 구조는 레디스 리스트를 사용해 쉽게 저장할 수 있다. 스프링에서 이 태그 동의어 데이터 저장소에 접근하려면 예제 15-2와 같은 DAO 클래스를 개발해야 한다.

예제 15-2 TagSynonymsDao

```java
import org.springframework.data.keyvalue.redis.core.RedisTemplate;

public class TagSynonymsDao {

    private RedisTemplate<String, String> template;

    public TagSynonymsDao(RedisTemplate template) {
        this.template = template;
    }

    public Long addSynonymTag(String keyTag, String synonymTag) {
        Long index = template.opsForList().rightPush(keyTag, synonymTag);
        return index;
    }

    public List getAllSynonymTags(String keyTag) {
        List<String> synonymTags = template.opsForList().range(word, 0, -1);
        return synonymTags;
```

```
    }

    public void removeSynonymTags(String... synonymTags) {
        template.delete(Arrays.asList(synonymTags));
    }
  }
```

TagSynonyms ↺

이 예제는 태그 동의어 예제를 통해 RedisTemplate의 사용법을 보여준다. 데이터 접근 클래스는 템플릿을 통해 레디스와 상호작용하며, RedisTemplate에 정의된 메서드를 사용해 요소를 집어넣고, 범위 쿼리를 실행하고, 요소를 삭제한다.

이로써 간단하게나마 예제를 살펴봤다. 이번 설명을 계기로 현재 사용할 수 있고, 새롭게 부상 중인 추상화를 통해 NoSQL 제품과 RDBMS 및 NoSQL 사이를 긴밀하게 오가면서 작업할 수 있다는 사실을 알게 됐기를 바란다.

RDBMS에서 NoSQL로의 이전

구조화된 스키마에서 스키마가 없는 형태로의 이전은 그다지 어렵지 않다. 많은 경우 RDBMS 테이블에서 데이터를 간단히 내보낸 후 이를 NoSQL 컬렉션으로 옮길 수 있다. 하지만 NoSQL 데이터베이스가 칼럼 패밀리, 순서 정렬, 키/값 저장소일 때는 문제가 복잡해진다. 이와 같은 패러다임의 변화는 종종 재설계를 필요로 하기 때문이다.

가장 큰 방해 요소는 NoSQL 환경에서 지원하기 까다로운 애드혹 쿼리 및 2차 인덱스다. NoSQL은 일반 저장소 관점이 아니라 쿼리 관점에서만 데이터 저장소를 보기 때문이다.

RDBMS에서 하둡으로의 데이터 이전을 쉽게 할 수 있게끔 (또 이를 통해 NoSQL 방식으로 데이터를 조작할 수 있게) Cloudera는 Sqoop라는 오픈소스 제품을 개발했다. Sqoop는 다음과 같은 기능을 갖춘 명령행 툴이다.

- 개별 RDBMS 테이블 또는 전체 데이터베이스 파일을 HDFS 내 파일로 불러오기
- 불러온 데이터와 상호작용할 수 있는 자바 클래스 생성 기능
- SQL 데이터베이스를 하이브 데이터 웨어하우스로 바로 불러오는 기능

Sqoop에 대한 자세한 정보는 https://github.com/cloudera/sqoop에서 볼 수 있다.

정리

이 장에서는 다언어 영속성의 사례를 살펴봤다. RDBMS와 NoSQL을 나란히 사용하는 법을 보여줬고 독자들의 이해를 돕기 위해 페이스북, 트위터, 링크드인처럼 인기 있는 대규모 소셜 미디어 사이트를 예로 들어 설명했다.

또 RDBMS와 NoSQL 세계 사이에서 가교 역할을 하는 제품을 간단히 살펴봤다. 레일즈, 장고, 스프링 같은 인기 프레임워크와 이들 프레임워크의 RDBMS 및 NoSQL 지원 기능을 예제를 통해 살펴봤다.

끝으로 RDBMS에서 NoSQL로 이전하는 법에 대해 짧게 언급함으로써 테이블에 있는 데이터를 MapReducestyle 분석에 좀 더 적합한 구조로 옮기는 법을 배웠다.

다음 장에서는 성능 튜닝과 관련한 몇 가지 주제를 다룬다.

16

성능 튜닝

· 병렬 확장 가능한 애플리케이션에 영향을 미치는 요소 이해
· 확장 가능 처리의 최적화(처리에 맵리듀스 모델을 활용하는 사례를 중심으로)
· 병렬 처리의 모범 기법 소개
· 하둡 성능 튜닝 팁 몇 가지

오늘날 NoSQL 세계에서 많은 빅 데이터 분석이 맵리듀스 모델에 의존하고 있다. 하둡은 맵리듀스를 기반으로 개발됐으며, 대용량 데이터 크기를 지원하는 각 NoSQL 제품도 이를 활용하고 있다. 이 장에서는 먼저 확장 가능 애플리케이션을 최적화하는 법을 살펴보고 대용량 데이터셋에 대해 맵리듀스 방식으로 튜닝하는 법을 배운다. 이 장에서는 관행적인 해법을 제공하지 않는다. 대신 몇 가지 중요한 개념을 제시하고 확장 가능한 병렬 애플리케이션을 최적화할 때 염두에 둘 만한 모범 방식을 소개한다. 각 최적화 문제는 요구 조건과 맥락이 고유한 만큼 보편적으로 적용할 수 있는 한 가지 범용적인 해법을 제시하는 것은 불가능에 가깝다.

병렬 알고리즘의 목적

맵리듀스는 과거 어느 때보다 확장 가능한 병렬 처리를 손쉽게 만들어 준다. 병렬 스레드나 프로세스 사이에서 데이터를 샤딩하지 않는 모델을 고수함으로써 맵리듀스는 작업량이 늘어나더라도 병목으로부터 자유로운 확장 모델을 만들었다. 이와 같은 맵리듀스 알고리즘의 내부 목적은 항상 지연 시간을 줄이고 처리량을 늘리는 것이다.

지연 시간 감소의 의미

지연 시간을 줄인다는 것은 간단히 말해 프로그램의 실행 시간을 줄인다는 뜻이다. 프로그램이 빠르게 작업을 완료하면(즉 특정 입력값에 대해 원하는 결과를 생산하는 데 걸린 시간이 더 적으면) 지연 시간 관점에서 프로그램이 더 잘 수행한다고 판단할 수 있다. 특정 입력 및 출력 환경에서 지연 시간을 줄이려면 입력 및 출력에 대해 최적의 알고리즘을 선택하고 하위 작업의 실행을 병렬화하는 과정이 필요하다. 작업을 여러 개의 병렬적이고 독립적인 하위 작업으로 나눌 수 있다면, 이를 병렬로 실행해 작업을 마치는 데 드는 전체 시간을 줄일 수 있다. 따라서 병렬 프로그램에서 지연 시간은 가장 작은 '원자적' 하위 작업을 실행하는 데 걸리는 시간의 척도다. 여기서 '원자적'이란 말은 더는 병렬적 하위 작업으로 쪼갤 수 없는 최소 작업 단위를 가리킨다. 병렬화가 불가능한 경우에는 지연 시간이 전체 프로그램을 실행하는 데 걸리는 시간의 척도가 된다.

최적화 알고리즘과 관련해서는 해당 알고리즘이 map 및 reduce 함수 모델에 적합해야 한다는 점을 기억하자. 물론 필요하다면 이들 함수를 여러 번 통과하게 할 수도 있다.

처리량을 늘리는 방법

처리량은 특정 프로세스 내에서 결과를 생성하기 위해 조작할 수 있는 입력값의 양을 나타낸다. 많은 대용량 데이터셋에서 처리량은 중심적인 위치를 차지하며, 때로는 처리량을 위해 지연 시간을 늘리는 희생도 감수한다. 이는 대용량 데이터를 분석하는 게 간단하지 않기 때문이다. 예를 들어 트위터의 케빈 웨일은 2010년 웹 2.0 엑스포(www.slideshare.net/kevinweil/analyzing-big-data-at-twitter-web-20-expo-nyc-sep-2010)에서 매일 트윗이 12테라바이트만큼 늘어난다고 밝힌 바 있다. 이 정도의 데이터 양이면 80Mbps 속도로 디스크에 쓸 때 약 48시간이 걸린다. 이런 사실은 많은 사용자 트래픽으로 인해 날마다 대용량 데이터가 생산되는 모든 서비스(이를테면 페이스북, 구글)에도 똑같이 적용된다.

하둡은 단일 장비상에 데이터가 보관된 경우에도 대용량 데이터셋을 분석할 수 있는 기능을 제공한다. 전통적인 단일 장비 기반의 대규모 시스템에서는 가용 리소스로 인해 처리량이 종종 제약을 받았다. 예를 들어 시스템의 RAM 용량이나 CPU의 개수 및 성능이 장비가 감당할 수 있는 처리량을 결정했다. 하둡 분산 파일 시스템(HDFS)을 활용하는 수평적으로 확장된 하둡 환경에서는 이런 제한이 더는 문제가 되지 않는다. 클러스터에 노드를 추가하면 하둡은 데이터가 늘어남에 따라 더 많은 처리를 할 수 있다. 또 병렬화 덕분에 강력한 장비가 아닌 제한된 성능의 일반 하드웨어로도 처리량을 늘리는 데 도움을 줄 수 있다.

선형적 확장 가능성

수평적으로 확장된 전형적인 맵리듀스 기반 모델에서는 처리는 병렬적이지만 확장 가능성은 종종 선형적이다. 이 말은 클러스터의 한 노드가 매 초 x메가바이트의 데이터를 처리할 수 있으면, n개의 노드는 x 곱하기 n만큼의 데이터를 처리할 수 있다는 뜻이다. 이를 다른 방식으로 설명하면, 데이터가 x만큼 늘어날 경우 동일한 처리 속도를 유지하려면 또 다른 노드를 하나 더 추가해야 한다는 뜻이 된다. 또 부하 관점에서 n개의 노드가 똑같이 균형을 이룬 상태에서, 로드가 추가됨에 따라 새 노드를 추가하는 한 처리 시간은 일정하게 유지된다는 뜻도 된다. 또 클러스터에 노드를 추가하면 특정 데이터 양을 처리하는 데 드는 시간을 비례적으로 줄일 수 있다.

이를 보여주는 간단한 수식은 다음과 같다.

- 단일 노드에서 y만큼의 데이터를 처리하는 데 드는 시간 = t초
- n개의 노드에서 y만큼의 데이터를 처리하는 데 드는 시간 = t/n초

이 공식에서는 작업이 동일하게 균형을 맞춘 유닛으로 병렬화될 수 있으며, 각 유닛이 주어진 데이터 셋을 처리하는 데 거의 동일한 시간이 걸린다고 가정한다.

확장성에 영향을 미치는 방정식

하둡의 주요 공헌자인 밀린드 반다카르는 하둡 애플리케이션 확장에 대한 프레젠테이션(www.slideshare.net/hadoop/scaling-hadoopapplications)에서 세 가지 중요하고 유명한 방정식을 사용해 확장성에 영향을 미치는 이론을 잘 정리했다.

- 암달의 법칙
- 리틀의 법칙
- 메시지 비용 모델

암달의 법칙

암달의 법칙에서는 시스템의 일부만 개선된 상황에서 전체 시스템의 성능을 최대로 개선할 수 있는 공식을 제공한다. 암달의 법칙은 IBM 메인프레임 개발에 공헌한 유명 컴퓨터 아키텍트인 징 암달(www.computer.org/portal/web/awards/amdahl)의 이름을 딴 법칙이다.

암달의 법칙은 간단한 예제를 통해 설명할 수 있다. 예를 들어 5시간 동안 실행되는 프로세스가 있고, 이 프로세스를 병렬화가 가능한 하위 작업으로 나눌 수 있다고 가정하자. 또 실행하는 데 25분이 걸리는 프로그램에서 일부분을 제외한 모든 영역을 병렬화할 수 있다고 가정하자. 그러면 완료되기까지 25분이 걸리는 프로그램의 이 영역이 결국 전체 프로그램이 달성할 수 있는 최고 속도를 규정하게 된다. 기본적으로 선형적으로 실행되는 프로그램 영역이 프로그램의 성능을 제한한다. 수학적인 관점에서 이 예제는 다음과 같이 볼 수 있다.

- 프로그램 실행에 걸리는 시간: 5시간(300분)
- 프로그램의 직렬 부분에 걸리는 시간: 25분
- 전체 프로그램의 병렬화 비율: ~91.6
- 병렬화할 수 없는 부분의(또는 직렬적 성격의) 비율: 8.4
- 따라서 병렬화하지 않는 버전과 비교화 병렬화한 버전의 최고 속도 증가율은 1 / (1 – 0.916) = ~11.9가 된다.

다시 말해 완전히 병렬화된 버전은 같은 프로그램을 병렬화하지 않은 버전보다 11배 빠를 수 있다.

암달의 법칙에서는 이와 같은 속도 개선값의 계산 결과를 다음과 같은 수식으로 일반화한다.

$$1 / ((1 – P) + P/S)$$

여기서 P는 병렬화된 부분의 비율을 나타내고, S는 비병렬화된 부분과 비교한 병렬화된 부분의 성능을 나타낸다.

이 일반 방정식에서는 프로그램의 각기 다른 영역에 대해 각기 다른 수준의 속도 증가를 고려한다. 따라서 예를 들어 프로그램이 P1, P2, P3, P4라는 네 부분으로 병렬화될 수 있고, P1, P2, P3, P4가 각각 10%, 30%, 40%, 20%라고 가정하자. 만일 P1은 2배, P2는 3배, P3는 4배 속도가 빨라질 수 있지만 P4는 속도가 빨라질 수 없다면 전체 실행 시간은 다음과 같다.

0.10/2 + 0.30/3 + 0.40/4 + 0.20/1 = 0.45

따라서 최대로 높일 수 있는 속도 증가율은 1/0.45, 즉 2.22로, 병렬화하지 않은 프로그램의 두 배 이상 속도다.

암달의 법칙에 대한 자세한 정보는 www-inst.eecs.berkeley.edu/~n252/paper/Amdahl.pdf에서 볼 수 있다.

암달의 법칙은 멀티 코어 프로그래밍에 적용되는 만큼 맵리듀스 병렬화에도 그대로 적용된다.

구스타프슨의 법칙(http://citeseerx.ist.psu.edu/viewdoc/summary?doi=10.1.1.85.6348)은 암달의 법칙을 재평가한다. 이 법칙에서는 더 많은 컴퓨팅 자원이 주어지면 더 적은 컴퓨팅 자원을 사용해 더 간단한 문제를 풀 때와 동일한 시간 동안 더 복잡한 문제를 풀 수 있다고 말한다.[1] 따라서 구스타프슨의 법칙은 프로그램의 선형적인 영역에서 부여한 확장 가능성 제한과 배치된다(특히 더 많은 컴퓨팅 자원을 활용해 크고, 복잡하며, 반복작인 작업을 처리하는 경우).

1 즉 컴퓨팅 자원과 문제의 복잡도 사이의 선형적인 관계가 컴퓨팅 자원이 늘어날 경우 성립하지 않는다는 뜻이다. 예를 들어 컴퓨팅 자원을 2배로 늘릴 경우 2배보다 더 복잡한 문제를 같은 시간 내에 풀 수 있다는 의미다.

리틀의 법칙

리틀의 법칙은 병렬 컴퓨팅에 적용되지만, 그 기원은 경제학과 큐 이론으로부터 유래한다. 이 법칙은 간단해 보이지만 안정적 시스템의 부하를 분석하는 확률 분산 방식을 제공한다. 이 법칙에서는 안정적 시스템의 평균 고객 수는 평균 도착 비율과 각 고객이 시스템 내에서 보내는 시간의 산출물이라고 말한다. 이를 공식으로 표현하면 다음과 같다.

- $L = kW$
- L은 안정적 시스템에서의 평균 고객 수다.
- k는 평균 도착 비율이다.
- W는 시스템 내에서 고객이 보내는 시간이다.

이를 좀 더 잘 이해하려면 간단한 시스템, 예컨대 한 계산대에서 현금만 받는 작은 주유소를 생각하면 된다. 네 명의 고객이 매 시간 이 주유소에 도착하고 각 고객이 주유소에서 약 15분(0.25시간)을 보내면 이 주유소에는 어느 때든 평균 한 명의 고객이 있게 된다. 같은 주유소에 네 명보다 많은 고객이 찾아오면 시스템에서 병목 현상이 생기는 것을 금세 알 수 있다. 주유소 고객이 평상시보다 오래 기다리는 것이

짜증나서 그냥 주유소를 나간다면 도착 비율보다 출구 비율이 높아지고, 이런 상황에서는 시스템이 불안정해진다.

시스템을 리틀의 법칙 관점에서 보면 한 고객 또는 (병렬 프로그램으로 해석해) 하나의 활성 프로세스가 완료까지 일정 시간, 이를테면 W를 차지하고, 시스템의 최대 수용량에 따라 L만큼의 프로세스만 처리할 수 있다면 도착 비율은 시간 단위당 L/W보다 클 수 없다. 도착 비율이 이 값을 초과하면 시스템은 백업되고, 연산 시간 및 연산의 양이 영향을 받는다.

메시지 비용 모델

세 번째 방정식은 메시지 비용 모델이다. 메시지 비용 모델은 한 쪽에서 다른 쪽으로 메시지를 보내는 비용을 고정 비용과 가변 비용 관점으로 나눈다. 간단히 말해 메시지 비용 모델의 공식은 다음과 같다,

$$C = a + bN$$

- ■ C는 한 쪽, 예를 들어 A에서 다른 쪽, 이를테면 B로 메시지를 전달하는 데 드는 비용이다.
- ■ a는 메시지를 보내는 데 드는 기반 비용이다.
- ■ b는 메시지의 바이트당 비용이다.
- ■ N은 메시지의 바이트 수다.

이 공식은 이해하기 쉽다. 이 모델에서 알아야 할 두 가지 주요 개념은 다음과 같다.

- ■ 크기와 상관없이 메시지를 전송하는 데는 고정 비용이 포함된다. 보통 메시지를 보낼 때는 연결 설정, 통신, 준비 같은 작업을 하는 것을 자주 볼 수 있다.
- ■ 메시지 전송 비용은 직접 및 선형적으로 메시지 크기와 상호 관련된다.

메시지 비용 모델은 네트워크를 통해 메시지를 전송하는 것과 관련해 비용에 대한 재미있는 혜안을 준다.

기가비트 이더넷상에서 a는 약 300마이크로 초, 즉 0.3밀리초이고 b는 125MB당 1초다. 1 기가비트는 1,000Mb 또는 125MB다. 기가비트 이더넷은 125MBps의 전송 속도를 나타낸다. 125MB당 1초의 비용은 1,000밀리초가 1초이고, 1,000KB가 1MB이므로, 125KB당 1밀리초와 같다. 이 말은 10KB의 메시지 100개는 100 곱하기(0.3 + 10/125)밀리초, 즉 38밀리초가 소요되는 데 반해 100KB의 메시지 10개는 10 곱하기(0.3 + 100/125)밀리초, 즉 11밀리초가 소요된다는 뜻이다. 따라서 메시지 비용을 최적화할 수 있

는 방법 중 하나는 한 번에 가능한 한 큰 패킷으로 메시지를 전송함으로써 큰 크기를 통해 고정 비용을 분할하는 것이다.

> 이론적인 계산에서 메시지 비용 모델의 고정 비용인 a는 모든 메시지 크기에 대해 고정돼 있다고 간주하지만 보통은 그렇지 않다. a 값은 메시지의 크기에 따라 변한다.

파티셔닝

파티셔닝은 병렬화에서 매우 중요한 요소다. 맵리듀스 방식의 처리에서 각 리듀서는 파티션을 형성한다. 맵 단계 동안은 키/값 쌍이 방출된다. 리듀서는 이들 키/값 쌍을 처리한다. 맵리듀스 방식은 처리에 있어 비공유(share-nothing) 모델을 선호하므로 같은 파티션으로 들어가고 같은 리듀서에 의해 처리되려면 모든 키/값 쌍이 같은 키를 갖고 있어야 한다.

하둡 맵리듀스 프레임워크에서는 기본 파티셔너가 정의돼 있다. 기본 파티셔너는 HashPartitioner다. HashPartitioner는 키의 hashCode 함수 값을 사용한다. 따라서 '해시 코드 값' modulo '파티션 개수'는 n(n은 키/값 쌍을 파티션으로 분산하는 데 사용하는 숫자다)이 된다.

하둡에서는 Partitioner라는 인터페이스를 사용해 맵 작업이 내보낸 키/값 쌍이 어떤 파티션으로 들어가는지 판단한다. 파티션의 개수, 즉 리듀스 작업의 개수는 작업이 시작할 때 알 수 있다. Partitioner 인터페이스는 다음과 같다.

```
public interface Partitioner<K, V> extends JobConfigurable {
    int getPartition(K key, V value, int numPartitions);
```

getPartition 메서드는 키, 값, 파티션 개수를 인자로 받고 키/값 쌍이 전송된 파티션을 식별하는 파티션 번호를 반환한다. 임의의 두 키 k1과 k2에 대해 k1과 k2가 같다면 getPartition이 반환한 파티션 번호도 같다.

파티셔닝이 방출된 키/값 쌍을 사용해 균형을 이루지 못하면 부하 불균형 또는 오버 파티셔닝이 생길 수 있으며, 두 경우 모두 비효율적이다. 몇 개의 리듀서가 대부분의 부하를 담당하고 나머지 리듀서가 유휴 상태로 있다면 로드 불균형이 일어난다. 부하 불균형은 지연 시간 증가로 이어진다. 부하가 최대인 상황에서는 장비와 디스크도 느려지는 경향이 있으며 효율이 감소되는 경계 조건에 부딪히게 된다. 부하 불균형은 일부 리듀서가 이와 같은 완전 사용 상태에 이르게 한다.

앞에서 설명한 암달의 법칙을 통해 모든 병렬 처리 최적화는 가장 오랜 시간이 걸리는 직렬 작업에 의해 제한된다는 점을 알고 있을 것이다. 파티셔닝된 맵리듀스 처리에서 직렬적으로 오래 실행되는 작업은 병목 지점을 형성할 수 있다. 또 리듀스 및 그루핑 작업은 모든 키/값 쌍이 처리된 후에만 전체 프로세스를 완료하므로 순차적인 지연으로 이어질 수 있다.

이기종 환경에서의 스케줄링

하둡의 기본적인 스케줄링 알고리즘은 각 작업의 진행 상황을 평균 진행 상황과 비교해 작업을 스케줄링한다. 기본 스케줄러는 다음 사항을 가정한다.

- 노드는 거의 같은 속도로 작업을 수행한다.
- 작업은 일정한 처리량으로 진행된다.

이기종 환경에서는 이런 기본 알고리즘이 최적으로 수행되지 않는다. 따라서 이기종 환경에서 이런 문제를 해결하기 위한 개선책이 나왔다.

LATE(Longest Approximate Time to End) 스케줄러는 기본 하둡 스케줄러를 개선한 것이다. LATE 스케줄러는 속도가 느린 노드의 작업을 복사한 백업 작업을 빠른 노드상에서만 실행한다. 또 백업 작업의 수를 제한함으로써 백업 한계도 설정한다. 더불어 작업을 복사해 다른 노드에서 실행할 만큼 속도가 느린지 결정하는 임계 값도 갖고 있다.

LATE 스케줄러가 기본 하둡 스케줄러를 개선하긴 했지만 두 스케줄러 모두 정적인 방식으로 작업의 진행 상황을 계산한다. 자동 적응 맵리듀스 스케줄링 알고리즘인 SAMR은 이기종 환경에서 기본 스케줄러나 LATE 스케줄러보다 성능이 우수하다. SAMR에 대한 자세한 정보는 Quan Chen, Daqiang Zhang, Minyi Guo, Qianni Deng, Song Guo가 저술한 논문인 'SAMR: A Self-adaptive MapReduce Scheduling Algorithm in Heterogeneous Environment'에서 볼 수 있다. 이 논문은 http://portal.acm.org/citation.cfm?id=1901325에서 확인할 수 있다.

추가적인 맵리듀스 튜닝

더 나은 성능을 위해 맵리듀스에 영향을 미치는 다양한 설정 파라미터를 설정할 수 있다.

통신 부담

데이터셋이 매우 클 때는 맵리듀스의 알고리즘 복잡도가 가장 우선순위가 낮다. 이때는 주로 대규모 데이터셋을 한 번에 바로 처리하는 데 초점을 맞춘다. 하지만 가능하다면 간단히 리듀스 작업을 제거함으로써 통신 부담과 관련 알고리즘 복잡도 일부를 최소화할 수 있다는 점을 기억해야 한다. 이런 경우 맵 작업이 모든 작업을 수행한다. 리듀스 작업을 제거할 수 없는 상황에서는 모든 맵 작업이 완료되기 전에 리듀스 작업을 실행해 성능을 개선할 수 있다.

압축

노드 사이에 데이터가 전송될 때나 맵 작업과 리듀스 작업 사이에서 데이터를 압축하면 성능이 극적으로 개선된다. 기본적으로 통신 부담이 줄어들고 제거 가능한 대역폭 및 네트워크 사용을 제거할 수 있다. 대규모 클러스터 및 대규모 작업에서는 압축을 통해 상당한 이점을 볼 수 있다.

일부 데이터셋은 쉽게 압축할 수 없거나 큰 도움이 될 만큼 충분히 압축되지 않는다.

압축 활성화는 다음 설정 파라미터를 true로 설정해 간단히 지정할 수 있다.

```
mapred.compress.map.output
```

압축 코덱도 설정할 수 있다. 코덱을 설정하려면 **mapred.map.output.compression.codec**을 사용한다.

LZO는 실시간 압축에 적합한 압축 알고리즘이다. 이 알고리즘은 압축률보다는 속도를 우선시한다. LZO에 대한 자세한 정보는 www.oberhumer.com/opensource/lzo/에서 볼 수 있다.

성능을 더 개선하려면 분할 가능한 LZO를 사용하면 된다. 대부분의 맵리듀스 작업은 I/O 제약이 있다. HDFS상의 파일이 맵리듀스 작업을 통해 직접 분할하고 처리할 수 있는 형태로 압축돼 있다면 I/O 및 전체 성능을 개선할 수 있다. 일반 gzip 기반 압축 알고리즘 하에서는 분할된 gzip 요소를 병렬화하는 게 문제를 야기할 수 있으므로 이들 분할 영역은 단일 매퍼에서 처리해야 한다. 단일 매퍼를 사용하면 병렬화 노력이 영향을 받는다. bzip2를 사용하면 이와 같은 분할 영역을 여러 매퍼로 보낼 수 있지만 압축 해제에 많은 CPU 연산이 소요되며 I/O에서 얻은 이득을 CPU 시간으로 인해 잃게 된다. LZO는 크기 및 압축 해제 속도가 최적화된 중간 지대를 제공한다. 분할 가능한 LZO에 대한 자세한 정보는 https://github.com/kevinweil/hadoop-lzo를 참고하자.

파일 블록 크기

하둡의 내부 분산 파일 시스템인 HDFS는 대용량 파일을 저장할 수 있게 해준다. HDFS에서 기본 블록의 크기는 약 64MB다. 클러스터가 작고 데이터 크기가 크다면 기본 블록 크기로 수많은 맵 작업이 생성된다. 예를 들어 120GB의 입력은 1,920개의 맵 작업으로 이어진다. 이는 다음과 같은 간단한 계산으로 쉽게 도출할 수 있다.

$$(120 * 1024)/64$$

따라서 작은 클러스터에서는 블록 크기를 늘리는 게 논리적이다. 하지만 블록 크기는 클러스터의 모든 노드를 사용하지 않는 수준까지 늘려서는 안 된다.

병렬 복사

맵 출력 결과는 리듀서로 복사된다. 맵 작업의 출력 결과가 큰 경우 멀티 스레드를 통해 병렬적으로 값을 복사할 수 있다. 스레드를 늘리면 CPU 사용량은 늘어나지만 지연 시간은 줄어든다. 스레드의 기본 개수는 5로 설정돼 있다. 다음 속성을 설정하면 이 숫자를 늘릴 수 있다.

```
mapred.reduce.parallel.copies
```

HBASE 코프로세서

HBase 코프로세서는 구글 빅테이블의 코프로세서로부터 영감을 받았다. 카운팅, 취합 등과 같은 간단한 프로세스는 서버로 집어넣어 성능을 개선할 수 있다. 코프로세서 개념은 바로 이런 성능 개선 효과를 제공한다.

HBase의 세 인터페이스(Coprocessor, RegionObserver, Endpoint)는 유연한 방식으로 코프로세서 프레임워크를 구현한다. 코프로세서와 RegionObserver 뒤에는 이들 두 개의 관련 인터페이스에서 상위 호출 메서드를 오버라이드함으로써 사용자 코드를 삽입할 수 있다는 개념이 자리 잡고 있다. 코프로세서 프레임워크는 상위 호출에 대한 세부 내용을 처리해준다. 함수를 확장하기 위해 한 개보다 많은 코프로세서 또는 RegionObserver를 로드할 수도 있다. 이 경우 코프로세서와 RegionObserver는 차례로 실행되도록 체인을 형성한다. 이들 순차 코프로세서는 지정한 우선순위를 기반으로 순서가 정해진다.

서버사이드의 엔드포인트와 클라이언트 라이브러리가 제공하는 동적 RPC를 통해 클라이언트와 영역 서버 사이의 HBASE RPC 트랜잭션에 대한 커스텀 확장을 정의할 수 있다.

블룸 필터 활용

블룸 필터는 13장에서 소개했다. 블룸 필터가 기억나지 않는다면 13장의 정의를 참고하자.

HBase에서 get 행 호출은 현재 영역 내 모든 StoreFile에서 해당 행을 가져오는 병렬적 N 방식의 get을 수행한다. 이 말은 디스크로부터 N 번의 읽기 요청이 있다는 뜻이다. 블룸 필터는 이와 같은 N 번의 디스크 읽기를 행을 포함하는 파일로만 줄이는 경량 인메모리 구조를 제공한다.

읽기는 병렬적으로 이뤄지므로 개별 get에 대한 성능적인 이득은 미미하다. 더불어 읽기 성능은 디스크 읽기 지연 시간에 의해 주로 결정된다. 병렬 get을 직렬 get으로 바꾸면 블룸 필터의 읽기 지연 시간에 대한 영향력을 확인할 수 있다.

블룸 필터는 데이터보다 무거울 수 있다. 블룸 필터가 기본으로 활성화돼 있지 않은 이유도 이 때문이다.

정리

이 장에서는 병렬 맵리듀스 기반 처리에 대한 성능 튜닝과 관련해 몇 가지 관점을 소개했다. 맵리듀스 알고리즘은 일반 하드웨어를 사용해 대용량 데이터 처리를 할 수 있게 해준다. 맵리듀스 알고리즘을 확장 적용하려면 몇 가지 현명한 설정이 필요하다. 맵리듀스 작업을 최적으로 설정하면 성능을 튜닝할 수 있다.

이 장에서는 몇 가지 일반적인 성능 튜닝 팁을 소개하면서 설명에 하둡 및 관련 툴을 사용했다.

17

툴과 유틸리티

- NoSQL 제품을 모니터링하고 관리하는 인기 툴과 유틸리티 살펴보기
- 로그 처리, 맵리듀스 관리, 검색 관련 툴 소개
- 강력한 관리 기능을 갖춘 관련 유틸리티 살펴보기

이 책은 NoSQL에 대한 책이고 이 책의 목적은 처음부터 이 주제에 익숙해지게 하는 데 있었다. 이 책의 목적은 독자들을 특정 NoSQL 제품의 전문가로 만드는 게 아니다. 이 책에서는 가능한 한 많은 내부 개념을 접하고 각기 다른 다양한 NoSQL 제품이 제공하는 풍부한 다양성을 느끼게 하는 데 주안점을 뒀다. 이제 이런 초기 목적은 달성했고 NoSQL에 대해서도 충분히 소개한 만큼 갈수록 성장하는 NoSQL 분야의 기본 구성 요소에 대해 어느 정도 자신감과 편안함을 느낄 수 있을 것이다. 이 책의 마지막 장인 이 장에서는 지금까지 노력의 연장선에서 NoSQL에 대해 배운다. 하지만 이 장에서는 개념에 집중하는 대신 독자들이 NoSQL 제품을 채택한 후 활용할 만한 재미있고 중요한 툴과 유틸리티를 소개한다. 그렇지만 여기서 나열한 목록이 사용할 수 있는 전체 제품의 목록이나 가장 좋은 제품만을 모아놓은 것은 아니다. 단지 대표적인 제품만을 선별했을 뿐이다.

이 장의 내용은 14가지 각기 다른 오픈소스 및 무료로 사용할 수 있는 사용 사례, 툴, 유틸리티를 중심으로 구성돼 있다. 이들 각각은 NoSQL과 관련이 있지만 서로 독립적이다. 이 말은 이 장은 처음부터 끝까지 차례로 읽어도 되고 필요에 따라 특정 제품을 다루는 특정 페이지로 바로 이동해도 된다는 뜻이다.

첫 번째로 다룰 툴인 RRDTool과 나기오스는 NoSQL 시스템 외 다른 곳에서도 중요하다. 이들 툴은 모든 종류의 분산 시스템을 모니터링하고 관리하는 데 도움될 것이다.

RRDTOOL

RRDTool은 고성능 로깅 및 시계열 데이터의 그래프를 표현하는 오픈소스 툴이다. RRDTool은 셸 스크립트 및 파이썬, 루비, 펄, 루아, Tcl 같은 다양한 스크립트 언어와 쉽게 연동한다. RRDTool은 C로 작성돼 있으며, 대부분의 플랫폼에서 컴파일된다. RRDTool은 리눅스, 윈도우, 맥 OS X에서 쉽게 실행할 수 있으며, http://oss.oetiker.ch/rrdtool/에서 내려받을 수 있다.

RRDTool은 데이터베이스와 그래프 생성 및 렌더링 환경을 포함한다. RRDTool 데이터베이스는 전통적인 RDBMS와는 다르다. 이 데이터베이스는 롤링 로그 파일에 좀 더 가깝다. RRDTool은 캡처, 그래프 성능, 사용량, 활용 메트릭에 사용할 수 있으므로 매우 유용한 모니터링 툴이다.

RRDTool의 사용법을 이해하는 데 도움되는 간단한 예를 살펴보자. 예를 들어 NoSQL 데이터베이스 노드를 실행하는 장비의 CPU 사용량 같은 메트릭을 캡처해야 한다고 가정하자. 예컨대 60초마다(매 분마다) 사용 메트릭을 캡처할 수 있다. 추가로 시간별 사용 메트릭의 평균을 구해 이런 계산 결과를 일별(24시간)로 저장할 수도 있다. 이와 같이 데이터를 쉽게 저장한 후에는 데이터 분석을 위해 저장된 값을 그래프로 볼 수 있다.

RRDTool 데이터베이스는 원의 둘레를 중심으로 한 저장 스키마로 생각할 수 있다. 이 말은 원 주변에 데이터를 쓰다 보면 결국 시작점으로 되돌아오게 된다는 뜻이다. 시작 위치로 되돌아오면 새 데이터 값을 기존 값에 덮어쓴다. 이 말은 저장하는 데이터의 양이 데이터베이스에 할당된 전체 저장 용량으로 미리 정해져 있다는 뜻이다. 원의 비유대로 표현하자면 원주가 미리 정해진 것이다.

RRDTool 데이터베이스를 생성하는 가장 쉬운 방법은 명령행 인터페이스(CLI)를 사용하는 것이다. CPU 사용량 메트릭에 대한 명령행 인터페이스 활용법은 다음과 같다.

```
rrdtool create myrrddb.rrd \
        --start 1303520400 \
        --step 60 \
        DS:cpu:GAUGE:120:0:100 \
        RRA:AVERAGE:0.5:60:24 \
        RRA:AVERAGE:0.5:1440:31
```

이 명령은 myrrddb.rrd라는 이름의 RRDTool 데이터베이스를 생성한다. 이 명령은 캡처할 메트릭과 메트릭을 취합하는 방식을 정의한 속성을 통해 데이터베이스를 초기화함으로써 데이터베이스를 생성한다. 명령행을 줄별로 살펴보면 모든 파라미터를 이해하기가 좀 더 쉽다.

start와 step 파라미터는 시작 시간과 데이터베이스의 캡처 주기를 정의한다. start 파라미터에 넘겨준 시간 값은 기준 시점 이후로 흐른 시간을 초로 나타낸 값이며, 이 경우 RRDTool의 기준 시점은 1970년 1월 1일이다. step 값은 메트릭을 기록하고 저장하는 주기를 초로 지정한다. 여기서는 CPU 사용량을 매 분마다 저장할 생각이므로 step 값을 60(60초)으로 지정했다.

step 인자 다음 줄에서는 캡처할 메트릭을 정의한다. DS:cpu:GAUGE:120:0:100 값은 다음 형식을 따른다.

```
DS:variable_name:data_source_type:heartbeat:min:max
```

DS는 데이터 소스를 나타내는 키워드다. DS는 사실 지금까지 메트릭이라고 부른 대상과 동일하다. variable_name은 데이터 소스를 식별한다. 이 예제에서는 CPU 사용량 값을 보관하는 변수명으로 **cpu** 를 사용한다. data_source_type은 데이터 소스에 대해 저장할 값의 타입을 정의한다. 이 예제에서 사용한 값은 GAUGE다. data_source_type에 사용할 수 있는 값은 다음과 같다.

- **COUNTER** : 일정 기간 동안의 변화율을 기록한다. 이 경우 이 값은 항상 증가한다.
- **DERIVE** : COUNTER와 유사하지만 음수 값도 받아들일 수 있다.
- **ABSOLUTE** : 마찬가지로 변화율을 기록하지만 항상 마지막 값을 기준으로 현재 값을 저장한 다. 현재 값은 마지막 값을 기준으로 한 차이 값이다. 수학적으로 얘기하면 이 값은 '델타' 값이다.
- **GAUGE** : 변화율이 아닌 실제 값을 기록한다.

RRDTool은 정해진 주기로 값을 기록한다. 이 예제에서 **myrrddb.rrd**는 60초마다 CPU 사용값을 기 대한다. RRDTool 데이터베이스는 RDBMS와 달리 미리 정한 주기에 값을 사용할 수 있다고 기대한다. 이 말은 값을 가져오지 못하면 값을 UNDEFINED로 기록한다는 뜻이다. 이 예제에서 120초로 지정한 heartbeat 값은 데이터베이스에서 값이 존재하지 않는다고 생각해 값을 UNDEFINED로 기록하는 시 점이다. 값이 미리 정한대로 정확히 들어오지 않더라도 RRDTool은 레코드가 heartbeat 주기 내 도착할 경우 값을 보관할 수 있는 기능이 있다. 마지막 두 값인 min과 max는 값의 경계 조건이다. 이들 값을 벗 어난 데이터 소스 값은 UNDEFINED로 기록된다. 이 예제에서는 CPU 사용량이 퍼센트 사용값이라고 가정해 0과 100을 측정 경계로 표시했다.

마지막 두 줄에서는 시계열 데이터에 사용할 취합 함수를 지정한다. 데이터베이스 **create** 명령에서 마지막 두 줄은 다음과 같다.

```
RRA:AVERAGE:0.5:60:24 \
RRA:AVERAGE:0.5:1440:31
```

RRA는 DS와 마찬가지로 키워드다. RRA는 라운드 로빈 아카이브(Round Robin Archive)의 약어다. RRA 정의는 다음 형식을 따른다.

```
RRA:consolidation_function:xff:step:rows
```

consolidation_function은 취합 함수다. consolidation_function 값으로는 AVERAGE, MINIMUM, MAXIMUM, LAST를 사용할 수 있다. 이 예제에는 두 개의 RRA 정의가 들어 있다.

둘 다 데이터 포인트의 평균을 구한다. 취합 함수는 데이터 소스에서 캡처한 값에 대해 작업을 수행한다. 따라서 CPU 사용량 예제에서 RRA 값은 분당 CPU 사용량의 취합값이 된다. step은 취합 번들을 정의하고, rows는 저장할 취합 레코드의 개수를 지정한다. 이 예제에서는 step 값으로 60을 사용해 기록된 데이터 소스 60개의 데이터 포인트를 기반으로 평균을 계산한다. 기록은 매 분마다 이뤄지므로 이 말은 한 시간에 한 번 평균을 산출(한 시간은 60분이므로)한다는 뜻이다. 아카이브로 보관할 행의 개수는 24개다. 따라서 첫 번째 RRA는 시간별로 CPU 사용량의 평균을 기록하고 하루 동안 레코드를 보관한다.

두 번째 RRA 정의는 일별 평균 CPU 사용량이며, 이 취합 함수에서는 31일(또는 한 달치)의 데이터를 저장한다.

RRDTool은 기록하는 시계열 데이터를 그래프로 표현하는 기능도 갖고 있다. 데이터베이스는 셸 스크립트 또는 인기 있는 스크립트 언어를 사용해 제어할 수 있다. RRDTool의 기능과 설정에 대한 자세한 정보는 www.mrtg.org/rrdtool/에서 볼 수 있다. 이 툴의 모든 세부 내용을 다루는 것은 이 책의 범위를 벗어난다.

RRDTool은 NoSQL 노드 클러스터의 건강 상태를 모니터링하는 데 편리한 툴이다. 예를 들어 하이퍼테이블은 RRDTool을 활용해 UI를 모니터링한다. 하이퍼테이블의 UI 모니터링에 대한 자세한 정보는 http://code.google.com/p/hypertable/wiki/HypertableManual#Appendix_A._Monitoring_UI에서 확인할 수 있다.

나기오스

나기오스(Nagios)는 선도적인 오픈소스 호스트 및 서비스 모니터링 소프트웨어다. 이 강력한 소프트웨어 애플리케이션은 플러그인 아키텍처를 활용해 매우 유연하고 방대한 모니터링 인프라스트럭처를 제공한다. 나기오스의 코어에는 모든 종류의 호스트 또는 서비스를 모니터링하는 모니터링 프로세스가 들어 있다. 코어 프로세스는 모니터링 대상 또는 캡처하는 메트릭의 의미에 대해서는 전혀 알지 못한다. 코어 프로세스 위에는 플러그인 프레임워크가 자리한다. 플러그인은 컴파일된 실행 파일 또는 스크립트(펄 스크립트 및 셸 스크립트)가 될 수 있다. 플러그인에는 서비스 및 모니터링 중인 엔티티에 접근해 해당 시스템의 특정 속성을 측정하는 핵심 로직이 들어 있다.

플러그인은 모니터링할 엔티티를 검사해 결과를 나기오스로 반환한다. 나기오스는 결과를 처리하고 필요한 작업(이를 테면 이벤트 핸들러를 실행하거나 알림을 보내는 등)을 처리할 수 있다. 알림 및 변경 메커니즘은 중요한 기능을 담당하며 정기적인 통신을 가능하게 해준다.

그림 17-1은 나기오스의 아키텍처를 보여준다.

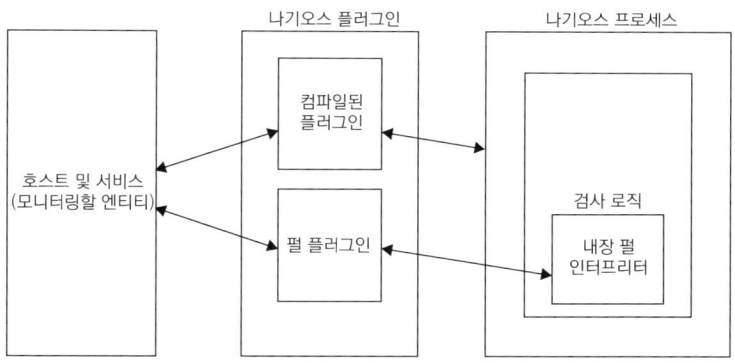

그림 17-1

나기오스는 NoSQL 데이터베이스 및 하둡 클러스터를 모니터링하는 데 매우 효과적으로 사용할 수 있다. 이미 하둡 및 몽고디비를 위한 플러그인이 몇 개 나와 있으며, 나기오스는 자체 Memcached 기능 덕분에 멤베이스를 모니터링할 수도 있다. 또, 다른 데이터베이스용 플러그인도 추가할 수 있다. 플러그인에 대한 자세한 정보는 http://nagios.sourceforge.net/docs/nagioscore/3/en/pluginapi.html에서 확인할 수 있다.

GPL 라이선스의 나기오스용 HDFS 검사 플러그인도 www.matejunkie.com/hadoop-dfs-check-plugin-for-nagios/에서 온라인으로 내려받을 수 있다. 몽고디비 모니터링용 나기오스 플러그인은 https://github.com/mzupan/nagios-plugin-mongodb에서 받을 수 있다.

나기오스용으로 나온 여러 강력한 플러그인을 활용하면 CPU 로드, 디스크 건강 상태, 메모리 사용량, 핑 비율을 검사하는 데 도움이 된다. 또 HTTP, POP3, IMAP, DHCP, SSH를 비롯해 대부분의 프로토콜을 모니터링할 수 있다.

리눅스, 윈도우, 맥 OS X 등 대부분의 운영체제 서비스도 건강 상태를 모니터링할 수 있다. 나기오스에 대한 자세한 정보는 www.nagios.org/를 참고하자.

스크라이브

스크라이브(Scribe)는 오픈소스 실시간 분산 로그 취합 툴이다. 페이스북에서 개발하고 오픈소스화한 스크라이브는 매우 강력한 내고장성(fault-tolerant) 시스템이다. 스크라이브는 https://github.com/facebook/scribe에서 내려받을 수 있다. 스크라이브는 분산 시스템이다. 클러스터 내 각 노드는 로컬 스크라이브 서버를 실행하고, 노드 중 하나가 스크라이브 마스터 서버를 구동한다. 로그는 로컬 스크라이브 서버에 취합된 후 중앙 서버로 전송된다. 중앙 서버가 다운되면 로그가 로컬 파일에 기록된 후 나중에 중앙 서버가 다시 정상적으로 실행될 때 중앙 서버로 전송된다. 중앙 서버를 시작할 때 무거운 부하를 피하기 위해 중앙 서버가 구동된 후 일정 시간 동안 동기화가 지연된다.

스크라이브의 로그 메시지의 형식은 설정 가능하다. 스크라이브는 논블로킹 C++ 서버를 사용하는 쓰리프트 서비스로 구현됐다.

스크라이브는 로그 쓰기와 관련해 여러 설정이 가능한 옵션을 제공한다. 메시지는 카테고리로 매핑되고, 카테고리는 특정 저장소 타입으로 매핑된다. 저장소 자체는 계층구조를 가질 수 있다. 사용할 수 있는 저장소의 유형은 다음과 같다.

- **File** : 로컬 파일 또는 NFS
- **Network** : 다른 스크라이브 서버로 전송
- **Buffer** : 주 저장소와 보조 저장소를 포함. 메시지는 주 저장소에 전송된다. 주 저장소가 다운되면 메시지가 보조 저장소로 전송된다. 메시지는 주 저장소가 다시 가동된 후 주 저장소로 최종 전송된다.

- **Bucket** : 여러 다른 저장소를 포함. 저장소 계층구조를 생성한다. 해시를 기반으로 어떤 메시지를 어디로 전송할지 결정한다.

- **Null** : 모든 메시지를 버림

- **Thriftfile** : 메시지를 쓰리프트 TFileTransport 파일에 씀

- **Multi** : 포워더 역할을 함. 메시지를 여러 저장소로 포워드함.

스크라이브용 쓰리프트 인터페이스는 다음과 같다.

```
enum ResultCode
{
        OK,
        TRY_LATER
}


struct LogEntry
{
        1: string category,
        2: string message
}


service scribe extends fb303.FacebookService
{
        ResultCode Log(1: list<LogEntry> messages);
}
```

간단한 PHP 클라이언트 메시지의 예는 다음과 같다.

```
$messages = array();
$entry = new LogEntry;
$entry->category = "test_bucket";
$entry->message = "a message";
$messages []= $entry;
$result = $conn->Log($messages);
```

scribe_client.php ↻

로그 파싱 및 관리는 빅 데이터 세계와 그것을 처리할 때 매우 중요한 작업이다.

플룸은 스크라이브와 유사한 또 다른 솔루션이다.

플룸

플룸(Flume)은 대규모 로그 데이터의 효과적인 수집, 취합, 이동을 위한 분산 서비스다. 플룸은 스트리밍 데이터 흐름을 기반으로 한다. 플룸은 강력하고, 내고장성이며 유연한 설정을 지원한다. 플룸 문서는 http://archive.cloudera.com/cdh/3/flume/에서 확인할 수 있다.

플룸은 여러 개의 논리적 노드로 구성되며, 로그 데이터는 이런 노드 사이를 통과한다. 노드는 다음과 같은 세 가지 각기 다른 티어로 구분할 수 있다.

- 에이전트 티어 : 에이전트 티어는 보통 로그 파일을 생성하는 노드상에 있다.
- 컬렉터 티어 : 컬렉터 티어는 로그 데이터를 취합하고 로그를 저장소 스토리지로 포워드한다.
- 저장소 티어 : 저장소 티어는 HDFS가 될 수 있다.

에이전트 티어는 여러 개의 티어와 소스로부터 로그 데이터를 수신할 수 있다. 예를 들어 플룸 에이전트는 syslog, 웹 서버 로그, 하둡 잡 트래커의 로그 파일을 수신할 수 있다.

플룸은 소스에서 출발해 최종 저장소로 가는 로그 데이터의 흐름을 가능하게 하는 논리적 노드 네트워크로 생각할 수 있다. 각 논리적 노드는 소스 및 싱크(sink) 정의로 이뤄진다. 선택적으로 논리적 노드는 데코레이터를 가질 수도 있다. 논리적 노드 아키텍처는 각 데이터 흐름별로 압축, 지속성, 배치 처리를 보장해준다. 각 물리적 노드는 별도의 자바 프로세스이지만 여러 개의 논리적 노드가 한 개의 물리적 노드로 매핑될 수도 있다.

추크와

추크와(Chukwa)는 대규모 수집 및 분석을 위한 하둡 하위 프로젝트다. 추크와는 HDFS와 맵리듀스를 활용해 로그 파일을 취합하고 분석하기 위해 확장 가능한 인프라스트럭처를 제공한다.

스크라이브 및 플룸과 달리 추크와는 로그 수집 및 취합 외에 모니터링과 분석을 위한 강력한 추가 툴킷을 제공한다. 수집 및 취합 방식은 플룸과 매우 유사하다.

추크와의 아키텍처는 그림 17-2에서 볼 수 있다.

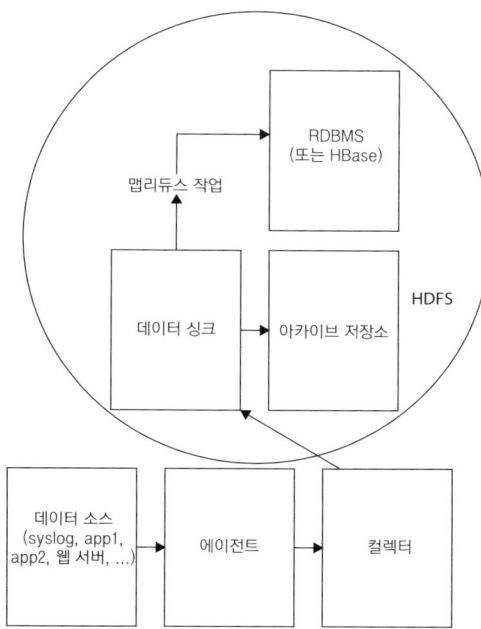

그림 17-2

추크와의 하둡 인프라스트럭처 의존성은 추크와의 장점이면서 약점이다. 이와 같은 구조로 인해 추크와는 배치 중심 툴이며, 실시간 분석용 툴이 아니다.

추크와에 대한 자세한 내용은 다음 프레젠테이션과 연구 논문을 참고하자.

- 추크와: 확장 가능한 로그 컬렉터 — www.usenix.org/event/lisa10/tech/slides/rabkin.pdf
- 추크와: 대규모 모니터링 시스템 — www.cca08.org/papers/Paper-13-Ariel-Rabkin.pdf

피그

피그(Pig)는 맵리듀스 작업을 활용한 대용량 데이터 분석을 위한 고수준 데이터 흐름 정의 언어 및 환경을 제공한다. 피그는 병렬 프로그램을 쉽게 작성할 수 있게끔 단순하고 직관적인 구문을 갖고 있는 피그 라틴이라는 언어를 포함한다. 피그 레이어는 내부적으로 맵리듀스 작업을 호출함으로써 병렬 작업을 효율적으로 실행할 수 있게 관리해준다.

맵리듀스 프레임워크는 개발자들이 모든 알고리즘을 map과 reduce 함수 관점에서 생각하게끔 한다. 맵리듀스 방식의 사고는 모든 작업을 매우 단순한 작업으로 쪼개고, 이렇게 쪼갠 작업이 map과 reduce라는 두 단계를 거치게 한다. map 함수는 데이터의 키/값 쌍을 방출하고 reduce 함수는 이렇게 방출된 키/값 쌍에 대한 취합 또는 처리를 수행한다. 이로 인해 모든 조인, 그룹, 평균, 카운트 연산은 맵리듀스 관점에서 매번 정의해야 한다. 이는 개발자의 생산성을 저해한다. 하둡 인프라스트럭처에서는 많은 자바 코드를 작성하는 일도 필요하다. 피그는 고수준 추상화를 제공하고 바로 사용할 수 있는 함수를 제공한다. 따라서 피그를 사용하면 더는 조인, 그룹, 평균, 카운트 작업용 맵리듀스 작업을 처음부터 작성하지 않아도 된다. 더불어 보통 작성하는 코드도 수백 줄의 자바 코드에서 수십 줄의 피그 라틴 스크립트로 줄어든다.

피그는 코드의 양만 줄여줄 뿐 아니라 간결하고 쉬운 구문으로 프로그래머가 아닌 사람도 맵리듀스 작업을 실행할 수 있게 해준다. 피그가 발전함에 따라 데이터 과학자나 분석가도 프로그래밍 언어를 직접 사용하지 않고 복잡한 병렬 작업을 실행할 수 있게 됐다.

피그는 언어 및 실행 엔진을 제공한다. 이 실행 엔진은 작업을 해석하고 맵리듀스 인프라스트럭처로 전달하는 일뿐 아니라 하둡 설정도 관리한다. 대부분 이런 설정은 최적화돼 있는 만큼, 피그를 사용하면 설정을 최적화할 필요도 없다. 이는 아무런 노력 없이도 추가적인 최적화 효과를 제공한다. 이 최적화 과정에는 올바른 리듀서 개수 또는 적절한 파티셔닝을 선택하는 과정이 포함된다.

피그 인터페이스 활용

피그 엔진에는 다음의 네 가지 방식 중 하나를 사용해 접근할 수 있다.

- 스크립트를 통한 접근
- 명령행 인터페이스인 grunt의 활용
- 자바 인터페이스인 PigServer 클래스의 활용
- 이클립스 플러그인의 활용

명령은 피그 라틴 스크립트를 사용해 작성한 후 이 스크립트를 피그 엔진으로 보낼 수 있다. 또는 grunt라는 피그 명령행 셸을 시작하고 명령행 셸을 사용해 피그 엔진과 상호작용할 수도 있다.

피그가 하둡 리듀스 작업을 실행하는 자바 프로그램을 작성하는 수고를 덜어주지만 자바 애플리케이션에서 피그와 인터페이스해야 하는 일이 생길 수 있다. 이런 경우 피그 자바 라이브러리 클래스를 사용하면 된다. PigServer 클래스는 자바 프로그램이 JDBCtype 인터페이스를 통해 피그 엔진과 인터페이스할 수 있게 해준다. 자바 애플리케이션에서 피그를 활용할 때는 외부 스크립트나 프로그램 대신 자바 라이브러리를 사용하는 게 복잡도를 줄일 수 있다.

끝으로 피그 팀은 피그펜(PigPen)이라는 강력한 이클립스 플러그인을 개발했다. 이 플러그인은 데이터 흐름의 그래픽 정의와 스크립트 개발 환경을 지원한다.

피그 라틴의 기본

피그 라틴은 다음 데이터 타입을 지원한다.

- Int
- Long
- Double
- Chararray
- Bytearray
- Map (키/값 쌍에 사용)
- Tuple (정렬 리스트에 사용)
- Bag (세트에 사용)

피그 라틴을 배우고 피그 스크립트를 실행하는 법을 배우는 가장 좋은 방법은 예제를 살펴보는 것이다. 피그 배포판에서는 데이터와 스크립트가 모두 들어 있는 예제를 제공한다. 이 예제는 배포판의 튜토리얼 폴더에서 볼 수 있다. 처음 시작할 때는 이 예제부터 살펴보는 게 가장 좋다.

피그 배포판의 튜토리얼 폴더 내용은 다음과 같다.

- build.xml : ANT 빌드 스크립트
- data : 견본 데이터. Excite 검색 엔진 로그 파일의 견본 데이터를 담고 있다.
- scripts : 피그 스크립트
- src : 자바 소스

피그 명령의 모든 구문 및 의미를 자세히 다루는 것은 이 장이나 이 책의 범위를 벗어난다. 하지만 여기서는 튜토리얼에 들어 있는 스크립트 중 하나를 몇 단계에 걸쳐 간단히 살펴본다. 이를 통해 피그 스크립트를 대략적으로 이해할 수 있을 것이다.

tutorial/scripts 디렉터리에서는 네 개의 스크립트를 찾을 수 있다. 이들 파일은 다음과 같다.

- script1-hadoop.pig
- script1-local.pig
- script2-hadoop.pig
- script2-local.pig

*–local 스크립트는 로컬에서 작업을 실행하고 *-hadoop 스크립트는 하둡 클러스터상에서 작업을 실행한다. 튜토리얼에서는 Excite 검색 엔진 로그 파일의 견본 데이터를 수정한다. **script1-local.pig** 안에서는 하루 중 특정 시간대에 더 빈번하게 검색 구문을 찾는 스크립트를 볼 수 있다. 이 스크립트의 초반에는 변수를 등록하고 피그용 데이터를 로드한다. 그런 다음 n그램의 주기를 세기 위해 데이터를 조작한다. 예제 코드의 일부는 다음과 같다.

```
-- 쿼리의 n그램을 작성하기 위해 NGramGenerator UDF를 호출
ngramed1 = FOREACH houred GENERATE user, hour,
    flatten(
    org.apache.pig.tutorial.NGramGenerator(query))
    as ngram;

-- 모든 레코드에 대해 고유한 n그램을 가져오기 위해 DISTINCT 명령을 사용
ngramed2 = DISTINCT ngramed1;

-- n그램 및 시간에 따라 레코드를 그룹으로 분류하기 위해 GROUP 명령을 사용
hour_frequency1 = GROUP ngramed2 BY (ngram, hour);

-- 각 n그램의 개수(등장 횟수)를 가져오기 위해 COUNT 함수를 사용
hour_frequency2 = FOREACH hour_frequency1 GENERATE flatten($0), COUNT($1) as count;
```

이 코드 조각은 예제 피그 스크립트를 보여준다. 첫 번째 줄에서 FOREACH 함수는 데이터를 순회해 n그램을 생성하게 도와준다. 두 번째 줄에서는 DISTINCT가 고유 n그램을 식별한다. 세 번째 줄에서는 GROUP 함수를 사용해 시간별 데이터를 그룹으로 나눈다. 마지막 줄에서는 그룹으로 나눈 데이터를 순회하며 n그램의 발생 빈도를 센다.

FOREACH 함수는 데이터셋을 순회하게 도와준다. 이 예제에서는 FOREACH, DISTINCT, GROUP, COUNT 같은 고차 함수 덕분에 세부적인 맵리듀스 함수를 사용하지 않고 쉽게 데이터를 제어할 수 있음을 알 수 있다.

피그는 직접 맵리듀스에 쓰는 데 따른 약간의 연산 부담이 있다. 하지만 연산 부담이 1.2배 정도로 낮은 만큼 편리성을 감안하면 수용할 만하다. 피그믹스(http://wiki.apache.org/pig/PigMix)는 피그와 직접적인 맵리듀스 기반 작업 사이의 성능을 비교하는 벤치마크 툴이다.

야후!에서는 하둡 클러스터와 연동할 때 하둡 스트리밍과 더불어 피그를 사용하는 방식을 선호한다. 야후!는 전 세계에서 가장 큰 하둡 클러스터 중 하나를 구동하며, 야후!의 여러 핵심 기능이 이 클러스터를 활용한다. 야후!에서의 피그 활용은 피그가 배포 환경에서 사용할 준비가 돼 있음을 반증한다.

피그에 대한 자세한 정보는 http://pig.apache.org/를 참고하자.

노드툴

아파치 카산드라는 인기 있는 궁극적으로 일관적인 데이터 저장소다. 분산적 성격과 궁극적으로 일관적인 모델 하에서의 복제 덕분에 카산드라는 런타임 시점의 복잡성에 민감하다. 이로 인해 카산드라 클러스터를 관리하고 모니터링하는 툴이 있으면 훨씬 편리하다. 이런 명령행 유틸리티 중 하나가 바로 노드툴(nodetool)이다. 노드툴 유틸리티는 다음과 같이 실행할 수 있다.

```
bin/nodetool
```

아무 파라미터 없이 툴을 실행하면 명령행 옵션으로 가장 일반적인 옵션이 출력된다. 카산드라의 분산 노드는 링을 형성하고, 이 링 내의 각 노드는 특정 정렬 토큰 세트로 매핑되는 데이터를 포함한다. 모든 키는 MD5를 통해 토큰으로 해시된다. 카산드라 링의 상태를 가져오려면 다음 명령을 실행하면 된다.

```
bin/nodetool -host <host_name or ip address> ring
```

host_name or ip address는 링 내의 임의의 노드가 될 수 있다. 이 명령의 결과는 링 내의 모든 노드의 상태를 담고 있다. 이 명령은 상태, 로드, 범위, 아스키 아트를 출력한다.

특정 노드에 대한 정보를 가져오려면 다음 명령을 실행한다.

```
bin/nodetool -host <host_name or ip address> info
```

이 명령의 출력 결과에는 다음과 같은 내용이 포함된다.

■ 토큰

■ 로드 정보 : 디스크상의 저장 바이트 수

■ 생성 번호 : 노드가 시작한 횟수

■ 업타임 초

■ 힙 메모리 사용량

노드툴은 다음과 같은 여러 명령을 갖고 있다.

■ **ring** : 토큰 링에 대한 정보를 출력한다.

■ **info** : 노드 정보(업타임, 로드 등)를 출력한다.

■ **cfstats** : 칼럼 패밀리에 대한 통계를 출력한다.

■ **clearsnapshot** : 기존 스냅샷을 모두 제거한다.

■ **version** : 카산드라 버전을 출력한다.

■ **tpstats** : 스레드 풀의 사용 통계를 출력한다.

■ **drain** : 노드를 비운다(읽기 수신을 중단하고 모든 칼럼 패밀리를 쓴다).

■ **decommission** : 노드를 사용 해제한다.

■ **loadbalance** : 노드를 로드밸런싱한다.

■ **compactionstats** : 컴팩션에 대한 통계를 출력한다.

■ **disablegossip** : 가십을 비활성화한다(사실상 노드를 죽은 노드로 표시한다).

■ **enablegossip** : 가십을 재활성화한다.

■ **disablethrift** : 쓰리프트 서버를 비활성화한다.

■ **enablethrift** : 쓰리프트 서버를 재활성화한다.

■ **snapshot [snapshotname]** : 선택적인 이름인 snapshotname을 사용해 스냅샷을 찍는다.

- ■ `netstats [host]` : 제공된 호스트(기본적으로 접속 노드)에 대한 네트워크 정보를 출력한다.

- ■ `move <new token>` : 토큰 링상의 노드를 새 토큰으로 옮긴다.

- ■ `removetoken status|force|<token>` : 현재 토큰 제거 상태를 보여주고, 진행 중인 토큰 제거 작업 강제 완료, 또는 지정한 토큰을 제거한다.

노드툴에 대한 자세한 정보는 http://wiki.apache.org/cassandra/NodeTool을 참고하자.

OPENTSDB

데이터가 커지면 저장소와 클러스터에 노드를 추가해 인프라스트럭처를 확장하게 되고, 그러면 곧 관리해야 할 호스트, 서버, 애플리케이션이 크게 늘어난다. 이들 호스트, 서버, 애플리케이션은 대부분 자신을 모니터링할 수 있는 후크를 제공한다. 이들 엔티티로 핑을 보내면 업타임, 성능, 사용량, 다른 속성을 측정할 수 있다. 이와 같은 메트릭을 특히 정기적인 주기로 캡처, 수집, 분석하는 일은 복잡한 작업이 되기 쉽다.

OpenTSDB는 수많은 호스트, 서버, 애플리케이션을 관리하고 모니터링할 수 있는 유연한 방법을 제공하는 분산 확장 가능 시계열 데이터 저장소다. OpenTSDB는 비동기적으로 여러 장비의 메트릭을 수집, 저장, 인덱싱한다. OpenTSDB는 오픈소스 툴이다. 이 툴은 StumbleUpon의 팀이 만들었다. OpenTSDB는 HBase를 사용해 수집한 데이터를 저장한다. 이 툴은 실시간 플로팅(plotting)과 분석을 지원한다.

OpenTSDB의 고수준 아키텍처는 그림 17-3과 같다.

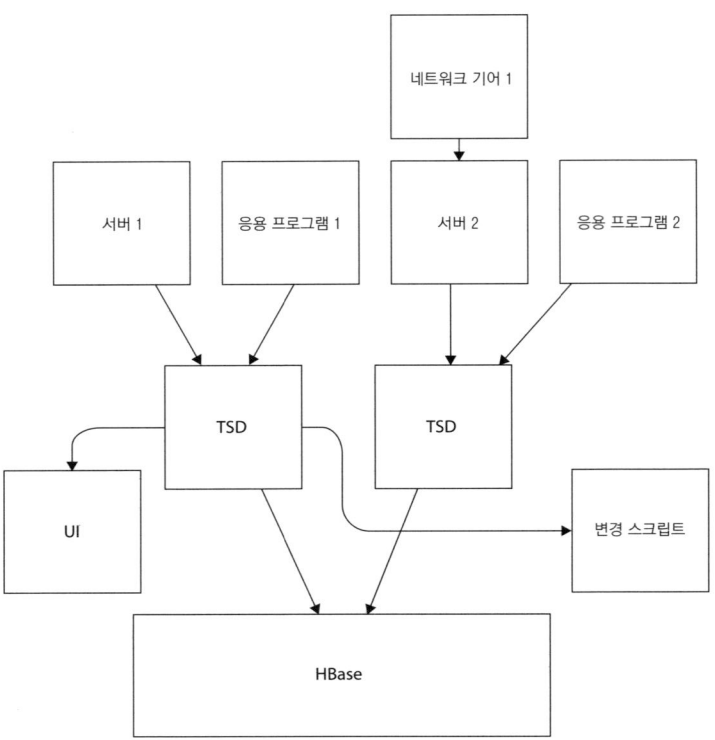

그림 17-3

　OpenTSDB는 수십억 개의 레코드를 저장할 수 있는 능력을 갖췄으므로 메트릭과 로그 데이터 삭제에 대한 걱정은 하지 않아도 된다. 또 대용량 데이터셋에 대한 분석을 통해 상호 연관된 측정값을 밝혀내 시스템에 대해 흥미로운 혜안을 제공할 수 있다.

　OpenTSDB는 분산돼 있다. OpenTSDB는 한 곳이 고장나더라도 모든 툴이 작동을 멈추지는 않는다.

　OpenTSDB에 대한 자세한 정보는 http://opentsdb.net/index.html에서 볼 수 있다.

솔란드라

루씬(Lucene)은 인기 있는 오픈소스 검색 엔진이다. 루씬은 자바로 작성됐으며, 지난 몇 년간 여러 제품과 기관에서 사용됐다. Solr는 루씬 라이브러리 위에 있는 래퍼다. Solr는 HTTP 서버, JSON, XML/HTTP 지원 기능과 그 밖의 다양한 추가 기능을 제공한다. 내부적으로 Solr의 모든 검색 기능은 루씬을 활용한다. 루씬에 대한 자세한 정보는 http://lucene.apache.org/java/docs/index.html에서, Solr에 대한 정보는 http://lucene.apache.org/solr/에서 볼 수 있다.

솔란드라(Solandra)는 제이크 루치아니가 만든 재미있는 실험 프로젝트다. 솔란드라 프로젝트는 본래 루씬과 카산드라를 합친 루칸드라라는 이름으로 시작했다. 이 프로젝트는 루씬의 인덱스 및 도큐먼트 저장을 위해 카산드라를 데이터 저장소로 사용하는 프로젝트다. 이후 이 프로젝트는 루씬을 기반으로 개발된 Solr에 대한 지원 기능을 추가했다.

루씬은 애플리케이션과 쉽게 연동할 수 있는 단순하고 우아한 검색 라이브러리다. 루씬의 핵심 기능은 인덱스를 관리하는 것이다. 도큐먼트를 파싱 및 인덱싱을 거쳐 저장소 스키마(파일 시스템, 메모리, 기타 다른 저장소)에 저장된다. 루씬은 도큐먼트 쿼리를 파싱하고 이를 해당 인덱스 검색으로 변환한다. 인덱스 리더는 인덱스를 읽고 응답을 구성해, 호출 클라이언트로 반환한다.

솔란드라는 카산드라를 저장소 스키마로 사용하는 만큼 인덱스 및 도큐먼트를 카산드라에 쓰기 위해 IndexWriter 및 IndexReader 인터페이스를 구현한다. 그림 17-4와 17-5에서는 Slor(및 루씬)와 솔란드라에서의 인덱스 리더 및 라이터를 중심으로 한 논리적 아키텍처를 볼 수 있다.

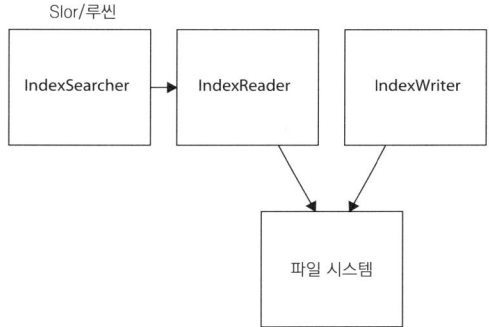

그림 17-4

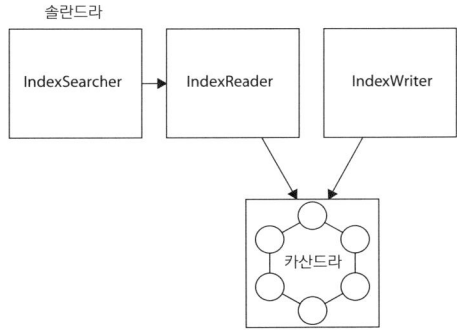

그림 17-5

솔란드라는 인덱스와 도큐먼트를 저장할 수 있는 두 개의 칼럼 패밀리를 정의한다. 인덱스를 저장하는 검색어 칼럼 패밀리는 indexName/field/term 형태의 키를 갖고 있으며, 검색어와 관련해 칼럼 패밀리에 저장되는 값은 { documentId , positionVector }다. 도큐먼트 자체도 저장되지만, 별도의 칼럼 패밀리에 저장된다. 도큐먼트 칼럼 패밀리는 indexName/documented 형태의 키를 갖고 있으며, 키를 대상으로 한 값은 { fieldName , value } 형태다.

솔란드라는 Solr와 카산드라 인스턴스를 같은 JVM 내 노드상에서 함께 실행한다. 솔란드라 인덱스 리더와 라이터의 성능은 일반 Solr보다 느린 것으로 관찰됐지만 솔란드라는 쉽게 확장할 수 있는 기능을 추가해 준다는 장점이 있다. 이미 카산드라를 사용 중이거나 Solr를 확장하는 데 어려움이 있다면 솔란드라를 사용해 봄 직하다. 솔란드라 프로젝트의 사이트는 https://github.com/tjake/Solandra다.

내부 저장소로 카산드라 대신 HBase를 사용하는 유사한 실험이 진행됐다. 이런 실험 프로젝트 중 하나가 lucehbase로, 이 프로젝트의 주소는 https://github.com/thkoch2001/lucehbase다.

루씬을 확장하는 게 주 관심사이고, 카산드라 사용자가 아니라면 솔란드라를 사용할 것을 권장하지 않는다. 대신 카타(Katta)를 사용할 것을 권장한다. 카타(http://katta.sourceforge.net/)는 하둡 분산 파일 시스템상에서 루씬 인덱스를 저장할 수 있게 해주므로 확장 가능하며 분산된 검색 소프트웨어를 제공한다. 또 확장 가능한 하둡 인프라스트럭처를 활용할 수 있게 해준다.

허밍버드와 C5T

허밍버드(Hummingbird)는 활발히 개발 중인 웹 트래픽 시각화 소프트웨어로, 몽고디비를 사용한다. 허밍버드는 개발 초기 단계이지만 매우 재미있고 인상적인 프로젝트인 만큼 앞으로 관심 있게 지켜볼 툴과 유틸리티 중 하나로 언급할 만한 가치가 있다.

허밍버드는 node.js 기반으로 개발됐으며 웹 소켓을 활용해 데이터를 브라우저로 푸시한다. 허밍버드는 폴백 옵션으로 플래시 소켓을 사용해 데이터를 서버로 전송한다. 허밍버드는 초당 20개의 업데이트를 전송함으로써 웹사이트의 활동을 실시간으로 볼 수 있게 해준다. 이 프로젝트는 오픈소스이고 MIT 라이선스를 통해 자유롭게 사용할 수 있다. 이 사이트의 온라인 주소는 https://github.com/mnutt/hummingbird다.

> Node.js는 리눅스 및 유닉스 플랫폼의 V8 자바스크립트 엔진을 위한 이벤트 주도 I/O 프레임워크다. node.js는 웹 서버처럼 확장 가능한 네트워크 프로그램을 작성하기 위한 용도다. node.js는 루빈의 이벤트 머신이나 파이썬의 Twisted와 설계상 유사하며, 이로 인한 영향을 받았다. node.js에 대한 정보는 http://nodejs.org/에서 볼 수 있다.

허밍버드는 빠른 읽기 및 쓰기 성능을 제공하는 몽고디비에 실시간 웹 트래픽 데이터를 저장한다. node.js 기반 트래킹 서버는 웹사이트상에서의 사용자 활동을 기록하고 이를 몽고디비 서버에 저장한다. 방문 횟수, 위치, 판매량, 전체 뷰 같은 여러 메트릭이 구현돼 있다.

일례로 방문 횟수 메트릭은 다음과 같이 정의돼 있다.

```
var HitsMetric = {
        name: 'Individual Hits',
        initialData: [],
        interval: 200,
        incrementCallback: function(view) {
                var value = {
                        url: view.env.u,
                        timestamp: view.env.timestamp,
                        ip: view.env.ip
                };
                this.data.push(value);
        }
}
for (var i in HitsMetric)
        exports[i] = HitsMetric[i];
```

허밍버드에 대한 자세한 정보는 http://projects.nuttnet.net/hummingbird/를 참고하자.

C5t는 몽고디비를 사용해 개발한 또 다른 재미있는 소프트웨어다. C5t는 파이썬 웹 프레임워크인 터보기어즈와 몽고디비를 사용해 작성한 콘텐츠 관리 소프트웨어다. C5t의 소스는 https://bitbucket.org/percious/c5t/wiki/Home에서 내려받을 수 있다.

원하는 URL을 입력하면 페이지가 생성된다. 페이지는 공개 또는 비공개 페이지가 될 수 있다. C5t는 인증, 권한 부여, 전체 텍스트 검색 기능을 제공한다.

지오카우치

지오카우치(GeoCouch)는 아파치 카우치디비용 공간 인덱스를 제공하는 카우치디비의 확장판이다. 이 프로젝트는 https://github.com/couchbase/geocouch에서 호스팅하며, 이 개발을 후원하는 Couchbase, Inc가 만든 카우치베이스에 들어 있다. 지오카우치의 첫 번째 버전은 파이썬과 SpatiaLite를 사용했으며, stdin 및 stdout을 통해 카우치디비와 상호작용했다. 지오카우치의 현재 버전은 얼랭으로 작성됐으며, 카우치디비와 좀 더 매끄럽게 연동된다.

공간 인덱스는 데이터 포인트에 위치의 관점을 부여해준다. GPS, 위치 기반 센서, 매핑, 지역 검색의 등장으로 지리 공간 인덱스는 많은 애플리케이션에서 중요한 요소가 되고 있다.

지오카우치는 다음과 같이 다양한 지리공간 인덱스 타입을 지원한다.

- Point
- Polygon
- LineString
- MultiPoint
- MultiPolygon
- MultiLineString
- GeometryCollection

지오카우치는 R 트리 데이터 구조를 사용해 지리 공간 인덱스를 저장한다. R 트리(http://en.wikipedia.org/wiki/R-tree)는 PostGIS, SpatiaLite, 오라클 Spatial 등 여러 지리 공간 제품에서 사용한다. R 트리 데이터 구조는 지리 위치에 대한 대략적인 값으로 경계 상자를 사용한다. 이는 대부분의 기하를 표현하는 데 적합하다.

지오카우치에 대한 좋은 사례 연구로 지오카우치를 활용해 포틀랜드 시에서 제공하는 공개 지리 데이터셋에 대한 REST 서비스를 제공하는 PDX API(www.pdxapi.com)가 있다. 포틀랜드 시는 셰이프파일(shapefile)로 지리 데이터셋을 배포한다. 이들 셰이프파일은 PostGIS를 사용해 GeoJSON으로 변환된다. 카우치디비는 JSON을 지원하며, 쉽게 GeoJSON을 불러와 별도의 노력 없이도 강력한 REST API를 제공하게 도와줄 수 있다.

알케미 데이터베이스

알케미(Alchemy) 데이터베이스(http://code.google.com/p/alchemydatabase/)는 이중적인 성격의 데이터베이스다. 알케미 데이터베이스는 RDBMS처럼 동작할 수도 있고 NoSQL 제품처럼 동작할 수도 있다. 알케미 데이터베이스는 레디스와 루아를 기반으로 개발됐다.

알케미는 루아 인터프리터를 제품 내부에 포함한다. 레디스에 대한 의존성으로 인해 이 데이터베이스는 매우 빠르며, 대부분의 작업을 메모리에서 수행한다. 하지만 메모리상에서 작업 중인 데이터와 디스크상의 전체 데이터셋 사이에 큰 차이가 있을 경우 레디스의 제약을 그대로 물려받기도 한다.

알케미는 다음과 같은 이유로 인상적인 성능을 발휘한다.

- 가능한 메모리를 활용하는 이벤트 주도 네트워크 서버를 사용한다.
- 효율적 데이터 구조와 압축으로 인해 메모리상에 많은 데이터를 효과적으로 저장하는 데 도움된다.
- OLTP에서 사용할 수 있는 대부분의 주요 SQL 명령이 지원되므로 시스템을 가볍고 효과적으로 사용할 수 있다. 모든 복잡한 SQL 구문은 지원하지 않는다. 지원하는 SQL 명령은 http://code.google.com/p/alchemydatabase/wiki/CommandReference#Supported_SQL에서 확인할 수 있다.

웹디스

웹디스(Webdis, http://webd.is)는 레디스용으로 나온 빠른 HTTP 인터페이스다. 웹디스는 레디스로 요청을 보내고 다시 클라이언트로 응답을 보내는 간단한 HTTP 웹 서버다. 기본적으로 웹디스는 JSON을 지원하지만 다음과 같은 다른 형식도 지원한다.

- text/plain으로 제공된 텍스트
- 확장자명으로 제공된 HTML, XML, PNG, JPEG, PDF
- application/bson으로 제공된 BSON
- 로(raw) 레디스 프로토콜 형식

웹디스는 일반 웹 서버처럼 동작하지만 조금만 수정하면 레디스가 반응할 수 있는 모든 명령을 지원할 수 있다. 일반 요청은 200 ok 코드로 반응한다. 접근 제어가 요청에 대한 응답을 허용하지 않으면 클라이언트는 403 forbidden HTTP 응답을 받는다. GET, POST, OPTIONS는 허용되지 않으며 405 Method Not Allowed가 반환된다. 웹디스는 HTTP PUT을 지원하며 값은 다음과 같은 명령을 사용해 설정할 수 있다.

```
curl --upload-file my-data.bin http://127.0.0.1:7379/SET/akey
```

정리

이 장의 내용을 정리하면서 지금까지 독자들이 새롭게 등장한 중요 기술에 대한 상세 내용을 배우는 즐거움을 만끽했기를 바란다. 이 장에서는 NoSQL과 관련한 몇 가지 사용 사례, 툴, 유틸리티를 소개했다.

RRDTool 및 나기오스 같은 툴은 범용적인 용도이며 모든 모니터링 및 관리 소프트웨어에 추가해 도움이 될 수 있다. 노드툴 같은 툴은 카산드라를 관리하고 모니터링할 때 도움된다.

스크라이브, 플룸, 추크와는 분산 로그 처리 및 취합과 관련해 강력한 기능을 제공한다. 이들 툴은 분산 환경에서 생성되는 다량의 로그 파일을 관리하는 데 도움되는 매우 강력한 기능을 제공한다. OpenTSDB는 호스트, 서비스, 애플리케이션을 모니터링할 수 있는 실시간 인프라스트럭처를 제공한다.

피그는 하둡 클러스터상에서 똑똑한 맵리듀스 작업을 작성하는 데 도움되는 툴이다. 이 장에서는 피그를 활용하는 법도 살펴봤다. 솔란드라, 허밍버드, c5t, 지오카우치, 알케미 데이터베이스, 웹디스 같은 재미있는 애플리케이션은 NoSQL 제품의 유연함과 강력함을 창의적인 생각과 결합하면 어떤 작업을 할 수 있는지 잘 보여준다. 이 장에서 다룬 사용 사례, 툴, 유틸리티는 모든 내용을 다룬 것은 아니며 일부 예에 불과하다. 이 책을 다 읽고 난 후 독자들이 자신의 상황에 적합한 특정 NoSQL 제품에 대해 좀 더 배우고 싶은 동기를 부여받게 되기를 바란다.

부록

툴과 유틸리티

· 인기 있는 NoSQL 제품의 설치 및 설정
· 플랫폼 사이의 사소한 설치 차이 이해하기
· 가능한 경우 소스를 통한 제품 컴파일 방법
· NoSQL 제품의 설정

소프트웨어 설치 및 설정은 보통 내부 운영체제에 따라 다르기 마련이다. 대부분의 설명은 리눅스, 유닉스, 맥 OS X에서 그대로 적용된다. 하지만 일부 설명에서는 윈도우 운영체제에서의 특정 설치 및 설정법을 다루고 있다. 더불어 이 장의 설치 설명도 모든 설치 과정을 다 다루지는 않는다.

이 장의 설치 설명에서는 /opt 디렉터리에 각기 다른 소프트웨어 컴포넌트를 설치하는 법을 자주 언급한다. 기본적으로 이 디렉터리는 루트 이외의 다른 사용자가 쓸 수 없다. 설명에서 아카이브 압축을 해제하거나 /opt 디렉터리에 다른 작업을 하라고 지시하지만, 이 디렉터리에 압축을 풀 수 없다면 sudo(8) 명령 또는 chmod(1) 명령을 사용해 /opt 디렉터리를 쓸 수 있게 해야 한다.

하둡의 설치 및 설정

이 절에서는 하둡 커먼, 하둡 분산 파일 시스템(HDFS), 하둡 맵리듀스를 설치하고 설정하는 법을 다룬다.

필요한 소프트웨어는 다음과 같다.

- **자바 1.6.x** : 하둡은 썬(지금은 오라클) JDK를 기준으로 테스트됐다.

- **SSH 및 sshd** : SSH가 설치돼 있어야 하고 sshd가 실행 중이어야 한다. 하둡 스크립트는 sshd를 사용해 원격 하둡 데몬으로 연결한다.

하둡은 단일 노드 또는 멀티 노드 클러스터로 설치하고 실행할 수 있다. 단일 노드 설치판은 의사 분산(pseudo-distributed) 모드에서 실행되도록 설정할 수 있다. 이 절에서는 하둡 단일 노드 설치에 초점을 맞추고 의사 분산 모드 설정을 사용한다. 클러스터 셋업 및 설정은 여기서 다루지 않고, 대신 이 주제와 관련해 참고할 만한 외부 문서를 소개한다.

하둡 설치

하둡을 설치하려면 다음 단계를 따라 한다.

1. http://hadoop.apache.org/common/releases.html에서 안정적인 하둡 배포판을 내려받는다. 현재 가장 최신 버전은 1.0.4이지만 0.20.2를 선호한다. 하둡 0.20.2를 사용하면 0.21.0 버전의 비일관성 문제(특히 HBase와 함께 사용할 때)를 피할 수 있다.

2. 내려받은 배포판의 압축을 푼다.

3. 압축을 푼 배포판을 파일 시스템상의 원하는 위치로 옮긴다. 압축을 푼 배포판은 /opt로 옮길 것을 권장한다.

4. (선택 사항) 압축을 푼 폴더를 가리키는 **hadoop**이라는 심볼릭 링크를 생성한다. 심볼릭 링크는 다음과 같이 생성할 수 있다.

    ```
    ln -s hadoop-0.20.2 hadoop
    ```

    이 명령에서는 여러분이 압축을 푼 디렉터리 안에 있다고 가정한다.

하둡을 설치한 후에는 다음 설정 과정을 따라 한다.

1. conf/hadoop-env.sh를 편집한다. JAVA_HOME을 관련 JDK로 설정한다. OpenJDK를 사용하는 우분투에서는 JAVA_HOME이 /usr/lib/jvm/java-1.6.0-openjdk가 될 수 있다. 맥 OS X에서는 JAVA_HOME이 대부분 /System/Library/Frameworks/JavaVM.framework/가 될 것이다.

2. bin/hadoop을 실행한다. 모든 설치 및 설정 과정이 제대로 진행됐다면 다음과 같은 출력 결과를 볼 수 있다:

```
Usage: hadoop [--config confdir] COMMAND
where COMMAND is one of:
    namenode -format     format the DFS filesystem
    secondarynamenoderun the DFS secondary namenode
    namenode             run the DFS namenode
    datanode             run a DFS datanode
    dfsadmin             run a DFS admin client
    mradmin              run a Map-Reduce admin client
    fsck                 run a DFS filesystem checking utility
    fs                   run a generic filesystem user client
    balancer             run a cluster balancing utility
    jobtracker           run the MapReduce job Tracker node
    pipes                run a Pipes job
    tasktracker          run a MapReduce task Tracker node
    job                  manipulate MapReduce jobs
    queue                get information regarding JobQueues
    version              print the version
    jar <jar>            run a jar file
    distcp <srcurl> <desturl> copy file or directories recursively
    archive -archiveName NAME <src>* <dest> create a hadoop archive
    daemonlog            get/set the log level for each daemon
 or
    CLASSNAME            run the class named CLASSNAME
Most commands print help when invoked w/o parameters.
```

하둡 명령 옵션이 보이지 않는다면 JAVA_HOME이 JDK를 정확히 가리키는지 확인한다.

단일 노드 하둡 설정

기본적으로 하둡은 단일 노드 모드에서 실행되게끔 설정됐다. 하둡이 제대로 동작하는지 확인하려면 HDFS를 사용해 다음과 같이 테스트해야 한다.

- $ mkdir input
- $ cp bin/*.sh input
- $ bin/hadoop jar hadoop-examples-*.jar grep input output 'start[a-z.]+'

이 명령은 맵리듀스 작업을 시작하고, 다음과 같은 내용으로 시작하는 긴 출력문을 생성한다.

```
<date time>INFO jvm.JvmMetrics: Initializing JVM Metrics with
processName=JobTracker, sessionId=
<date time>INFO mapred.FileInputFormat: Total input paths to process : 12
<date time> INFO mapred.JobClient: Running job: job_local_0001
<date time> INFO mapred.FileInputFormat: Total input paths to process : 12
<date time> INFO mapred.MapTask: numReduceTasks: 1
<date time> INFO mapred.MapTask: io.sort.mb = 100
<date time> INFO mapred.MapTask: data buffer = 79691776/99614720
<date time> INFO mapred.MapTask: record buffer = 262144/327680
<date time> INFO mapred.MapTask: Starting flush of map output
<date time> INFO mapred.TaskRunner: Task:attempt_local_0001_m_000000_0 is done.
And is in the process of commiting
<date time> INFO mapred.LocalJobRunner: file:/opt/hadoop-0.20.2/input/hadoopconfig.
sh:0+1966
...
```

cat output/*을 사용해 내용을 나열함으로써 출력 결과를 확인하자.

설치한 배포판에 따라 다를 수 있지만 출력 결과는 다음과 같은 형태가 된다.

```
2       starting
1       starts
1       startup
```

의사 분산 모드 설정

하둡을 의사 분산 모드로 설정하는 데 있어 중요한 전제 조건은 패스프레이즈 없이 로컬호스트로 SSH 할 수 있는 기능이다.

다음 명령을 실행해보자.

```
ssh localhost
```

로컬 호스트의 인증을 승인하라는 문구가 나오면 프롬프트에 yes를 입력한다.

비밀번호를 입력하지 않고 성공적으로 로그인했다면 계속해서 다음 작업을 하면 된다.

그렇지 않다면 다음 명령을 실행해 비밀번호가 필요 없는 키 기반 인증을 설정해야 한다.

```
$ ssh-keygen -t rsa -P '' -f ~/.ssh/id_rsa
$ cat ~/.ssh/id_rsa.pub >> ~/.ssh/authorized_keys
```

하둡은 의사 분산 모드로 단일 노드에서 실행할 수 있다. 의사 분산 모드에서는 각 하둡 데몬이 별도의 자바 프로세스로 실행된다.

다음은 기본적인 설치 과정이다.

1. 빈 <configuration></configuration> 태그를 다음 내용으로 대체해 conf/core-site.xml을 수정한다.

    ```
    <configuration>
        <property>
            <name>fs.default.name</name>
            <value>hdfs://localhost:9000</value>
        </property>
    </configuration>
    ```

    (이 설정은 HDFS 데몬을 설정한다.)

2. 빈 `<configuration></configuration>` 태그를 다음 태그로 바꿔 conf/hdfs-site.xml을 수정한다.

```
<configuration>
    <property>
        <name>dfs.replication</name>
        <value>1</value>
    </property>
</configuration>
```

(이 설정은 복제 인자를 설정한다. 복제 인자가 1이면 복제가 안 일어남을 뜻한다. 복제 인자 값을 더 높게 지정하려면 단일 노드보다 많은 노드가 필요하다.)

3. 빈 `<configuration></configuration>` 태그를 다음 내용으로 대체해 conf/mapred-site.xml을 수정한다.

```
<configuration>
    <property>
        <name>mapred.job.tracker</name>
        <value>localhost:9001</value>
    </property>
</configuration>
```

(이 설정은 맵리듀스 데몬을 설정한다.)

4. 단일 시스템상에서 하둡 분산 파일 시스템(HDFS)을 포맷해 의사 분산 설정을 테스트한다.

```
bin/hadoop namenode -format
```

모든 과정을 제대로 진행했다면 다음과 유사한 출력 결과를 볼 수 있다(호스트네임은 다를 수 있다).

```
11/05/26 23:05:36 INFO namenode.NameNode: STARTUP_MSG:
/************************************************************
STARTUP_MSG: Starting NameNode
STARTUP_MSG: host = treasuryofideas-desktop/127.0.1.1
STARTUP_MSG: args = [-format]
STARTUP_MSG: version = 0.20.2
STARTUP_MSG: build =
https://svn.apache.org/repos/asf/hadoop/common/branches/branch-0.20 -r 911707;
compiled by 'chrisdo' on Fri Feb 19 08:07:34 UTC 2010
************************************************************/
```

```
11/05/26 23:05:37 INFO namenode.FSNamesystem:
fsOwner=treasuryofideas,treasuryofideas,adm,dialout,
cdrom,plugdev,lpadmin,admin,sambashare
11/05/26 23:05:37 INFO namenode.FSNamesystem: supergroup=supergroup
11/05/26 23:05:37 INFO namenode.FSNamesystem: isPermissionEnabled=true
11/05/26 23:05:37 INFO common.Storage: Image file of size 105 saved in 0 seconds.
11/05/26 23:05:37 INFO common.Storage: Storage directory /tmp/hadooptreasuryofideas/
dfs/name has been successfully formatted.
11/05/26 23:05:37 INFO namenode.NameNode: SHUTDOWN_MSG:
/************************************************************
SHUTDOWN_MSG: Shutting down NameNode at treasuryofideas-desktop/127.0.1.1
************************************************************/
```

5. 모든 하둡 데몬을 시작한다.

   ```
   bin/start-all.sh
   ```

6. 로그 파일을 통해 예상한 컴포넌트가 모두 실행 중인지 확인한다. 로그 파일은 기본적으로 하둡 배포판의 logs 디렉터리에 들어 있다.

   그럼 username 자리에 여러분의 사용자명과 hostname 자리에 여러분 시스템의 호스트네임이 적힌 다음과 같은 로그 파일을 볼 수 있다.

   ```
   $ ls logs/
   hadoop-username-datanode-hostname.log
   hadoop-username-datanode-hostname.out
   hadoop-username-jobtracker-hostname.log
   hadoop-username-jobtracker-hostname.out
   hadoop-username-namenode-hostname.log
   hadoop-username-namenode-hostname.out
   hadoop-username-secondarynamenode-hostname.log
   hadoop-username-secondarynamenode-hostname.out
   hadoop-username-tasktracker-hostname.log
   hadoop-username-tasktracker-hostname.out
   history/
   ```

7. http://localhost:50070/와 http://localhost:50030/에서 각각 네임노드와 잡트래커 웹 인터페이스에 접근한다.

8. 자바 프로세스 목록을 보여주는 jps를 실행한다. 그럼 현재 실행 중인 다른 자바 프로세스와 더불어 다음과 같은 출력 결과를 볼 수 있다.

```
2675 JobTracker
2442 DataNode
2279 NameNode
3027 Jps
2828 TaskTracker
2603 SecondaryNameNode
```

(프로세스 ID는 장비마다 얼마든지 다를 수 있다.)

9. 이어서 HDFS를 다음과 같이 한 번 더 실행해 테스트한다.

```
bin/hadoop fs -put bin input
bin/hadoop jar hadoop-*-examples.jar grep input output 'start[a-z.]+'
11/06/04 11:53:07 INFO mapred.FileInputFormat: Total input paths to process : 17
11/06/04 11:53:08 INFO mapred.JobClient: Running job: job_201106041151_0001
11/06/04 11:53:09 INFO mapred.JobClient: map 0% reduce 0%
11/06/04 11:53:24 INFO mapred.JobClient: map 11% reduce 0%
(...)
11/06/04 11:54:58 INFO mapred.JobClient: map 100% reduce 27%
11/06/04 11:55:10 INFO mapred.JobClient: map 100% reduce 100%
11/06/04 11:55:15 INFO mapred.JobClient: Job complete: job_201106041151_0001
(...)
11/06/04 11:55:48 INFO mapred.JobClient: Combine output records=0
11/06/04 11:55:48 INFO mapred.JobClient: Reduce output records=4
11/06/04 11:55:48 INFO mapred.JobClient: Map output records=4
```

10. 출력 결과를 확인하기 위해 HDFS에서 출력 결과를 로컬 파일 시스템으로 복사한 후 내용을 표준 출력으로 출력한다.

```
bin/hadoop fs -get output
pseudo-output
cat pseudo-output/*
cat: psuedo-output/_logs: Is a directory
5     starting
1     started
1     starts
1    startup
```

11. HDFS에서 직접 맵리듀스 작업을 출력한다. 그럼 앞서 로컬 파일 시스템에서 출력한 내용과 일치할 것이다.

```
bin/hadoop fs -cat output/part*
5       starting
1       started
1       starts
1       startup
```

이로써 기본적인 의사 분산 셋업을 마무리했다. 하둡 클러스터 셋업 및 설정을 시작하려면 http://hadoop.apache.org/common/docs/r0.20.2/cluster_setup.html을 참고하자.

HBASE 설치 및 설정

HBase를 단독 모드로 설치하고 설정하려면 다음 단계를 따라 한다.

1. 아파치 미러 사이트(www.apache.org/dyn/closer.cgi/hbase/)에서 가장 최신의 안정적인 HBase 배포판을 내려받는다. 현재 가장 최신의 안정적 버전은 hbase-0.94.2다. 종종 HBase에 특정 의존성이 필요하므로 하둡 버전의 호환성을 한 번 더 확인하자.

2. HBase 배포판의 압축을 푼다.

    ```
    tar zxvf hbase-0.94.2.tar.gz
    ```

3. 압축을 푼 배포판을 파일시스템상의 원하는 위치로 옮긴다. 여기서는 /opt로 옮긴다.

4. 다음과 같이 심볼릭 링크를 생성한다.

    ```
    ln -s hbase-0.94.2 hbase
    ```

5. 빈 <configuration></configuration> 태그를 다음 태그로 대체해 conf/hbase-site.xml을 수정한다.

    ```
    <configuration>
        <property>
            <name>hbase.rootdir</name>
            <value>file:///opt/hbase_rootdir</value>
        </property>
    </configuration>
    ```

    (hbase.rootdir는 HBase가 쓰는 디렉터리다. 여기서는 hbase.rootdir를 /opt/hbase_rootdir로

설정했다. 이 디렉터리로는 파일시스템의 아무 위치나 선택해도 된다. hbase.rootdir의 기본값은 /tmp/hbase-${user.name}으로, 이 디렉터리는 서버가 재부팅할 때마다 삭제될 수 있다.)

6. HBase를 시작해 설치를 확인한다.

```
bin/start-hbase.sh
```

7. 셸을 통해 HBase에 접속한다.

```
bin/hbase shell
```

하이브의 설치 및 설정

하이브를 설치할 때는 다음 소프트웨어가 필요하다.

- 자바 1.6.x : 하둡은 썬(지금은 오라클) SDK를 대상으로 테스트된다.
- 하둡 0.20.2 : 하이브는 하둡 버전 0.17.x부터 0.20.x 사이에서 연동된다.

하이브를 설치하고 설정하려면 다음 과정을 따라 한다.

1. 아파치 미러(www.apache.org/dyn/closer.cgi/hive/)에서 안정적인 바이너리 배포판을 내려받는 다. 현재 안정적인 배포 버전은 hive-0.90.0이다. 바이너리 배포판은 파일명에 -bin이 있으며, 자바로 작성된 만큼 크로스 플랫폼이다.

2. 하이브 배포판의 압축을 푼다.

```
tar zxvf hive-0.9.0-bin.tar.gz
```

3. 압축을 푼 배포판을 파일시스템상의 원하는 위치로 옮긴다. 여기서는 /opt로 옮긴다.

4. 심볼릭 링크를 생성한다.

```
ln -s hive-0.9.0-bin hive
```

5. HIVE_HOME 환경 변수를 설정한다.

```
export HIVE_HOME=/opt/hive
```

(하이브 배포판이 들어 있는 디렉터리를 가리킴)

6. 하이브 실행 파일을 PATH 환경 변수에 추가한다.

```
export PATH=$HIVE_HOME/bin:$PATH
```

7. which hive를 실행해 제대로 설정됐는지 확인한다. 그럼 앞서 설정한 경로를 볼 수 있다.

```
which hive
/opt/hive/bin/hive
```

하이브 설정

하둡이 경로에 포함돼 있거나 HADOOP_HOME 환경 변수가 하둡 폴더를 가리키는지 확인한다. HADOOP_HOME은 다음과 같이 설정할 수 있다.

1. 환경 변수를 설정한다.

   ```
   export HADOOP_HOME=/opt/hadoop
   ```

   (하둡 배포판이 들어 있는 디렉터리를 가리킴)

2. HDFS상에 /tmp 디렉터리를 생성한다.

   ```
   $HADOOP_HOME/bin/hadoop fs -mkdir /tmp
   ```

   (이 디렉터리가 이미 존재할 수도 있다.)

3. /tmp HDFS 디렉터리에 대한 쓰기 권한을 그룹에 부여한다.

   ```
   $HADOOP_HOME/bin/hadoop fs -chmod g+w /tmp\
   ```

4. HDFS에 hive.metastore.warehouse.dir 디렉터리(기본값 /user/hive/warehouse)를 생성한다.

   ```
   $HADOOP_HOME/bin/hadoop fs -mkdir /user/hive/warehouse
   ```

5. /user/hive/warehouse HDFS 디렉터리에 대한 쓰기 권한을 그룹에 부여한다.

   ```
   $HADOOP_HOME/bin/hadoop fs -chmod g+w /user/hive/warehouse
   ```

하둡 설정 오버레이

하이브 설정은 하둡 설정 위에 위치한다. 기본 하이브 설정은 하이브 배포판의 conf/hive-default.xml 파일에 들어 있다. 기본 하이브 설정은 conf/hive-site.xml에서 설정 변수 및 값을 재정의해 대체할 수 있다. 또 새로운 설정을 가리키게끔 HIVE_CONF_DIR 변수를 지정해 하이브 설정 디렉터리도 변경할 수 있다. 더불어 conf/hive-site.xml에서 변수를 재정의하는 것뿐 아니라 다음 방식 중 하나를 사용해 설정 변수를 재정의할 수도 있다.

- 하이브 명령행 인터페이스(CLI) SET 명령: 예를 들어 hive > SET mapred.job.tracker=hostName. organizationName.com:50030;는 맵리듀스 클러스터를 앞에서 지정한 클러스터로 설정한다.

- hiveconf 설정 변수 및 값 쌍: hiveconfig 변수 및 값 쌍을 하이브 실행 파일로 넘겨준다. 예를 들어 bin/hive -mapred.job.tracker=hostName.organizationName.com:50030는 맵리듀스 클러스터를 앞의 SET 명령에서 설정한 것과 동일하게 설정한다. 하이브 실행 파일로는 여러 개의 hiveconf 변수 및 값 쌍을 넘겨줄 수 있다. 때로는 여러 설정 변수 및 값 쌍을 넘겨주는 게 관리하기 어려울 수 있다. 이럴 때는 모든 설정 변수 및 값을 합치고 HIVE_OPTS 환경 변수 값으로 설정하면 된다.

하이브 설치 및 셋업을 확인하려면 $HIVE_HOME/bin/hive를 실행하자.

하이퍼테이블의 설치 및 설정

하이퍼테이블을 설치하는 가장 쉬운 방법은 바이너리 다운로드 버전을 사용하는 것이다. 하이퍼테이블 바이너리는 glibc 2.4 이상으로 빌드한 모든 시스템과 호환된다. 자신의 시스템이 glibc 2.4 이전 버전으로 빌드됐다면 http://code.google.com/p/hypertable/wiki/HowToPackage에 나온 설명을 따라 하이퍼테이블을 직접 컴파일하고 패키징하면 된다.

하이퍼테이블은 64비트 및 32비트 플랫폼용 바이너리를 제공한다. 패키지는 .rpm, .deb, .dmg 형식으로 제공된다. 바이너리 배포판은 .tar.bz2 형식으로도 제공된다. 패키지와 상관없이 필자는 주로 .tar. bz2 형식을 택하는 편이다.

다음 설치 과정을 따라 하이퍼테이블 64비트 .tar.bz2 플랫폼을 설치한다.

1. www.hypertable.com/download/에서 최신 배포판을 내려받는다. 현재 최신 배포판의 버전은 0.9.6.5다.

2. 배포판의 압축을 푼다.
   ```
   tar jxvf hypertable-0.9.6.5-linux-x86_64.tar.bz2
   ```

3. 압축을 푼 배포판의 내용을 파일 시스템상의 원하는 디렉터리로 옮긴다. 압축을 푼 배포판의 내용은 다음과 같은 디렉터리 구조 안에 있다.

```
/opt/hypertable/<version>
```

따라서 배포판을 **/opt/hypertable/<version>**에서 사용할 수 있게 하는 게 좋다. 배포판은 다음 명령을 사용해 아카이브할 수 있다.

```
cd hypertable-0.9.6.5-linux-x86_64/opt 및
mv hypertable /opt
```

4. 배포판을 가리키는 current라는 이름의 심볼릭 링크를 생성한다.

```
ln -s /opt/hypertable/0.9.6.5/opt/hypertable/current
```

5. 선택적으로 파일시스템 계층구조 표준(FHS)과 배포판이 호환되게 만든다.

FHS 호환을 위한 하이퍼테이블 설정

FHS는 리눅스/유닉스 파일시스템에서 파일을 조직화하는 권장 방식이다. 표준에서는 애드온 소프트웨어 패키지용 호스트 관련 설정 파일을 /etc/opt에 저장할 것을 권장한다. 또 이런 소프트웨어를 위한 변수 데이터는 /var/opt에 저장할 것을 권장한다.

하이퍼테이블 배포판이 FHS 호환되게 만들려면 다음 절차를 따라 한다.

1. **<userName>:<groupName**을 자신의 사용자 및 그룹(**id** 명령을 통해 확인 가능)으로 대체해 다음 명령을 실행한다.

```
sudo mkdir /etc/opt/hypertable /var/opt/hypertable
sudo chown <userName>:<groupName> /etc/opt/hypertable /var/opt/hypertable
```

2. 다음 명령을 실행한다.

```
$ bin/fhsize.sh:
Setting up /var/opt/hypertable
Setting up /etc/opt/hypertable
fshize /opt/hypertable/current: success
```

FHS 호환 하이퍼테이블은 하이퍼테이블이 업그레이드될 때 설정, 로그, 하이퍼스페이스, 로컬 브로커 루트 디렉터리를 다시 생성하지 않아도 된다.

/opt/hypertable/current의 내용을 나열하고 심볼릭 링크를 확인해 하이퍼테이블이 FHS와 호환되는지 확인한다. 출력 결과는 다음과 같아야 한다.

```
$ cd /opt/hypertable/current
$ ls -l
bin
conf -> /etc/opt/hypertable
examples
fs -> /var/opt/hypertable/fs
hyperspace -> /var/opt/hypertable/hyperspace
include
lib
log -> /var/opt/hypertable/log
Monitoring
run -> /var/opt/hypertable/run
```

하둡과 하이퍼테이블 설정

이 장에서 앞서 설명한 대로 하둡을 설정했다면 하둡 conf/core-site.xml에 다음 내용을 집어넣어 HDFS 데몬을 설정했을 것이다.

```
<configuration>
    <property>
        <name>fs.default.name</name>
        <value>hdfs://localhost:9000</value>
    </property>
</configuration>
```

(conf/core-site.xml 파일의 내용)

이번에는 conf/hypertable.cfg를 수정해야 한다.

1. hypertable.cfg에서 HDFS 설정을 확인해 HdfsBroker.fs.default.name이 다음과 같은지 살펴본다.

    ```
    # HDFS Broker
    HdfsBroker.fs.default.name=hdfs://localhost:9000
    matches with the HDFS daemon configuration in Hadoop conf/core-site.xml
    Create /hypertable directory on HDFS:
    $HADOOP_HOME/bin/hadoop fs -mkdir /hypertable
    ```

2. 다음 명령을 사용해 HDFS /hypertable 디렉터리에 대한 쓰기 권한을 그룹에 부여한다.

    ```
    $HADOOP_HOME/bin/hadoop fs -chmod g+w /hypertable
    ```

몽고디비의 설치 및 설정

www.mongodb.org/downloads에서 가장 최신 배포판을 내려받는다. 몽고디비 다운로드 링크에서는 대부분의 주요 운영체제용 바이너리 배포판을 받을 수 있다. 여기서는 64비트 리눅스용 1.8.2-rc2를 내려받아 설치했다. 다른 배포판을 선택하더라도 다음 설치 및 설정 과정은 거의 동일하다.

1. .tgz 파일의 압축을 푼다.

   ```
   tar zxvf mongodb-osx-x86_64-1.8.2-rc2.tgz
   ```

2. 압축을 푼 패키지를 파일 시스템상의 원하는 위치로 옮긴다. 여기서는 다음과 같이 /opt로 옮긴다.

   ```
   mv mongodb-osx-x86_64-1.8.2-rc2 /opt
   ```

3. 몽고디비 배포판이 들어 있는 디렉터리를 가리키는 **mongodb**라는 심볼릭 링크를 생성한다.

   ```
   ln -s mongodb-osx-x86_64-1.8.2-rc2 mongodb
   ```

몽고디비 설정

기본적으로 몽고디비는 /data/db 디렉터리에 데이터 파일을 저장한다. 기본 디렉터리를 사용하고 싶다면 디렉터리를 생성하고 다음과 같이 적절한 권한을 설정한다.

```
$ sudo mkdir -p /data/db
$ sudo chown `id -u` /data/db
```

/opt/data/db처럼 다른 디렉터리를 사용해 몽고디비 데이터 파일을 저장하려면 디렉터리 생성 및 권한 설정 명령을 다음과 같이 바꾼다.

```
$ sudo mkdir -p /opt/data/db
$ sudo chown `id -u` /opt/data/db
```

기본 값 이외의 데이터 디렉터리를 사용할 때는 **mongodb** 서버 실행 프로그램의 **--dbpath** 인자로 경로 값을 넘겨주는 것을 까먹지 말아야 한다. 예를 들어 다음과 같이 해야 한다.

```
bin/mongod --dbpath /opt/data/db
```

카우치디비의 설치 및 설정

카우치디비를 설치하려면 얼랭 및 얼랭 OTP가 필요하다.

리눅스와 유닉스에서는 얼랭을 쉽게 설치할 수 있다. 맥 OS X에서는 brew(http://mxcl.github.com/homebrew/)를 활용해 얼랭을 설치해야 한다. 윈도우에서는 카우치베이스의 카우치베이스 서버 1.1을 설치하는 게 카우치디비를 설치하는 가장 쉬운 방법이다. 카우치베이스 서버는 www.couchbase.com/downloads에서 내려받을 수 있으며 얼랭 윈도우 배포판과 일부 추가 기능이 들어 있는 카우치디비를 포함한다. 윈도우에서 컴포넌트로부터 아파치 카우치디비를 설치하는 방법은 http://wiki.apache.org/couchdb/Installing_on_Windows에 나와 있다. 이 위키에는 얼랭을 설치하는 과정도 들어 있다.

아파치 카우치디비는 거의 모든 플랫폼용 설치 파일을 갖고 있다. 설치 파일 접근 및 사용 방법은 http://wiki.apache.org/couchdb/Installation에서 볼 수 있다. 카우치디비를 만든 기업인 카우치베이스는 여러 플랫폼용 바이너리 설치 파일을 제공한다.

지금까지 이 장에서 다룬 대부분의 설치 관련 설명은 바이너리를 설치하는 데 초점을 맞췄다. 이 부록에 나와 있는 모든 소프트웨어 프로그램은 오픈소스다. 이들 제품의 소스는 마음대로 내려받을 수 있으며 소스를 통해 소프트웨어 프로그램을 빌드하고 설치할 수도 있다. 예를 들어 다음 절에서는 우분투 10.04에서 소스를 통해 카우치디비를 빌드하고 설치하는 법을 보여준다.

우분투 10.04에서 소스로부터 카우치디비 설치하기

카우치디비는 다음 단계를 통해 우분투 리눅스에서 소스를 통해 설치할 수 있다.

1. 의존성을 설치한다.

   ```
   sudo apt-get build-dep couchdb
   sudo apt-get install xulrunner-1.9.2-dev libicu-dev libcurl4-gnutls-dev libtool
   ```

2. 다음과 같이 xulrunner 버전을 가져온다.

   ```
   xulrunner -v
   ```

   필자의 우분투 10.04 버전에서 출력 결과는 Mozilla XULRunner 1.9.2.17 -20110424212116이었다.

3. xulrunner 공유 라이브러리 로딩 설정을 생성한다. 이 설정은 다양한 xulrunner 버전 및 OS가 있을 수 있기 때문에 필요하다.

   ```
   sudo vi /etc/ld.so.conf.d/xulrunner.conf
   ```

4. 다음 줄을 추가한다.

```
/usr/lib/xulrunner-1.9.2.17
/usr/lib/xulrunner-devel-1.9.2.17
```

5. ldconfig를 실행한다.

```
sudo /sbin/ldconfig
```

6. 코드 저장소에서 소스 코드를 가져온다. SVN이나 깃을 사용할 수 있다.

```
git clone git://git.apache.org/couchdb.git
```

7. 소스 디렉터리로 이동한다.

```
cd couchdb
```

8. 빌드를 부트스트랩한다.

```
./bootstrap
```

이때 에러가 발생한다면 배포판에 포함된 INSTALL.Unix 파일에 나와 있는 의존성을 설치해야 할 수 있다. 또 sudo apt-get install automake를 사용해 aclocal도 설치해야 할 수 있다.

9. 빌드를 설정한다.

```
./configure
```

10. 빌드하고 설치한다.

```
make && sudo make install
```

11. couchdb라는 사용자명을 생성한다.

```
useradd couchdb
```

12. 카우치디비 디렉터리에 대한 권한을 couchdb 사용자로 바꾼다.

13. 카우치디비 디렉터리에 대한 소유자를 couchdb 사용자로 바꾼다

```
chown -R couchdb:couchdb /usr/local/etc/default/couchdb
chown -R couchdb:couchdb /usr/local/etc/init.d/couchdb
chown -R couchdb:couchdb /usr/local/etc/couchdb
chown -R couchdb:couchdb /usr/local/etc/logrotate.d/couchdb
chown -R couchdb:couchdb /usr/local/lib/couchdb
chown -R couchdb:couchdb /usr/local/bin/couchdb
chown -R couchdb:couchdb /usr/local/var/lib/couchdb
chown -R couchdb:couchdb /usr/local/var/run/couchdb
chown -R couchdb:couchdb /usr/local/var/log/couchdb
```

```
chown -R couchdb:couchdb /usr/local/share/doc/couchdb
chown -R couchdb:couchdb /usr/local/share/couchdb
```

레디스의 설치 및 설정

레디스 설치 과정을 시작하려면 다음 절차를 따라 한다.

1. http://redis.io/download에서 가장 최신의 안정적인 배포판을 내려받는다. 2.6.4 버전이 가장 최신 버전이다.

2. 레디스 배포판의 압축을 해제한다.

```
tar zxvf redis-2.6.4.tar.gz
```

3. 압축을 푼 레디스 배포판을 파일시스템상의 원하는 위치로 옮긴다. 필자는 보통 mv redis-2.6.4 /opt를 사용해 /opt로 옮긴다.

4. 레디스 배포판을 가리키는 심볼릭 링크를 생성한다.

```
ln -s redis-2.6.4 redis
```

5. 빌드를 위해 레디스가 들어 있는 디렉터리로 이동하고 make를 실행한다.

```
cd redis
make
```

6. 확인을 위해 make test를 실행한다.

카산드라의 설치 및 설정

카산드라 설치 과정을 시작하려면 다음 절차를 따라 한다.

1. http://cassandra.apache.org/download/에서 바이너리 개발용 배포판을 내려받는다. 가장 최신 버전은 0.8.0-rc1이다. 내려받은 파일은 apache-cassandra-1.1.6-bin.tar.gz다.

2. 배포판은 .tar.gz 형식으로 제공된다. 배포판의 압축을 푼다.

```
tar zxvf apache-cassandra-1.1.6-bin.tar.gz
```

3. 압축을 푼 배포판을 파일시스템상의 원하는 위치로 옮긴다.

   ```
   mv apache-cassandra-1.1.6/opt
   ```

4. 카산드라가 들어 있는 디렉터리를 가리키는 apache-cassandra라는 심볼릭 링크를 생성한다.

   ```
   ln -s apache-cassandra-1.1.6 apache-cassandra
   ```

카산드라 설정

카산드라는 conf/cassandra.yaml에서 설정 변수를 정의해 설정할 수 있다. 단일 노드 설정에서는 대부분 기본 설정만으로 충분하다. 다만 cassandra.yaml에 지정한 디렉터리 경로가 모두 존재하는지만 확인하면 된다.

다음 설정은 파일시스템상의 파일을 가리킨다.

```
# 카산드라가 디스크에 데이터를 저장하는 디렉터리
data_file_directories:
- /var/lib/cassandra/data

# 커밋 로그
commitlog_directory: /var/lib/cassandra/commitlog

# 저장된 캐시
saved_caches_directory: /var/lib/cassandra/saved_caches
```

그런 다음 sudo mkdir -p /var/lib/cassandra를 사용해 /var/lib/cassandra를 생성한다. 카산드라 프로세스를 실행하는 사용자가 이들 디렉터리에 쓸 수 있게 디렉터리에 대해 적절한 권한을 설정한다.

카산드라용 log4j 설정

log4j 서버 속성은 log4j-server.properties에 지정돼 있다. log4j 어펜더 파일은 이 파일에 다음과 같이 지정돼 있다.

```
log4j.appender.R.File=/var/log/cassandra/system.log
```

/var/log/cassandra 디렉터리가 존재하는지 확인하고 카산드라 프로세스를 실행하는 사용자가 이 디렉터리에 쓸 수 있게 적절한 권한이 설정됐는지 확인한다.

소스를 통한 카산드라 설치

다음 소스가 필요하다.

- 자바 1.6.x
- 앤트 1.8.2

다음 절차를 통해 소스로부터 카산드라를 빌드할 수 있다.

1. http://cassandra.apache.org/download/에서 최신 개발용 배포판 소스를 내려받는다. 현재 버전은 1.1.6이다.

2. 내려받은 소스의 압축을 푼다.

   ```
   tar zxvf apache-cassandra-1.1.6-src.tar.gz
   ```

3. 앤트 빌드 작업을 실행한다.

   ```
   ant
   ```

멤베이스 서버 및 MEMCACHED의 설치 및 설정

www.couchbase.com/downloads에서 관련 버전을 내려받는다. 다운로드 및 설치용으로는 다음 세 가지 배포판이 제공된다.

- 멤베이스 서버
- Memcached 서버
- 카우치베이스 서버

멤베이스 서버를 설치하려면 자신의 운영체제에 맞는 버전을 www.couchbase.com/downloads에서 내려받는다. 설치하기에는 바이너리 파일이 쉽다. 맥 OS X에서 바이너리를 설치하는 법은 다음과 같다.

1. 맥 OS X용 멤베이스 버전은 zip 파일로 압축돼 있다. 이 파일의 이름은 membase-server-community-1.8.1.zip이다.

2. 파일의 압축을 푼다.

```
unzip membase-server-community-1.8.1.zip
```

압축을 푼 애플리케이션은 맥 OS X 배포판 폴더에서 Membase.app으로 사용할 수 있다.

3. Membase.app를 /Applications 또는 응용 프로그램이 들어 있는 다른 폴더로 옮긴다.

나기오스 설치 및 설정

이 절에서는 우분투에서 소스로부터 나기오스를 설치하는 데 도움이 되는 설명만을 다룬다. 추가적인 상세 정보는 www.nagios.org/documentation에서 나기오스의 문서를 참고하자.

다음 소프트웨어가 필요하다.

- 아파치 2
- PHP
- http://gcc.gnu.org/에서 받을 수 있는 컴파일러 및 개발 라이브러리인 GNU 컴파일러 컬렉션 (GCC)
- GD 개발 라이브러리

이들 필수 소프트웨어는 다음과 같이 설치할 수 있다.

1. 아파치 2를 설치한다.

```
sudo apt-get install apache2
```

2. PHP를 설치한다.

```
sudo apt-get install libapache2-mod-php5
```

3. GCC 및 개발 라이브러리를 설치한다.

```
sudo apt-get install build-essential
```

4. GD 개발 라이브러리를 설치한다.

```
sudo apt-get install libgd2-xpm-dev
```

nagios라는 이름의 사용자를 생성하고 이 사용자를 통해 나기오스 프로세스를 소유하고 실행할 것을 권장한다. 우분투에서는 다음과 같이 nagios라는 이름의 사용자를 생성할 수 있다.

```
sudo /usr/sbin/useradd -m -s /bin/bash nagios
sudo passwd nagios
```

(비밀번호를 설정한다. 필자는 비밀번호를 nagios로 설정했다. 비밀번호를 입력하는 명령이 나타나고 이어서 비밀번호를 확인하라는 명령이 나타난다).

nagcmd 그룹을 생성하고 nagios와 apache 사용자를 이 그룹에 추가한다.

```
sudo /usr/sbin/groupadd nagcmd
sudo /usr/sbin/usermod -a -G nagcmd nagios
sudo sudo /usr/sbin/usermod -a -G nagcmd nagios
```

나기오스 내려받기 및 빌드

필요한 소프트웨어를 모두 설치했다면 다음과 같이 나기오스를 내려받고 빌드한다.

1. www.nagios.org/download/에서 나기오스 코어 및 나기오스 플러그인을 내려받는다. 현재 나기오스 코어의 배포 버전은 3.4.1이고, 나기오스 플러그인의 배포 버전은 1.4.16이다.

2. 나기오스 배포판의 압축을 푼다.
    ```
    tar zxvf nagios-3.4.1.tar.gz
    ```

3. nagios-3.4.1 디렉터리로 이동한다.
    ```
    cd nagios-3.4.1
    ```

4. 나기오스를 설정한다.
    ```
    ./configure --with-command-group=nagcmd
    ```

5. 나기오스를 빌드한다.
    ```
    make all
    ```

6. 바이너리를 설치한다.
    ```
    sudo make install
    ```

7. 초기화 스크립트를 설치한다.
    ```
    sudo make install-init
    ```

이 명령의 출력 결과는 다음과 같다.

```
/usr/bin/install -c -m 755 -d -o root -g root /etc/init.d
/usr/bin/install -c -m 755 -o root -g root daemon-init /etc/init.d/nagios
*** Init script installed ***
```

8. 샘플 설정 파일을 설치한다.

```
sudo make install-config
```

이 명령의 출력 결과는 다음과 같다.

```
/usr/bin/install -c -m 775 -o nagios -g nagios -d /usr/local/nagios/etc
/usr/bin/install -c -m 775 -o nagios -g nagios -d /usr/local/nagios/etc/objects
/usr/bin/install -c -b -m 664 -o nagios -g nagios sample-config/nagios.cfg
/usr/local/nagios/etc/nagios.cfg
/usr/bin/install -c -b -m 664 -o nagios -g nagios sample-config/cgi.cfg
/usr/local/nagios/etc/cgi.cfg
/usr/bin/install -c -b -m 660 -o nagios -g nagios sample-config/resource.cfg
/usr/local/nagios/etc/resource.cfg
/usr/bin/install -c -b -m 664 -o nagios -g nagios sample-config/templateobject/
templates.cfg /usr/local/nagios/etc/objects/templates.cfg
/usr/bin/install -c -b -m 664 -o nagios -g nagios sample-config/templateobject/
commands.cfg /usr/local/nagios/etc/objects/commands.cfg
/usr/bin/install -c -b -m 664 -o nagios -g nagios sample-config/templateobject/
contacts.cfg /usr/local/nagios/etc/objects/contacts.cfg
/usr/bin/install -c -b -m 664 -o nagios -g nagios sample-config/templateobject/
timeperiods.cfg /usr/local/nagios/etc/objects/timeperiods.cfg
/usr/bin/install -c -b -m 664 -o nagios -g nagios sample-config/templateobject/
localhost.cfg /usr/local/nagios/etc/objects/localhost.cfg
/usr/bin/install -c -b -m 664 -o nagios -g nagios sample-config/templateobject/
windows.cfg /usr/local/nagios/etc/objects/windows.cfg
/usr/bin/install -c -b -m 664 -o nagios -g nagios sample-config/templateobject/
printer.cfg /usr/local/nagios/etc/objects/printer.cfg
/usr/bin/install -c -b -m 664 -o nagios -g nagios sample-config/templateobject/
switch.cfg /usr/local/nagios/etc/objects/switch.cfg
*** Config files installed ***
```

9. 외부 커맨드 파일을 보관하기 위한 디렉터리의 권한을 설정한다.

```
sudo make install-commandmode
```

이 명령의 출력 결과는 다음과 같다.

```
/usr/bin/install -c -m 775 -o nagios -g nagcmd -d /usr/local/nagios/var/rw
chmod g+s /usr/local/nagios/var/rw
*** External command directory configured ***
```

나기오스 설정

1. 이메일 주소를 설정한다.

2. contacts 컨피그 파일을 수정한다.

    ```
    sudo vi /usr/local/nagios/etc/objects/contacts.cfg.
    ```

    이메일 필드를 nagios@localhost에서 자신의 이메일 주소로 변경한다.

    이어지는 단계에서는 나기오스의 웹 인터페이스를 설정한다.

3. 아파치 config.d 디렉터리에 나기오스 웹 컨피그 파일을 설치한다.

    ```
    sudo make install-webconf
    /usr/bin/install -c -m 644
    sample-config/httpd.conf /etc/apache2/conf.d/nagios.conf
    *** Nagios/Apache conf file installed ***
    ```

4. 나기오스 웹 인터페이스에 로그인할 수 있는 계정을 생성한다.

    ```
    sudo htpasswd -c /usr/local/nagios/etc/htpasswd.users nagiosadmin
    ```

    그럼 비밀번호를 묻고 이를 확인할 것이다.

5. 아파치를 재시작한다.

    ```
    sudo /etc/init.d/apache2 reload
    ```

나기오스 플러그인의 컴파일 및 설치

앞 단계에서 www.nagios.org/download/로부터 나기오스 플러그인을 내려받은 바 있다. 가장 최신 파일 버전은 1.4.16이다.

나기오스 플러그인은 다음과 같이 컴파일하고 설치할 수 있다.

1. 나기오스 플러그인의 배포판 압축을 푼다.

    ```
    tar zxvf nagios-plugins-1.4.16.tar.gz
    ```

2. 나기오스 플러그인의 압축을 푼 디렉터리로 이동한다.

    ```
    cd nagios-plugins-1.4.16
    ```

3. 나기오스 플러그인을 설정한다.

    ```
    ./configure --with-nagios-user=nagios --with-nagios-group=nagios
    ```

4. 나기오스 플러그인을 빌드한다.

```
make
```

5. 나기오스 플러그인을 설치한다.

```
sudo make install
```

나기오스 및 나기오스 플러그인은 이제 설치됐으며, 이제 나기오스를 시작할 수 있다. 여기서는 추가 설정을 다루지 않지만 www.nagios.org/documentation에서 공식 문서를 참고하면 상세 정보를 확인할 수 있다.

RRDTOOL의 설치 및 설정

이 절에서는 리눅스 및 유닉스에서 RRDtool을 설치하는 법을 다룬다.

RRDtool을 설치하려면 SVN 클라이언트, automake, autoconf, libtool이 필요하다. RRDtool은 소스를 통해 다음과 같이 설치할 수 있다.

```
svn checkout svn://svn.oetiker.ch/rrdtool/trunk/program
mv program rrdtool-trunk
cd rrdtool-trunk
./autogen.sh
./configure --enable-maintainer-mode
make
sudo make install
```

MySQL용 핸들러 소켓 설치

MySQL용 핸들러 소켓은 MySQL 서버 5.x와 연동된다. MySQL용 핸들러 소켓은 다음과 같이 설치할 수 있다.

```
git clone git://github.com/ahiguti/HandlerSocket-Plugin-for-MySQL.git
cd HandlerSocket-Plugin-for-MySQL
./autogen.sh
./configure --with-mysql-source=/root/install/mysql-<version number>
--with-mysql-bindir=/usr/bin
make
make install
```

❧ 찾아보기 ❧